마음챙김 수련은 지속적인 평화와 행복, 깨달음의 삶을 사는 데 필요한 붓다의 처방전이다. 고통을 치유하려면 우리의 삶 속에서 스스로 마음챙김 수련을 해야 한다. 그렇게 우리 자신과 우리가 맺는 관계들을 변화시켜야 한다. 그리고 참된 목적과 충만감을 찾아야 한다. 이 현명한 책은 의식적 자각과 내면의 지혜를 계발하는 실제적인 연습을 제공한다. 또한 불만족스러운 습관, 중독, 무의식적 행동 패턴에서 우리를 자유롭게 해주는 방법과 수단을 제공한다. 강력하게 추천한다.

—
라마 수리야 다스, 『내 마음 속 부처 깨우기』 저자

이 책은 현대 인지치료와 불교 명상이라는, 여태껏 서로 왕래가 없던 두 세계를 연결시키고 있다. 이 연결은 매우 타당하다. 불교는 전통적 의미의 종교가 아니라 자신의 생각과 경험을 바람직한 방향으로 인도하는 방법론이기 때문이다. 중독에 빠진 사람이라도 지금 여기의 생생한 경험에서 중심을 잡는다면, 유아증, 후회, 자기 파괴적 행동의 원인이 되는 만족 없는 보상을 구하려는 노력을 그만둘 수 있다. 이 책에 소개된 기법들을 읽고 적용함으로써 중독자는 자신의 중독 문제에 동반하는 내면의 충동에 변화를 일으킬 수 있다.

—
스탠턴 필, 『중독과 회복에 관한 진실』, 『중독의 의미』 저자

'단 하나의 길'보다 다양한 접근법과 유연한 태도로 중독 회복에 접근하려는 독자, 중독 회복에 관한 친절하고 영적인 지침을 구하는 독자라면 이 책으로 큰 도움을 받을 수 있다.

—

마이아 잘라비츠, 『회복 선택지: 완전한 가이드』 공저자

이 책은 '마음의 질병'인 중독에 대한 강력한 해독제로 마음챙김 명상을 제시한다. 토마스 비엔과 비버리 비엔 두 저자는 치료사로서의 전문적 경험과 명상 수행자로서의 경험을 결합하여 마음챙김을 통한 중독 회복에 이르는 열 개의 '문'을 독자에게 제시한다. … 이 책은 깨어남의 문, 자기 자각(self-awareness)으로 향하는 문을 열어준다. 저명한 정신분석가 칼 융은 알코올 중독자들을 '낙담한 신비주의자'로 표현했다. 술병의 알코올 성분(spirit) 때문에 영적(spiritual) 깨어남의 여정에서 길을 잃었다는 의미에서다. 스스로를 '낙담한 신비주의자'라고 여기는 독자라면 이 책에서 소개하는 중독 회복을 향한 문들에서 영적 해방의 길을 발견할 수 있을 것이다.

—

G. 앨런 말라트, 워싱턴대학 중독행동연구센터 이사

Mindful Recovery

A Spiritual Path to Healing from Addiction

지긋지긋한 중독에서 벗어나는 마음챙김의 기술

중독이
나를
힘들게
할 때

토마스 비엔
비버리 비엔
지음

이재석
옮김

불광출판사

현자는 참다운 고차원의 성취를 이룬다. 그 이유는 도(道)가 그의 안에서, 그를 통과하여 작동하기 때문이다. 그는 자기 마음대로 행동하지 않는다. 자기만을 위하여 행동하는 일은 더더욱 없다. 그의 행동은 외부 현실에 대한 폭력적 조작이 아니다. 외부 세계를 자신의 정복의지에 굴복시키는 '공격 행위'도 아니다. 오히려 그는 외부 현실에 순응한다. 그럼으로써 외부 현실을 존중한다. 그의 순응은 경배의 행위이자 신성함에 대한 인정이다. 그리고 바로 지금 상황에서 요구되는 일에 대한 완벽한 성취이다.

—

토마스 머튼, 『신비가와 선승(Mystics and Zen Masters)』(1967)

차례
· · · · ·

서문
·····

여윈 노승과 젊은 제자가 나란히 앉아 있는 장면을 그린 만화를 본 적이 있다. 제자는 얼굴에 당황스런 표정을 띠고 있다. 노승이 제자에게 말한다. "다음 순간에 아무 일도 일어나지 않는다네. 지금이 바로 자네가 찾던 그것이야!"

중독 행동으로 힘들어하는 사람들에게 현재 순간은 만족스럽게 느껴지지 않는다. 왜냐하면 그들의 마음은 언제나 다음 순간의 일에 가 있기 때문이다. 그들에게는 예컨대 조금 뒤의 '마약 주사'가 지금 여기의 '바로 그것'보다 중요하다. 이 멋진 책에서 분명하게 말하고 있듯이, 마음챙김 수련 혹은 저자의 표현대로 '고요한 자각의 계발'은 중독에 빠진 마음 상태를 해결하는 훌륭한 해독제이다. 중독에 빠진 사람은 삶의 순간순간의 경험이 제공하는 무상(無常), 즉 변화의 성질을 받아들이지 못한다. 그들은 변치 않는 쾌감을 추구하기 위해 약물과 중독 행동에 탐닉한다. 이러한 헛된 시도를 통해 삶의 비루함과 고통스러움을 회피하거나 벗어나고자 한다.

중독 행동에 빠진 내담자와의 임상 실습을 통해 나는 명상이 중독 재발 방지에 훌륭한 도구가 될 수 있음을 알았다. 알코올 중독과 우울증을 같이 겪고 있는 한 여성이 치료 차 나를 찾아왔다. 그녀는 치료를 하며 열흘간의 집중 수련회에 참가하기로 결정을 내렸다. 수련회를 다녀온 그녀는 그곳에서 술을 마시게 이끌었던 중독 물질에 대한 충동과 갈망의 끝없는 패턴을 받아들이고 인내하는 법을 배웠다고 했다. 명상을 통해 중독 물질에 대한 충동이 일어나고 사라지는 것을 관찰했던 것이다. 마치 바다에서 파도를 타듯이 충동에 휩쓸리지 않은 채로 그것을 다만 관찰할 수 있었다. 그녀는 이 책에 소개된 '충동의 파도타기' 기법을 배웠다. 고통스러운 감정이 올라오더라도 더 이상 음주 충동이 지시하는 명령에 굴복하지 않았다. 그녀는 중독(addiction)의 라틴어 어근이 독재자(dictator)와 동일하다는 것을 내게 상기시켜 주었다. 이제 그녀는 정신의 독재자가 명령하는 대로 굴복하지 않았다. 대신, 음주 충동을 그저 '또 하나의 생각'으로 받아들일 수 있었다. 그것은 마음에서 일어나고 사라지는 파도와 같았다. 명상으로 그녀는 '중독적 사고'의 틀에서 벗어나게 된 것이다.

나는 연구자로서 명상이 중독 행동에 미치는 효과에 관한 연구를 몇 편 수행했다. 그중 한 연구에서는, 사람들과 만남의 자리에서 술을 꽤 마시는 음주가들을 모집했다. 그들은 새로운 이완법과 스트레스 관리법을 습득하는 프로그램에 스스로 지원했다. 참가자들을 다음 세 그룹의 6주 훈련 프로그램 중 하나에 무작위로 할당했다. 세 그룹은 명상, 심부 근육 이완, 혼자 책을 읽는 통제 그룹으로서, 각 그룹마다 하루 2회 20분씩 프로그램을 실행하도록 했다. 모든 참가자들은 6주 훈련 프로그램을 받는 동안 매일 알코올 섭취량을 기록했다. 그리고 프로그램이 끝난 뒤 6주간의 추적 기간 동안 본인의 의사에 따라 수련을 더 지속할 수 있었다. 실험 결과, 명상 그룹은 알코올 섭취량이 평균 50퍼센트 줄었다. 이는 다른 두 그룹보다 월등히 큰 감소량이었다. 명상 그룹은 음주량이 줄었을 뿐 아니라, 다른 두 그룹보다 추적 기간 중 더 오랜 시간 동안 매일의 수련을 지속했다. 우리 연구자에게 명상은 매일의 음주를 자연스럽게 대체할 수 있는

'바람직한 중독'으로 보였다.

　현재 우리는 심각한 중독 문제가 있는 사람들과 기존의 알코올 및 물질 남용 치료 프로그램으로 효과를 못 본 사람들을 상대로, 장기간의 명상 코스가 어떤 영향을 주는지 연구 중이다. 참가자는 시애틀 소재 개방 교도소의 재소자들로, 대부분 오랜 기간 음주와 마약을 했으며 강간과 강도 혐의로 복역 중인 이도 있다. 재소자들은 모두 자발적으로 실험에 참여했다. 최근 교도소 측은 지역 명상 센터와 연계해 이들 재소자들을 상대로 10일짜리 명상 코스를 실시했다. 이 코스는 위빠사나 수행자이자 통찰명상 지도인인 S. N. 고엔카가 인도의 교도소에서 처음 실시한 프로그램을 바탕으로 만들었다. 1997년 처음 실시된 이래, 이 프로그램은 점점 인기를 더하고 있다. 이제는 많은 재소자들이 스스로 이 프로그램에 참여하고 있다.

　우리가 실시한 연구의 목적은 집중 명상 코스가 알코올과 약물 사용에 어떤 영향을 주는지(재발률), 그리고 교정시설 출소 후 다시 체포되는 비율(상습성)은 어느 정도인지 알아보는 것이다. 명상 코스를 밟은 재소자와 명상 코스를 밟지 않은 통제 그룹을 비교한다. 예비 결과에 의하면, 명상 코스에 참가한 재소자는 상습성 범행 비율이 통제 그룹에 비해 더 낮았다. 또 명상 코스 참가자들은 프로그램을 통해 자신들이 느끼는 마약·알코올 충동의 원인에 대한 통찰을 새롭게 얻었다고 말했다. 그리고 중독 물질에 대한 충동과 유혹을 평온하고 균형감 있게 받아들이는 법도 배웠다고 했다.

　몇 년 전 나는 북부 캘리포니아에서 고엔카가 지도하는 10일짜리 집중 수련회에 참가한 적이 있다. 고엔카는 앞서 말한 재소자 명상 프로그램을 만든 명상 지도자이다. 수련회가 끝날 무렵, 나는 그에게 질문을 하나 던졌다. 서양인들이 알코올 중독을 비롯한 중독을 신체적(유전적 또는 생물적)

질병으로 바라보는 것에 관한 그의 생각이 궁금했다. 고엔카는 이렇게 답했다. "중독은 질병이 맞습니다. 다만 마음의 질병이지요."

이 책은 '마음의 질병'인 중독에 대한 강력한 해독제로 마음챙김 명상을 제시한다. 저자인 토마스 비엔과 비버리 비엔은 치료사로서의 전문적 경험과 명상 수행자로서의 경험을 결합하여, 마음챙김을 통한 중독 회복에 이르는 열 개의 '문'을 독자에게 제시한다.

열 개의 문 각각은 '일상의 경험이라는 마법 발견하기(첫 번째 문)'부터 '부정적 감정 변화시키기(아홉 번째 문)'까지, 마음챙김을 통해 깨어 있는 삶의 다양한 영역을 열어 보인다. 저자들은 구체적인 개별 사례와 함께 독자들이 직접 해볼 수 있는 갖가지 수련법을 소개한다. 또한 자각을 높이는 방법, 자기 수용을 키우고 타인에 대한 연민을 키우는 방법, 영적 도정에 대한 경험을 일깨우는 방법 등을 효과적으로 제시한다.

나는 저자들이 이러한 주제를 일련의 문으로 설명하는 점이 마음에 든다. 이 열 개의 문들이 AA(Alcoholics Anonymous: 알코올 중독자 자조모임)를 비롯한 12단계 지지그룹에서 사용하는 기존의 12단계 회복 프로그램에 대한 분명한 대안을 제시하고 있다. 불교에서는 (중독을 포함한) 고통에서 벗어나는 방법을 사성제와 팔정도로 설명한다(첫 번째 문에 나온다). 올바른 마음챙김을 포함한 팔정도의 각각을 이 책의 다양한 문들에서 발견하고 탐색한다. 12단계 회복 프로그램에서는 '한 번에 하루씩' 절제를 실천하면 된다고 이야기한다. 그런데 불교는 한발 더 나아가, 지금 여기에서 삶의 순간순간을 살아야 한다고 말한다(열 번째 문).

이 책은 깨어남의 문, 자기 자각(self-awareness)으로 향하는 문을 열어준다. 저명한 정신분석가 칼 융은 알코올 중독자들을 '낙담한 신비주의자'로 표현했다. 술병의 알코올 성분(spirit) 때문에 영적(spiritual) 깨어남의 여정에서 길을 잃었다는 의미에서다. 스스로를 '낙담한 신비주의자'라고 여기는 독자라면, 이 책에서 소개하는 중독 회복을 향한 문들에서 영적 해방의 길을 발견할 수 있을 것이다.

—

G. 앨런 말라트(심리학 교수, 위싱턴대학 중독행동연구센터 이사)

감사의 말

우리 모두는 깊은 차원에서 서로 연결된 존재라는 사실은 불교만의 가르침이 아니다. 그러므로 책 한 권이 오직 저자 한 사람(이 책의 경우, 두 사람)만의 결과물일 수 없음은 명백한 사실이다.

거친 초고를 읽어주느라 고생한 친구들, 러스 월시, 조 버로우즈, 찰스 엘리엇, 펄 그로스의 지지와 조언에 고마움을 표한다. 불굴의 격려와 열정으로 도와준 아담 발레스티에리에게도 감사의 마음을 전한다. 저녁 식사 자리에서 유익한 브레인스토밍 시간을 갖게 해준 팀 스타라이커, 미칼 스트라이커에게 고마움을 전한다. 또 글쓰기에 관한 조언을 해준 밥 웨버에게도 고마움을 표한다.

예전에 데니스 미첼 에이전시에 있었던 제프 루터포드의 노력에 감사를 표한다. 그는 우리의 난삽한 학문적 글을 읽기 편한 글로 만들어주었다. 또 우리의 에이전트인 데니스 마실과 메레디스 번스타인은 열정과 능력으로 우리를 대변해 주었다. 와일리 출판사의 편집자 톰 밀러는 유용한 아이디어와 제안을 수도 없이 해주었다. 역시 와일리 출판사의 킴벌리 먼로와 주드 패터슨은 원고 준비 작업을 배려 깊게 도와주었다.

특히 워싱턴 대학교 G. 앨런 말라트 교수님께 깊이 감사드린다. 심오한 학자이자 연구자, 불교 수행자인 교수님은 특별히 이 책의 서문을 써주셨다.

또한 나(토마스 비엔)의 예전 스승님이셨던 저명한 학자-연구자인 뉴멕시코 대학의 윌리엄 밀러 교수님께 고마움을 드린다. 나는 중독 행동의 과학적 연구에 대하여 교수님으로부터 많은 것을 배웠다. 혹시라도 이 책에 학문적 오류가 있다면 그것은 전적으로 나의 책임이다.

모든 고귀한 존재와 보살의 축복으로 이 책이 많은 사람의 고통을 덜어주길 기원한다.

1장 ✂ 마음챙김을 통한 중독 회복

지금-여기에 이르기

당신이 손에 들고 있는 이 책은 오랜 성찰과 연구, 경험과 수련의 결과물이다. 우리 두 저자가 개인적으로, 또한 중독 전문가로서 겪었던 고충과 그에 이은 평화의 흔적이 책의 페이지마다 드러나 있다. 우리가 중독 전문가로서 영성과 영적 수련에 대해 가졌던 평생의 관심을 엮은 것이 바로 이 책이다.

나(토마스 비엔)는 한동안 세계의 위대한 영성 전통에 대해 공부했었다. 내가 명상을 수련하고 베단타(힌두교 성전인 베다에 관한 철학)와 우파니샤드, 바가바드기타, 파탄잘리의 요가 경구를 읽기 시작했던 때가 벌써 30년 전이다. 이런 공부 덕분에 나는 서양의 영성과 신학에 대해서도 열린 태도를 가질 수 있었다. 사람들은 종종 자신이 믿고 있는 영성 전통이 최고라고 생각한다(물론 그것만을 유일하게 진리라고 주장하지는 않지만). 그러나 내가 보기에 어떤 영성 전통이라도 그것을 깊이 있게 수련하는 사람은 근본적으로 동일한 목적지를 지향하고 있다.

나는 심리학 박사 학위를 준비하는 과정에서 중독 행동(addictive behavior)을 학위논문의 중심 주제로 삼기로 했다. 중독 행동은 인간이 어떻게 변화하는지(혹은 변화하지 못하는지) 배울 수 있는 적절한 연구 영역이다. 또한 자신의 행동이 해롭고 파괴적이라는 것을 인지하면서도, 그러한 통찰을 항상 실천에 옮기지 못하는 인간의 기본적 딜레마에 대해 알 수 있는 연구 영역이기도 하다. 나의 영적 관심이 불교와 마음챙김(mindfulness) 수행으로 향하고 내담자와의 심리치료 경험이 쌓이면서, 나는 이 두 분야가 서로에게 의미 있는 시사점을 던져줄 수 있겠다는 생각이 들었다. 내가 보기에 심리치료는 그 자체로 일종의 마음챙김 수련이다. 그간 나는 내담자에 대한 심리치료 작업과 마음챙김 수행을 점점 더 긴밀하게 연결시켜 왔다. 이로 인해 무엇보다 심리치료 장면에서 치료자 역할을 하는 나 자신의 현존 수준이 깊어졌다. 뿐만 아니라 내담자에게 의식적인 호흡과 명상법을 가르침으로써 그들이 더 깊고 고요하게 현존하는 데 도움을 주었다.

또 한 명의 저자인 비버리 비엔 역시 중독 분야를 중심으로 영성 수련과 치료 작업을 전개해 왔다. 그녀 또한 자신의 개인적 체험을 통해 중독에 관심을 갖게 되었다. 첫 번째 결혼에서 알코올 중독자 남편을 만났던 그녀는 알코올이 한 사람의 삶에 어떤 영향을 미칠 수 있는지 직접 체험했다. 그리고 본인 또한 니코틴 중독을 경험하면서 중독에 대한 관심이 더욱 깊어졌으며, 행동 위주의 금연 프로그램을 직접 만들어 지도하기도 했다. 상담심리학 석사인 그녀는 다양한 사람들을 상대로 돌봄 제공 서비스 및 교육 분야에서 12년 이상 일해 왔다. 거기에는 심각한 정신질환을 앓고 있는 사람, 약물을 남용하는 노숙인, 정신질환과 약물 남용으로 기관에 수용된 사람도 있다.

심각한 정신질환을 앓는 사람들을 상대하는 것은 매우 어렵고 힘든 일이다. 이에 비버리는 보다 깊은 영적 자각과 수련의 필요성을 절감했다. 그녀는 자신의 중심을 되찾기 위해 집중 수련회에 참석했으며 또한 명상과 요가를 자기 삶의 일부로 삼기 시작했다. 지금으로부터 7년 전 그녀와 내가 서로의 삶에 들어왔을 무렵(결혼했을 때), 우리는 서로 공통점이 많다는 사실을 알게 되었다. 우리는 각자의 마음챙김 수련을 심화하는 데 있어 서로 지지하였으며, 어느 정도의 안정감과 통찰을 얻은 뒤에는 '마음챙김으로 깨어 있는 삶(Mindful Living)'이라는 워크숍을 통해 이러한 결실을 사람들과 나누었다. 이 과정에서 이 책에 대한 아이디어가 서서히 구체적인 틀을 잡아가기 시작했다.

중독 치유와 알아차림의 공통분모

우리 두 사람은 이 모든 관심사를 관통하는 공통적인 연결고리가 있음을 알게 되었다. 그것은 바로 고요한 자각 또는 알아차림(awareness)이라는 마음의 성질이었다. 불교에서는 이것을 마음챙김(mindfulness)이라고도 부른다. 마음챙김 수련을 통해 우리는 내담자와 우리 자신의 삶을 정면으로 마주하는 능력이 커짐을 경험했다. 그것은 곧 삶에 대처하는 능력이 깊어지고 효과적으로 커지는 것을 의미했다. 우리에게 마음챙김은 중독과 관련된 여러 문제에 대한 가장 적절한 해독제로 보였다. 왜냐하면 중독이란 그 본질상, 깨어 있는 상태로 삶을 마주하는 것이 아니라 그와 반대로 삶을 '회피하는' 방법이기 때문이다. 많은 중독자에게 중독 행동은 일시적으로 문제를 숨기는 방편에 지나지 않는다. 그러나 불행히도 삶을 회피하고 문제를 숨기기에 급급하면 문제의 발생 빈도와 심각성은 점점 악화될 뿐이다. 이에 '영성'과 '삶의 의미'가 중독 문제를 해결하는 데 있어서 핵심 열쇠라는 사실을 많은 사람들이 알게 되었다. 우리는 그중에서도 회피의 대척점에 있는 마음챙김에 기초한 영성 훈련이야말로, 중독으로 힘들어하는 사람들에게 유용한 도움을 제공할 수 있다고 보았다.

　우리는 마음챙김이라는 영성이 중독자들에게 특히 도움이 될 거라고 생각했다. 그리고 그 통찰은 시간이 지나면서 무게감과 구체성을 더해갔다. 물론 우리가 취한 접근은 기본적으로 심리적 접근이다. 하지만 우리는 '또 하나의' 심리치료법을 제공하고 싶지는 않았다. 우리는 보다 포괄적인 의미에서 '삶에 대한 영적인 접근법'을 제안하고 싶었다. 이를 통해 중독자들은 자신의 삶을 정면으로 마주할 수 있다. 또 더 큰 명료함과 평정심, 평화와 통찰을 가지고 자신의 삶을 다시 일구어갈 수 있을 것이다. 우리는 이미 변화의 과정을 시작한 중독자뿐 아니라, 거기서 더 나아가 영적인 바탕이나 토대를 구하는 사람들에게 그 길을 알려주고자 했다.

영적인 길

이 책에서 취하는 접근 방식을 '영적인 길(spiritual path)'이라고 할 수 있다면, 그것은 협소하고 제한된 의미의 영성이 아니라 넓은 의미의 포괄적 영성을 의미한다. 영성(spirituality)이라는 말은 '성령(Holy Spirit)'이나 '하느님의 영(Spirit of God)' 등의 표현에 보이는 '영혼(spirit)'에서 나왔다. 이처럼 우리는 영성이라는 말을 흔히 종교적 의미와 관련짓는다. 그런데 성경의 기본 언어인 헤브루어나 그리스어에서 '영혼'에 해당하는 단어〔헤브루어 루아흐(ruach), 그리스어 프뉴마(pneuma)〕 숨 또는 바람〔風〕이라는 뜻도 함께 지니고 있다. 그리고 라틴어의 스피리투스(spiritus)도 비슷한 의미를 지닌다. 창세기의 천지창조 이야기에서 하느님은 그때까지 생명이 없던 인간 아담에게 숨을 불어넣는다. 이렇게 해서 하느님의 숨, 즉 영혼으로 가득 찬 아담은 비로소 살아 있는 존재가 된다. 이 이야기를 통해 우리 안의 생명력이 곧 신성(神性)과 직접 관련된다는 사실을 알 수 있다. 또 영성 수련에서 호흡이 갖는 중요성에 대해서도 짐작할 수 있다.

우리 주변에는 신이나 거룩한 존재와 연결된 '영성'에 거부감을 갖는 사람도 있다. 그러나 특정 인격신을 믿어야만 이 책으로 도움을 받을 수 있는 것은 아니다. 만약 '영성'이라는 말이 종교 신앙을 떠올리게 한다면 다음과 같이 생각해도 좋다.

첫째, 저자가 이 책에서 사용하는 '영적'이라는 말은, 삶에 대한 시적(詩的) 감각을 의미한다는 것이다. 즉 그것은 삶의 아름다움과 생동감, 의미에 관한 '나만의' 감각을 의미하기도 한다. 예컨대 갓 태어난 당신의 아이가 처음으로 눈을 뜰 때, 황홀한 해넘이를 감상할 때, 아름다운 여인의 머리 빗는 모습을 지켜볼 때, 고대유적의 오래된 석조건물을 직접 손으로 만질 때 우리는 '영적인' 순간을 경험한다. 우리는 말을 타거나 꽃을 심는 동안에도(이것에 열정을 갖고 있다면) 혹은 다른 사람과 가슴에서 우러나는 대화를 나눌 때도 영적 경험을 한다.

둘째, 이 책에서 저자는 '영적'이라는 말을, 인간이 처한 삶의 '실존적 조건'과 비슷한 의미로 사용하고 있다. 불교의 '다섯 가지 기억하기(Five Remembrances)'라는 수행법에서는 오직 자신의 행위만이 자기의 유일한 소유물이라는 사실을 스스로 상기한다[다섯 가지 기억하기: 1. 나는 반드시 늙을 것이다. 2. 나는 반드시 병에 걸릴 것이다. 3. 나는 반드시 죽을 것이다. 4. 나는 반드시 내가 소중하게 여기는 물건이나 사람과 헤어질 것이다. 5. 나는 내 행동(업)의 유일한 소유자이며 상속자이다. 붓다는 남자나 여자나, 속인이나 성인이나 모두 이 다섯 가지 사실을 스스로 자주 상기해야 한다고 했다. 여기서는 다섯 번째를 가리킨다. - 옮긴이]. 붓다는 사르트르의 실존주의 철학이 등장하기 2,500년 전에 이미 그 사실을 통찰했다.

이렇게 '영적'이라는 말에는 우리의 삶이 시간적으로 한정되어 있고, 그렇기 때문이 삶이 더욱 소중하다는 자각이 깃들어 있다. 또 거기에는 우리의 선택에 따르는 의미대로 삶의 매 순간을 채워가야 한다는 깨달음이 녹아 있다. 이는 또한 우리가 내리는 모든 선택이 매우 중요하며, 그러므로 분명한 자각을 가지고 선택을 내려야 한다는 의미이기도 하다. 왜냐하면 삶의 길에서 만나게 되는 모든 굽이굽이가 장차 우리가 나아갈 방향을 결정짓기 때문이다.

왜 불교인가

우리가 이 책에서 의도하는 바는, 독자를 기독교와 유대교를 배격하는 불교 신자로 만들려는 것이 결코 아니다. 서양에서 말하는 종교와 철학의 정의로 볼 때, 불교는 종교도 아니고 철학도 아니다. 불교는 괴로움에서 벗어나는 해방의 길(path of liberation)일 뿐이다. 붓다(깨어 있는 자)가 된 고타마 싯다르타의 관심사는 다른 종교와 경쟁할 수 있는 또 하나의 종교를 만들어 '종교 시장'에 내놓는 것이 아니었다. 그는 철학적, 형이상학적 사변(思辨)에는 관심이 없었다. 우주의 기원 같은 형이상학적 질문을 받았을 때 붓다는 침묵을 지켰다고 한다. 우리는 불교의 가르침을 이러한 추상적 맥락에서 받아들일 필요가 없다. 때로 불교의 가르침이 종교나 철학으로 비치더라도 그것은 결코 불교의 본질이 아니다. 불교는 스스로의 수행을 통해 어떻게 하면 고통을 끝내고 평화롭고 자유로운 삶을 살 수 있는가를 이야기한다.

고타마 싯다르타는 기원전 500년 경, 자신이 살던 당시에 유행했던 종교적·영적 전통들을 모두 체험해보았다. 그는 그것들을 극한의 깊이까지 수행한 뒤에 그 모두가 무언가 부족하다는 사실을 깨달았다. 열반 혹은 깨달음에 이르렀을 때 고타마 싯다르타는 당시 유행하던 모든 가르침과 신앙, 수행법을 이미 넘어선 상태에 도달해 있었다. 깨달음을 얻은 직후에 붓다는 누구에게 무엇을 가르치려는 생각을 하지 않았다. 심지어 자신이 체험한 바에 관하여 다른 사람에게 이야기하려고도 하지 않았다. 처음에 붓다는 침묵을 지키는 현자로 살아가는 데 만족했다고 한다. 그러나 머지않아 그래서는 안 된다는 사실을 알았다. 아직 깨닫지 못한 존재들이 겪고 있는 고통을 목격하면서 그들의 고통을 덜어주기 위해 자신이 할 수 있는 일을 해야 한다고 생각했다. 그들에게 도움을 주어야 한다는 사실을 알게 된 붓다는 가르침을 펴기 시작했다. 그리고 오랜 시간 가르침을 펴고 난 뒤, 삶의 마지막 순간에 자신이 그때까지 펼친 모든 가르침을 이렇게 요약했다. "나의 가르침은 오직 고통과 고통의 종식에 관한 것이다." 고통과 고통의 종식, 이것이야말로 사람들을 교화시킨 교사로서 붓다가 지녔던 유일한 관심사였다.

불교가 전하는 가르침의 핵심은 네 가지 고귀한 진리, 즉 사성제(四聖諦)이다. 이것 역시 고통과 고통의 종식에 관한 내용이다. 사성제의 내용을 살펴보자.

1. 첫 번째 고귀한 진리는 '고통이 존재한다'는 사실이다. 그런데 이것은 삶의 모든 것이 고통이라는 의미가 아니다. 붓다는 고통처럼, 우리가 쉽사리 무시해버리는 삶의 측면에 주의를 기울이라고 요청한다. 일반적으로 '고통'이라고 번역되는 팔리어(붓다 생존 시 사용하던 언어) 둑카(dukkha)는 '불만족감' 또는 '삶에 대한 환멸'로 번역하는 것이 더 적절하다. 왜냐하면 둑카가 반드시 불치병이나 죽음 같은 파멸적인 사건만을 가리키는 것은 아니기 때문이다. 이 말에는 주차 공간을 찾지 못할 때, 혹은 무슨 직업을 가져야 좋을지 모를 때 느끼는 곤란함까지 모두 포함된다.

2. 두 번째 고귀한 진리는 '고통의 원인'에 관한 내용이다. 이것은 본질적으로 삶이 끊임없이 변화하는 무상(無常)한 것인데도, 우리는 이 사실을 거부한 채 마치 그렇지 않은 것처럼 삶에 집착한다는 의미다.

3. 세 번째 고귀한 진리는 이런 절망적 상황에서 벗어나는 길, 즉 그로부터 놓여나는 방법이 존재한다는 가르침이다.

4. 네 번째 고귀한 진리는 우리가 고통에서 벗어나려면 어떻게 살아야 하는가에 대해 이야기한다.

네 번째 진리에서 말하는, 괴로움에서 벗어나는 방법이 곧 팔정도(八正道)이다. 팔정도는 바른 견해, 바른 생각, 바른 말, 바른 행동, 바른 생계, 바른 노력, 바른 마음챙김, 바른 집중의 여덟 가지를 말한다. 이들 여덟 가지에는 모두 '바르다'로 번역되는 팔리어 삼막(samyak, 正)이 앞에 붙는다. 그런데 이것을 서양의 십계명에 보이는 윤리적 의미의 바름으로 해석한다면 적절하지 못하다. 붓다는 윤리적이고 사변적이 아닌 실제적인 것에 초점을 맞추었다. 팔정도에서 말하는 '바름'은 오히려 '온전하다, 완벽하다, 효과적이다'라는 의미로 받아들여야 한다. 다시 말해 여기서 '바르다'는 말은 우리가 어떻게 하면 고통의 그물에 걸려들지 않는가를 의미한다고 보아야 한다. 팔정도의 여덟 가지는 함께 상호적으로 작용한다. 하나를 깊이 닦으면 다른 일곱 가지도 함께 닦는 것이 된다. 예컨대 바른 견해를 닦는 것은 직장에서 하는 일, 그리고 다른 사람에게 말하는 방식과도 연관된다. 다시 말해 팔정도 가운데 하나인 바른 견해는 바른 생계, 바른 말로도 이어진다는 것이다. 이렇게 여덟 가지가 서로 연관된다면, 우리는 팔정도를 단순화시켜 그중 일곱 번째인 마음챙김에 온전히 집중할 수도 있다. 왜냐하면 마음챙김은 팔정도의 나머지 일곱 가지를 모두 포함하기 때문이다.

고통에서 벗어나는 길을 알고 싶은가? 그렇다면 위의 팔정도를 직접 수행한 뒤 스스로 결과를 확인하라는 것이 불교에서 권하는 태도다. 맹목적인 신앙으로 그것을 받아들이지 말라는 이야기다. 다만 이 경우에도 최초의 진지한 시도에 필요한 잠정적 믿음은 어느 정도 필요하다. 그러나 시도한 후에는 스스로 그 결과를 확인해야 한다. 이것이야말로 가장 실제적인 태도다.

우리는 독자들이 저마다의 신앙 혹은 무신론을 견지하면서도 이 책을 통해 도움을 받을 수 있다고 생각한다. 그것은 마음챙김에 대한 독자의 이해가 깊어짐에 따라, 자신이 믿는 종교 전통에서 발견할 수 있는 마음챙김의 측면에 대한 이해도 더 깊어지기 때문이다. 예를 들어 예수는 "내일 일을 걱정하지 말고, 오늘의 어려움은 오늘로 족하게 하라"고 했다. 이 것은 어쩌면 마음챙김을 말하고 있는 것인지 모른다.

'중독'의 의미

대부분의 사람이 중독(addiction)이라는 말을 협소한 의미로 사용하고 있다. 이때 중독은 우리 몸이 특정 물질에 대한 문제적이고 파괴적인 남용 패턴에 길들여진 상태를 말한다. 이 같은 협소한 의미에서라면, 중독에 빠진 사람은 갑자기 물질의 사용을 중단할 경우에 금단 증상(withdrawal)이라는 이상 상태를 경험한다고 본다.

그런데 중독이라는 말을 더 광의적이고 비유적인 의미로 사용하는 경우가 점점 흔해지고 있다. 특정 '물질'이 아니라 한 사람의 '행동' 패턴에 강박적 성격이 있을 때에도 중독이라는 말을 자주 사용하는 것이다. 요즘은 일 중독, 성 중독, 음식 중독이라는 말을 흔히 사용한다. 중독이라는 용어를 이처럼 비유적 의미로 사용하더라도 이들 문제적 행동에 관한 일말의 진실을 충분히 드러낼 수 있다. 따라서 우리 저자들은 이와 같은 영적인 책에서 반드시 중독을 애초의 협소한 의미로 사용할 필요는 없다고 본다. 중독이라는 말을 보다 넓은 의미로 사용한다면 광범위한 의미의 중독으로 문제를 겪는 사람들이 이 책으로 도움을 받을 수 있을 것이다.

시작 전 일러두기

이 책에 등장하는 인물들은 저자의 실제 치료 장면에서 만났던 내담자들이다. 하지만 대개의 경우, 단일 개인에 관한 것이 아니라 여러 사례를 함께 엮어 구성하였다. 특정 개인에 관한 사례인 경우에도 익명성을 보장하기 위해 이름 등 신상 정보를 변경하였음을 미리 밝혀둔다.

사람들은 무엇을 좋다고 알면

그 외의 것은 좋지 않다고 분별한다.

또 누군가를 맞다고 판단하면

그 외의 사람은 맞지 않다고 분별한다.

—

노자, 『도덕경』(기원전 6세기)

중독의 회복 과정

거의 잃을 뻔한 삶: 멜리사의 이야기

"나는 술이라고는 한 방울도 입에 대지 않으려 했어요. 술이 부모님의 삶을 어떻게 만들어 놓았는지 생생하게 지켜봤거든요. 매일같이 계속되던 고함과 비명 소리가 지금도 귀에 들리는 듯해요. 언니와 나는 매일 밤 서로 부둥켜안은 채 잠을 제대로 이루지 못했어요. 혹시라도 내가 술을 입에 대기 시작하면 다시는 끊을 수 없다는 사실도 알고 있었죠."

멜리사의 예언은 결국 현실이 되고 말았다. 대학 파티에서 친구의 강권에 못 이겨 결국 술을 입에 댔다. "처음 마신 술은 그다지 맛이 없었어요. 그런데도 또 다시 술을 입에 댔죠." 그다지 맛이 없었지만 멜리사는 알코올과의 관계가 향후 오래 지속될 것임을 즉각적으로 알 수 있었다. 머지않아 멜리사는 기숙사 파티에서 자주 술을 마시게 되었다. 처음에 우려했던 삶을 그대로 살게 된 것이다.

"파티가 점점 많아졌어요. 처음에는 아주 재미있었어요. 그러자 공부를 소홀히 하게 되더군요. 숙취 때문에 수업에 빠지는 일도 생기기 시작했지요. 물론 성적도 떨어졌어요. 모든 게 엉망이 되었고 계속해서 불안했어요. 불안은 이제 그 자체로 문제가 되기 시작했어요. 나는 될 대로 되라는 식으로 술을 더 마셨어요. 2학년 중반 즈음 퇴학당하고 나서는 보험회사에서 일을 했어요. 별 재미도 없는 단순 사무였죠."

꿈이 좌절된 상황에서 멜리사는 삶의 의미와 목표 상실로 괴로워했다. 한때 다른 사람을 돕고 싶다는 고귀한 관심과 열정을 지녔던 멜리사였다. 청소년 시절에는 정신건강 분야에서 일하고 싶다는 꿈을 갖기도 했다. 그러나 그녀의 이런 고귀한 바람은 알코올에 취한 몽롱한 길로 바뀌고 말았다. 이렇게 그녀는 변질된 의식 상태에 빠진 채 답을 구하고 있었다.

음주운전으로 죽음에 가까이 갔던 일도 몇 번 있었다. 그런데 멜리사의 진짜 비극은 치명적인 자동차 사고처럼 극적이지 않았다. 오히려 그녀의 비극은 자신의 꿈이 좌절된 데 따른 심한 무력감에 있었다. 멜리사는 알코올 때문에 일이 불만족스러웠고 인간관계에도 문제가 생겼으며 신체적으로도 쇠약해졌다. 그녀의 삶은 이러지도 저러지도 못한 채 꽉 막혀 있었다. 자신의 능력에 못 미치는 단순 사무 일을 여기저기 전전했다. 자신에게 어울리는 길을 찾지 못하고 있었다. 그녀가 말했다.

"하루하루가 힘들었어요. 무엇을 해도 의미가 없다고 느껴졌어요. 지금도 정신건강 일을 하고 싶은 마음은 있어요. 하지만 그 생각을 하기만 해도 내가 도저히 감당할 수 없는 일처럼 느껴져요. 그러면 어떻게 하냐고요? 또 술을 입에 대고 말죠."

첫 치료 세션에 찾아왔을 당시 그녀는 3주 동안 술을 끊은 상태였다. 나는 우리가 앞으로 하게 될 치료 작업의 기본 원칙을 설명해 주었다. 중독은 우리를 아프게 하는 원인으로부터 도망치는 행위라는 점, 그리고 이런 도망은 또 다시 여러 문제를 일으킨다는 점을 이야기했다. 그녀는 다소 건성이기는 했지만 나의 설명을 알아듣는 듯했다. 그러나 그녀가 이것을 자신의 실제 경험에 적용시키고 있지 않다는 것은 분명해 보였다. 처음 몇 차례 만남을 갖는 동안 멜리사는 자신을 드러내기를 어려워했다. 고통에 가까이 간다고 느낄 때마다 즉각적으로 도망치거나 고통을 얼버무리려 했다. 예컨대 그녀는 이렇게 말했다. "내가 지금 하고 있는 일이 정말 마음에 드는 것은 아니에요. 나에게 더 맞는 일을 구할 수도 있을 거예요." 그런 다음 그녀는 즉각적으로 이렇게 덧붙였다. "그렇지만 자기 마음에 꼭 드는 일을 하는 사람이 있을까요." 그런 다음 그녀는 다른 주제, 좀 더 안전한 화제로 말머리를 돌렸다.

그러나 치료 과정을 통해 멜리사는 점차 고통에 친숙해지는 법을 알게 되었다. 나는 그녀에게 명상을 소개했다. 이를 통해 그녀는 자신의 생각과 감정에 완전히 갇혀버리지 않고 그것과 함께하는 법을 알게 되었다. 명상을 시작하자 치료 과정에 속도가 붙었다. 명상을 통해 멜리사는 고통이 일어나는 순간, 그로부터 도망치는 자신을 볼 수 있었다. 그리고 그런 고통스러운 생각과 감정 때문에 또 다시 음주 충동이 일어나는 과정도 분명히 볼 수 있었다.

또 다른 치료 방법으로 멜리사는 일기를 쓰기 시작했다. 일기를 쓰는 과정을 통해 자기 삶의 패턴을 확인할 수 있었다. 자신이 '착한 아이'로 자랐다는 사실을 일기 쓰기를 통해 비로소 깨달았다. 학교에서 멜리사는 선생님이 수업을 마치고 교실을 나가면 학급을 감독하는 반장 역할을 좋아했다. 또 성적표에 난생 처음 C를 받으면 마음의 상처를 크게 입었다. 이런 그녀에게 술은 조금은 제멋대로 반항적인 행동을 할 수 있는 유일한 구실이었다. 그런데 치료 과정을 통해 그녀는 반드시 모든 일을 잘 하지 않아도 아무 문제 없다는 사실을 깨달았다. 그저 재미있게 즐겨도 괜찮다는 것, 즐기더라도 덜 해로운 방식으로 할 수 있다는 것도 알게 되었다.

치료 종결 시점에 이르러 멜리사는 상담사가 되고 싶다는 자신의 잊혀진 꿈에 대해 이야기했다. 당장 대학으로 돌아갈 형편은 못 되었지만, 어느 정신병원에서 정신건강 상담사 일을 찾을 수 있었다. 비록 보험회사 일보다 월급은 적었지만 이 일에서 더 큰 만족을 찾았다. 당시 그 병원은 재정 문제로 인해 예산이 삭감될 상황이었지만, 다른 직장에서와 다르게 크게 개의치 않았다. 스스로 선택한 길이었기 때문이다. 멜리사는 나와 가진 마지막 상담에서, 앞으로 계속 정신건강 분야에서 연수를 받은 뒤에 자격을 취득하고 싶다는 말을 했다.

고통이라는 신호에 귀를 기울여라

중독으로 힘들어 하다가 그로부터 조금 놓여난 뒤, 이전의 삶으로 되돌아가는 과정은 서서히 진행된다. 멜리사도 점진적인 과정을 통해, 헝클어진 삶의 조각들을 다시 맞출 수 있었다. 멜리사만이 삶에서 길을 잃는 것은 아니다. 누구라도 그렇게 될 수 있다. 자신이 바라는 삶의 길에 서 있지 않다고 느껴질 때 괴로움과 공허함이 생겨난다. 이럴 때 당신은 무엇으로 자신을 채우는가? 어떻게 시간을 메우는가? 무엇으로 자신의 몸과 마음을 감당하는가? 이때 당신은 고통으로부터 도망가고 싶지 않겠는가? 아마도 그럴 것이다. 그러나 여기서 자신이 바라보는 관점을 전환시킬 수도 있다. 즉, 고통은 나의 삶에 무언가가 잘못되었음을 알려주는 신호로 볼 수도 있다. 고통은 우리가 주의를 기울여 치유해야 하는 무언가가 있음을 알리는 신호다. 비록 그 앎이 우리를 아프게 하지만 고통은 이런 사실을 알려주는 신호로서 의미가 있다.

삶을 사는 것을 하나의 예술이라고 한다면, 여기서 가장 중요한 것은 무엇일까? 그것은 우리가 살면서 맞닥뜨리는 고통을 어떤 방식으로 다룰 것인가 하는 문제가 아닐까? 우리는 고통이 주는 교훈에 귀를 기울이려 하는가? 아니면 비록 일시적으로라도 어떤 식으로든 고통을 없애버리려고 발버둥 치는가? 우리는 삶에 존재하는 공허함에 귀 기울이고자 하는가, 아니면 어떤 대가를 치르고라도 그 공허함을 다른 무엇으로 채우려 하는가? 어떤 사람은 지나친 소비와 끝도 없는 개인적 야망으로 고통과 공허함을 채우려 한다. 또 어떤 사람은 텔레비전과 일, 컴퓨터와 비디오 게임으로 채우려 한다. 그들은 조금의 빈 공간도 자신에게 허락하지 않는다. 또 멜리사처럼 술과 약물로 공허함을 메우려는 사람들도 있다.

찻잔이 비어 있는가

우리는 주변에서 각종 중독 치료 프로그램을 어렵지 않게 찾아볼 수 있다. 하지만 이들 프로그램이 중독자들의 다양한 요구를 충분히 만족시키지 못하고 있음은 분명해 보인다. 이 책은 자신의 중독을 제대로 이해하기 위해 영적인 삶의 관점을 갖고자 하나, 기존 프로그램에서는 이를 구하지 못하는 사람들에게 도움이 될 것이다. 현재 당신이 탐닉하고 있는 중독 물질을 끊는 일은 회복 과정에서 매우 중요한 첫 단계이다. 그러나 이미 자신의 삶에서 커다란 비중을 차지해버린 중독 물질을 단번에 끊는 것은 쉬운 일이 아니다. 설령 일시적으로 끊었다 해도 그 변화를 지속시키기 위해서는 삶의 영적인 측면에 마음을 열 필요가 있다.

불교에는 열린 마음의 중요성을 일깨우는 이야기가 전해온다. 한 구도승이 가르침을 청하기 위해 유명한 고승을 찾았다. 그는 고승에게 잘 보이기 위해 자신이 갖고 있는 불교에 관한 해박한 지식을 줄줄 읊어댔다. 말없이 듣고 있던 고승은 구도승의 찻잔에 차를 따르기 시작했다. 그런데 차가 흘러넘치는데도 계속해서 따르는 것이 아닌가. 이윽고 고승이 입을 열었다. 이미 머리가 꽉 차 있는 사람, 진리를 알았다고 자만하는 사람에게 선(禪)을 가르치는 것은 불가능하다고.

지금 당신의 마음은 열려 있는가? 당신의 찻잔은 차를 더 따를 수 있는 여유가 있는가? 그렇다면 우리는 당신을 마음챙김을 통한 중독 회복의 길로 친절하게 안내할 것이다. 이 책에서 우리는 당신과 함께 중독 회복의 영적이고 정서적인 면을 함께 탐구해 보려 한다.

마음챙김

영적 관점에서 중독 회복을 생각하는 소중한 방식은 오래 전부터 있었다. 오늘날까지도 중독 회복의 영적 측면은 종교적 사고방식에 영향을 받고 있으나, 그것은 주로 서양의 사고방식이다. 최근에는 동양의 영성에 대한 관심도 커지고 있다. 하지만 동양 전통을 중독자들의 필요와 연결시키는 작업은 별로 이루어지지 못한 실정이다.

이 책에서 제시하는 중독 치유의 접근법은 마음챙김(mindfulness)이라는 불교의 가르침에 기초하고 있다. 마음챙김이란 현재 순간에 대한 자각(알아차림)과 수용(받아들임)을 특징으로 하는 열린 마음을 말한다. 마음챙김은 유일하게 실재하는, 지금 이 순간을 경험하는 것이다. 깨어 있는 마음챙김의 삶은 미래나 과거에 사는 것이 아니다. 또 미래와 과거에 빠져 있는 자신을 비난하는 것도 아니다. 마음챙김은 자신의 영적이고 진실한 본성과 다시 접촉하는 것이다.

마음챙김은 또 자신의 고통에 대해 열린 마음을 갖는다. 그렇게 함으로써 고통이 나에게 던져주는 교훈을 깨닫는다. 그렇게 자신의 삶을 조화롭게 회복하는 것이다. 그러나 마음챙김을 수련하기 위해 반드시 불교를 믿어야 하는 것은 아니다. 또 자신이 현재 믿고 있는 종교를 버려야 하는 것도 아니다. 실제로 마음챙김을 수련할 때 우리는 종교적 태도를 조금도 지닐 필요가 없다. 마음챙김을 통한 중독 회복(Mindful Recovery)은 보다 조화로운 중독 회복의 방법을 모색한다. 일반적으로 중독자들은 자신의 중독 상황에 따른 고통과 직접 대면하기보다, 약물 등을 이용하여 스스로를 자각하지 못하는 상태에 빠지기 쉽다. 마음챙김은 중독자들의 자각을 회복시킴으로써 고통에 직면하는 보다 편안한 방식을 제공한다.

마음챙김은 두 가지 방식으로 중독자들에게 도움을 줄 수 있다. 무엇보다 마음챙김의 계발을 통해 깨어 있는 삶이 가능해진다. 다시 말해 자신의 신체와 감정, 주변상황을 더 잘 자각하게 되는데 이로써 지금 나의 어떤 부분이 불균형 상태인지, 무엇이 나를 아프게 하는지에 관하여 분명한 신호를 받을 수 있다. 나아가 중독과 관련하여 스스로 자각하지 못했던 파괴적인 행동을 중단시킬 수도 있다.

또한 마음챙김은 살아 있음의 단순한 기쁨과 다시 접촉하게 해준다. 랍비 아브라함 헤셸이 말했듯이 "존재한다는 것은 그 자체로 축복이다. 살아 있다는 것은 그 자체로 신성한 일이다." 삶의 모든 순간은 우리의 영혼에 새 기운을 불어넣는 충일함을 그 안에 가지고 있다. 즉 살아 있음에서 느끼는 단순한 충족감은 삶의 모든 순간에 깃들어 있다. 우리는 그저 그것에 마음을 열기만 하면 된다. 그런데 중독자들은 이 부분을 어려워한다. 왜냐하면 중독이란 지각 능력을 무디게 만들어 스스로를 외부와 차단하는 행위이기 때문이다.

중독은 나에게 아픔을 주는 대상으로부터 스스로를 차단하려는 욕구에서 생긴다. 하지만 아픔을 차단하면 현재 순간에 대한 단순한 경험으로부터도 단절되고 만다. 아침의 신선함이나 손님을 반기는 개의 소리, 자신이 좋아하는 의자에서 느끼는 안락함 같은 것 말이다. 마음챙김은 현재 순간이 선사하는 단순한 기쁨과 다시 접촉하게 한다. 그럼으로써 약물을 비롯한 해로운 물질로 삶의 공허함을 메우지 않아도 좋게 한다.

꽃 한 송이를 알아보기 위해

나와 나의 생각뿐 아니라 우리가 사는 세상에 대해서도 깨어 있을 수 있을까? 만약 그럴 수 있다면 우리는 그 풍요롭고 다채로운 드라마 속에서, 삶을 인위적으로 개선해야 할 필요가 없다고 느낄 것이다. 또 우리가 느끼는 공허함을 약물로 채워야 할 필요도 없을 것이다. 그러나 우리들 대부분은 세상에 대한 이러한 풍요로운 자각을 거부한다. 왜냐하면 이 풍요로운 자각은 평소 자신이 당연하게 여기는 생각이나 관심과 반드시 일치하지 않기 때문이다.

당신이 차를 몰고 직장으로 출근하는 중이라고 하자. 이때 당신의 생각이 오로지 직장에 지각하지 않는 데만 가 있다면, 당신은 거리를 걷는 사람들이나 겨울 아침의 차갑고 신선한 기운을 알아보지 못할 것이다. 또여름의 나른한 따스함도, 장엄한 해돋이도, 산과 바다도, 초록의 신록도, 광활한 벌판도 알아보지 못할 것이다. 물론 당신은 의도했던 대로, 직장에 늦지 않게 출근했을 것이다. 그러나 위에 말한 '실용적이지 않은' 것들에도 주의를 기울였다면 당신의 출근길 경험은 그 자체로 더 풍요로웠을 것이다. 이때 운전은 출근이라는 목적을 위한 수단이지만, 그와 동시에 수단 이상의 의미를 갖는다.

명상 지도자이자 작가인 샤론 샐즈버그가 들려준 이야기가 있다. 샤론의 스승 한 사람이 명상을 하는 이유에 관한 질문을 받았다. 제자들은 무언가 심오하고 비밀스러운 지혜를 기대하며 들뜬 마음으로 스승의 답을 기다리고 있었다. 이윽고 스승이 대답하기를, 자신이 명상을 하는 이유는 길가에 핀 작은 보라색 꽃을 무심코 지나치는 일이 없기 위해서라고 했다. 이처럼 마음챙김은 일상의 '작은 것'을 자각하는 일이다.

작은 것에 대한 자각은 매우 중요하다. 틱낫한 스님은 설거지를 할 때는 오직 설거지만 하라고 가르친다. 혹시 당신은 설거지보다 만족을 주는 다른 무엇을 하기 위해 설거지를 그저 '해치우고' 있는 것은 아닌가? 만약 그렇다면 설거지를 즐기지 못할 뿐 아니라 설거지 이후의 활동도 즐길 수 없다. 예컨대 설거지가 끝난 뒤 먹게 될 디저트를 목표로 설거지를 해치우고 있다면 당신은 디저트 역시 맛있게 즐기지 못한다. 왜냐하면 이런 마음 상태로는 실제 디저트를 먹더라도 마음은 다시 디저트 '다음의 것' (나중에 보려고 저장해 둔 영화나 누군가에게 걸어야 할 전화, 마저 읽어야 할 소설 등)에 온통 마음이 가 있을 것이기 때문이다. 이런 식으로 당신은 삶의 실재하는 순간들을 살지 못한다. 당신은 계속해서 지금보다 '더 좋은' 순간에 이르기 위해 끊임없이 애쓴다. 이는 삶을 사는 것이 아니라, 삶을 살기 위한 계획만 세우는 일이다.

명료한 경험의 필요성

음식이 몸에 양분을 주듯이, 경험은 우리의 영혼을 살찌운다. 우리는 누구나 직접적이고 분명한 경험이 선사하는 풍요로움을 필요로 한다. 풍요로운 경험은 영혼을 건강하게 살찌운다. 만약 불안이나 두려움, 걱정, 계획으로 인해 경험이 차단되어 정신의 양분을 충분히 흡수하지 못하면, 우리의 영혼은 빈혈 상태에 이른다.

심리학자들은 '감각 차단 탱크(sensory deprivation tank)'에서 여러 차례 실험을 진행했다. 감각 차단 탱크는 사람 체온 정도의 소금물을 일부 채운, 어머니 자궁과 비슷한 작고 어두운 방음실이다. 실험 참가자들은 이 방에 들어가 오래 머물며, 경험이 차단된 환경이 인간의 기능과 인지에 어떤 영향을 미치는지 알아보게 된다. 오랜 시간 이 방에 있었던 참가자들은 종종 환각을 일으키기 시작했다. 이처럼 극도로 자극이 부족한 환경에서는 뇌가 스스로 환각을 만들어낸다.

이와 마찬가지로, 마음챙김으로 깨어 있지 못하면 우리에게 필요한 경험의 자양분을 충분히 섭취할 수 없다. 그러면 우리의 정신 상태는 일종의 기아상태에 빠지게 되고 어떤 경우에는 실제와 무관한 환상과 두려움에 시달릴 수도 있다. 나아가 굶주린 마음을 채우기 위해 강렬한 자극을 추구하면서 이곳저곳을 기웃거리게 된다. 어떤 사람은 약물이나 알코올에 의존하기도 하는데, 그것은 자신이 가지고 있는 풍요로운 경험에 주파수를 맞추지 못하기 때문이다. 약물이나 알코올은, 배는 부르지만 영양가 없는 패스트푸드와 같다. 약물과 알코올에 의존하는 것은 잔뜩 쌓인 음식을 곁에 둔 채 배를 굶고 있는 것이나 다름없다.

동양의 도구 vs 서양의 도구

동양의 영적 전통, 특히 지금 여기에서의 자각을 중시하는 마음챙김이라는 전통은 중독에 관한 유용한 관점을 제공한다. 왜냐하면 중독의 자동반사적이고 강박적인 성질은 마음챙김의 활짝 열린 여유로운 마음과 함께 존재할 수 없기 때문이다. 중독이 있는 곳에 마음챙김은 존재하지 않는다. 반대로 마음챙김이 존재하면 그곳에는 중독이 존재하지 않는다. 이것은 한정된 공간에서 둘 중 하나를 크게 만들면, 나머지 하나가 줄어드는 이치와 같다.

이 책에서 제시하는 중독 회복의 방식은 주로 마음챙김이라는 동양의 전통에 뿌리를 두고 있다. 하지만 그렇다고 해서 이 책에서 시도하는 모든 기법이 동양에서 유래한 것은 아니다. 마음챙김을 계발하는 방법은 서양에도 존재하고 있었다. 일기 쓰기, 이야기치료를 주로 하는 내러티브 심리학, 통찰 위주의 심리치료, 인간관계 작업, 꿈 분석 등은 모두 서양에서 발달한 방법들이다. 이것들 역시 자각과 열린 마음을 키우기 위한 방법으로, 서양 문화에 뿌리를 두고 있기 때문에 서양인들이 이해하기 쉽다는 장점이 있다. 이 책은 동양의 기법에 뿌리를 둔 마음챙김만을 이야기하는 책들과 다르게, 동양과 서양의 지혜를 함께 제시한다.

중독 회복의 많은 치료 모델이 질병에 초점을 맞추고 있다. 하지만 이 책은 '건강' 위주의 치료 모델을 제시한다. 다시 말해 우리 두 저자는 질병과 병리가 아니라, 건강과 활력에 초점을 맞추어 이야기할 것이다. 우리를 아프게 만드는 원인에 맞서 그것을 해결할 답을 찾고자 한다. 우리 저자는 질병이나 무력감에 초점을 맞추기보다 삶의 긍정적인 측면과 접촉을 유지하고자 한다. 그러면서 온전하고 만족스러우며 의미 있는 삶을 강조하고자 한다. 왜냐하면 삶의 건강하고 긍정적인 면과 접촉해야만 우리가 가진 문제에 직면하는 힘을 발견할 수 있기 때문이다.

흑백논리

질병 자체에 초점을 맞추면 문제를 더 키울 수도 있다. 이를 잘 보여주는 예가 절제위반효과(AVE, Abstinence Violation Effect)이다(예를 들어 알코올 중독자들이 술을 끊었다가도 어쩌다 한 번 실수로 술을 입에 대게 되면 금주에 완전히 실패했다는 생각에 다시 술을 입에 대는 것 - 옮긴이). 절제위반효과는 일종의 흑백논리로서 AA(알코올 중독자 자조모임)의 "한 잔이 주정뱅이를 만든다(one drink, one drunk)."는 슬로건과 유사하다. 절제위반효과의 관점에서는, 알코올 중독에서 회복중인 사람은 자신을 '완전히 술을 끊은 사람' 아니면 '구제불능의 주정뱅이'로 여긴다고 본다. 그들에게는 이 양극단 사이의 '중간지대'가 존재하지 않는다는 것이다. 단 한 번 술을 입에 대는 것으로 스스로를 구제불능의 주정뱅이로 낙인찍어버리는 중독자들은 자기 파괴적인 생각에 쉽게 빠진다. "나는 가망이 없어. 내가 할 수 있는 건 아무것도 없어. 나는 무력한 존재야." 같은 생각이다.

이런 사고방식에 빠져 있기 때문에 파괴적인 음주 습관을 지속할 확률도 당연히 커진다. 일종의 자기실현적 예언(self-fulfilling prophecy)이 되고 만다. 물론 가능하다면 한 번의 실수도 일어나지 않도록 유의하는 것이 바람직하다. 하지만 한 번의 실수가 곧 완전한 실패라는 극단적 사고방식은 중독의 재발을 일으킬 가능성을 오히려 높인다.

마음챙김은 중독 회복 과정에서 한 번의 실수로 이어질 수 있는 신호를 미연에 알아보게 한다. 그래서 한 번의 실수를 단지 '한 번의 실수'로 보게 한다. 그래서 마음챙김을 수련하면 회복 과정에서 중도 탈락할 가능성이 애당초 줄어든다. 뿐만 아니라 한 번의 실수를 하더라도 그 의미를 지나치게 과장하거나 그것을 완전한 실패로 여기지 않을 수 있다.

변화의 메커니즘

중독을 비롯한 습관적 행동을 바로잡기 위해서는 두 가지가 필요하다. 우선, 습관적 행동을 중단시키는 데 도움이 되는 모든 자원을 활용해야 한다. 그러나 이 외에도 새로운 상태, 즉 습관적 행동을 일시적으로 멈춘 상태를 이후에 지속시키는 방법을 찾아야 한다. 마크 트웨인은 담배 끊기에 관해 이런 말을 남겼다. "담배를 안 피우는 것은 세상에서 가장 쉬운 일이다. 나는 그 일을 천 번도 넘게 해봤다." 그런데 그저 담배를 안 피우는 것으로 충분하지 않다. 피우지 않는 상태를 지속할 수 있어야 한다!

이를 보다 큰 맥락에서 살펴보면, 중독의 회복 과정에 서로 다른 몇 개의 변화 단계가 존재함을 알 수 있다. 각 단계에서 특정 필요가 충족되어야만 다음 단계로 넘어갈 수 있다. 심리학자 제임스 프로차스카(James Prochaska)와 카를로 디클레멘테(Carlo DiClemente)는 자신들의 연구에서 다

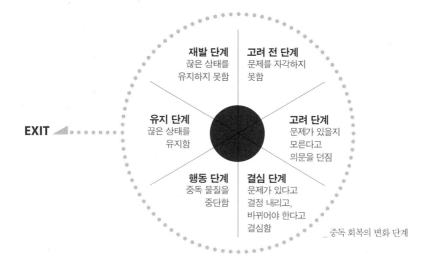

_중독 회복의 변화 단계

음과 같은 중독 회복의 변화 단계를 제시했다.

대개 중독에 빠진 사람은 행동 단계와 재발 단계를 오가는 사이클을 여러 번 반복하고 나서야, 거기에서 벗어나 새로운 존재 방식에 비로소 안정적으로 머물게 된다.

예컨대 알코올 중독자가 자신에게 문제가 있음을 전혀 자각하지 못하는 '고려 전 단계'에서, 문제가 있음을 자각하는 '고려 단계'로 이동하기 위해서는 무엇이 필요할까? 거기에는 자신에게 문제가 있을 수 있음을 암시하는 사건이나 정보가 있어야 한다. 예컨대 자신과 비슷한 알코올 문제를 가진 친구가 곁에 있거나, 알코올 때문에 중병을 앓고 있는 친척이 있을 수도 있다. 아니면 알코올 섭취를 줄이자 불안 수준이 올라가는 증상을 몸으로 느낄 수도 있다.

고려 단계에서는 아직 자신에게 문제가 있다고 확신하지 않는다. 다만 문제가 있을 수 있다는 가능성을 인식할 뿐이다. 이 단계에 있는 사람은 자신에게 문제가 있다는 '생각'과 문제가 없다는 '느낌'을 왕복하면서 시소를 탄다. 만약 알코올 문제를 가진 사람이 고려 단계에 있다고 하자. 그는 내면에서 자신과 이런 대화를 나눌 것이다. '나는 정말 음주 습관을 바꿔야 해. 아침에 엉망인 상태로 일어나는 것도 이제 진절머리가 나. 두통과 속쓰림으로 하루를 보내는 것도 지긋지긋하다고. 그런데 한편으로 생각하면 나 정도 술 마시는 사람도 많잖아? 나보다 더 마시는 사람도 있는데 뭘! 내가 문제라면 찰리는? 그리고 슈는? 난 별 문제없을 거야. 그저 술을 즐길 뿐이야. 스트레스도 좀 풀고 말이야. 그렇지만 어젯밤 마구 취해서 집에 들어왔을 때 아들 녀석이 쳐다보던 눈길은 여전히 맘에 걸리더군.' 이런 식으로 그의 생각은 계속 이어진다. 이 단계에서 앞으로 나아가기 위해서는 당사자가 느끼는 애매모호함과 '시소 타기'를 넘을 수 있는, 보다 확실한 사건이나 정보가 있어야 한다.

내담자 중 한 사람이 어느 날 고려 단계에서 한 단계 나아가는 계기가 된 사건을 경험했다. 막 걸음을 걷기 시작한 아기가 먹을 우유를 사기 위해 돈 몇 푼을 가지고 동네 구멍가게에 갔던 날이었다. 그런데 마침 그때 담배가 뚝 떨어졌다. 수중의 돈으로는 담배와 우유를 함께 사기에는 모자랐다. 그는 담배를 살까, 우유를 살까 고민하다가 결국 담배를 사고 말았다. 이 사건으로 그는 자신에게 확실히 니코틴 중독이 있음을 인식했다.

자신에게 문제가 있다는 확신이 들면 변화를 향한 문이 열리게 된다. 바로, '결심 단계'이다. 이렇게 열린 문을 제대로 이용하기 위해서는 현실성 있는 변화 계획을 세워야 한다. 예컨대 다음과 같은 생각이 현실성 있는 계획이다. '다음 달 1일부터 담배를 끊겠어. 그리고 지금 남아 있는 담배는 모조리 부러뜨리겠어. 내가 담배를 끊어야 하는 이유를 모두 나열하겠어. 담배를 피우고 싶은 유혹을 느낄 때마다 그 목록을 다시 꺼내보며 스스로 상기할 거야.' 이처럼 현실적인 계획을 세우지 않으면 모처럼 열린 변화의 문은 닫혀버리고 만다. 그러면서 나의 문제는 그리 심각하지 않다고 스스로 속삭이며 고려 전 단계로 돌아가버린다.

변화의 필요성을 스스로 납득하고 구체적인 실천 방법을 그려볼 수 있다면 이제 '행동 단계'에 들어간다. 이 단계는 계획을 실천에 옮기는 단계로서, 중독 행동을 중단하는 데 필요한 일을 하게 된다. 그런데 문제는 그다음의 '유지 단계'이다. 여기에서는 행동 단계와는 또 다른 필요성이 존재한다. 즉, 유지 단계를 성공적으로 지속시켜 중단과 재발 사이클을 완전히 빠져나가기 위해서는 일시적 중단이 아니라 '지속적인' 중단 기술이 필요하다. 유지 단계를 지속하기 위해서는, 인내심뿐 아니라 예기치 못한 상황에 대응하는 능력도 필요하다.

스탠은 6개월 동안 용케 술을 입에 대지 않았다. 이것은 그가 가까이에서 술을 접하는 상황, 그래서 음주 유혹에 빠질 수 있는 상황을 의도적으로 피한 덕분이었다. 그런데 스탠은 남동생의 결혼식을 목전에 두고 있었다. 결혼식 피로연에 술이 많이 있을 거라고 짐작할 수 있었다. 그런데 형으로서 반드시 결혼식에 참석해야 했기 때문에 의도적으로 술자리를 피하는 방법은 적절하지 않았다. 그는 술을 곁에 두고도 마시지 않는 방법을 찾아야 했다. 그렇게 하지 못하면 다시 중독 사이클의 처음, 즉 자신에게 문제가 있다는 사실을 인식하지 못하는 고려 전 단계로 돌아갈 것이다.

중독 행동을 지속적으로 삼가면서 유지 단계를 성공적으로 통과하기 위해서는, 중독 물질 이외에 다양한 관심사를 갖는 것이 도움이 된다. 이는 반드시 영적인 믿음을 갖거나 봉사 활동을 하는 것만이 아니라 평범한 활동을 통해서도 가능하다. 만약 유지 단계를 성공적으로 거치지 못하면 다시 재발로 이어져 고려 전 단계로 후퇴하게 될 것이다.

대부분의 사람은 중단과 재발의 사이클을 여러 번 거치고 나서야 비로소 중독에서 완전히 벗어나 건강한 삶을 영위한다. 아마 당신 주변에도 이런 사람이 있을 것이다. 아니면 당신 스스로 이런 경험을 해보았을 수도 있다. 그런데 언뜻 이처럼 당연해 보이는 일이 실제로는 매우 중요하다. 왜냐하면 회복은 일회성 사건이 아니라, 일정한 시간을 두고 전개되는 과정이기 때문이다. 회복은 이 정도면 됐다고 느끼는 심리적 안주와 재발로 인한 자기 비난 및 절망 사이를 왕래하는 과정이다. 많은 사람이 심리적 안주의 위험성에 대해 잘 알고 있다. 그들은 재발이 자신들에게 심각한 문제이며 어떤 경우에는 생명을 위협할 수도 있음을 안다. 가능하다면 재발은 확실히 피해야 한다. 그럼에도 대부분의 사람이 재발 단계를 여러 차례 거치고 나서야 비로소 확실한 변화에 이른다. 한 번의 실수가 있어도 그것을 완전한 실패가 아니라 일시적 후퇴로 간주할 필요가 있는 이유도 이 때문이다.

단 한 번으로 완전히 중독을 끊을 수 있다는 기대는 비현실적이다. 처음

타석에 들어선 타자가 홈런 치기를 바라는 것과 마찬가지다. 물론 그런 일이 일어날 수 있지만, 흔한 일은 아니다. 그러므로 한 번의 실수로 중독 물질에 다시 손대더라도 자신에게 자비로운 태도를 갖는 것이 중요하다. 자신을 구제불능의 실패자로 간주하기보다 학습하는 과정에 있다고 보아야 한다. 우리는 인간이며 인간은 누구나 이런 과정을 거쳐 학습해 나간다. 한 번의 실수에 대해, 그리고 그 실수를 촉발한 원인에 대해 깨어 있는 마음으로 자각한다면, 향후 재발할 경우에 더 잘 대처할 수 있다.

이 책은 주로 유지 단계에 있는 사람에게 필요한 도움을 줄 것이다. 다시 말해 일단 중독 물질을 끊은 뒤, 그것 없이도 만족스럽고 의미 있는 삶을 영위하는 방법에 대해 이야기할 것이다. 중독 물질을 끊어야 한다고 결심하고 행동으로 옮긴 뒤에는, 알코올이나 약물 없이도 충만한 삶을 사는 일이 남는다. 만만치 않은 과제임이 분명하지만, 우리는 이 부분에 특별한 관심을 기울여야 한다. 왜냐하면 행복하고 충만하며 의미 있는 삶을 살 수 있다면, 중독이 재발할 가능성이 현저히 낮아지기 때문이다.

더 큰 목적, 더 확장된 시야

마음챙김은 우리에게 더 큰 목적을 제공한다. 여기서 더 큰 목적을 갖는다 함은, 더 넓은 시야로 문제를 바라보는 것을 의미한다. 더 넓은 시야를 가질 때, 모든 것은 자연스럽고 편안하게 제자리를 잡는다. 깨어 있는 편안한 마음으로 삶을 자각하고 즐긴다면, 약물 같은 의존 물질을 덜 필요로 할 것이며 그에 대한 욕구도 줄어들 것이다.

물론 마음챙김 이외의 목적도 더 큰 시야를 갖는 데 도움이 된다. 이렇게 확장된 시야를 통해 우리는 더 큰 회복력을 갖추며 현재 순간을 더 즐길 수 있다. 예를 들어, 건강과 운동에 관심이 있는 사람은 건강이라는 더 큰 목적을 위하여 식습관과 음주습관을 기꺼이 변화시킨다. AA(알코올 중독자 자조모임)에서 말하는 '12단계의 보다 높은 힘(The Higher Power of the Twelve Steps: 1930년대 AA에서 만들어진 용어로서 인간보다 더 큰 힘. 주로 신을 가리킬 때 사용된다)' 역시 이러한 보다 큰 목적이라고 할 수 있다. 또 실존주의 심리학자인 빅터 프랭클은 자신의 경험을 관찰하고 기록하겠다는 보다 큰 목적을 가짐으로써 끔찍한 나치 포로수용소에서 살아남았다. 그는 니체의 말을 즐겨 인용했다. "왜 사는지 아는 사람은 삶의 어떤 역경도 이겨낼 수 있다."

그런데 자각 또는 마음챙김은 그 자체로 모든 것을 포괄하는 삶의 목적이라고 할 수 있다. 분주한 하루를 앞두고 있든, 해변에서 한가로운 하루를 보낼 계획이든, 마음챙김을 수련하는 사람은 한결같은 태도로 하루에 임한다. 즉 자각하겠다는 의도, 오늘 하루를 온전하고 깊이 있게 살겠다는 의도를 지니고 하루를 대한다. 우리 한 사람 한 사람이 우주의 눈과 귀라고 할 수 있으니, 우리의 시야를 가리고 귀를 막아서는 안 될 일이다.

골프라는 도(道): 마틴의 사례

더 큰 목적이라고 해서 반드시 영적이거나 종교적인 목적, 고상한 목적일 필요는 없다. 마틴에게는 골프가 일종의 마음챙김 수련이었다. 그는 과거에 코카인을 끊은 적이 있었지만 몇 주 지나지 않아 다시 손에 대기를 여러 번 반복했다. 한 번은 마틴이 코카인을 끊고 있는 동안 친구에게 연락이 왔다. 골프를 치러 가자는 거였다. 그때까지 한 번도 골프를 쳐본 적이 없었던 마틴이었지만 친구는 친절하게 가르쳐 주었다. 마틴은 골프에 남다른 매력을 느꼈다. 골프의 모든 것이 좋았다. 친구들과 야외에 나가는 것도, 깔끔하게 정돈된 녹색 필드를 거니는 것도 좋았다. 실력이 향상되면서 한결 부드럽고 수월해진 스윙의 느낌도 마음에 들었다. 그러던 어느 날 저녁, 마틴은 우연히 코카인 파티에 끼게 되었다. 공교롭게도 다음날 골프를 치기로 되어 있었다. 다음날 플레이는 엉망이었고 마틴은 기분이 우울해졌다. 하지만 그뿐이었다. 코카인 때문에 마틴은 직장을 두 곳이나 잃었고, 아내 캐서린과의 결혼 생활도 접어야 했었다. 하지만 새로 취미를 붙인 골프 덕에 마약에서 벗어나야겠다는 동기를 충분히 얻었다. 마틴에게 중요한 것은 그 무엇도 자신의 골프 게임을 방해할 수 없다는 사실이었다. 골프에 대한 열정이 커지면서 코카인 생각이 줄어든 것이다.

마틴의 사례는 회복 과정에서 중독 물질을 끊는 일이 필수이긴 하지만, 그것만으로 충분하지 않다는 사실을 보여준다. 중독자는 중독 물질을 끊는 동시에 자신이 새롭게 관심을 가질 만한 무언가가 필요하다. 어떤 것에 관심을 갖든 상관없지만, 중독자들이 관심을 기울일 만한 것으로 가장 좋은 것은 깊이 있는 영적 삶을 사는 것이다. 이 책에서 우리는 중독자가 관심을 가질 만한 것으로 마음챙김을 추천한다. 우리는 중독 회복자들의 새로운 삶의 방식으로 마음챙김을 제안하고자 한다. 독자 여러분이 중독을 극복하는 생활을 이어갈 수 있도록 분명한 지침을 제공할 것이다. 여러분이 중독 치유의 길에 확실하게 발을 들여놓도록 마음챙김으로 들어가는 '열 개의 문'을 제시한다.

마음챙김으로 들어가는 열 개의 문

1. 첫 번째 문 **현재로 돌아오라.** 마음이 과거에 관한 기억, 미래에 대한 걱정에 끌려다닐 때 중독 행위가 재발하기 쉽다. 현재 나의 상황과 머릿속에 떠오르는 생각과 감정에 부드럽고 친절하게 주의를 기울여보자. 그러면 중독 행위에 탐닉하고 싶은 마음이 줄어듦을 알 수 있다.

2. 두 번째 문 **나의 삶을 아직 진행 중인 미완결의 이야기로 보라.** 많은 사람들이 자신의 중독과 관련하여 고정된 삶의 각본을 부여잡은 채 거기에서 헤어 나오지 못하고 있다. 그런데 고정된 삶의 각본을 놓지 못

하면 부정적인 삶 이야기(life story)가 지속될 뿐 아니라, 계속되는 약물과 알코올의 유혹을 뿌리치기도 어렵다. 고정된 삶의 각본에 붙들려 있을 필요가 없다. 누구라도 자기 삶의 각본을 '새로' 쓸 수 있다.

3. 세 번째 문 **일기 쓰기를 통하여 나의 삶 이야기를 깊이 자각하고 영적 깨어남에 마음을 열라.** 규칙적으로 일기를 쓰면 자신의 반복되는 문제에 마음챙김의 힘을 적용할 수 있을 뿐 아니라 내면의 지혜와 연결하는 데도 도움이 된다.

4. 네 번째 문 **명상 수련을 통해 자신과 자신의 삶을 온전하게 받아들여라.** 자신을 아프게 만드는 것들을 더 온전히 받아들이고 삶의 여러 가지 긍정적인 면을 자각하라. 이렇게 함으로써 중독 회복에 필요한 탄탄한 영적 토대를 놓을 수 있다.

5. 다섯 번째 문 **자연과 연결하는 방법을 찾아라.** 중독자들은 자연과 단절되어 있는 경우가 많다. 자연으로 돌아가는 것과 중독은 서로 양립하지 못한다. 자신의 여가 시간에 관하여 의식적이고 깨어 있는 선택을 내리라. 이렇게 하면 인간이 지닌 고차원의 지적·예술적·영적 능력을 사용하지 않는 수동적 쾌락에 시간을 허비하지 않는다.

6. 여섯 번째 문 **중독 극복에 도움 되는 건강한 인간관계를 맺어라.** 많은 사람들이 고통스럽고 불만족스러운 인간관계 때문에 중독에 빠진다. 또 반대로 중독으로 인해 소중한 사람과의 관계에 금이 가는 경우도 있다. 내가 맺고 있는 인간관계의 패턴을 자각하면 그 패턴에 변화를 일으킬 수 있다. 인간관계의 패턴에 변화가 생기면 중독에 빠질 필요성은 줄어든다.

7. 일곱 번째 문 **밤에 꾸는 꿈을 탐구하여 '나는 누구인가'라는, 자신에 관한 견해를 확장시켜라. 의식적 자기, 이성적 자기라는 한정된 관점을 넘어서라.** 꿈은 지금 나에게 무엇이 부족하며, 무엇이 불균형한 상

태인지 알려주는 단서다. 이 단서는 일상의 의식 상태에서는 잘 보이지 않는 사각지대다.

8. 여덟 번째 문 **직장에서 마음챙김을 수련하라.** 깨어 있는 삶은, 삶의 모든 영역에서 마음챙김 수련을 요구한다. 일과 함께 마음챙김을 수련하면 직장에서 평온함과 안정을 유지하는 데 도움이 된다.

9. 아홉 번째 문 **힘겨운 감정이라 해도 성공적인 중독 회복을 위해 품어 안는 법을 배우라.** 힘겨운 감정을 처리하는 검증된 방법들이 있다. 더 도움이 필요한 경우에는 전문적인 치료를 받는 것도 방법이다.

10. 열 번째 문 **수련, 수련, 또 수련하라.** 삶을 변화시키는 방법을 머리로 이해하는 것은 변화의 첫 단추에 불과하다. 직접 수련의 체험을 통해 자신이 추구하는 평화와 건강, 온전함을 가져올 수 있다.

한 가지 방법뿐인가?

북미에서는 다른 지역과 다르게 익명의 AA(알코올 중독자 자조모임), 그리고 그와 관련된 12단계 프로그램이 여전히 알코올 중독에 대한 지배적인 접근법이다(12단계 프로그램은 중독, 강박 등 행동 문제의 회복을 위한 일련의 안내 원칙으로, AA에 의해 처음 개발되었다. - 옮긴이) 물론 AA와 12단계 프로그램의 유용성을 증명하는 개별 사례들은 무수히 많다. 또 12단계 프로그램의 도움을 받은 사람을 주변에서 어렵지 않게 찾아볼 수 있다.

그러나 그것이 전부일까? 한 가지 관점이 지배하는 사정은 마치 양날의 칼과 같다. 그것은 누군가에게 도움을 주기도 하지만, 그와 다른 관점을 수용하고 발전시키는 데는 제약 요인으로 작용하기도 한다.

하나를 지나치게 중요시하면, 그에 대한 집착 때문에 그 밖의 다른 것의 가치를 알아보기 어렵다는 문제가 생긴다. 이 책 서론의 첫머리에 인용한 글이 기억나는가? 『도덕경』을 저술한 도교의 창시자 노자가 기원전 6세기에 쓴 글이다. 하나가 도움이 된다고 해서 그 이외의 다른 것을 거부해야 하는가? 그렇지 않을 것이다.

노자의 가르침은 어느 하나가 좋거나 아름답거나 도움 된다고 해서, 그와 다른 것 '역시' 좋고 아름답고 도움이 될 가능성을 배제해서는 안 된다는 의미이다. 하나만을 취하는 접근법보다 여러 가지를 아우르는 방식이 더 유용하고 완전할 수 있다.

당신이 다른 중독 치료 프로그램에서 도움을 얻었든 그러지 못했든, 이 책이 당신에게 지금까지와 다른 무언가를 줄 수 있었으면 하는 것이 우리의 바람이다. 당신의 찻잔을 조금 비워놓고 열린 마음으로 이 책에 접근하면 좋겠다. 그러면 당신이 지금 가지고 있는 것을 포기하지 않고도 소중한 배움을 발견할 수 있을 것이다. 그리고 만약 다른 곳에서 자신에게 필요한 것을 발견하지 못했다면, 이 책이 당신에게 유용한 관점을 제공할 수 있기 바란다. 그리하여 변화에 필요한 용기와 힘을 얻기 바란다.

2장

마음챙김을
통한
중독 회복에
들어가는
열 개의 문

평범함
속에
기적이
있다

현재로 돌아오라. 과거에 대한 기억, 미래에 대한 걱정에 마음이 끌려 다
니면 중독 행위가 재발하기 쉽다. 현재 나의 상황과 머릿속에 떠오르는
생각과 감정에 부드럽고 친절하게 주의를 기울여보자. 그러면 중독 행위
에 탐닉하고 싶은 마음이 줄어듦을 알 것이다.

마음챙김으로 깨어 있는 마음이야말로

행복의 토대다. 행복하기 위해서는 깨어

있는 마음으로 행복을 자각할 수 있어야

한다. 행복을 자각하지 못하는데 과연 행복할

수 있을까? 우리는 치통으로 실컷 고생한

다음에야 치통이 없는 상태가 얼마나 행복한지

깨닫는다. 정작 치통이 없을 때는 행복을

자각하지 못한다.

—

틱낫한, 『걸음마다 평화(Peace Is Every Step)』

현재를 살펴보라: 팀의 이야기

"그렇게 될 줄 몰랐어요." 팀은 자기 삶에 별 문제가 없다고 생각했다. 안정된 직장과 사랑하는 가족이 있었고, 은퇴 후 노후를 보낼 자금도 넉넉했다. 게다가 지역사회의 존경까지 받고 있었다. 매일 밤 술을 좀 과하게 (그리고 주말엔 더 많이) 마시긴 했다. 그 때문에 아내와 자주 말다툼을 벌이곤 했지만 그다지 대수롭지 않게 여겼다. 그는 자신의 삶이 그럭저럭 괜찮다고 여겼다. 아내와 사춘기 딸이 어느 날 예고 없이 자신을 떠나기 전까지 말이다. 갑자기 벌어진 일에 경황이 없었던 그는 상담을 받기 위해 나를 찾아왔다.

물론 팀의 상황은 어느 날 별안간 닥친 일이 아니다. 오랜 시간 계속해서 문제가 쌓여왔던 것이다. 알코올 중독은 살금살금 그를 덮치고 있었다. 마치 심장마비가 올 때까지 심장혈관이 서서히 조이는 사실을 눈치채지 못하듯이 말이다. 그의 음주도 조금씩 서서히, 그러나 치명적으로 문제를 일으킬 준비를 하고 있었다. 모든 것이 너무 갑작스럽게 느껴진 이유는 조금씩 쌓여가는 문제를 자각하지 못했기 때문이다.

팀은 그 일이 있기 전까지 자기 삶의 현실과 단절된 채 망각 속에서 살았다. 이제 그는 치료를 통해 삶의 소중한 순간들을 하나씩 돌보는 법을 익혀야 했다. 만약 그렇게 하지 않으면 그의 삶은 아무렇게나 표류한 채 더 큰 어려움과 고통 속으로 빨려 들어갈 것이었다. 앞으로의 삶을 무사히 헤쳐 나가기 위해서는 지금 자신에게 닥친 현재를 먼저 돌보는 방법밖에 없었다.

평범함 속에 기적이 있다

지금 당신이 있는 자리

팀은 지금 자기가 존재하고 있는 현재 순간으로 돌아와야 했다. 치료 세션에 임한 그는 마치 스승에게 깨달음을 구하는 제자와 같았다. 그런 그에게 스승은 이렇게 대답한다. "지금 네가 있는 자리를 보아라." 다시 말해 깨달음이란 우승 트로피처럼 쟁취해야 하는 무엇이 아니다. 깨달음이란 지금 있는 자리에 존재하면서 거기에 현존하는 것이다. 바로 지금, 바로 여기에서 말이다. 그 역시 지금 자신이 서 있는 자리에서 시작해야 했다.

'마음챙김으로 깨어 있다(to be mindful)' 함은 부드럽게 자각한다는 의미다. 매 순간이 간직한 풍요로움에는 황홀한 충만감을 일으키는 힘이 있다. 단, 우리가 지금 순간에 고요하고 사랑에 찬 주의를 기울일 때에만 그렇다. 이를 제대로 이해한 사람은 고대 인도의 철학서인 『우파니샤드』의 저자가 "오, 멋지고 멋지고 멋지도다!"라고 감탄을 연발했을 때 무엇을 의미하는지 이해할 것이다.

우리가 대상을 자각하는 의식에는 몇 가지 종류가 있다. 예컨대 자각을 하되 마음속으로는 저항하는 의식도 있다. 이때 우리는 "싫어!"라고 떼쓰는 두 살배기 아이처럼 세상과 한판 전쟁을 벌인다. 또 오직 자신의 목적 달성을 위한 의식도 있다. 여기서 우리의 의식은 목적 달성에 필요한 삶의 협소한 영역으로 축소된다. 그리고 현미경으로 암세포 조직을 관찰하는 연구원처럼 냉정하고 무심하며 분석적인 의식을 갖는 경우도 있다. 이때 연구자는 이 세포조직이 살아 있는 인간에게서 채취한 것이라는 사실을 떠올리지 않는다. 이 외에도 어릴 적 학교 선생님이 "주목!"을 연발할 때 학생인 우리들이 기울여야 했던 의식도 있다.

그러나 이 중 어느 것도 마음챙김이 아니다. 마음챙김, 즉 깨어 있는 마음은 '지금'을 산다. 그렇다고 해서, 어제 한 일과 내일 할 일을 팽개친 채 그저 지금만 잘 살면 된다는 뜻은 아니다. 마음챙김은 그렇게 얄팍한 삶의 철학이 아니다. 마음챙김은 과거를 치유하는 동시에 미래를 돌보고 헤아린다. 그 일을 할 수 있는 유일한 시간이 바로 지금이기 때문에 지금을 살고자 하는 것이다.

고통과 즐거움

인간은 본성상 고통을 피하고 즐거움을 추구하는 존재다. 그리고 대개의 경우, 이러한 성향은 인간에게 도움이 된다. 덕분에 자신에게 이로운 것은 추구하고, 해로운 것은 피할 수 있다. 그런데 고통을 피하고 즐거움을 추구하는 경향 때문에 곤란에 처하는 경우도 있다. 몸매가 날씬하고 건강한 사람들은 대개 운동을 즐긴다. 그들은 운동할 때의 느낌을 좋아하며 그렇기 때문에 지속적으로 운동을 한다. 그러나 많은 현대인들은 소파에 처박힌 채 감자칩을 먹으며 텔레비전 시청으로 많은 시간을 보낸다. 운동으로 숨을 헐떡이고 땀을 흘리며 근육이 쑤시는 것을 그다지 좋아하지 않는다. 그러나 운동을 즐기고 건강을 유지하기 위해서는 이런 생경한 감각들에 익숙해져야 한다. 그렇게 몸과 마음이 지금보다 많은 활동에 적응하도록 만들어주어야 한다.

약물 중독은 즐거움을 추구하고 고통을 피하는 인간의 성향이 왜 문제가 되는지 잘 보여주는 사례다. 약물 중독자는 '쉬운 길'을 택한다. 즉 그들은 고통에 직면하여 그것이 주는 교훈을 배우려 하지 않는다. 교훈을 배워 자신의 삶을 개선시키려 하지 않는다. 그저 고통에 무감각해짐으로써 거기에서 벗어나고자 한다. 그런데 약물이 주는 강력하고 순간적인 쾌락 때문에 문제는 더 복잡해진다.

한편 마음챙김은 이와 전혀 다르다. 마음챙김으로 깨어 있는 상태에서는, 즐거움을 구하고 고통을 피하려는 욕망에 점령당하지 않는다. 마음챙김은 그 욕망으로부터 조금 떨어져 있다. 그러나 동시에 마음챙김은 온화한 자각(warm awareness), 보살피는 자각(caring awareness)이다. 자신과 타인을 향한 연민의 마음이다. 마음챙김은 '마땅히 그래야 한다'는 생각에 끄달리지 않는다. 그저 지금 여기에 존재하는 것에서(그것이 무엇이든) 기쁨을 발견한다. 이처럼 마음챙김은 부드러운 자각, 활짝 열려 있는 자각이다.

마음챙김은 붓다가 얻은 지혜 가운데 가장 중요한 부분이다. 사실 '붓다'라는 말도 '깨어 있는 자'라는 의미다. 그렇다면 간간이 깨어 있을 뿐인 우리는 '파트타임(시간제) 붓다'라고 할 수 있다. 지속적으로, 매 순간 또렷하게 깨어 있는 자가 진정한 붓다이다. 깨어 있을수록, 우리를 부정적인 반복 사이클에 가두는 고착된 행동 패턴을 더 쉽게 해체시킬 수 있다.

쾌락 역치

약물을 남용하면 삶이 선사하는 단순한 즐거움을 만끽하기 어렵다. 왜냐하면 약물은 즐거움을 경험하는 데 필요한 쾌락 역치(閾値: 반응을 일으키는 데 필요한 최소한의 자극)를 끌어올리기 때문이다. 강렬한 자극을 주는 약물에 일단 중독되면, 그 밖의 경험은 민숭민숭 싱겁게 느껴진다. 사실 우리 뇌는 자연 상태에서도 엔도르핀, 엔케팔린 같은 아편류를 소량으로 분비하고 있다. 그런데 여기에 또 다시 헤로인을 투여하면 어떻게 될까? 뇌에 이미 분비되고 있는 화학물질을 대량으로 다시 공급하는 꼴이 된다. 이렇게 되면 자연 상태의 뇌에서 만들어지는 적당량의 화학물질로는 만족하지 못하는 상태에 이른다.

이처럼 다량의 인공 화학물질에 익숙해지면 일상의 자연스러운 기쁨을 인지하기가 점점 어려워진다. 운동의 기쁨이나 일몰을 보는 즐거움은 보잘 것 없고 시시한 경험으로 전락한다. 쾌락 역치를 과도하게 밀어 올리면 일상의 웬만한 경험은 자극으로 다가오지 않는다.

그런데 마음챙김은 이와 정반대의 상태다. 왜냐하면 마음챙김으로 깨어 있을 때 우리는 삶의 미세한 것들에 마음을 활짝 열기 때문이다. 은은한 초록빛 나뭇잎, 천진난만한 아기의 미소, 신문을 가지러 나갔을 때 밀려오는 신선한 아침 공기를 더 잘 감지하게 된다. 마음챙김은 쾌락 역치를 낮춘다. 그렇기 때문에 소소한 즐거움과 자연 상태의 기쁨을 더 잘 느낄 수 있다. 매운 칠리를 듬뿍 넣은 음식에 익숙해지면 오레가노(박하향의 향신료) 정도로는 별다른 맛을 느끼지 못한다.

그렇다면 강렬한 자극에 익숙해진 중독 상태에서 정상의 삶으로 돌아오려면 어떻게 해야 할까? 감각 경험의 미세한 질감과 맛, 풍미를 온전히 느낄 수 있어야 한다. 이는 강렬한 리듬의 록 음악에 익숙한 사람이 바흐 둔주곡의 고요한 선율을 감상하는 것과 비슷하다.

그런데 현재 순간으로 돌아와 삶의 미세한 질감을 느끼는 일은 단지 머리로 이해하는 과정이 아니다. 머리로 이해하는 과정도 필요하나 그것은 변화의 시작에 불과하다. 깊은 차원의 변화가 지속적으로 일어나기 위해서는 삶의 미세한 질감에 대한 직접적인 경험과 이를 통해 새로 일어나는 자각이 필요하다.

매듭 풀기

마음챙김을 통해 우리는 지금과 다른 삶을 동경하지 않고, 지금 있는 그대로의 삶에서 기쁨을 찾을 수 있다. 부드럽고 수용적인 마음을 키우는 마음챙김을 통해, 삶의 매 순간이 간직한 풍요로움이 한껏 펼쳐진다. 당신은 지금 이대로의 삶을 즐길 수 있는가? 그렇다면 고통에 직면하는 힘을 자기 안에서 발견할 수 있을 것이다. 결코 풀리지 않을 거라 여겼던 매듭도 어느 순간 풀릴지 모른다. 어쩌면 중독의 수렁에서 벗어나는 길을 찾을 수도 있다.

마음챙김은 상황에 적절한 명료한 자각을 키워준다. 그리고 이 자각으로부터 적합하고 효과적인 행동이 나온다. 명료한 자각이 있어야 그에 따른 적합한 행동이 가능하기 때문이다. 문제를 명료하게 자각하지 못하면 문제 해결에 필요한 행동을 취할 수 없다. 지금 나에게 일어나고 있는 현상을 자각할 때, 지금껏 생각하지 못했던 창조적이고 건설적인 가능성이 모습을 드러낸다.

현재로 돌아오기

그렇다면 현재 순간으로 돌아오는 방법은 무엇인가? 그중 하나가 자신의 호흡을 의식적으로 자각하는 것이다. 호흡은 생명체의 가장 기본적인 활동이다. 호흡은 언제나 우리 곁에 함께 있다. 호흡으로 돌아가면 환상과 두려움의 세계, 조건화된 세계를 떠나 지금 나에게 실재하는 현상으로 돌아올 수 있다. 끊임없는 내면의 재잘거림과 걱정을 뒤로 한 채 진정한 자기 자신으로 돌아올 수 있다. 호흡은 내면의 폭풍을 잠재운다. 나에게 일어나는 일로부터 도망가지 않고, 오히려 그것과 함께할 수 있다.

호흡 수련은 우리가 지금부터 해나갈 수련 가운데 가장 기본이 되는 수련법이다.

연습

호흡 자각하기

○ 편안한 자세로 의자에 앉거나 자리에 눕는다. 지금 내가 있는 장소와 주변 환경을 알아차려본다. 오늘 하루 나에게 일어났던 일이 지금 어떤 느낌으로 다가오는지도 느껴본다. 이제 부드럽게 편안하게 마음을 호흡으로 가져간다. 호흡을 인위적으로 조종하려 하지 말고, 다만 자연스럽게 진행되는 호흡을 관찰한다. 마치 배 속에 작은 풍선이 들어 있다고 생각하면서, 호흡을 하는 동안 확장되고 수축되는 자신의 횡격막을 느껴본다. 이때 배 부위가 긴장하지 않도록 하면서 다만 자신의 호흡을 느낀다. 들숨, 날숨, 들숨, 날숨⋯.

혹 수련이 끝난 뒤 해야 할 일에 자꾸 마음이 가는가? 그렇더라도 그 생각을 붙들고 씨름하지 않는다. 다만 그 생각을 관찰한 뒤, 호흡으로 부드럽게 그러나 단호하게 다시 돌아온다. 숨을 들이쉬는 동안 들숨의 감각을 가만히 느껴본다. 이번에는 숨을 내쉬는 동안 날숨의 감각을 가만히 느껴본다. 호흡에 관해 생각하는 것이 아니다. 호흡을 느끼고 맛보는 것이다. 들숨이 날숨으로 바뀌는 지점을 관찰해도 좋다. 들숨과 날숨 사이에 순간적으로 숨이 멈추는 시점이 있을 텐데, 그것도 관찰해보라. 순간적으로 숨이 멈추지 않을까 걱정할 필요는 없다. 몸이 알아서 다시 자연스럽게 숨을 쉴 것이다.

평소 우리는 호흡을 대수롭지 않게 여긴다. 그러나 의식적인 호흡 수련

평범함 속에 기적이 있다

은 즐겁고 상쾌한 경험이 될 수 있다. 호흡을 온전히 자각하는 경험은 커다란 기쁨을 안겨줄 수 있다.

이제 하던 일(책을 읽는 일)로 다시 돌아온다. 이때도 조금 전의 호흡 자각 연습이 지금 이 순간 자신에게 어떤 여운을 남기고 있는지 관찰해보라. 호흡을 자각하는 연습은 하루 중 언제라도 짬을 내어 할 수 있다.

- 붉은색 신호등에 대기하는 동안
- 은행이나 마트에서 줄을 서는 동안
- 한 가지 일을 끝낸 뒤 다음 일을 시작하기 전에
- 아내(남편)가 외출 준비를 마칠 때까지 기다리는 동안
- 텔레비전 프로그램이 끝난 뒤의 광고 시간에
- 컴퓨터가 부팅되는 동안

이 밖에도 하루 중 호흡 자각 연습을 할 수 있는 기회는 얼마든지 있다.

중독물질에 대한 충동을 부드럽게 다루기

마음챙김으로 마음이 깨어 있는 상태가 되면, 중독 회복에도 직접적인 도움이 된다. 그렇다면 어떤 매커니즘을 통해 마음챙김이 중독 회복에 도움이 되는 걸까?

중독 회복 과정에서 흔히 겪는 문제가 있다. 별안간 불끈 올라오는 중독 물질에 대한 강한 충동이 그것이다. 중독 물질에 대한 충동을 일으키는 요인은 다양하다. 잡다한 생각과 감정, 배고픔이나 피로 같은 중독자

의 내면 상태에 의해 촉발되는 수가 있다. 아니면 자주 어울리던 술친구의 집을 지날 때처럼 외부 환경에 의해 일어나는 수도 있다. 또 충동은 '지금 술을 안 마시면 미쳐버릴 것 같아!'처럼 강렬한 욕구일 수도 있고, '지금 상황이라면 그때는 그렇게 했었지…' 같은 식으로 분명하게 자각되지 않는 미세한 불편함일 수도 있다.

중독 치료 현장에서 중독자들에게 충동에 대해 물어보면 대개 그것을 부정하고 싶어 한다. 충동을 느낀다고 솔직하게 말하면 자신의 의지박약을 인정하는 게 될 뿐 아니라, 회복이 제대로 진행되지 않고 있다는 표시로 여기기 때문이다. 이런 생각의 바탕에는 두려움이 깔려 있다. 사실, 충동을 극복하는 열쇠는 마음챙김이다. 충동은 다른 모든 생각이나 느낌과 마찬가지로 일어났다가 사라진다. 문제는 일어나고 사라지는 충동이 아니라, 일어나고 사라지는 생각과 느낌에 대하여 자기 스스로 덧붙이는 두려움이다. 두려움은 생각이 끈적하게 달라붙도록, 잘 떨어져나가지 않도록 만든다. 두려움은 당신이 생각에 고착되도록 만든다. 이렇게 하여 깨어 있는 상태로부터 멀어진다. 두려움을 느낄 때 우리는 깨어 있는 마음으로 두려운 생각을 품어 안지 못하고, 그만 두려움에 빠져버리고 만다.

충동은 하나의 신호다. 그것은 무언가 잘못되었으며, 균형을 벗어나 있음을 알리는 신호다. 자신의 삶에서 무언가 돌봐야 할 부분이 있다는 의미다. 알람시계가 울리면 일어날 때가 되었음을 알리는 것과 같다. 지금까지 당신은 알람시계가 문제라고 생각했다. 그리고는 알람을 꺼버리고는 계속해서 잠을 잤다. 그러나 이제 당신은 알람 소리가 비록 유쾌하지는 않지만 나름의 목적이 있음을 기억해야 한다. 알람을 꺼버리는 대신당신은 이제 거기에 귀를 기울여야 한다. 그런 다음 자리에서 일어나야한다!

충동을 효과적으로 다루기 위해서는 우선 자신에게 일어나는 충동을

평범함 속에 기적이 있다

자각할 수 있어야 한다. 애당초 스스로 인지하지도 못하는 충동을 처리한다는 것은 어불성설이다. 마음챙김으로 마음이 깨어 있는 상태에서는, 불끈 일어나는 충동이라도 단지 일시적으로 지속할 뿐임을 알게 된다. 바로 이를 두고, '충동을 있는 그대로 본다'고 말한다. 충동을 있는 그대로 본다 함은, 충동 역시 여타의 생각이나 느낌과 마찬가지로 일시적 현상임을 알게 된다는 의미다.

핵심은 일어나는 충동을 자각하는 것이다. 충동을 자각하면, 자각하지 않았을 때 몰랐던 대안을 떠올릴 수 있다. 아내 비버리와 치료를 진행한 어느 여성 내담자가 있었다. 그녀는 담배를 끊은 뒤, 며칠 동안 손에서 집안일을 놓지 않았다. 흡연 충동이 올라올 때마다 충동을 자각한 다음, 흡연이 아닌 다른 일에 주의를 돌린 것이다. 집안이 먼지 하나 없이 깨끗해진 뒤에도 그녀는 일부러 일을 만들어냈다. 이미 말끔하게 정돈되어 있는 옷장에서 옷을 죄다 꺼내서는 다시 개기 시작했다. 그녀의 사례는 흡연 충동을 자각한 후 담배가 아닌 집안일이라는 대안을 떠올린 경우다. 이처럼 충동이 일어날 때 그것을 자각하기 위해서는 마음챙김으로 마음이 깨어 있어야 한다.

호흡을 자각하는 연습을 하면 자신의 생각과 감정에 지나치게 몰입하지 않는 법을 배울 수 있다. 또 생각과 감정 역시 일어나고 사라지는 현상임을 알게 된다. 평소 우리는 화가 나더라도 즉각적으로 행동으로 옮기지 않는다. 마찬가지로, 중독 물질에 대한 충동 역시 일어나고 사라진다는 사실을 알 필요가 있다. 들숨과 날숨을 자각하는 호흡 수련을 통해 우리는 그것을 배울 수 있다. 아니면 위의 사례처럼 충동이 올라오는 순간, 정해 놓은 다른 일을 하면서 충동의 시간을 지나가는 방법도 있다.

이럴 땐 호흡을 하자 – 앤의 사례

앤은 호흡 자각 수련을 배우는 중이었다. 그 덕분인지 3개월 전 담배를 끊은 뒤로 그때까지 성공적으로 금연 중이었다. 그러던 수요일이었다. 으레 그렇듯 수요일의 사무실 분위기는 칙칙했고 그녀의 기분도 마찬가지였다.

문제는 그날 아침부터 시작되었다. 샤워 도중 딱딱한 비누를 발등에 떨어뜨린 앤은 순간적인 통증에 비명을 질렀다. 커피메이커에 물 붓는 것도 잊은 나머지 아침 커피를 마시지 못했다. 집을 나설 즈음에 이미 지각이었지만 그래도 서둘러 차를 몰고 세 블록을 운전했다. 그러자 이번에는 꽉 막힌 도로에 들어서고 말았다. 도로공사 때문에 세 개 차선이 하나로 합쳐진 때문이었다.

그렇게 사무실에 도착한 앤. 그녀는 사장이 자리를 비운 사이에, 사장을 찾는 전화를 받았다. 그녀는 부재중이라고 말하고는, 그만 답신 번호를 잘못 메모하고 말았다. 전화를 건 사람은 사장의 지인으로, 사장은 충분히 번호를 알 수 있었다. 하지만 사장은 이 일로 그녀를 크게 꾸짖었다. 순간, 흡연 충동을 강하게 느낀 그녀는 자신에게 이렇게 말했다. '담배 한 대만 피우면 이 순간을 넘길 수 있을 것 같아.' 이윽고 앤은 과거에 자주 담배를 피우던 장소로 나갔다. 그곳에 있으니 담배를 피우고 싶은 충동이 더 세졌다. 하지만 이 상황에서 흡연 외에 다른 대안이 있다는 데 생각이 미쳤다. '맞아, 그렇지. 이럴 땐 호흡을 하자.' 그녀는 자신에게 재발 충동이 일어나고 있음을 알았다. 잠시 바깥을 걸으며 주의를 딴 데로 돌렸다. 자신에게 직접적으로 다가오는 경험에 주의를 기울이기 시작했다. 근육이 조화롭게 움직이는 유쾌한 느낌, 매 걸음마다 발이 경쾌하게 땅에 닿는 느낌, 맑고 파란 하늘, 신선한 공기를 깊이 들이마시는 기쁨을 직접 경

평범함 속에 기적이 있다

험했다. 그렇게 20분 정도 지나자 담배를 피우고 싶은 충동이 완전히 사라졌다.

삶에 직면하기

앤에게 담배는, 살면서 생기게 마련인 문제들을 일시적으로 회피하는 수단이었다. 그러나 이 방법은 단기적으로 도움이 될지언정 결국엔 회피라는 패턴을 강화시킬 뿐이다. 앤은 지금 있는 곳에 그냥 존재하지 못했다. 지금 자신에게 일어나는 일에 직면하면서 그것과 함께하는 일은 때로 고통스럽다. 불편한 감정은 물론이고, 즐거움도 실컷 맛보고 나면 그다지 좋게 느껴지지 않는다. 이 때문에 우리는 지금 여기에 존재하지 않는 무언가 '다른 것'을 찾아 나선다. 정신을 팔 수 있는 오락이나 일을 두리번거린다. 이렇게 현재 자신에게 일어나고 있는 일이 자신이 원하는 대로가 아니라는 사실을 외면한다. 그리고 이런 고통을 처리하기 위해 어떤 사람은 헤로인을, 어떤 사람은 독한 술을, 또 어떤 사람은 코카인을 사용한다. 만약 이보다 일반적인 각종 과잉 행동까지 중독의 개념에 포함시킨다면, 불편한 감정을 회피하는 데 사용되는 일과 섹스, 텔레비전과 음식에 대한 탐닉도 모두 중독이라고 할 수 있다.

현재 자신에게 일어나는 일에 마음을 여는 것이 중요하다. 그러면 해로운 방식으로 현실에서 도망치려는 충동이 줄어든다. 알코올 등의 중독자들은 고통에 무감각해지려고 한다. 만약 이때 자신의 몸과 마음에서 일어나는 일에 마음을 열고 주의를 기울인다면 어떨까? 그들은 현재 자신에게 일어나고 있는 일과 '전쟁을 벌이고' 있다. 이 전쟁을 잠시 멈출 수 있다면 어떨까? 오래 전부터 전해오는 명상, 요가, 기도 등 자각 수련 연습을 알코올 중독자가 한다면 어떻게 될까?

초월명상(TM)에 대한 연구 결과, 명상을 통해 스트레스 대처법을 익히면 약물에 대한 충동과 사용량이 줄어드는 것으로 나타났다. 이것은 명상과 같은 정신 훈련이 사람들의 내면 깊숙한 곳에 있는 영적 욕구를 충족시킴으로써 중독의 회복뿐 아니라 내면의 성장을 촉진하기 때문이다.

예를 들어, 술과 음식을 과하게 마시고 먹는 사람이 있다고 하자. 만약 그가 아주 천천히 술을 마시고 음식을 먹는다면 어떨까? 한입 마시고 먹을 때마다 그 맛을 온전히 음미한다면 어떤 일이 일어날까? 그리고 이런 행동이 자신의 몸과 마음에 미치는 영향을 온전히 자각하면서 먹는다면 또 어떨까? 이것이 그의 식습관과 음주습관을 개선하는 데 도움이 될까? 물론 도움이 된다. 또, 이런 문제를 가진 사람이 자신의 신체감각과 감정, 느낌에 면밀히 주의를 기울인다면 어떨까? 위빠사나 명상, 일기 쓰기, 통찰 중심의 심리치료 등은 모두 자신의 신체 감각과 감정, 느낌을 자각하는 구체적인 방법들이다. 이 방법들은 또 하나의 테크닉이 아니라, 삶에 대한 보다 거시적인 철학 또는 접근법으로서 중독에 빠진 사람에게 큰 도움을 줄 수 있다.

마법은 당신 안에 있다

각종 미디어는 우리가 술을 마시면 더 행복하고 사교적이며 매력적인 사람이 될 수 있다고 최면을 건다. 그러나 최근 연구에 따르면, 알코올의 이러한 효능은 알코올 자체에서 기인한 것이 아니라 음주자의 심리적 기대감에서 비롯한다고 한다. 다시 말해, 알코올이 그 자체로 긍정적 효과를 내는 것이 아니라 술을 마시는 사람이 이런 효능을 기대하기 때문에 효과가 생긴다는 이야기다.

우리는 알코올이 행복감, 사교성, 매력 등의 효과를 낸다고 믿고 있으나 사실 알코올은 기분을 저하시키는 약물이다. 알코올은 우리를 행복하고 외향적이며 성적 매력이 넘치는 사람으로 변화시키지 않는다. 오히려 시무룩하고 위축된 사람, 퉁명스러운 사회 부적응자로 만든다. 또한 성기능에도 문제를 일으킨다. 우리는 약물과 알코올이 자신에게 어떤 영향을 주는지 안다고 생각한다. 그러나 약물의 심리적 기대효과는 우리가 생각하는 것보다 강력하다. 마리화나 흡연자가 혼자 피울 때는 아무 효과도 느끼지 못하다가, 여럿이 함께 피우자 비로소 효과를 느꼈다는 연구 결과도 있다.

약물의 영향에 대한 오해는 또 있다. 이것은 헤로인과 알코올의 비교를 통해 알 수 있다. 사람들은 헤로인을 심각한 약물로 간주한다. 반면 알코올은 대수롭지 않은 순한 약물 정도로 여긴다. 실제로 알코올은 약물로 간주되지 않는 경우가 더 많다. '약물과 알코올'처럼 둘을 구분 지어 말하는 데서 알 수 있듯이, 알코올은 약물에 포함되지 않는다는 의식이 강하다. 때문에 헤로인 금단은 심각한 문제로 여기는 반면, 알코올 금단은 대수롭지 않게 여긴다. 그러나 사실은 정반대이다. 헤로인 금단은 심한 독감에 걸린 것과 같아서 확실히 불편하고 불쾌하긴 하지만 영구적 손상으로 이어지는 경우는 거의 없다. 그러나 알코올 금단은 생명을 위협할 수도 있어 때에 따라서는 의학적 처치를 받아야 한다.

약물이 우리 몸에 미치는 강력한 기대효과는 '플라시보 효과'로 잘 알려져 있다. 의학 연구에서 신약 효과를 실험할 때 참가자들에게 플라시보, 즉 가짜 약을 나눠준다. 신약이 효과가 있다고 판명되려면, 약을 먹었을 때 약을 투여하지 않았을 경우보다(혹은 가짜 약을 먹었을 경우보다) 효과가 있어야 한다. 그런데 가짜 약을 먹은 경우에도 진짜 약을 먹었을 때와 유사한 효과를 보인다고 한다. 이는 약물에 대한 기대효과가 매우 크다는 사실을 보여준다. 더구나 가짜 약은 질병과 문제의 종류를 가리지 않고 어느 정도 효과를 낸다는 점에서 어쩌면 기적의 명약인지 모른다.

물론 가짜 약에 마법이 숨어 있는 것이 아니다. 알코올과 코카인에 마법이 있는 것도 아니다. 마법은 내 안에 있다. 그것을 불러낼 수만 있다면 말이다.

연습
· ·
내 안의 마법 되찾기

○   책상 위에 종이 한 장과 펜을 놓은 뒤, 눈을 감고 가만히 호흡에 집중한다. 매번 숨이 들어오고 나가는 것을 느껴본다. 생생하게 살아 있는 지금 이 순간을 잠시 음미해본다.

이제 내가 복용하고 있는 약물이나 술, 또는 내가 갖고 있는 충동적 습관에 어떤 것이 있는지 머릿속에 떠올려본다. 나는 혹시 그것에 기대감을 갖고 있지 않은가? 그것들이 나에게 마법을 일으켜줄 거라는 기대감을 갖고 있지는 않은가? 만약 그렇다면 그 기대감은 어디에서 비롯했을까? 떠오른 생각을 종이 위에 적어보라.

예컨대 당신은 알코올을 섭취하면 더 사회성 있는 사람이 될 거라는 기대감을 내심 가지고 있는지 모른다. 이럴 때는 스스로에게 이렇게 말해보라. '사회성을 높이는 힘은 (알코올이 아니라) 내 안에 있어.' 자연스러운 날숨의 리듬에 속으로 말을 맞춰보는 것도 좋다. 또 술의 도움 없이도 사람들과 잘 어울렸던 때를 기억해본다. 코카인을 하면 자신의 성적 매력이 돋보일 거라고 생각한다면, 날숨과 함께 이렇게 상기한다. '성적 매력을 주는 힘은 (코카인이 아니라) 내 안에 있어.' 스스로 성적 매력이 넘치는 사람처럼 느껴본다.

당신 안에 있는 마법을 되찾으라. 아무렇지도 않게 다른 것에 쉽게 내어준 자기 안의 마법을 되찾으라.

빈 공간 채우기

사용하던 약물을 중단했는가? 그렇다면 약물이 차지하고 있던 당신 삶의 자리에 구멍이 뻥 하고 뚫렸을지 모른다. 갑자기 생긴 빈 공간에 당황한 당신은 무엇을 해야 좋을지 모른다. 약물 사용 이전에 하던 활동들을 열심히 해보지만, 그 활동들은 이미 높아져버린 당신의 쾌락 역치를 충족시키기에 역부족이다. 약물 중단 후 무엇을 해야 좋을지 모르는 이런 상황은 종종 약물 남용 후유증으로 인해 더 복잡해진다. 약물 중단으로 생긴 빈 공간을 어떻게 메우느냐가 지금 당신이 당면한 과제다.

이 시기에는 이런저런 유흥거리로 시간을 때우기가 쉽다. 이는 어느 정도는 유용한 전략이다. 적어도 단기적으로는 유용할 수 있다. 당신이 즐기는 유흥거리가 건강한 것이라면 말이다. 그러나 살면서 생기는 빈틈을 모조리 유흥으로 채우려는 성향은 문제를 일으킬 수 있다. 그것은 결과적으로 다시 중독에 빠지기 쉬운 성향을 갖게 만들 수도 있다. 당신은 삶의 모든 시간을 유흥으로 채우는 습관에 빠져 있는가? 그렇다면 당신이 이전에 사용하던 약물에 다시 손을 댈 위험이 상존한다고 볼 수 있다. 유흥이 아닌 다른 전략이 필요하다. 삶의 모든 순간을 유흥으로 채우는 것보다 좋은 방법이 있다. 그것은 삶이 매순간 선사하는 충만함을 자각하는 것이다.

지나치게 목표 지향적인 태도를 내려놓고 지금 여기를 자각하면서 행동할 수 있다. 그렇게 하면 운전이나 설거지 등 일상의 모든 행위가 더욱 부드럽고 풍요로워진다. 이러한 자각의 순간이 곧 깨달음의 순간이다. 그리고 이런 자각의 순간을 조금씩 늘려가면, 더 이상 약물 남용으로 자신의 삶을 '더 좋게' 만들어야 할 필요가 없다. 물론 약물을 끊은 뒤 더 큰 만족과 행복을 느낀다면 더 없이 좋은 일이다. 이런 경우는 중독 재발의 위험이 그리 높지 않다. 그러나 만약 약물을 끊었을 때 삶의 만족감이 떨어진다면 재발 위험이 크다고 할 수 있다.

지금 있는 현재의 삶으로 만족감을 올릴 수 있으면 좋다. 자신이 처한 상황에 맞서 혼자서 벌이고 있는 '전쟁'을 중단시키는 것이면 무엇이라도 도움이 된다. 그중에서도 일상의 활동에 현존하면서 즐길 수 있다면 그보다 좋은 일은 없다. 일상은 신성하다. 일상에 대한 만족감을 건강한 방식으로 높일 수 있다면, 중독 재발의 위험도 훨씬 낮아진다.

연습
....

깨어 있는 시간 마련하기

○   우리의 최종 목적은 하루 24시간 내내 깨어 있는 마음으로 사는 것이다. 그러나 하루 종일 깨어 있는 것은 지금 당장 달성하기엔 결코 만만치 않은 목표다. 지금 단계에서 내가 할 수 있는 것보다 더 욕심을 낸다면 좌절밖에 남는 것이 없다.

이 문제를 다루는 방법이 있다. 바로 하루 중 깨어 있는 시간을 따로 마련하는 것이다. 다시 말해, 하루 일과 중 마음챙김 수련을 적용할 활동을 미리 정해 두는 것이다. 틱낫한 스님은 설거지를 예로 들었지만, 그 밖에도 다양한 활동들을 깨어 있는 시간으로 만들 수 있다. 예컨대 샤워하기, 이 닦기, 커피와 차 마시기, 빨래 개기, 식사 준비하기, 아이들과 놀아주기 등이 있다.

예컨대 샤워하는 시간은 현재 나에게 일어나는 일을 알아차리고 즐길 수 있는 좋은 기회이다. 샤워 도중에 느껴지는 다양하고 즐거운 몸의 감각에 의식의 주파수를 맞춘다. 물의 온도와 소리, 물이 몸에 닿는 감촉, 비누의 향기 등을 의식한다. 또는 샤워할 때만이라도 모든 일을 잠시 제쳐둔 채, 나만을 위한 시간이라고 여길 수도 있다. 우리는 온갖 계획과 걱정, 두려움에 마음이 끄달리지만, 평소 이런 식으로 샤워를 즐기는 경우가 잘 없다.

단 한 순간이라도 그 순간 깨어 있는 것에서 시작하면 된다. 깨어 있는 시간을 따로 마련해 그 시간만큼은 평화의 시간이 될 수 있도록 한다. 그 일을 하는 동안 호흡을 알아차려도 좋다. 만약 그 일을 하는 도중, 앞으로 할 일에 마음이 가 있거나 이미 지나간 일에 마음을 빼앗기고 있는가? 그렇다면 지금 하고 있는 일로 부드럽게 돌아온다. 이런 식으로 하면, 지금까지 따분하게만 여겨지던 일하는 시간이 생생하게 깨어 있는 시간으로 탈바꿈한다. 어쩌면 지금까지 몰랐던 사실, 예컨대 치통이 없어 행복하다는 사실을 깨달을 수도 있다. 잘못된 일보다 잘못되지 않은 일, 괜찮은 일이 자신에게 더 많다는 점을 자각할 수도 있다. 이렇게 한 가지 일을 깨어 있는 마음으로 할 수 있으면, 다음에는 다른 일을 할 때도 깨어 있는 시간으로 만들어본다. 위의 활동 말고도 마음챙김으로 깨어 있는 활동들의 목록을 스스로 만들어볼 수도 있다.

일상의 작은 것을 소중히

보통 우리는 희망을 좋은 것으로 여긴다. 나도 그에 동의한다. 기대할 만한 뭔가를 갖는다는 것은 나쁘지 않은 일이다. 그러나 불교는 희망이 문제가 될 수도 있다고 가르친다. 무슨 말인가?

미래에 대한 과도한 기대 때문에 현재를 충실히 살지 못하는 경우에 희망이 문제가 된다. 만일 아침에 일어난 뒤 그저 오늘 하루를 또 어떻게 보낼까 궁리만 하고 있다면, 당신은 그날 하루 자신에게 일어나는 다양한 삶의 경험들을 놓치게 될 것이다. 또 다음 휴가철이나 특별한 이벤트만을 학수고대하며 산다면, '지금' 당신 앞에 놓여진 삶을 살지 못하게 될 것이다. 더욱 나쁜 것은, 실제로 휴가기간이 되어도 당신은 기대만큼 만족스럽지 않은 휴가에 실망할 수 있다는 사실이다. 실망한 당신은 이제 휴가가 아닌 '다른 것'을 기대한다.

문제는 우리가 휴가뿐 아니라 그 밖의 많은 것에 대해서도, '이렇게 혹은 저렇게' 되어야 마땅하다고 느낀다는 점이다. '돈을 더 벌면, 살을 더 빼면, 나에게 꼭 맞는 이상형을 만나면 지금보다 행복할 텐데…'라는 식이다. 물론 돈을 벌고 살을 빼고 이상형을 만나는 것은 멋진 일이다. 그러나 균형 감각을 잃은 채 삶의 특정 부분에 치우치면 실망과 낙담에 이를 가능성도 더 커진다. 드라마 〈머나먼 대서부〉에서 여주인공 로리는 샌프란시스코에 가고 싶지만 여의치 않자 낙담에 빠진다. 이때 카우보이 거스 매크리가 로리에게 말한다. "로리, 내 말 좀 들어봐. 뭐, 대단한 건 아니지만 말이야. 그건 샌프란시스코의 삶도 그저 또 하나의 삶일 뿐이라는 거야. 한 가지를 너무 원하면 오히려 실망도 커지는 법이지. 그러니 내가 보기에 삶을 건강하게 사는 유일한 방법은 일상의 작은 것을 사랑할 줄 아는 거라네."

샌프란시스코의 삶도 그저 또 하나의 삶일 뿐이다. 우리가 원하는 삶, 우리를 행복하게 만들어줄 거라 여기는 삶도 그저 또 하나의 삶일 뿐이다. 지금의 작은 일들에서 기쁨을 찾는 삶, 오직 그것만이 우리에게 평화와 행복, 충만감을 줄 수 있다.

평범함 속에 기적이 있다

'희망'이라는 장애물 피해가기

○   대부분의 사람들은 마음속의 '샌프란시스코'에 도착하기 전에는 행복하지 못하다고 여긴다. 나의 이상형을 만나기 전에는, 혹은 끔찍한 관계를 정리하기 전에는 행복하지 않다고 여긴다. 아니면 지금보다 더 많은 수입을 올리거나 학위를 따기 전에는 행복할 수 없다고 여길 수도 있다. 그러나 문제는 이상적인 관계나 더 많은 수입이 보장된 삶, 학위를 딴 인생이라 해도 또 하나의 삶일 뿐이라는 점이다. 물론 이상형과 수입, 학위는 멋진 성취이다. 그러나 그런 것이 보장되어도 당신은 아침에 침대에서 일어나야 한다. 그런 것을 모두 갖추어도 당신은 살면서 일어날 수밖에 없는 갖가지 문제들과 맞닥뜨려야 한다.

종이 한 장과 펜을 앞에 둔 채 잠시 눈을 감아보자. 잠시 호흡의 느낌에 주의를 기울인 다음 눈을 뜨고 종이 상단에 이렇게 적는다. "나는 ~하다면 행복할 텐데." 그런 다음 ~에 들어갈 내용을 머리에 떠오르는 대로 적어본다.

생각나는 대로 적었으면 이제 적은 내용을 다시 살펴보며 자신에게 이런 질문을 던져본다. '혹시 이런 것들 때문에 지금 이대로의 내 삶을 사는 데 방해가 되지 않는가? 만약 그렇다면 어떻게 하면 방해받지 않게 할 수 있을까? 어떻게 하면 지금 이대로의 내 삶이 지닌 좋은 면에 초점을 맞출 수 있을까?'

이제 그만!

많은 사람이 적당량을 취하는 것을 어려워한다. 어느 정도의 양이면 적당한지, 예컨대 얼마만큼 술을 마셔야 적당한지 스스로 자각하지 못하는 사람이 많다. 당연히 이들은 과음에 빠지기 쉽다. 한편 자신에게 적당한 양을 자각하는 운 좋은 사람도 있다. 그들은 일정량의 알코올이 들어가면 더 이상 술에 흥미를 느끼지 않는다. 그들에게 '얼마만큼 마셔야 하는가'는 도덕적인 문제가 아니다. 더 이상 알코올이 당기지 않을 때 잔을 내려놓으면 그만이다. 그들은 '이제 그만!'이라는 내면의 신호를 쉽게 감지한다.

그렇다면 '얼마만큼이 적당한지' 감지하지 못하는 사람은 어떻게 해야 할까? 방법은 여러 가지다. 우선, 완전히 끊는 것이다. 만약 알코올을 완전히 끊는다면 얼마만큼 마시면 좋을지 몰라도 문제될 게 없다. 그러나 완전히 끊는 것은 쉬운 일이 아니다. 이 경우에 두 번째 방법을 사용한다. 일정한 목표치를 정해두고 자신의 음주량을 기록하는 것이다. 예컨대 문제성 음주자라면 한 번 음주 욕구가 일어날 때 두 잔까지만 마신다든지, 한 시간 이상 마시지 않는다든지, 또는 일주일에 3회 이상 마시지 않는다든지 하는 나름의 기준을 정한다. 기록하면 자신의 음주량이 객관적으로 눈에 드러나면 음주량을 자각하지 못하는 취약점을 보완할 수 있다. 또 여러 사람과 함께하는 지지 모임을 통해 도움을 받는 방법도 있다. AA(알코올 중독자 자조모임)에 참가하면 술집을 찾을 가능성이 우선 낮아진다. 또 그러한 모임은 금주를 돕고, 재발로 인해 생긴 인간관계의 문제를 처리하는 데도 도움을 준다.

종류를 불문하고 모든 과도함에 있어서, 자각(awareness)은 매우 중요한 치유적 요소다. 당신은 아이스크림을 너무 많이 먹고, 텔레비전을 너무 많이 보는가? 아니면 일을 너무 많이 하는가? 그렇다면 당신은 아마도 자각하는 삶, 깨어 있는 삶을 살지 못하고 있을 것이다. 만약 당신이 깨어 있다면 아이스크림을 몇 스푼만 먹어도, 텔레비전 쇼를 하나만 보아도, 첫 번째 프로젝트만 완수해도 기쁨을 느낄 것이다. 그런데 우리가 과도함에 빠지는 과정을 자세히 살펴보면, 거기에는 흥미로운 변화가 일어남을 알 수 있다. 즉, 일정량을 넘어서면 어느 순간 자신이 좋아하지도 않는 것을 계속 탐닉한다는 사실이다. 이때 당신은 그것을 진심으로 즐기지 않는다. 그저 즐기고 있다고 '생각할' 뿐이다. 당신의 실제 경험은 그것을 즐기고 있지 않다. 이처럼 자신의 생각이 아니라 직접 경험에 다가가는 것이 중요하다. 그러기 위해서는 자각이 필요하다.

연습

적당량 자각하기

○ 하루 중 자신이 무엇인가를 충분히 취했다고 느껴지는 시점을 깨어 있는 마음으로 자각해본다. 그리고 가능하면 그 시점에 활동을 멈출 수 있도록 한다.

예컨대 하루 중 식사, 음주, 운동, 수면, 텔레비전 시청, 업무, 혼자 있는 시간, 타인과 함께하는 시간 등에서 자신의 적당량을 자각했다면, 바로 그 자리에서 멈추는 것이다.

이는 자신의 생체 리듬에 조율하면서 그 한계치를 인정하는 과정이다. 이와 반대되는 사례를 들자면, 최근에 아내와 함께 채소밭을 가꾸느라 무리했던 일이 있었다. 우리 부부는 기계로 밭을 일구고 갈퀴질을 하며 비료와 피트모스(천연 유기질 퇴비)를 뿌리느라 그날 하루 종일 무리를 했다. 육체노동에 익숙하지 않은 우리 부부에게 하루치 일로는 너무 과한 양이었다. 다음 이틀 동안 몸에 물집이 생기고 피곤함이 덮쳐와 우리는 심신의 균형을 완전히 잃고 말았다. 그렇게 과하게 밀어붙인 결과로 우리가 얻은 것은 무엇일까? 우리는 채소밭 가꾸는 일에 무리하게 집중한 나머지, 삶의 균형 잡힌 조화를 잃었다.

그렇게 하지 않고 단 하루만이라도 외부적 기준이 아니라, 자신의 조화로움과 안녕을 삶의 기준으로 삼는 것은 어떨까? 적당량을 취했다고 생각되면 그 자리에서 멈추는 건 어떨까? 이때 세상의 중심이자 판단자는 외부의 기준이 아니라 당신 자신이다. 다른 외부적 고려사항 때문에 자신의 안녕으로부터 멀어지지 말라. 노자가 말했듯이, 애쓰거나 분투하지 말고 그저 자신에게 적당한 양을 하라.

쓰레기와 일몰

마음챙김은 숨 쉬기와 마찬가지로 사람이라면 누구나 가진 능력이다. 어린 아이들은 신선하고 놀라운 인지력을 발휘한다. 아이들은 쓰레기더미를 보아도 무지개를 보는 것처럼 기쁨을 발견할 줄 안다. 그런데 이런 능력은 오래 지속되지 않는다. 세상은 아이들에게 무엇을 보아야 하는지, 무엇에 대해 말해도 괜찮은지 가르친다. 아이들은 점차 쓰레기더미는 추한 것으로, 일몰은 아름다운 것으로 보기 시작한다. 아이들은 점차 어른들이 '적절하다'고 말하는 대상에만 주의를 기울이기 시작한다.

마음챙김으로 깨어 있음(to be mindful)은 우리가 어릴 적에 사물을 바라보던 신선하고 직접적인 인식으로 돌아가는 것이다. 예수는 이렇게 말했다. "어린 시절로 돌아가 아이처럼 되지 않으면 천국에 들어갈 수 없다." 마음챙김은 아이처럼 되는 기술이다. 그러나 유치해지는 것과는 아무 상관이 없다.

영화 〈아메리칸 뷰티〉에는 비디오카메라 촬영을 좋아하는 등장인물이 나온다. 그가 가장 좋아하는 '작품'은 비닐 쇼핑백이 춤을 추듯 바람에 휘날리는 장면을 몇 분 동안 찍은 영상이다. 만약 편견에 치우치지 않은 눈으로 보면 매우 멋진 광경일 수 있다. 그러나 고정된 사고의 틀로 보면 쓰레기에 지나지 않는다. 마음챙김은 새로운 눈으로 많은 멋진 것들을 보게 한다. 마음챙김으로 깨어 있는 상태에서는 자신이 경험하는 바를 '좋은 경험'과 '싫은 경험'으로 두부 자르듯 양분하지 않는다.

성인기에 접어들 즈음이면 이미 자기만의 신선하고 새로운 인식과 감정에서 꽤 멀어진다. 한때 나는 남성들로만 구성된 치료 집단을 이끈 적이 있다. 집단상담 멤버들이 그중 한 남자에게 화가 났느냐고 묻자, 그 남자는 자리에서 벌떡 일어나더니 주먹을 불끈 쥐고는 "제기랄! 난 화가 나지 않았다고요!"라고 소리쳤다. 집단상담에서 흔히 볼 수 있는 장면이다. 어쩌면 우리 대부분은 그 남자와 비슷한지 모른다. 미묘한 방식으로, 또는 그리 미묘하지 않은 방식으로 우리는 자신이 화가 난 사실을 자각하지 못하기 때문이다. 우리는 자신의 상태를 온전히 알아차리면서 깨어 있지 못하다.

마음챙김은 이런 무자각과 완전히 반대되는 상태이다. 즉 마음챙김은, 자신이 화가 나 있다면 화난 상태를 있는 그대로 자각한다. 화 내지 않으려고 애쓰는 것이 아니라, 화와 하나가 된다. 또 이미 일어난 화를 돌봄으로써 그것이 또 다른 문제를 일으키지 않도록 한다. 지금 실제로 일어나고 있는 일(화)에 현존한다. 반면 중독의 충동은, 현재 자신에게 일어나고 있는 일이 마음에 들지 않을 경우 그것을 부정한다. 이 점에서 마음챙김과 중독은 서로 완전한 대척점에 있다고 할 수 있다.

일상이 선사하는 기적

마음챙김은 신기하고 멋진 일에 주파수를 맞추는 것이 아니다. 신기하고 멋진 일만 좇을 경우, 애당초 중독의 덫에 빠지기 쉽다. 마음챙김은, 신기하고 멋진 일이 아니라 일상에서 마법을 발견하는 일이다. 불교 경전에서 붓다는 이렇게 말했다. "내가 위[上] 없는 완벽한 깨달음을 통해 얻은 것은 결코 신비스럽고 대단한 무엇이 아니다. 바로 이 때문에 그것을 '위 없는 완벽한 깨달음'이라고 한다."고 말했다. 우리는 계속해서 자기 바깥에서 무언가를 구한다. 자신의 경험 바깥에서 해답을 찾으려고 한다. 그렇게 하면 결과적으로 지금 여기, 바로 내 앞에 있는 것을 놓치고 만다. 이렇게 우리는 참된 기적, 즉 우리의 삶과 자각이라는 단순하고 놀라운 사실을 계속해서 간과하며 산다. 애당초 우리의 삶과 자각은 너무 평범한 것이어서 고려할 만한 무엇으로 생각되지 않는다. 그러나 그러한 삶과 자각이라는 힘의 원천을 약물에 내어줬을 때는 반드시 되찾아와야 한다.

마음챙김에 접근할 때는 부드럽게 해야 한다. 억지로 강제해서는 안 된다. 깨달음의 자각을 북돋는 환경을 만들어주되, 지나치게 목적 지향적이어서는 안 된다. 무언가를 성취하거나 고치려는 생각 자체를 잠시 내려놓는 것이 좋다. 붓다가 되는 것은 당신의 관심사가 아니다. 당신은 이미 붓다이기 때문이다. 단지 편안하게 마음을 내려놓고 지금 있는 그대로 존재하도록 하라. 역설적이게도, 이처럼 목적 지향적이지 않은 지금 여기에서의 수동적 자각이 더 나은 미래를 일구는 능동적 선택을 가능하게 한다.

업(業)을 일종의 숙명론으로 오해하는 경우가 있으나, 지금의 자각이 더 나은 미래를 만든다는 앎이야말로 업에 대한 올바른 이해다. 업이란, 오늘 명료한 자각과 깨어 있음으로 행한 행위가 행복한 미래를 창조하는 원인이 된다는 의미이기 때문이다. 명료한 자각과 마음챙김의 상태에 있다면 일과 건강, 여가, 인간관계 등에서 무엇이 '실제로' 도움이 되는지 알 수 있다. 이때 당신은 자신에게 도움이 된다고 '생각되는' 무엇에 더 이상 빠져 있지 않는다.

평범함 속에 기적이 있다

이 책에 소개된 방법들을 자신을 상대로 실험해보라. 마음챙김으로 깨어 있는 마음을 가지고 실험해보라. 무엇이 당신에게 효과가 있고, 무엇이 효과가 없는지 직접 알아보라. 그러면 중독 회복의 길에서 자신에게 도움이 되는 아이디어와 수련법을 발견할 수 있을 것이다. 그러나 궁극적으로 당신은 여러 책의 원천이 되었던 바로 그 지혜 원천에 접속해야 한다. 이 책의 목적은 당신이 이미 가지고 있는 것, 이미 당신 자신인 그것과 다시 연결하도록 돕는 것이다.

자기계발서 중에는 '달을 따 주겠다고' 약속하는(즉 허황된 약속을 하는) 책들이 많다. "달은 보지 못하고, 달을 가리키는 손가락만 보네."라는 선가(禪家)의 경구도 있지만, 중요한 것은 달이다. 중요한 것은 당신의 직접 경험이다.

이제 밖에 나가서 당신 스스로 달을 보라.

두 번째 문

당신의
삶
이야기를
말하라

자신의 삶을, 현재 집필 중인 이야기라고 생각해보자. 중독에 빠진 많은
사람이 중독과 관련된 자기 삶의 정해진 각본에 계속 집착하면서 내려놓
지 못한다. 그런데 자기 삶의 정해진 각본에 집착하면 삶에 대한 부정적
이야기를 지속시킬 뿐 아니라 약물과 알코올에 계속 의존하게 된다. 우리
삶이 꼼짝달싹 못한 채 거기에 묶여 있어야 하는 것은 아니다. 얼마든지
'새로운 이야기'를 써나갈 수 있다.

내가 내 삶의 영웅이 될지

아니면 누군가 다른 사람이 그 자리를 차지할지

이 페이지들이 보여줄 것이다.

—

찰스 디킨스, 『데이비드 카퍼필드』(1850)

이야기에 관한 이야기 하나

어느 제자가 랍비에게 하느님이 인간을 창조한 이유에 대해 물었다. 이에 랍비는 어떻게 대답했을까? 당신도 한 번 생각해보기 바란다. 사실, 이 질문 자체가 평범한 질문은 아니다. 어쩌면 당신은 이런 질문에 대해 한 번도 고민해보지 않았을지 모른다. 만약 그렇다면 이 질문에 대한 답을 듣더라도 아무런 울림을 받지 못할 것이다. 잠시 당신이 그 랍비라면 어떻게 대답했을지 생각해보라. 하느님은 왜 인간을 창조한 것일까?

이 질문의 이면에는, 추상적 의미의 신은 이미 그 자체로 완벽하다는 생각이 깔려 있다. 그런데 그 자체로 완벽하며 아무 결함이 없는 신이라면 왜 무언가를 창조한단 말인가? 창세기 1장의 창조 이야기에는 이런 내용이 나온다. 하느님이 입을 열자 빛이 나타난다. 하느님이 말을 하자 육지가 바다와 분리된다. 또 하느님이 말을 하자 식물과 동물, 그리고 마침내 인간이 모습을 나타낸다. 마지막에 창조된 인간은 이 모든 것에 더 없는 영광을 안긴다. 그렇다면 왜 영원한 하느님이, 아무 부족한 것 없는 하느님이 무언가를 창조했을까? 그 자체로 모든 것을 갖추어 완벽한 하느님이 왜 무언가를 창조해야 했을까?

랍비의 대답은 매우 놀라웠다. 그는 하느님이 '이야기를 좋아하기 때문에' 인간을 창조했다고 답했다. 그만큼 인간은 이야기와 떼려야 뗄 수 없는 관계를 맺고 있다.

만약 일부 신학자가 그렇듯이, 신을 완전한 타자적 존재로 본다면 랍비의 대답은 난센스다. 어떤 면에서 신을 일종의 사디스트(가학 성애자)로 볼 소지도 있다. 왜냐하면 만약 신이 완전한 타자라면 인간이 겪는 고통과 죽음은 신이 만들어낸 한 편의 연속극에 불과하기 때문이다. 인간으로부터 떨어져 있는 신이 자신의 즐거움을 위해 연출하는 연속극에 지나지 않는다. 신은 자신의 피조물이 온갖 고통을 당하면서도 신을 숭배하는 모습을 보며 웃고 있을지 모른다.

그러나 이와 달리 신이 인간과 별개의 존재가 아니라는 관점에서 볼 수도 있다. 그렇다면 위 랍비의 대답은 결국 신에 관한 것이 아니라 우리 인간에 관한 것이 된다. 인간은 이야기를 좋아하는 존재다. 오랜 옛날, 우리 조상들은 하루의 성공적인 사냥을 축하하는 의미로 모닥불 주변에 모여 일정한 의식을 치렀다. 그 이래로 인간은 이야기를 좋아하는 존재였다. 우리의 삶을 비극이든 희극이든 드라마로 보는 경향은 뼛속 깊이 인간 본성의 일부이다. 따라서 우리가 던져야 할 질문은 인간이 이야기를 하는가 여부가 아니다(인간은 이야기를 한다). 그보다 인간은 어떤 이야기를 하느냐는 질문이다. 어떤 이야기는 건설적이고 어떤 이야기는 파괴적이다. 또 어떤 이야기는 만족스럽고 어떤 이야기는 만족스럽지 못하다.

이야기 너머

궁극적으로 마음챙김이 지향하는 목표는 이야기를 초월해 삶의 실재와 직접 접촉하는 것이다. 그런데 이야기를 넘어서고 나면 우리는 절망에 가까운 공허함을 느낄지 모른다. 그러나 이때 느끼는 절망은 사실 깨달음과 밀접하게 관련되어 있다. 깨달음의 경험에 관한 질문을 받은 티베트의 어느 고승은 깨달음이 자기 삶의 마지막 절망이었다고 답했다. 십자가의 성 요한(1542~1591, 스페인의 신비주의자·저술가·신학자)은 신성한 산을 그린 그림의 상단에 스페인어로 무(無)를 의미하는 나다(Nada)를 새겼다. 이는 모든 것을 의미하는 스페인어 토도(Todo)와 같은 의미였다. 또 중세 말기 익명의 신비주의자는 신에 대한 지고의 체험을 '미지(未知)의 구름' 속으로 들어가는 것으로 표현했다(14세기 영국의 익명의 작가가 쓴 신비 생활에 관한 책 제목이기도 하다). 선불교에서도 말과 개념을 넘어 단순하고 직접적인 체험에 이르는 것을 목표로 한다.

이 모든 사례는 우리의 궁극적 목표가 이야기를 넘어 절망의 심장부, 즉 풍요로운 '비어 있음'의 세계로 들어가는 것임을 말하고 있다(물론 자신의 삶 이야기를 자각하고 그것을 보다 긍정적인 방향으로 이끌어갈 필요는 있지만). 그리고 그 풍요로운 비어 있음의 세계가 곧 신이나 도(道), 우주 등 말로 표현하기 어려운 존재의 바탕이다. 궁극적으로 깨달음이란, 자신이 펼치는 삶의 모든 드라마와 자질구레한 연속극 줄거리를 내려놓고 '단지 존재함'이라는 영역으로 들어가는 것이다.

그런데 이야기를 뛰어넘으라고 해서 비인간적인 존재가 되라는 말은 아니다. 이야기는 지극히 인간적인 활동으로, 아무리 깨달은 사람이라도 이야기라는 관점으로 사고하고 가르치며 자기 삶을 경험한다. 그러나 깨달은 사람이 보통 사람과 구별되는 점이 있다면, 자신의 이야기로부터 조금 더 자유롭다는 점이다. 어느 구도승이 가까운 친척의 죽음에 목 놓아 울고 있었다. 그러자 함께 공부하던 구도승이 친척에 집착하는 그의 태도를 비난했다. 이에 구도승은 이렇게 답했다. "지금 나는 친척의 죽음이 슬퍼서가 아니라 내가 울고 싶기 때문에 울고 있소."

이 일화는 구도승이 삶과 삶 이야기에 대한 민감성을 결코 잃지 않았음을 보여준다. 깨달음이 추구하는 이상은 바위나 쇳덩이처럼 무감각해지는 것이 아니다. 다만 이야기라는 환영의 그물에 옴짝달싹 못하게 얽매여서는 안 된다. 그렇게 이야기로부터 조금 떨어져 자유로울 필요가 있다.

그러나 한편으로 인간은 '이야기하는 존재'라는 사실에서 결코 도망갈 수 없다. 그렇다면 이야기를 피해가기보다 그 속을 통과해가는 것이 어쩌

당신의 삶 이야기를 말하라

면 현명한 방법일 수 있다. 삶을 하나의 이야기로 보는 관점이 지닌 한계에서 궁극적으로 자유롭고자 한다면, 우선 나 스스로 어떤 삶 이야기(life story)를 지어내고 있는지 자각해야 한다.

스토리텔링

스토리텔링, 즉 이야기를 지어내는 활동은 인간의 본질적 특성이다. 이 장에서는 우리가 '나는 누구인가'에 관하여, 스스로 지어내 자신에게 들려주는 이야기들에 대해 살펴보려 한다. 우리가 스스로 지어내는 이야기는 무엇에 근거하고 있는가? 그것은 진실에 기초하고 있는가, 아니면 허구에 기대고 있는가? 그 이야기는 부모님이 들려준 내용에 기초하고 있는가, 아니면 초등학교 1학년 담임 선생님이 말해준 바에 기초하고 있는가? 그도 아니면 나의 이웃이 나로 하여금 믿게 만든 것에 기초하고 있는가? 어쩌면 그 이야기는 한때는 적절했지만 이제는 낡아빠진 이야기이거나, 너무 한쪽으로 치우친 이야기일 수도 있다. 어쩌면 성장이란, '나는 누구인가'에 관하여 보다 적절하고 포괄적인 이야기를 만들어가는 작업이며, 자신에게 그 이야기를 들려주는 과정이다(이야기를 초월하여 극복할 정도로 자유로운 경지에 이르기 전까지는).

이 장에서 우리는 삶 이야기와 물질 남용의 관계에 대해 살펴보고자 한다. 이는 음식이나 알코올 등 물질 남용과 관련된 자신의 삶 이야기를 살펴봄으로써, 중독 회복을 방해하는 잘못된 믿음들을 스스로 발견하기 위함이다. 우리는 자기 몸에 집어넣는 음식과 알코올에 대해 어떤 이야기를 지어내어 자신에게 들려주고 있는가? 우리는 이렇게 지어낸 이야기를 미화하거나 과장하고 있지 않은가? 또 자신이 사용하고 있는 물질을 신비화시키지 않는가? 어쩌면 이제 자신에 관한 낡을 대로 낡아버린 이야기를 다시 써야 하는 시점인지 모른다. 소중한 기회인 인간으로서의 삶을 어떻게 보낼 것인가에 관한 이야기를 다시 써야 하는 시점인지 모른다.

이야기를 지어내는 것은 인간의 보편적 성향이다. 과학 이론을 정립하는 일은 이야기와 전혀 다른 활동으로 생각되지만, 사실 과학 이론도 그 자체로 하나의 이야기다. 물론 적절한 '과학 이야기'가 되기 위해서는 일정 기준을 충족하고 특정 목적에 부합해야 한다. 그럼에도 과학 이론이 사물의 존재 방식에 관하여 우리가 지어내는 이야기라는 사실은 변하지 않는다.

그러나 아마도 우리가 지어내고 들려주는 이야기 가운데 가장 중요한 것은 우리 자신에 관한 이야기, 즉 '나는 누구인가'에 관한 이야기일 것이다. 우리는 자신이 잘 생겼는지 못 생겼는지, 성공을 거뒀는지 불운한지에 관한 이야기를 만들어낸다. 또는 기계를 잘 다루는지 아니면 예술적 성향이 뛰어난지에 관한 이야기를 지어낸다. 그런데 이런 개인적 이야기들은, 약물에 관해 우리가 지어내는 이야기와도 연결된다. 약물에 관한 이야기란 약물이 나에게 어떤 영향을 미치는가, 어떤 사람이 약물을 사용하는가에 관한 이야기다. 중독이라는 부정적 습관을 변화시키기 위해서는 그 근저에 자리 잡고 있는 이야기들의 의미를 이해할 필요가 있다.

자신의 삶을 들여다보라

당신은 자신의 삶에 관한 어떤 이야기를 스스로에게 들려주고 있는가? 그것은 치유의 이야기인가, 눈부신 성공과 성취의 이야기인가? 아니면 고통과 실패로 가득 찬 쓰라린 이야기인가? 그것도 아니면 타인의 호감을 사고 존경을 얻은 이야기인가, 사람들로부터 업신여김과 미움을 받은 이야기인가? 당신은 자신에 관한 어떤 이야기를 지어내고 있는가? 그 이야기는 창조적인 인간인 당신에 관한 것인가, 아니면 문제 해결사로서의 당신에 관한 것인가? 당신이 지어내는 이야기에 등장하는 당신은 친절하고 보살피는 사람인가, 아니면 이기적이고 차가운 사람인가? 당신은 기계에 밝은 사람인가, 아니면 기계치인가? 마음챙김으로 깨어 있는 사람은 이러한 자기 삶 이야기의 줄거리를 자각하고 있다. 줄거리를 자각하되 그것에 옴짝달싹 얽매이지 않는다. 그들은 자신의 삶 이야기를 유연하고 자연스러운 방식으로 사용할 줄 안다.

감옥 수감자 한 사람이 차량 절도 '전문가'로서 경험했던 이야기를 비버리에게 들려주었다. 그는 차량 절도 기술을 완벽하게 갈고 닦았다. 어떤 자동차도 단 10초면 문을 열 수 있었다. 그는 경찰과 벌인 추격전이나 아슬아슬하게 기적적으로 탈주한 경험에 관한 흥미진진한 이야기를 들려주었다. 그는 자신에 대해, 말하자면 일종의 '무법자' 이미지를 갖고 있었다. 다른 사람이 보기에는 황당한 이야기였지만, 자신에게만큼은 매우 완벽한 삶 이야기로 작동하고 있었다.

비버리는 그의 완고한 삶 이야기에 부드럽게 대안을 제시했다. 그가 실제로 세 번이나 붙잡혀 체포당한 사실을 들어, 어쩌면 그가 뛰어난 차량 절도범이 아닐 수도 있음을 넌지시 암시했다. 그는 차량 절도범이 아닌 다른 일을 찾아야 하는지도 몰랐다. 그는 비버리의 생각에 일리가 있다며 고개를 끄덕였다. 그러면서도 지난 번 '실수'를 철저히 분석했으며 다음 번 절도를 위해 자신의 '기량'을 더욱 갈고닦는 중이라고 말했다. 그는 다음 번 절도 때는 아무도 자신을 막지 못할 거라고 확신하고 있었다. 그의 삶 이야기는 '완벽한 차량 절도범'이라는 이미지를 중심으로 짜여 있었다. 그는 그 신화를 쉽사리 바꾸려 하지 않았다.

차량 절도범으로서 그의 이야기에서는 명백한 함정과 왜곡, 오류가 존재한다. 그러나 우리의 삶 이야기에 숨은 문제가 언제나 그렇게 쉽게 눈에 띄는 것은 아니다.

연습
....
나의 부고 기사 써보기

○　　　　　　　　　　　　　　우선 조용한 곳에 앉는다. 편안하게 숨을 들이쉬고 내쉰다. 자신의 삶에 대해 생각해본다. 내 삶과 관련된 이미지와 기억들이 자유롭게 떠오르도록 내버려둔다. 이때 이미지와 기억의 내용을 통제하려고 하지 않는다. 서두르지 말고 여유롭게 자기만의 시간을 갖는다. 그런 다음 자신이 이상적으로 생각하는 부고 기사를 작성해본다. 즉 나의 사망 소식을 접한 사람들이 이렇게 써주었으면 좋겠다고 생각되는 기사를 써보는 것이다. 어느 정도 썼으면 이제 자신이 가장 싫어하는, 그렇지만 일말의 진실이 포함되어 있는 부고 기사를 작성해본다. 그런 다음 두 기사를 비교하며 차이점을 살펴본다.

당신이 이상적으로 여기는 부고 기사는 합리적인 내용인가, 아니면 너무 이상적이어서 실현 가능성이 없는가? 혹은 반대로 너무 뻔한 내용이어서 당신의 이상이 충분히 높게 설정되지 않은 것은 아닌가? 이에 대해 정해진 답은 없다. 중요한 것은 억지로 답을 강요하지 않고 이 질문들을 자신의 의식 속에 품어 안는 것이다.

당신이 두려워하는 부고 기사를 보면 지금 무엇이 당신을 방해하고 있는지 알 수도 있다. 또 당신의 그림자(성격의 부정적인 부분)와 열등한 측면에 관한 힌트를 얻을 수도 있다. 당신이 느끼는 두려움은 얼마나 현실적인

가? 또 이상적인 부고 기사라면 거기에 드러난 당신의 특성은 무엇이며, 그 특성을(비록 왜곡된 특성이라 해도) 인지할 수 있는가?

자신의 가상 부고 기사를 작성하는 사람들을 보면서 알게 된 사실이 있다. 살면서 더 많이 일했더라면, 돈을 더 벌었더라면 좋았을 거라고 생각하는 사람을 본 적이 없다는 사실이다. 또 사랑하는 사람과 너무 많은 시간을 보냈다며 후회하는 사람도 보지 못했다.

먹기와 마시기라는 마법

약물 사용뿐 아니라 먹고 마시는 단순한 행위에도 다차원의 의미가 내포되어 있다. 이 의미들은 종교 의식에서 분명하게 나타난다. 종교 의식에서 먹고 마시는 행위는 단순히 생존을 위한 행위가 아니다. 그것은 상징적인 의미를 갖는다. 우리가 먹고 마시는 행위는 생명에 자양분을 공급하는 활동이다. 이때 우리는 한 생명이 다른 생명을 또 다른 생명으로 변화시키는 근본적인 과정에 참여하고 있다. 이 사실을 벗어날 수는 없다. 엄격한 채식주의자라 하더라도 살아 있는 생물에 기대어 산다. 물을 마시면 그 안에 있는 수많은 미생물이 죽는다. 먹기를 통해 우리는 식물과 동물들의 생명을 인간의 생명으로 전환시키고 있다.

이런 식으로 우리는 먹기와 미시기를 통해 생명의 근본적인 신비에 동참하고 있다. 유대인은 유월절 축제에서 신이 이스라엘 민족을 이집트의 속박에서 해방시킨 것을 기념하는 특별한 음식을 만든다고 한다. 이 역시 먹기와 마시기의 근원적 성격에 대한 이해를 보여준다. 예수는 성찬식을 기독교의 중심 의식으로 확립했다. 추종자들에게 빵을 자신의 몸으로, 포도주를 자신의 피로 여기고 먹고 마시라고 했다.

여기에는 마법이 있다. 실제로 마술사들이 외우는 '호커스 포커스(hocus pocus)'라는 주문은 사제들이 라틴어로 읊조리는 '이것은 나의 육체이니(hoc est corpus meum)'라는 말에서 나왔다고 한다. 이 말은 성찬식의 빵과 포도주를 예수의 몸과 피로 바꾸는 마법을 발휘한다. 그리고 이것은 '실제로도' 마법이다. 무슨 말인가? 먹기를 통해 우리는 상추와 소고기, 닭고기와 완두콩을 섭취한 다음 그것을 '호커스 포커스', 즉 사람의 삶, 사람의 몸과 행동, 사람의 인식과 사랑, 사람의 증오, 춤, 죽임, 기도, 창조, 생각, 느낌, 고려, 기억, 기대 등으로 바꾼다. 이때 음식은 먹기라는 과정을 통해 사람의 다양한 존재 양식과 행동 양식으로 탈바꿈한다. 궁극적으로 먹기와 마시기는 신비로 가득 찬 행위이다. 먹기와 마시기는 하나의 신을 취함으로써, 다른 신을 또 다른 신으로 변화시키는 작업이다.

먹기와 마시기가 지닌 변화의 마법을 이해하기 위해 반드시 종교 의식을 치러야 하는 것은 아니다. 실제로 우리가 변화의 마법을 깊이 자각할 수 있다면, 예컨대 빵 한 조각에 온 우주가 담겨 있음을 볼 수 있다면 우리는 더 이상의 것이 필요치 않다. 그러나 우리들 대부분은 먹기라는 경이로움에서 너무나 멀어져 있다. 그런 나머지, 더 짜릿하고 강렬한 음식을 먹기 원한다. 우리는 일상의 경이로움으로부터 스스로를 단절시키고 있지 않은가? 그리고 우리의 삶을 의미 있는 이야기로 보지 못하고, 그저 소음과 분노로 가득한 어리석고 무의미한 이야기로 보고 있지 않은가? 만약 그렇다면, 약물이라는 인공의 마법 대용물로 자신을 채우려는 시도가 이상해 보이지 않는다. 그러나 그와 반대로 일상의 먹기와 마시기를 비롯한 일상의 삶이라는 경이로움에 깨어 있다면, 우리는 그 밖의 다른 물질로 일상의 경이로움을 인위적으로 키울 필요가 없다.

이야기에서 멀어진 우리

그래서 무슨 일이 일어났는가? 우리는 영혼이 들려주는 이야기에서 어떻게 멀어지게 되었는가? 사정은 이러했다. 우리는 현대적 인간, 즉 신화·전설·이야기·종교의 인간이 아니라 과학적 인간이 되고자 필사적으로 노력했다. 우리는 마녀를 화형하고 타 종교인을 고문하는 관행을 극복하기 위해서라도 과학적 인간이 될 필요가 있다고 여겼다. 그런데 이런 사정은 우리의 정신에 깊은 단절을 남겼다. 왜냐하면 이야기꾼으로서의 인간의 기본적 본성은 옛날과 다름없이 하나도 바뀌지 않았기 때문이다.

우리는 여전히 이야기를 필요로 한다. 그래서 신화나 전설, 이야기, 종교 등이 어쩔 수 없이 인간의 무의식 영역으로 강등되었다. 사실 이것은 위험한 일이다. 이렇게 무의식으로 강등된 이야기들은 이제 무의식의 영역에서 인간의 운명을 더 크게 통제하게 되었다. 과식과 과음이 문제가 되는 이유는, 이러한 행위가 그 본연의 생명력을 잃었다는 사실에 있다. 다시 말해 먹기와 마시기가 원래 속해 있던 전체적인 의미 구조에서 단절되고 말았다는 점이다.

구약은 야훼 신이 질투심 강한 신이었다고 말한다. 사람들에게 잊힌 신, 정당한 대접을 못 받은 신은 복수심에 불타기 때문이다. 또 그리스신화에는 인간들이 신과 여신들을 소홀히 대한 나머지 혹독한 곤경을 치르는 이야기로 가득하다. 오늘날 관점으로 볼 때는 얼토당토않은 이야기다. 그러나 여기에 담긴 의미는 명확하다. 즉 인간이 영적인 중요성과 의미를 부정할 때 혹독한 대가를 치르게 된다는 것이다. 신이 사악한 통치자이기 때문은 아니다. 또 신이 하늘에서 인간의 관심을 끌려는 속 좁은 존재이기 때문이 아니다. 바로 인간이 영적 존재이기 때문이다. 인간이 영적 존재라는 사실은 부정할 수 없다. 인간은 별의 에너지로 만들어져 있다. 우리는 논리와 합리성으로 만들어진 피조물이 아니다. 그보다는 신화와 전설, 이야기로 만들어진 피조물이다. 물론 우리가 선조들과 똑같은 순진한 믿음으로 신화와 전설, 이야기에 들어갈 수는 없다. 또 그렇게 해서도 안된다. 그러나 신화와 전설, 이야기가 지닌 의미와 중요성을 부정한다면 우리는 혹독한 대가를 치르게 된다.

스위스의 심리학자 칼 구스타프 융은 자신의 저서 『인간과 상징』(1964)에서 이러한 현대의 딜레마를 다음과 같이 표현하고 있다.

> 현대인은 합리주의로 인해 신령스러운 상징과 생각에 반응하는 능력을 잃어버렸다. 그런 현대인은 합리주의가 자신을 정신의 지하 세계에 휘둘리게 만들었다는 사실을 이해하지 못한다. 현대인은 자신을 미신에서 해방시켰지만(혹은 해방시켰다고 믿지만) 그 과정에서 영적인 가치를 상당 부분 상실하고 말았다. 지금까지 전해 내려오던 도덕적, 영적 전통은 해체되었다. 이제 현대인은 방향감 상실과 와해라는 전 세계적 현상 속에서 이러한 파국의 대가를 치르고 있다.

이야기와 중독

아직 깨달음을 이루기 전이라면, 인간의 심오한 변화는 자신의 삶 이야기를 변화시키는 것을 통해서 일어난다고 할 수 있다. 우리가 단지 변화하겠다고 결심한다 해서 변화하지 못하는 이유도 이것이다. 변화하기 위해서는 자신을 지금까지와 다른 방식으로 볼 수 있어야 한다. 근저에 깔린 자신에 관한 이야기가 '당신은 성공할 수 없다'고 계속 지껄인다면, 당신이 아무리 노력한다 한들 성공할 수 없다. 마치 신비한 힘에 홀린 것처럼 언제까지고 성공 가까이에도 가지 못할 것이다.

우리가 중독에 관하여 자신에게 들려주는 이야기들은 의학적·과학적 사실과 매우 다른 경우가 많다. 어떤 점에서 이러한 차이야말로 우리의 이야기가 지닌 가장 흥미로운 부분인지 모른다. 왜냐하면 이 차이들은 현재 당신에게 영향을 미치고 있는 실체가, 실은 약물적 기제가 아니라 이야기임을 분명하게 보여주기 때문이다.

이야기와 알코올

알코올은 우리를 매력적인 사람으로 만들어주는 것처럼 보인다. 또 알코올을 마시면 행복한 사람이 되는 것 같다. 알코올은 우리를 사교적인 사람으로, 거리낌 없고 외향적이며 재미있는 사람으로 만들어주는 듯하다. 술을 마시면 우리는 멋진 사람, 성공적이고 유명한 사람, 활달하고 거리낌 없는 사람처럼 행동한다. 마치 007 영화의 제임스 본드가 된 듯한 기분이다. 우리에게 문제가 생길 때면 알코올은 잠시 그걸 잊게 한다. 약간 취하면 자신이 더 똑똑하고 자유로운 존재가 된 것처럼 기분이 좋아진다. 그리고 조금 더 취하면 그만큼 기분이 더 좋아졌다고 느낀다. 이러한 '신화'를 떠받치는 기본 가정이 있다. 바로 '많으면 많을수록 좋다'는 가정이다. 많을수록 좋다고 믿는다면, 일정한 제약을 당하거나 절제해야 할 때 박탈감을 느끼는 것은 당연하다.

재소자들은 비버리에게 알코올로 인한 자신들의 무모한 장난질에 대해 자랑하듯 떠들어댔다. 하지만 그에 대해 더 캐묻자 그들 대부분은 자신이 알코올과 약물 때문에 교도소 신세를 지게 되었음을 마지못해 인정했다. 그중 한 재소자는 과거의 희미한 기억을 더듬었다. 교도소에서 나오자마자 제일 먼저 찾은 곳이 주류 가게라고 털어놓았다. 그리고는 술에 취해 시내버스에 총을 휘둘러 버스를 탈취하고는 버스 천장으로 난 구멍으로 무지막지하게 총알을 쏘아댔다고 했다. 그는 이 죄목으로 또 다시 체포되었다. 그는 스스로 지어낸 알코올에 관한 파괴적 '신화'가 자신의 거듭된 파멸의 원인이었음을 인식하지 못하고 있었다.

알코올의 실재는, 알코올에 관하여 우리 스스로 지어내는 '이야기'와 무척 다르다. 알코올은 우리를 사회적으로 무례한 사람으로 만들 뿐 아니라 인지 기능과 성 기능까지 저하시킨다. 협응력(근육·신경기관·운동기관 등의 움직임의 상호조정 능력)과 신속한 반응 시간을 요하는 자동차 운전 등 일의 수행 능력도 떨어지게 된다. 그럼에도 우리가 알코올이 멋진 일을 한다고 믿는 이유는 우리가 술을 마시면 마시기 이전과 다른 영역, 즉 '이야기의 영역'으로 들어가기 때문이다. 알코올에 관한 우리의 이야기, 즉 기대감은 알코올에 마법과도 같은 효력을 부여한다. 그리고 이러한 기대감은 알코올의 실제적·화학적 작용을 뛰어넘을 정도로 강력하다. 만약 문제가 우리 외부가 아니라 내부에 있다면, 알코올이 발휘하는 마법도 우리 안에 있을 것이다. 마법의 힘을 신뢰한다면 알코올의 실제적 효과를 뛰어넘을 정도로 강력한 영향을 미칠 수 있다.

기타 약물들

알코올 외의 약물에 관하여 우리가 스스로에게 들려주는 이야기는 서로 유사하다. 그리고 그런 이야기를 들려주는 이유 또한 서로 비슷하다. 흥분성 약물이 지닌 한 가지 특징은, 그것을 취할 때 스스로 강하고 멋진 존재로 느껴진다는 점이다. 그러나 알코올에서처럼, 우리가 흥분제에서 느끼는 경험이 모두 실제적인 약물적 영향인 것은 아니다. 예컨대 코카인이 섹시한 약물이라는 이유로 코카인으로 자신의 성기를 문지르는 사람들이 있는데, 이는 과학적 근거가 전혀 없는 이야기이다. 이 현상은 코카인을 초자연적인 힘을 주는 마법의 약물로 여기는 신비적인 관점으로만 이해가 가능하다. 실제로 코카인은 치과용 국소 마취제로 사용되는 노보카인의 사촌이다. 그리고 코카인은 자신의 친척 약물과 마찬가지로 민감도와 혈액의 흐름을 떨어뜨린다. 이런 효과들이 성 기능에 도움이 된다고는 보기 어렵다. 알코올과 마찬가지로, 흥분제의 도움으로 자신이 멋지고 재기 넘치는 재담가가 되었다고 생각할 수 있지만 모든 약물 사용자가 그렇게 느끼는 것은 아니다.

그렇다면 흥분제와 반대 효과를 내는 약물, 즉 안정감과 행복감을 느끼게 하는 약물은 어떨까? 마리화나, 바르비투르, 헤로인이 그러한 약물이다. 이 약물들을 투입했을 때 느껴지는 감각은 즐거운 감각이다. 물론 이 즐거운 감각의 일부는 약물 자체에 기인한 것이다. 하지만 그렇게 약물로 인한 즐거움에 빠져 있는 와중에 삶의 고통에 무감각해지는 건 아닐까? 어떤 점에서 보면, 종류를 불문하고 약물 남용으로 인한 가장 큰 문제는 삶에서 일어나게 마련인 문제들에 무감각해진다는 사실이다. 만약 약물의 효과와 약물 사용으로 인한 결과를 객관적으로 경험할 수 있다면 약물의 유혹을 뿌리치기가 훨씬 용이할 것이다. 우리가 약물에 유혹당하는 이유는 약물이 주변 환경에 대한 우리의 민감도를 떨어뜨리기 때문이다. 그리하여 이상적이라고 생각하는 삶과 실제 삶의 간격을 자각하지 못하게 된다. 중독자들에게는 이런 거리감 자체가 행복감을 선사한다. 몇 킬로미터를 짊어지고 가던 무거운 짐을 내려놓고 드러누웠을 때 느끼는 홀가분함과 비슷하다.

약물 남용의 주요 범주가 또 하나 있다. 바로 환각제이다. 여기에는

LSD(강력한 환각제), 페요테(페요테 선인장에서 채취한 마약), 메스칼린(선인장의 일종에서 추출한 환각물질이 들어 있는 약물) 등이 있다. 흥미롭게도 이 약물군은 영적 탐험가들에게 가장 매력적인 약물로 여겨졌다. 그들은 이 약물들을 통해 우리의 더 깊은 본성과 연결될 수 있다고 여겼다. 그들은 이 약물을 통해 신화와 전설이 생겨나는 우리 안의 장소, 신의 현존에 대한 감각이 생겨나는 장소와 연결하고자 했다. 어쩌면 이런 식의 주장은 나름 일리가 있는지도 모른다. 우리는 샤먼과 원주민 치유사들이 사용하던 이들 약물이 영적인 용도를 지닐 수 있다는 가능성을 완전히 배제하지 않는다. 이들 약물이 지닌 매력은, 직접적이고 살아 있는 영적 체험에 대한 인간의 깊은 허기를 보여준다. 그러나 이러한 영적 허기를 보다 안전하고 덜 야만적인 방식으로 충족시킬 수도 있다.

약물, 그리고 반항 이야기

물론 약물에 대한 반응은 사람마다 다르다. 약물에 반응하는 방식, 신진대사를 일으키는 방식에는 사람에 따라 생리적인 차이가 있다. 뿐만 아니라 그 약물이 자신에게 어떤 이야기와 의미로 다가오는가에 따라서도 약물에 대한 반응은 사람마다 다르다. 그렇지만 개인의 약물에 관한 이야기와 의미에는 몇 가지 공통된 주제도 존재한다.

알코올을 포함하여 약물 사용과 관련된 공통 주제가 하나 있다. 그것은 반항이라는 주제다. 예컨대 약물 사용이 부모에 대한 반항과 관련된 것이라면, 이런 사정은 그 사람의 약물 사용 경험을 더 짜릿하게 만들어준다. 또 가까운 인간관계에서, 약물 사용은 자신을 통제하려는 상대방에 대한 반항으로 기능하는 경우가 자주 있다. 불법 약물 사용은 언제나 반항의 요소가 수반되는데, 이 경우의 반항은 사회에 대한 반항이다.

미성년자의 음주가 일정한 선을 넘는 행위인 것처럼, 불법 약물도 일정한 선을 넘는 행위다. 그러나 불법 약물 사용은 사회가 모든 구성원에게 금지한 행위라는 점에서, 미성년자 음주처럼 사회가 일정 정도 허용한 행위와는(비록 성인에게만 허용한 것이지만) 본질적으로 성격이 다르다. 10대의 음주 행위가 갖는 반항적 성격은 아직 성인의 연령에 이르지 못한 그들이 거치는 성장 과정의 일부라는 관점으로 이해할 수 있다. 반면 사회가 모든 사람에 대해 불법으로 규정한 약물을 사용하는 것은 주류에서 훨씬 멀리 벗어난 반항의 성격을 갖는다.

약물과 범법자

어떤 사람에게는 약물 사용이 범법자라는 주제와 관련되어 있다. 흥미롭게도, 미국에서 법의 테두리 바깥에 있다는 것이 언제나 부정적으로 간주되지는 않는다. 물론 권위에의 순응 정도가 높은 나라에서는 이와 다를 것이다. 그렇지만 미국에서는 범법자가 일종의 영웅이 되는 경우가 있다. 영어권 전설에서 이런 인물의 사례를 찾을 수 있다.

빌리 더 키드(Billy the Kid: 미국의 범죄자. 뉴욕 출생으로 21년의 짧은 생애에 21명의 사람들을 살해했다. 13~15세 때 어머니를 욕보이려 한 남자를 죽인 것이 악의 길에 빠진 계기가 되었다고 전한다.)와 제시 제임스(1847~1882, 미국의 무법자. 강도이며 살인자이나 전설에서는 의적(義賊)으로 민간 영웅.), 보니와 클라이드(1930년대 전반에 미국 중서부에서 은행 강도와 살인을 반복한 보니 파커와 클라이드 배로 커플. 루이지애나 주에서 경찰에 의해 사살될 때까지 많은 살인에 관여하고 무수한 강도 행각을 저질렀으며 후에 그들의 범죄는 여러 차례 영화화되었다.)에서 로빈 후드에 이르기까지, 범죄자가 된다는 것은 낭만과 자유의 분위기와도 연결된다. 이들 사례는 법과 권위에 대한 우리의 존중심, 법과 권위가 부과하는 제약에 대한 두려움 사이에서 느끼는 어정쩡함을 일시적으로 해소시켜 주는 것 같다.

범법자 신화는 매우 강력하며 특히 미국에서 특징적으로 나타나는 현상이다. 범법자 신화는 마약 사용뿐 아니라 폭력조직 같은, 마약과 관련된 문제와도 연결되어 있다. 폭력조직원들은 스스로를 범법자로 여긴다. 범법자 신화는 특히 미국인의 정신에서 강력하게 발휘되고 있다. 이는 범법자 신화가, 스스로를 언제나 선하고 자비로운 자기희생적 구세주로 여기는 미국인들의 의식적 자기관을 보완해주기 때문이다.

우리는 자신의 그림자 측면, 즉 타락한 이기적 측면도 표현할 필요가 있다. 어쩌면 범법자 신화는 자신의 이러한 일면을 드러낸 것인지도 모른다. 물론 그렇다고 해도 그것은 매우 부분적인 드러냄이다. 범법자 신화의 주인공들은 대개 어쩔 수 없는 외부 환경의 희생양으로 등장한다. 그들은 '정당한 이유로' 범법자가 된다. 할리우드의 고전 서부영화에 등장하는 주인공들은 충분히 납득할 만한 환경, 즉 그들 자신에게 아무 탓이 없는 환경에서 범법자가 된다. 로빈 후드는 도둑이지만, 탈취한 재물을 가난한 사람에게 나눠준다는 명목으로 '용납할 수 있는' 도둑이 되었다.

그러나 현실은 이런 신화와 매우 다르다. 실제 범법자들은 '좋은 사람'이 아니다. 그들은 사람들에게 극악한 고통과 비참을 안긴다. 최근 뉴저지에서 시작해 전국을 누비는 살인극을 한바탕 벌이고 다닌 젊은 남자와 여자가 콜로라도에서 체포되었다. 그런데 사람들이 이 살인극을 범법자 신화와 연결시켰다. 그런 나머지, 젊은 살인자 두 사람이 벌인 끔찍한 참극의 실상은 흐지부지되고 말았다. 우리는 이 사례를 통해, 고대 그리스인들이 이러한 심리 상태를 악마의 손아귀에 붙들린 상태로 묘사한 까닭을 짐작할 수 있다. 우리들 대부분에게 제시 제임스를 낭만적으로 묘사하는 것과 숨을 쉬는 인간의 머리에 총을 겨누고는 실제로 방아쇠를 당기는 것은 별개의 일로 다가온다. 그런데 만약 당신이 범법자 신화의 손아귀에 깊이 들어가 있다면 이러한 현실에 무감각할 수도 있다.

많은 사람에게 있어 약물 사용의 경험을 채색하는 특정한 주제들이 있다. 그것은 성장이라는 주제일 수도 있고(약물 사용자가 미성년일 경우), 자유라는 주제일 수도 있다(실제로 너무 자유로워 더 이상 법이 적용되지 않는 경우도 있지만). 또 강함, 성적 매력, 재미, 모험가, 군중과 구별되는 특별한 존재라는 주제일 수도 있다. 사용하는 약물이 합법의 테두리에서 멀리 벗어날수록 범법자 신화와 더 깊은 관련을 맺는다. 헤로인과 크랙(강력한 코카인의 일종인 마약), LSD는 마리화나, 바륨(신경안정제)보다 합법의 테두리에서 더 멀리 벗어나 있다. 따라서 더 큰 반항을 상징한다.

물론 약물 사용자가 자신의 약물 경험과 관련된 주제를 파악한다고 해서 곧장 변화로 이어지는 것은 아니다. 문제는 약물 사용과 관련하여 자신에게 스스로 들려주는 이야기다. 추상적인 논의는, 제시 제임스와 그의 형 프랭크 제임스를 미화하는 오래된 영화를 보는 것만큼이나 우리를 변화시키지 못한다. 사람들 중에는 이러저러한 이유로 자신과 관련된 긍정적인 삶 이야기나 주제를 발견하지 못하는 경우가 있다. 이는 성공지향적인 사회 분위기 속에서 개인이 의지할 수 있는 역할 모델의 부재를 반영하는 것인지 모른다. 이런 사람들에게 범법자 혹은 반항아 주제를 비롯한 부정적인 삶 이야기는 커다란 매력으로 다가온다. 이것이 그들에게 매력적으로 느껴지는 이유는, 자신의 삶 이야기가 긍정적이냐 부정적이냐의 문제가 아니라 이야기 자체를 갖지 못하는 것이 그들에게 가장 두려운 일이기 때문이다.

삶 이야기를 갖지 못하는 경우, 우리는 텅 빈 진공 상태와 같은 삶의 무의미에 직면하게 된다. 이 경우 약물을 사용하면 고통에 무감각해질 뿐 아니라 삶의 무의미에 대한 일종의 대안을 제공받을 수 있다. 자기 자신을 현대판 빌리 더 키드 같은 범법자나 반항아로 볼 수도 있고, 완전한 실패자나 낙오자로 여기는 수도 있다. 어쨌거나 아무 이야기라도 갖는 것이 어떤 이야기도 갖지 않는 것보다 낫다고 여긴다.

반항이라는 주제가 약물과 알코올에 대한 당신의 태도에 얼마나 영향을 미치고 있는지 스스로에게 물어보라. 만약 자유로워지고 싶고 반항하고 싶을 경우(누구나 어느 정도 이런 욕구를 가지고 있다), 이를 억누르는 것만이 능사는 아니다. 자유와 반항의 욕구를 분출하는 보다 긍정적이고 창의적인 방법이 있을 수 있다. 당신은 검정색 가죽점퍼를 입고 모터사이클을 탈 수도 있다. 아니면 이따금씩 자신만의 로큰롤을 연주할 수도 있을 것이다. 혹은 건설적인 사회운동에 참여할 수도 있다. 예컨대 환경운동을 하는 사람들은 어느 정도 반항적 기질을 가지고 활동한다고 볼 수 있다. 다만 그들은 삶이라는 동아리에서 스스로를 단절시키기보다 그것과 연결하는 방식으로 활동하는 것뿐이다.

연습
당신의 자유를 되찾기

○   내 앞에 펜과 종이를 준비한다. 조용히 앉아서 눈을 감는다. 천천히 숨을 들이쉬고 내쉬며 몇 차례 심호흡을 한다. 수련을 시작하기 전에 마음을 정화한다.

자신의 마음을 파랗고 깨끗한 하늘, 활짝 열려 있는 하늘이라고 생각한다. 그리고 마음에 일어나는 생각과 감정은 하늘을 지나가는 구름과 새라고 여긴다. 그것들은 일어나고 사라진다. 그것은 활짝 열린 하늘의 본성과 자유로움에 아무 영향을 주지 않는다.

당신의 삶 이야기를 말하라

몇 분간 이 이미지를 마음에 떠올린 뒤에 눈을 뜬다. 이제 펜을 들어 나를 자유롭게 만들어주는 것이 무엇일까 적어본다.

회복 이야기: 죄와 구원

약물 의존에서 회복된 이야기들, 특히 12단계 회복 프로그램을 통한 회복 이야기에는 공통된 구조가 있다. 모두 '죄와 구원'의 이야기라는 점이다. 구원의 순간을 다시 경험하는 한 가지 방법이 있다. 구원 이전에 있었던 일, 즉 자신이 지은 죄에 대해 매우 상세하게 떠올리는 것이다. 12단계 모임에서 치료 프로그램을 시작하기 전, 과거에 자신이 저질렀던 끔찍한 일에 대해 이야기하는 이유도 이것이다. 이렇게 하면 변화에 대한 결의를 다지고 술과 마약을 절제하는 데 도움이 된다. 그러나 여기에는 위험도 따른다.

만약 예전의 상태를 실제로 극복해 의미 있고 만족스러운 삶을 확립한 경우라면, 죄와 구원의 이야기는 어느 시점에서 호소력을 잃고 만다. 더 나쁜 것은, 이 이야기가 당사자를 회복 초기 단계에 계속 머물게 만들 수 있다는 점이다. 이러한 위험성은 12단계 프로그램에서 흔히 '완전히 회복된 상태'가 아니라 '항상 회복 중인 상태'를 강조하는 데서도 드러난다. 이는 중독자의 경각심을 지속시키는 데는 도움이 되지만, 중독자가 회복 초기 단계에서 멈춰버리도록 만들 수도 있다. 만약 중독 이외의 정신과 진단에 대해 이런 식으로 말한다면 정신 건강 옹호자들은 크게 반대할 것이다. 그도 그럴 것이, 우울증을 겪은 사람에게 '회복 중인 우울증 환자' 또는 '우울증을 겪었으나 완화 상태에 있는 환자'라는 딱지를 영구히 붙인다면 환자의 회복력을 키우는 것이 아니기 때문이다. 그것은 오히려 환자의 부정적인 삶 이야기를 영속화 시키는 행위이다.

청소년 집단 치료시설에 근무하는 비버리가 금세 눈치 챈 사실이 있다. 그것은 10대들은 자신들이 약물 남용 치료집단 내에서 어떻게 행동해야 하는지 스스로 잘 알고 있다는 사실이다. 즉, 10대 참가자들은 '당시 나는 완전히 타락한 나머지 그런 행동을 저질렀다'는 식의 이야기를 돌아가며 들려준다. 그러나 분명한 사실은 그들의 이러한 이야기가 대부분 형식적인 것이라는 점이다. 진심에서 나온 이야기로 보기 어렵다. 10대들이 이런 경직된 틀을 벗어나 자신에 관한 솔직한 이야기를 터놓기 위해서는 치료자와 보다 인간적인 관계를 구축하는 일이 필요하다.

기계적인 고해성사 이야기는 도움이 되지 않는다. 그런 이야기가 지닌 한 가지 특징은 나의 구원을 나 이외의 사물과 사람, 존재에 의존한다는 점이다. 다시 말해 자신을 대신해 속죄하는 구원자가 있어야 한다. 어떤 사람에게는 신이 구원자일 수 있고, 어떤 사람에게는 회복 모임이 구원자일 수 있다. 만약 그런 존재가 없다면 구원받을 수 없다고 믿는다. 그러나 반드시 이 방법만 있는 것은 아니다. 다른 방법이 있을 수 있다.

연습
· ·
죄와 구원 이야기의 장점과 단점

○   모든 이야기와 마찬가지로 죄와 구원 이야기도 당신의 삶에서 긍정적인 방식으로 작용할 수도 있고 부정적인 방식으로 작용할 수도 있다. 신과 같은 초자연적 힘에 의지하는 것이 당신에게 도움이 되었던 때를 떠올려보라. 즉 자신의 통제력을 내려놓고 신의 은총에 모든 것을 내맡기는 방식이 도움이 되었던 때가 있었는가? 있었다면 어떤 점에서 당신에게 도움이 되었는가? 이번에는 그와 반대로,

자기 자신의 통찰과 능력에 의지하는 편이 더 도움이 되었던 때는 없었는가? 그때는 언제였는가? 죄와 구원을 왔다 갔다 하면서 거기에 반발심을 느낀 적은 없었는가? 절제와 무절제 상태를 반복하면서 거기에 거부감을 느꼈던 때는 없었는가? 당신의 통찰을 기록하라.

영웅 이야기

어떤 사람에게(때로 모든 사람에게) 도움이 되는 또 다른 유형의 신화가 있을 수 있다. 예컨대 영웅 신화는 어떠한가? 영웅 신화는 앞의 반항 이야기와는 매우 다르다. 처음에 영웅이 여정을 떠난다. 그리고 도중에 맞닥뜨리게 마련인 여러 가지 시련을 이겨낸다. 영웅의 편을 들어주는 신도 있고 중립적인 신도 있으며 영웅에게 적대적인 신도 있다. 이러한 분투 과정을 거치면서 영웅은 변화하고 변모한다. 그리고 종국에는 승리를 거두고 금의환향한다. 이런 구조의 영웅 신화는 낙관론과 자립심을 바탕 기조로 한다는 점에서 전형적으로 미국적인 신화라고 할 수 있다. 미국인들은 스스로를 탐험가, 야생의 정복자, 자수성가한 사람, 독립적으로 사고하는 사람으로 여기는 것이다. "왜 평범해지려고 합니까?" "권위에 의문을 던져요." 같은 자동차 범퍼 스티커는 이러한 주제가 지금도 미국인의 정신에 영향을 미치고 있음을 보여준다.

영웅 이야기는 자신에 대한 의존, 즉 자립심이라는 주제를 강조한다. 이를 나타내는 심리학 용어가 바로 '내적 통제위(Internal locus of control)'라는 것이다. 이것은 삶이란 외부에서 나에게 덮치는 사건이 아니라 스스로 만들어가는 것이라는 관점을 표현하고 있다. 내적 통제위를 가진 사람은 외적 통제위를 가진 사람보다 각종 정신질환에 덜 걸린다는 증거가 있다.

영웅 패러다임은 죄-구원의 패러다임과 매우 다르다. 영웅 패러다임은 이렇게 말한다. "난 약물에 완전히 빠져 있었지. 오랜 시간 약물을 사용했어. 그것 때문에 소중한 직장과 인간관계를 잃었고 심지어 생명까지 잃을 뻔했어. 하지만 몇 차례 거듭된 시도 끝에 결국엔 약물의 손아귀에서 빠져나왔어. 실제로 변하지 않았으면서 변했다고 나를 속인 적도 몇 번 있었어. 하지만 결국엔 해냈어. 물론 곁에서 조언과 지지로 나를 도와준 분들이 있었지만 그건 분명 내가 해낸 거야. 내 안에 가지고 있는 줄도 몰랐던 힘을 발견했어. 시련 덕분에 이제 나는 과거와 다른 사람, 더 훌륭한 사람이 되었어. 필요하다면 부정적인 습관과 패턴에서 벗어날 수 있다는 걸 알게 되었어. 그리고 그 힘을 가진 장본인은 바로 나라는 사실도 알게 되었어."

이런 영웅 이야기가 바로 당사자의 지속적인 변화와 관련된 이야기다. 심리치료 결과에 관한 연구에 의하면, 자신에게 일어난 변화를 치료와 치료사 덕분으로 여기는 사람은 심리적 문제가 재발할 확률이 더 높다고 한다. 반면 자신의 노력으로 호전되었다고 믿는 사람은 치료 효과가 더 오래 지속된다고 한다. 제대로 치료가 된 내담자라면 이렇게 말할 것이다. "톰(치료사)과 이야기를 나눈 건 좋았어. 나를 정말로 이해해주는 것 같았으니까. 하지만 나에게 일어난 변화는 누구도 아닌 나 스스로 만들어낸 거야."

죄-구원 이야기와 영웅 이야기 모두 중독 회복자에게 도움이 된다. 그러나 12단계 프로그램이 중독 치료에서 지배적인 위치를 차지하고 있는 사정으로 인해 죄-구원 이야기만 공식적으로 인정받고 있다. 영웅 이야기는 공식 모임에서 공개적으로 말하지 못하고 은밀하게 속삭이고 있다. 그러나 개인의 힘과 자립심의 가치를 강조하는 영웅 이야기는 많은 중독자에게 도움이 되는 이야기다. 또 영웅 이야기는 중독자들이 실제로 느끼는 바와 더 부합하는 이야기이기도 하다.

이면에 있는 보다 근원적인 질문은 이것이다. 즉 대속자 신이 나의 바깥에 있느냐, 아니면 신비 전통에서 말하듯 내 안에 있느냐는 물음이다. 때로 신이 바깥에 있다고 여기는 것은 위안이 되며 도움을 준다. 우리가 위기에 처했을 때 기도를 통해 도움을 구할 수 있는 신성한 존재가 나의 바깥에 있다고 생각하면 위안을 받을 수 있다. 그러나 신이 바깥에 있다면, 악마도 바깥에 있다고 할 수 있다. 만약 외부의 신성한 힘에 의해 구원받았다면, 그와 마찬가지로 외부의 사악한 힘에게 저주를 받을 수도 있다. 외부의 신성한 힘이든 사악한 힘이든, 자기 삶에 스스로 책임지는 태도를 키우지 못한다.

그런데 만약 신이 자기 안에 있다면(여기서 신은 개인적 페르소나 혹은 자아로서의 신이 아니라 존재의 근본 바탕으로서의 신이다), 우리는 자기 안에 있는 선뿐만 아니라 악도 다뤄야 한다. 즉 자기 안에 있는 그림자도 다뤄야 한다. 내면의 악이라는 주제는 영화 스타워즈 시리즈에 잘 나타나 있다. 영웅 루크 스카이워커가 진정한 제다이 기사가 되기 위해서는 마지막 시련을 이겨내야 한다. 그는 자신의 아버지 다스 베이더로 변장하고 나타난 '포스의 어두운 면(은하계 전체에 퍼져 있는 악령의 기운)', 즉 어둠과 악의 세력에 맞서 싸워야 한다. 다시 말해 그는 자기 안에 있는 악과 마주해야 했던 것이다.

불교 수행 가운데, 매일 붓다에 귀의하는 수행이 있다. 사실 이 수행에는 '내 안의 붓다(이미 지혜롭고 깨어 있는 존재)'에 귀의한다는 의미도 포함되어 있다. 이것은 영웅 주제의 변주로서, '깨달은 사람'이라는 영웅에 대한 이야기이다. 많은 사람에게 있어, 과거의 실수에 발목 잡혀 살기보다 자기 안의 붓다나 예수와 연결하는 것이 더 도움이 된다.

부정적인 삶 이야기를
긍정적인 삶 이야기로

약물 중독자들의 삶 이야기에 녹아 있는 주제는 다양하다. 힘, 반항, 특별한 사람, 범법자 등의 주제가 그것이다. 한편 그들은 기존의 권위에 대해서는 지극히 모호한 태도를 보인다. 그런데 위의 주제들은 보다 일반적인 부정적 이야기를 통해 은연중에 드러나기도 한다. 즉 실패와 부적응, 소외, 소속감 부재 같은 이야기가 그것이다. 다양한 정서적 문제의 배후에는 하나 혹은 그 이상의 삶의 주제들이 지배적인 영향력을 행사하고 있을 수 있다. 예컨대 약물 사용과 관련하여 나타나는 반항이라는 주제도 그러하다.

약물 사용은 이야기나 신화와 매우 깊이 관련되어 있다. 이를 안다면 낸시 레이건의 "그냥 아니라고 하세요."나 밥 돌의 "그냥 하지 마세요." 같은 마약 반대 구호가 얼마나 공허한지 알 수 있다. 이런 구호들은 다양한 소(小)문화의 차이, 가난과 부정적 역할 모델의 차이, 좌절감과 학대의 차이, 유복한 교외 중상류층 10대와 빈민가 10대의 차이를 읽어내지 못한다. 뿐만 아니라 이 구호들은 자신의 삶을 이야기로 바라보는 인간의 기본 성향을 간과하고 있다. 물론 간단하고 직접적인 접근법이 도움이 되는 사람도 있다. 그러나 많은 문제가 쉽사리 해결되지 않는 이유는, 그 문제들이 삶의 뿌리 깊은 주제들에 연결되어 있기 때문이다. 많은 사람이 자신의 행동을 일정한 방향으로 변화시키려 하지만 그것이 지극히 어렵다는 사실을 알게 되는 이유도 이 때문이다.

직접적인 접근법과 슬로건 등의 구호는 수락 가능한 한계를 정한다는 점에서 일정한 목적을 갖는다고 할 수 있다. 그것은 일정한 선을 그은 뒤 우리에게 그것을 넘지 말라고 명령한다. 그러나 이런 식의 접근방식은 문제를 영속화시킬 수도 있다. 즉 이런 구호들은 자신을 약물 문화와 동일시하는 사람들, 자기 삶의 주제가 약물 사용이라는 엄연한 사실을 이미 받아들인 사람들에게 그들이 주류 문화에서 더 멀리 벗어났다고 느끼게 만든다. 그들은 이제 보통 사람들과 완전히 다른, 소외된 존재가 된다. 이렇게 소외받은 그들은 자포자기한 채 이렇게 말한다. "될 대로 되라지."

　인간의 태도를 변화시키는 데 있어서 가장 중심이 되는 질문이 있다. 그것은 어떻게 하면 자신을 보다 긍정적인 삶 이야기로 바라볼 수 있을까 하는 영적인 질문이다. 디킨스가 말했듯이, 어떻게 하면 자신을 실패자나 소외자가 아니라 자기 삶의 영웅으로 바라볼 수 있을까?

연습 ....

내 안의 영웅 만나기

○　　　　　　　　등받이가 바른 의자나 명상용 방석에 편안하게 앉는다. 눈을 감은 채 깊고 천천히 숨을 들이쉬고 내쉰다. 마음을 과거로 돌려, 자신이 뿌듯한 자긍심을 느꼈던 사건을 떠올려본다.

　부정적인 생각이 계속 떠오르는가? 그렇다 해도 그에 맞서 싸우지 않고, 그저 그 생각들이 사라질 때까지 내버려둔다. 성인이 되기 전에 느꼈던 사소한 성취감도 좋다. 반에서 최고 점수를 받은 일이라든지, 리틀 야구단에서 장외 홈런을 쳤던 일, 매력적인 이성에게 데이트 승낙을 받은 일도 좋다. 아니면 어른이 되어 경험했던 성공담을 떠올려도 좋다. 업무에서 인정받은 일, 연봉이 인상된 일, 아니면 타인을 진정으로 배려했던 일도 상관없다. 지금까지 자신이 했던 일 가운데 훌륭한 행동들을 거리낌 없이 떠올려본다. 그리고 그것을 진심으로 받아들인다.

　이제 눈을 뜬다.

이야기와 종교

종교는 우리로 하여금 자신이 속해 있는 '더 큰 이야기'와 연결하도록 돕는다. 그러나 의미 있는 '집단 이야기'가 되기 위한 조건이 있다. 집단 구성원 한 사람, 한 사람이 그 이야기를 자신에게 맞게 소화시킬 수 있어야 한다. 그러지 않으면 집단 이야기는 공허한 것이 되기 쉽다. 이에 종교는 각종 의식(儀式)을 통해 이야기가 지닌 의미를 발견하도록 돕는다. 예컨대 12단계 모임의 참가자들은 스스로를 지금도 진행 중인 12단계 이야기의 일부로 간주한다. 그러나 이러한 집단 이야기에서 의미를 발견하려면, 그 사람의 개인 이야기와 집단의 이야기가 서로 조화되어야 한다. 이때 만약 자신의 개인적 이야기가 부정적 주제에 관한 것이라면, 스스로를 긍정적 전통의 일부로 간주하기 어렵다.

또 다른 문제는, 오래된 이야기들 중에는 지금을 사는 이에게 과거와 똑같은 설득력을 갖지 못하는 이야기도 있다는 점이다. 유대-기독교 이야기들 중에는 오늘을 사는 현대인에게 낯설게 느껴지는 주제도 있다. 신을 왕국을 통치하는 왕으로 간주하는 사고방식을 이해하기 위해서는, 고대 중동의 세계관 속으로 직접 들어가 봐야 한다. 그 관점에서는 세계가 크고 작은 다양한 권세를 지닌 통치자들로 구성되어 있다고 본다. 물론 그 세계에서 가장 세력이 큰 통치자는 하느님이다. 이러한 사고방식은 득표율 60%면 인기 있는 대통령으로 간주되는 현대사회에서 낯설게 다가온다. 이처럼 고대의 세계관을 제대로 이해하는 데는 결코 적지 않은 정신세계의 변형이 요구된다.

문제는 오래된 전통을 보다 의미 있는 방식으로 해석하기가 어렵다는 점이 아니다. 얼마든지 의미 있는 방식으로 해석할 수 있다. 그러나 그렇게 하기 위해서는 과거의 전통이 현대의 문화와 상호작용해야 한다. 그리고 당신이 개인적으로 갖고 있는 기본적 이야기와도 창조적으로 상호 작용해야 한다. 특히 과거의 전통이 개인이 가진 부정적 이야기를 더 강화시키지 않도록 하는 것이 중요하다. 왜냐하면 과거의 사상이 평화와 힘의 원천이 되기는커녕, 오히려 자신이 갖고 있는 부정적 이야기에 동화되어버릴 위험이 상존하기 때문이다.

예컨대 자기존중감이 낮은 사람이라면, 자신이 죄인이라고 속삭이는 죄-구원 이야기를 너무나 당연하게 받아들일 것이다. 그에게 자신이 죄인이라는 이야기는 신학적 실재가 아니라 심리적 실재로 다가온다. 또 이와 반대로 자기애적 성향이 강한 나르시시스트가 내면의 신을 중요시하는 동양 전통과 만나면 어떻게 될까? 그는 스스로를 신이라고 여기지 않을까? 물론, 이것 역시 도움이 되지 않는 일이다.

깨달음이라는 이야기

깨달음이라는 것 역시 이야기다. 이야기는 심오한 진실을 표현한다는 점에서 깨달음도 하나의 이야기라고 할 수 있다. 심오한 진실을 담은 이야기인 깨달음은 우리에게 평화와 기쁨이 가능하다는 사실을 일깨워준다. 지금까지 당신은 부정적 이야기 때문에 중독에서 헤어 나오지 못하고 있었는가? 만약 당신이 부정적 이야기를 극복할 수 있다면 자신의 삶을 보다 긍정적인 이야기로 바라볼 수 있을 것이다. 또 깨달음이라는 이야기는 거기서 더 나아가 궁극적으로 이야기를 넘어선 경지로 당신을 데려갈 것이다.

그런데 '깨달음은 이야기다'라는 말에는, 깨달음 역시 그저 하나의 이야기일 뿐이라는 의미도 들어 있다. '깨달음'이란 존재하지 않으며 오직 깨닫는 행위만이 존재한다고 한 스즈키 순류 선사의 말도 이런 맥락이다. 이런 의미에서, 깨달음이란 매 순간 명료하고 고요하게 깨어있는 상태 외의 다른 것이 아님을 기억할 필요가 있다. 깨달음을 거창한 체험이나 고상한 정신 상태로 간주한다면 이 점을 놓치게 된다. 참된 깨달음은 지극히 일상적인 것 속에 감추어져 있다. 물고기가 자신이 헤엄치는 물을 의식하지 않듯이, 새가 자신이 나는 하늘을 느끼지 않듯이, 참된 깨달음은 일상 속에 감추어져 있다.

당신의 삶 이야기를 바꾸라

당신은 자신의 기본적인 삶 이야기(life story)를 얼마든지 바꿀 수 있다. 그런데 지금보다 긍정적인 이야기를 만들어야겠다고 결심한다 해서 그렇게 되는 것은 아니다. 피상적이거나 지나치게 이론적인 방식으로 자신의 삶 이야기를 바꾸려 한다면 앞뒤가 바뀌었다. 자신의 기본적인 삶 이야기를 바꾸기 위해서는 먼저 자신에 관한 어떤 이야기가 언제 어떻게 펼쳐지고 있는지 자각할 필요가 있다. 이러한 자각을 점진적으로 키우는 과정을 통해(필요하다면 치료사나 현명한 이의 도움을 받아) 자신의 이야기를 심오한 방식으로 변화시킬 수 있다.

다음 장에 소개하는 마음챙김 도구는 자신의 삶 이야기에 대한 자각을 키워준다. 그것은 바로 일기 쓰기다. 자신을 부정적인 삶 이야기와 동일시하는 데서 벗어나고자 하는가? 그렇다면 당신이 지금 지니고 있는 이야기가 이미 오랜 기간 고착되어 있었다는 사실을 잊지 말아야 한다. 하룻밤 사이에 자신의 삶 이야기가 바뀌기를 기대하는 것은 어불성설이다. 그것은 자신에게 관대하지 못한 일이다. 짧은 시간에 커다란 변화를 기대한다면 오히려 스스로에 대한 부정적 관점에서 헤어 나오지 못할 수도 있다. 자신의 삶 이야기를 바꾸는 작업은 단거리 경주가 아니라 마라톤과 같다. 그것은 공기(工期)에 맞춰 건물을 세우는 작업이 아니다. 나무가 햇볕을 받아 서서히 성장하는 과정에 더 가깝다. 자신에게 충분한 시간을 주어야 한다. 갑작스레 힘을 주기보다 부드러운 인내심으로 자신에게 관대할 필요가 있다. 절박함보다는 평온의 마음으로 변화의 과정에 다가서야 한다.

세 번째 문

일기
쓰기

일기 쓰기를 통해 나의 삶 이야기를 더 깊이 자각하고 영적 깨어남으로
들어가는 문을 열라. 규칙적으로 일기를 쓰면 반복적으로 발생하는 문제
를 해결하는 데 마음챙김의 힘을 사용할 수 있다. 뿐만 아니라 자기 내면
의 지혜와 접촉하는 데도 도움이 된다.

당신의 삶에 귀를 기울이라. 자신의 삶을,
끝을 헤아릴 수 없는 신비로 생각하라. 실제로
그러하니까. 흥분과 기쁨의 순간만이 아니라
지루함과 고통의 순간에도 삶의 신성하고
신비한 속살을 당신 나름대로 만지고 맛보고
냄새 맡으라. 왜냐하면 궁극적으로 모든
순간이 중요한 순간이므로. 삶 자체가 하나의
은총이므로.

—

프레드릭 뷰크너, 『지금과 그때(Now and Then)』(1983)

중독의 고통에 빠져 있을 때는 약물이 유일한 친구처럼 느껴질 수 있다. 강렬한 감정과 삶의 곤경이 닥칠 때 우리는 약물에 의존하여 이런 것을 해결하려고 한다. 이런 점에서 보면 담배를 피우는가, 술을 마시는가, 아니면 헤로인을 맞는가 하는 것은 그 자체로 중요하지 않다. 이들 시도는 모두 우리의 고통스러운 감정을 해결하려는 시도라는 데 공통점이 있다.

이처럼 약물 남용의 이면에는 긍정적인 치유 의도가 있음을 알 필요가 있다. 우리가 약물을 사용하는 이유는 괴로워하는 자신의 마음에 치유와 평화를 가져다주기 위해서다. 우리가 파괴적인 행동 의도를 품은 '나쁜 사람'이기 때문이 아니다. 우리는 그저 무언가 '좋은 일'을 하려고 약물을 사용하는 것이다. 다만 그 방법이 잘못되었을 뿐이다.

당신은 이제 약물 사용이라는 길을 더 이상 가지 않기로 결심했다. 그렇다면 이제부터 어떻게 해야 할까? 강렬한 감정이 자신을 잡아당겨도 처음의 결심을 계속 유지할 수 있을까? 어떻게 그렇게 할 수 있을까? 약물 사용이라는 잘못된 친구가 정체를 드러낸 다음에도 당신은 자신의 힘든 감정을 해결할 수 있는 도구가 필요하다. 또 그 감정들에 치유적인 자각을 가져갈 수 있는 도구가 필요하다. 당신이 향후의 전망을 상실하거나 감정의 홍수에 떠밀리지 않도록 해줄 무언가가 필요하다.

이때 도움 되는 여러 가지 수련법이 있다. 치유 과정에 들어서는 방법은 다양하다. 때로 가족과 선생님, 치료사, 친구 등 깨어 있음과 평화, 안정감을 지닌 주변 사람의 도움을 받을 수 있다. 그러나 그들도 언제나 당신 곁에 있어줄 수는 없다. 이에 당신은 언제나 곁에서 당신의 말을 들어줄 친구가 필요하다. 그 친구가 바로 당신이 쓰는 일기이다.

일기 쓰기는 너무 간단한 방법으로 보일 수 있다. 마치 호흡을 자각하는 명상법이 더 없이 간단한 방법으로 보이듯이 말이다. 그러나 반드시 그렇지는 않다. 붓다는 호흡에 대한 자각이 우리를 깨달음으로 인도할 수 있다고 가르쳤다. 마찬가지로 일기도 그저 종이 몇 장에 쓰는 글에 지나지 않는다고 여길 수 있지만, 종이에는 치유와 도움의 온 세계가 들어 있다. 그것은 당신을 마음챙김의 영역으로 데려다주는 완벽한 스승일 수 있다.

경찰이 보살이다: 사라의 이야기

그날은 계속 일진이 나빴다. 사라는 5개월 전 담배를 끊은 상태였다. 처음 몇 주는 무척 힘들었다. 항상 불안하고 초조했으며, 머릿속에는 온통 담뱃불을 붙이는 생각밖에 없었다. 그러다 차츰 불안과 초조감이 누그러들기 시작했다. 틈틈이 호흡 자각 연습을 하는 과정을 통해 어느 정도 안정적으로 호흡 수련을 하게 되었다. 이제는 거의 매일 15~20분 정도는 움직이지 않고 호흡 수련을 하면서 앉아 있을 수 있었다. 얼굴에 미소를 띠며 자신의 호흡을 알아차릴 수 있게 되었다. 그날도 정신없이 여러 일이 일어났지만, 사라는 들숨과 날숨으로 자신의 걱정과 애씀을 알아차리는 수련을 지속했다. 그렇게 자기 안에 있는 고요함의 씨앗에 물을 주고 있었다.

그러다 퇴근길 운전 도중 경찰차가 쫓아오고 있는 것이 백미러에 보였다. '나를 쫓아올 리 없어.' 사라는 생각했다. '난 속도를 높이고 있지 않는 걸.' 그러던 중 경찰이 사이렌 소리를 울리기 시작하자 정신이 번쩍 들었다.

경찰관은 사라에게 정지 신호를 위반했다고 말했다. 그러나 운전 중 정지 신호를 본 기억이 없었던 그녀는 난감한 기분이었다. 더구나 경찰관의 차갑고 권위적인 태도가 그녀 안에 있던 불쾌함과 수치심의 감정을 불러일으켰다. 그녀는 정지 신호를 지나친 자신에 대해, 그리고 불쾌함과 수치심이 자신을 압도하도록 한 일에 대해 스스로를 비난하고 있었다.

집에 도착할 때쯤 사라는 담배를 피우고 싶은 생각이 간절했다. 잠시 호흡 자각 연습을 해보았지만 지금 상태로는 잘 되지 않았다. 조금 도움은 되었지만 지금 그녀는 부정적인 생각과 감정에 압도당해 있었다. 여전히 재발의 위험이 있었다. 아직도 금연이 무척 힘들었다. 그러던 중 그녀는 자신의 일기를 열어보기로 했다.

사라는 천천히 깨어 있는 마음으로 자신의 일기장을 꺼냈다. 1주일 전부터 거의 매일 쓰던 일기가 이제는 긍정적인 내용으로 채워지고 있었다. 천천히 새 페이지를 열고 그날의 날짜를 썼다. 그리고는 '사랑받음(Beloved)'이라는 단어를 적었다. 그것은 하느님을 언급하는, 그녀 나름의 방식이었다. 사라는 이 단어를 일기장에 적으면 자신이 하느님의 가슴에 대고 직접 이야기하는 기분이 들었다.

사라는 천천히 숨을 들이쉬고 내쉬면서 생각에 잠긴 채 천천히 일기를 적기 시작했다. 그러자 그녀 안에 있던 생각과 감정이 종이 위로 흘러나왔다. 수치심과 슬픔, 분노의 감정에 완전히 빠지지 않은 채, 그리고 그것들을 완전히 부정하지도 않은 상태로 그녀는 그 감정들 곁에 머물고자 했다. 자신에게 일어나는 생각과 감정들을 사랑스럽고 부드러운 주의력으로 관찰했다. 그러자 자신이 그런 생각과 감정보다 더 큰 존재라는 사실을 알 수 있었다. 즉 그런 생각과 감정이 곧 그녀 자신이 아니라는 것을 느낄 수 있었다. 이제 그만 써도 좋다고 생각되는 지점에서 그녀는 일기 쓰기를 멈췄다.

이제 사라는 기어를 바꿨다. 잠시 멈춘 상태에서 들숨과 날숨을 쉬면서 내면의 나지막한 목소리에 귀를 기울였다. 그리고는 자신에게 들려오는 소리를 종이 위에 적었다. 그녀는 많은 것을 들었다. 자신을 쫓아오던 그 경찰이 보살(깨달음을 지향하는 사람이라는 뜻으로, 붓다가 되기 전 단계의 사람을 가리킨다)일 수 있다는 것을 들었다. 또 자신이 부주의한 상태에서 위험하게 운전하고 있었다는 사실도 알게 됐다. 우주는 그녀가 위험한 상태에서 벗어나도록 의도적으로 그녀의 페이스를 늦추었는지 모른다. 유쾌한 경험은 아니었지만 사라는 자신에게 더 나쁜 일이 일어나지 않은 데 감사했다. 그 밖에 다른 통찰들도 일어났다.

일기 쓰기를 마치고 나자 한결 기분이 좋아졌다. 자신의 더 현명한 내면에 접촉한 그녀는 그날 있었던 힘든 일을 긍정적인 관점에서 바라볼 수 있었다. 그녀는 다시 중심을 잡고 자신의 참된 자아로 돌아올 수 있었다. 그날 저녁 늦게, 고통스러운 감정과 함께 담배를 피우고 싶은 충동이 다시 일었지만 이제 그녀는 그것을 다룰 수 있다는 사실을 알았다. 일기를 통해 자신의 감정을 처리할 수 있었기 때문이다. 이제 그녀는 괜찮았다.

내면의 지혜에 이르기

너무나 자주 우리는 자기 외부에서 지혜를 구한다. 가장 최신의 영적 가르침을 읽기 위해 서점에 간다. 각종 수련회와 워크숍에 참석하기도 하고, 치료를 받으러 가기도 한다. 이 모든 것은 좋다. 도움이 되며 커다란 가치가 있다. 그러나 궁극적으로, 외부에서 주는 어떤 도움도 자기 내면의 지혜와 접촉하는 데 도움을 받기 위한 목적이다. 자기 내면의 지혜와 접촉하는 것, 이것이 외부의 도움이 가진 참된 목적이다. 만약 외부의 도움에 지나치게 의존하여 외부의 지혜에 중독된다면 당신은 길을 잃을 수도 있다.

불교인들은 승려 등 불교 지도자가 주관하는 법회에 참석할 때도 마음으로 자기 내면의 붓다와 접촉하고 있다. 불교인이 법회에 참석하는 이유는 새로운 정보를 얻는 것이 아니다. 그들은 법문에서 하는 말과 가르침의 이면에 존재하고 있는 지혜의 원천을 찾아 듣는다. 불교인들은 지금 자기 앞에서 법문하고 있는 스승에게 자기 내면의 붓다를 투영한다. 그리고 그 스승이 투영할 만한 그릇이 된다면, 그는 청중들이 마음속의 붓다와 만나도록 도와줄 수 있다.

가르침이 중요한 이유는 이것이다. 우리가 글을 읽고 법문을 듣는 이유는 학문적 지식을 증가시키는 것이 아니다. 또 남에게 보여주기 위한 목적으로 정보를 쌓는 것도 아니다. 삼법인이 무엇이고, 네 가지 알아차림의 확립이 무엇인지, 또 경전 구절을 외는가는 중요한 문제가 아니다. 이런 가르침들의 참된 목적은 자기 내면의 신과 접촉하는 데 있다. 일기 쓰기라는 수련법이 강력한 효과를 내는 이유도 여기에 있다. 라마크리슈나의 제자이자 그 자신 훌륭한 스승인 스와미 비베카난다는 이 점을 격정적으로 표현했다.

"책은, 나 자신의 책이 펼쳐지기 전까지는 쓸모가 없다. 나 자신의 책이 펼쳐지고 나면 그 밖의 모든 책은 나의 책을 확인해주는 한에서 좋은 책이다. … 나 자신이 곧 살아 있는 책이다. 실제로 책은 내가 입으로 내뱉은 말에 다름 아니다. 모든 것이 살아 있는 신이며, 살아 있는 그리스도이다. 모든 것을 그렇게 보도록 하라. 사람을 읽어라. 사람이야말로 살아 있는 시이니. 우리는 지금까지 존재했던 모든 성경과 그리스도와 붓다를 비추는 빛이다. 이 빛이 없이는 성경과 그리스도와 붓다는 우리에게 죽은 존재나 다름없다. 이 빛이 없이는 그 존재들은 살아 있지 않다."(스와미 비베카난다, 『명상과 그 방법』, 1946)

이것이 바로 사라가 일기 쓰기를 통해 했던 일이다. 당신도 자신의 일기를 써봄으로써 이렇게 할 수 있다. 당신이 쓰는 일기는 모든 책을 초월한다. 일기는 당신 자신의 책이다. 일기라는 책은 모든 참된 책이 우러나오는 원천이다.

연습

검열하지 않고 쓰기

○　　　　　　　　　　지금 자신의 마음에 떠오른 일 한 가지를 정한다. 임박한 이혼 사건이나 타 지역으로 이사 가는 등 삶을 바꾸어놓을 정도로 중요한 일은 제외한다. 그러나 어느 정도 당신에게 중요성을 갖는 일을 하나 정한다. 새로 이사 온 이웃과 친하게 지낼 것인가, 어느 기부단체에 기부할 것인가, 아니면 거실을 확장할 것인가 정도의 문제면 된다.

　하나를 정했으면 펜과 종이를 앞에 두고 편안하게 자리에 앉는다. 타이머를 5분에 맞춰둔다. 이제 펜을 들어 위에 선택한 주제와 관련하여 마음에 떠오르는 어떤 내용이라도 종이에 적어본다. 무엇도 '검열'하지 않고, 또 멈추지 않고 적어본다. 한 생각에서 다음 생각으로 자유롭게 연상한다. 아직 일기 쓰기에 본격적으로 들어가지 않았다. 다만 자신의 생각을 종이 위에 적는 데 익숙해지는 연습이다. 문법적으로 정확한 문장을 구사할 필요도 없다. 잘못 적었다고 줄을 그어 지울 필요도 없다. 그저 적기만 하라. 5분이라는 시간이 다 될 때까지 무엇이든 적으라.

영혼의 화학, 연금술

연금술이라고 하면 비금속(卑金屬, 귀금속의 반대)을 금으로 바꾸겠다는 한

심한 망상에 사로잡힌 사람들을 떠올리는 이가 많다. 그러나 심리학자 칼 융은 선구적 저작에서, 연금술이 이보다 깊은 의미를 갖고 있음을 보여주었다. 융은 연금술사들이 화학자 또는 물질의 조작자로서는 성공하지 못했지만, 그들의 작업이 심리적·영적 변화에 관하여 많은 것을 말하고 있음을 보여주었다. 연금술사들의 풍부하고 복잡한 상징체계는 물리적 세계에 대해서는 충분히 밝혀주지 못했다. 그들의 작업은 정상적인 '화학자'가 하는 일에서 꽤나 벗어나 있었다. 그러나 그들은 '영혼의 화학'을 공부하는 사람이었다. 그렇게 그들은 인간의 본성에 관하여 많은 것을 밝혀주었다.

연금술사는 비밀스러운 다양한 물질들을 바스(vas)라는 용기에 담고 뚜껑을 덮은 뒤 열을 가한다. 음식을 조리할 때 강한 열을 가하면 재료가 변화하는 것처럼, 그 물질들 역시 원래대로 있지 않고 변화한다. 비밀 물질을 가열할 때 맨 먼저 일어나는 현상은 니그레도(nigredo)라는 흑화 현상이다. 물질에 열을 가하면 검은색의 탁한 물질로 변한다. 그런데 이렇게 검은색 물질로 변하는 현상은 변화를 위해 반드시 필요한 첫 단계이다. 이 과정이 없이는 최종 목표인 황금이나 현자의 돌(중세 연금술사들이 비금속을 황금으로 바꿀 수 있는 재료가 있다고 믿고 거기에 붙인 명칭)을 만들어낼 수 없다고 한다.

융은 여기에서 인간의 성장과 변화에 관한 심오한 심리적 진실을 보았다. 인간의 삶에서 '니그레도'는 대개 일정한 도전에 의해 촉발된다. 우리의 관점이 제약되어 있거나 왜곡, 편중되어 있을 때, 삶은 우리에게 예상치 못한 도전을 안긴다. 그런데 우리가 이러한 도전에 대처하려면 고통스러운 암흑에 자신을 내맡겨야 한다. 즉 모든 깨어남에 앞서 존재하는 영혼의 어두운 밤에 온전히 자신을 내맡길 수 있어야 한다. 이 암흑은 매우 끔찍하고 고통스러우며 혼란스러운 위기로 느껴진다. 어떤 사람에게는 중독이 바로 이러한 위기이자 변화의 서곡인 경우가 있다.

자신의 일기장을 연금술에서 사용하는 그릇으로 생각하라. 일기장은 자신의 경험이라는 원재료, 삶에서 부딪히는 문제라는 원재료를 담는 그릇이다. 경험과 문제라는 원재료를 그릇에 담았다면 이제 알아차림, 마음챙김이라는 열을 가한다. 만약 현명하지 못한 이라면 일상의 경험과 고난이라는 원재료를 그저 쓰레기로 간주할 것이다. 영적인 사람이 되기 위해 되도록 빨리 제거해야 하는 쓰레기 말이다. 그러나 이처럼 삶을 회피하는 태도는 언제나 그에 상응하는 결과를 낳게 마련이다. 영적 수련은 약물 남용처럼 삶을 회피하는 수단이 되어서는 안 된다. 영적 수련은 자신의 변화(transformation)를 일으키기 위한 것이다. 즉 영적 수련은 일상이라는 원재료를 지혜와 평화, 기쁨으로 변화시키는 과정이다. 이 점에서 삶의 부정적 요소는 긍정적 요소와 마찬가지로 중요한 의미를 갖는다. 부정적 요소가 완전히 제거된다면 당신의 변화 과정은 온전한 변화라 하기 어렵다.

일기장 고르기

일기를 쓸 준비가 되었으면 이제 실제로 일기를 적을 일기장을 마련할 차례다. 일기장은 당신 마음의 변화라는 연금술을 일으키는 그릇이다. 그렇다면 일기장을 고르는 과정도 정성스럽게 깨어 있는 마음으로 할 필요가 있다. 자신에게 적합하다고 느껴지는 일기장을 직감적으로 고르는 것이 도움이 된다. 중세 연금술사들은 고열을 견디는 튼튼하고 갈라지지 않는 그릇을 신중히 선택했다. 당신의 일기장도 이처럼 신중하게 선택하는 것이 좋다. 요즘은 서점이나 문구점에 가면 선이 그어져 있지 않은 예쁜 일기장이 다양하게 나와 있다. 서점이나 문구점에 가서 일기장을 구입하는 일 자체를 신성한 의식(儀式)으로 여겨도 좋다. 이때는 일기장 구입 외에 다른 일은 하지 않겠다고 마음먹는다. 일기장 외에 문구점의 다른 물건들을 기웃거리지 않는다. 오직 나의 변화가 일어날 '그릇'을 마련한다는 목적으로 문구점으로 향하라. 우선 다양한 일기장을 자기 앞에 놓아두라. 이 상태에서 숨을 들이쉬고 내쉰다. 그런 다음 당신에게 말을 걸어오는 일기장이 있는지 보라. 적당한 '그릇'이 될 만한 일기장이 있는지, 평화와 자신감, 긍정의 느낌을 일으키는 일기장이 있는지 살펴보라. 그런 다음 하나를 골라 구매한 다음 집으로 돌아오라.

나만의 일기장

만약 내용물이 새는 그릇을 연금술사가 선택했다면 무슨 일이 벌어질까? 또 내용물에 열을 가하는 동안 계속 뚜껑을 열어본다면 어떻게 될까? 심오한 변화가 일어날 가능성은 적어지고, 결과는 분명 만족스럽지 못할 것이다. 내용물이 새지 않도록 '담는' 것이 그릇의 본래 역할이다.

이런 이유로 당신의 일기를 다른 사람이 보지 않는 것이 중요하다. 그렇게 하지 않으면 내용물이 줄줄 샐 것이고, 그러면 당신의 변화 과정은 방해받게 마련이다. 만약 일기를 비밀로 하지 않으면 일기를 쓸 때마다 신경이 쓰인다. 그렇다면 당신은 변화의 원재료인 날것 그대로의 느낌과 생각, 경험을 기록하는 일이 안전하지 않다고 여길 것이다. 지금 당신이 일기를 쓰는 취지는 자신의 느낌과 생각, 경험을 기록할 공간을 마련하기 위함이다. 이런 이유로 우리 저자는 상담 치료를 받는 내담자들에게도 이렇게 권한다. 즉 내담자들에게 상담실을 '신성한 공간'으로 여기라고 주문한다. 그리고 이 신성한 공간에서 일어나는 일은 내담자와 아무리 가까운 사람에게도 비밀에 부치기로 한다.

그러므로 자신의 일기장을 '안전한 장소'에 보관하라. 부엌 식탁 같은 곳에 자신의 일기장을 아무렇게나 펼쳐두지 말라. 누군가 읽게 되면, 탓할 사람은 당신밖에 없다. 같이 사는 가족에게 당신의 일기가 사생활로서 존중받기 원한다는 것, 그리고 그 이유를 함께 말해두라. 이는 가족들을 위한 일이기도 하다는 점을 알려주라.

만약 일기장을 비밀에 부치고 싶다는 말을 배우자에게 하지 않은 상황에서 당신이 배우자와 한바탕 다툼을 벌였다고 하자. 화난 감정을 가라앉히기 위해 당신은 앉기 명상과 걷기 명상을 할 것이다. 그런데 지금 당신은 화난 생각과 감정을 안전하게 담을 수 있는 장소를 필요로 하고 있다. 당신의 안전한 장소는 바로 일기장이다. 당신은 화난 생각과 감정을 일기장에 적는다. 고통이 자연스럽게 흘러나오도록 허용하면서 내면에 있는 신의 목소리에 귀 기울인다. 그러면서 보다 큰 관점을 취하려고 노력한다.

여기까지는 좋았다. 나중에 배우자가 우연히 당신의 일기장을 보고, 당시 고통스러웠던 당신의 감정을 알기 전까지는 말이다. 만약 이렇게 된다면 배우자에게도 커다란 고통의 씨앗을 심는 일이 된다. 아마도 배우자는 당신이 그 문제에 대해 더 큰 관점을 취하려고 노력했다는 사실은 까마득히 모를 터이다. 그리고는 단지 일기장에 적어놓은 당신의 화난 감정만 읽을 것이다. 이럴 경우 문제는 더 복잡해진다. 만약 그렇지 않고 배우자가 당신의 안전한 장소를 존중해 준다면, 배우자 자신에게도 이로운 일이 된다. 왜냐하면 당신은 이제 그저 화를 낸 사람이 아니라, 일기장이라는 안전한 장소에 잠시 머묾으로써 과거와 다르게 변화한 사람이기 때문이다. 이제 당신은 더 큰 평온과 사랑, 지혜로 배우자에게 다가간다. 그리고 배우자는 날것 그대로의 분노라는 당신의 독소로부터 보호받을 수 있다.

물론 치료 세션의 일부를 다른 사람에게 공개할 수 있듯이, 일기장에 적은 한두 구절을 주변 사람과 공유하는 것은 괜찮다. 그러나 모든 내용이 공개된다면 당신의 심오한 변화는 방해받을 수밖에 없다. 심오한 변화는 안전한 공간, 신성한 공간을 필요로 한다. 거기에는 어느 정도의 홀로 있음이 필요하다. 홀로 있는 시간을 마련할 만큼 그 공간을 존중하지 않는가? 그렇다면 그곳은 당신에게 도움이 되는 안전한 공간이라고 하기 어렵다.

어떻게 쓰는가

일기를 쓰기 시작할 때 유의할 사항이 있다. 일기장이 처음 놓여 있던 장소에서 당신이 쓰고자 하는 테이블이나 책상으로 조심스럽게 가져오는 것이다. 그렇게 일기 쓰는 장소가 평화와 홀로 있음의 장소가 되게 하라. 불가피하게 주변에 사람이 있다면, 당신이 일기를 쓰는 동안만큼은 양해를 구하라. 명상을 할 때 주변의 방해를 원하지 않는 것처럼, 일기를 쓰는 동안에도 당신은 주변으로부터 방해 받기를 원치 않는다. 전화기는 꺼두라. 그리고 당신의 '그릇'인 일기장을 신중하게 고른 것처럼, 일기 쓰는 데 사용할 펜도 정성을 들여 골라보라. 당신이 고른 특별한 일기장과 펜, 그리고 특별한 평화의 공간. 이 모두가 내면의 평화와 지혜라는 특별한 공간과 접촉하는 데 도움을 준다.

　매번 일기를 쓸 때마다 새 페이지에 쓰는 것이 좋다. 맨 위에는 그날의 날짜를 적는다. 그런 다음 몇 분 동안 들숨과 날숨을 의식하면서 호흡한다. 이때 진실한 바람을 담은 기도의 말을 속으로 되뇌어도 좋다. '이 시간이 나와 모든 존재를 위한 치유의 시간이 되기…' 같은 식이다. 당신으로 하여금 수용적인 마음 상태에 있게 한다면 어떤 형식의 기도문도 좋다.

이제 마음에 자연스럽게 떠오르는 걱정거리가 있는지 살펴본다. 인간관계에서 걱정 되는 부분은? 직장에서는 문제가 없는가? 자녀 양육이나 가계 상태는? 중요한 결정을 눈앞에 두고 있는가? 무엇이든 마음에 떠오르는 내용을 적어보라. 무엇에 관해 써야 할지 바로 알 수 있으면 그것을 적으면 된다. 그것이 애당초 당신이 일기를 쓰기로 하고 일기장을 펼친 이유이다. 그러나 무엇을 써야 할지 언뜻 떠오르지 않을 때도 있을 것이다. 이때는 자기 삶의 주요 이슈들을 남김없이 간략하게 열거해보라. 그런 다음 그중 지금 현재 가장 걱정스러운 주제를 한 가지 선택한다. 그런 다음 그 주제의 구체적 내용을 마음에서 흘러나오는 대로 적는다.

이때 주의할 점이 있다. 자기 안의 걱정을 쏟아내더라도 그저 부정적인 내용만을 재연하는 것은 도움이 되지 않는다. 감정을 날것 그대로 배출하는 게 좋다는 관점도 있지만, 이는 대중 심리학이 전파한 해로운 신화 가운데 하나이다. 물론 자기 안의 부정적 감정과 접촉하면 도움이 될 수도 있다. 그러나 그것은 어느 정도 평화롭고 깨어 있는 마음 상태로 그 감정에 다가갈 때이다. 그러므로 자기 안의 감정과 생각을 종이 위에 쏟아낼 때에도 들숨과 날숨을 자각하며 쏟아내라. 호흡을 통해 지금 이 순간에 존재하라. 또 글쓰기라는 행위의 물리적 감각들을 알아차려도 좋다. 펜과 종이에서 느껴지는 감각, 종이 위에서 펼쳐지는 잉크의 흐름 등을 자유롭게 즐겨보라. 그런 다음, 들숨과 날숨을 알아차리며 지금 일어나는 자신의 감정을 가만히 알아차려보라. 감정을 억압하는 것도, 감정 속에서 길을 잃고 헤매는 것도 아니다.

혹시 일기를 쓰고 난 뒤, 쓰기 전보다 더 화가 나고 흥분이 되는가? 그렇다면 당신은 감정 속에서 길을 잃고 헤매었다. 이때는 감정으로부터 한걸음 물러설 필요가 있다. 또 반대로 일기를 쓰는 중에는 냉정하고 이

성적인 상태였지만, 다 쓰고 난 뒤에 뭔가 답답한 기분이 들었는가? 그렇다면 당신의 감정이 일기 쓰기를 통해 충분히 흘러나오지 않았다.

불교 경전에는 "몸에서 몸에 대한 알아차림을 유지하고, 느낌에서 느낌에 대한 알아차림을 유지하라."는 말이 있다. 이는 자신의 감정으로부터 뚝 떨어져 있지 말고, 감정 안에 있으라는 말이다. 감정이 일어날 때 대개 우리는 그와 하나가 된다. 화가 나는 순간에는 내가 곧 화이다. 이때 나와 화 사이에는 아무런 구분이 없다. 그러나 감정에 빠져 길을 잃은 채 자신이 감정보다 '큰 존재'임을 잊어버린다면 이것 역시 도움이 되지 않는다. 이것은 마음챙김이 아니다. 마음챙김은 자신의 감정으로부터 뚝 떨어져 있는 것도, 그렇다고 감정에 푹 빠진 채 허우적대는 것도 아니다. 마음챙김은 이 양극단 사이에서 균형을 잡는 일이다.

고요하고 나지막한 소리

걱정거리를 적은 뒤 거기에 어느 정도의 여유 공간을 마련했는가? 즉 사랑의 마음을 거기에 기울여보았는가? 그렇다면 다음 단계를 밟을 차례다. 이제 내면의 지혜, 내면에 있는 신의 목소리와 접촉할 차례다.

『성경』「열왕기상」19장에는 선지자 엘리야가 이스라엘 사람들의 배신에 절망하여 황야로 나가는 장면이 나온다. 신을 만나기 위해 산에 오른 그에게 거센 바람이 불어온다. 바위를 두 쪽으로 쪼갤 정도로 강한 바람이다. 그러나 신은 바람 속에 있지 않았다. 바람이 불고 나자 이번에는 강력한 지진과 커다란 산불이 일어났다. 그러나 거기에도 신은 없었다. 그러던 중 어디선가 고요하고 나지막한 소리가 들려왔다. 선지자 엘리야는 이 고요하고 나지막한 소리에서 비로소 신의 목소리를 들을 수 있었다. 신의 목소리를 들은 엘리야는 절망의 사막을 떠나 삶으로 다시 돌아갈 힘을 얻었다.

고요하고 나지막한 목소리는 과연 먼 옛날에만 들을 수 있었을까? 아니다. 오늘날에도 들을 수 있다. 그리고 위대한 선지자만이 아니라 당신도 들을 수 있다. 그것은 보기보다 강력한 목소리이다. 바람이나 지진, 화재보다 강력한 목소리이다. 당신이 고요한 상태에 있다면 얼마든지 그 목소리를 들을 수 있다. 그 목소리는 지금 당신에게 필요한 힘을 얻게 하고, 다시 삶으로 돌아갈 수 있게 할 것이다.

군이 형식적인 준비를 갖추지 않고도 내면의 지혜로운 목소리와 접촉할 수 있다. 몇 차례 숨을 들이쉬고 내쉰 다음, 신이 당신에게 건네는 말에 귀를 기울이면 된다. 그리고 이때 들려오는 말을 적으면 된다. 그러나 이것을 처음 해본다면, 혹은 당신이 짊어진 걱정거리가 너무 힘겹게 느껴진다면 약간의 준비 과정을 거쳐도 괜찮다. 생생한 이미지를 머릿속에 떠올리는 심상화 작업이 그것이다.

예컨대 그리스도의 발 앞에 앉은 자신의 모습을 떠올려본다. 최대한 선명하게 그리스도의 모습을 떠올리며 그리스도의 현전을 느껴본다. 그리스도는 당신의 걱정거리를 사랑의 마음으로 귀 기울여 들을 것이다. 들은 다음, 신중하게 말을 골라 당신에게 말을 건넬 것이다. 이제 그리스도가 하는 말을 그대로 종이에 적어보라. 어떤가? 아니면 다소 신비스런 이미지를 떠올릴 수도 있다. 지금 당신 앞에는 땅속으로 난 신비한 통로가 하나 있다고 하자. 이 통로를 통해 당신은 땅속 깊이 들어가고 있다. 당신이 도달하려는 곳은 어디인가? 당신 내면의 지혜로운 자아와 대면하는 신성한 장소이다. 그곳에 도착한 당신에게 들려오는 말이 있는가? 있다면 그것을 받아 적으라.

이처럼 내면의 지혜로운 목소리와 접촉하기 위해 당신은 몇 차례 호흡을 자각하는 간단한 연습을 할 수도 있고, 아니면 다소 노력을 기울여 심상화 작업을 할 수도 있다. 무엇이든 당신 내면의 지혜와 접촉하게 해주는 것이면 된다. 다 썼다고 생각되면 잠시 멈추어 몇 차례 호흡을 자각한다. 그리고는 조금 전 접촉했던 지혜를 다시 한 번 되새기며 적은 내용을 천천히 읽어본다. 그 지혜의 목소리를 신뢰한다.

당신은 어쩌면 자신이 적은 내용이 상상의 산물일 뿐이라며 대수롭지 않게 여길지도 모른다. 그러나 그렇게 해서는 안 된다. 인간이 상상력을 내팽개치고, 상상과 실제를 엄격하게 구분하기 시작한 것은 인류 역사상 최근의 일이다. 상상력은 인간의 소중한 영적 능력이자 풍부한 통찰력의 보고다. 인류가 DNA 분자구조를 해독하고 달에 착륙할 수 있었던 원동력도 상상력이었다. 상상력은 인간이 진리를 파악하는(머리뿐 아니라 가슴으로 파악하는) 수단이다. 만약 이 말이 사실이라면 상상력은 어디에서 나올까? 당신은 무엇을 가지고 상상력을 일으키고 있는가? 상상력의 원천은 자기 내면에 존재하고 있는 지혜의 목소리가 아닐까? 그렇기 때문에 마지막 단계에서 자신이 접촉한 지혜의 목소리를 신뢰하는 것이 중요하다.

사례

여기서 구체적인 일기 작성 사례를 살펴보는 것도 좋겠다. 내가 쓴 일기의 일부를 소개한다. 내가 하루 동안 마음챙김 수련을 하는 중에, 이리저리 방황하는 나의 마음을 관찰하며 솔직하게 쓴 일기다.

2000년 8월 6일 일요일
걱정거리
내가 변화하고 있는 것이 느껴진다. 더 행복하고 평화로운 사람이 되어가는 것 같다. 그러나 하루 중 한동안 마음챙김을 잊어버린 나를 발견하고는 한다. 왜 그러는 걸까? 아마도 다음 할 일을 서두르기 때문이리라. 나는 오로지 다음 할 일을 바라보며 지금 일을 하고 있는지 모른다. 그렇게 지금 일이 가지고 있는 작은 움직임과 몸짓들을 알아차리지 못하고 있다. 나는 그저 일을 해치우고 있는 건지 모른다.

커피 한 잔을 마실 때 나는 어떤가? 처음엔 커피를 따르고 잔을 젓는 동작들을 알아차린다. 그러다 아무 생각 없이 냉장고 문을 닫는 나를 발견한다. 또 커피를 마시는 동안에도 마시는 일에 온전히 집중하지 못한다. 커피 마시고 나서 할 일, 이를테면 면도와 샤워 같은 데 마음이 가 있기 때문이다. 습관처럼 관성처럼, 마음의 에너지가 미래에 가 있다. 때로 이런 습관과 관성은 한시도 가만히 못 있는 상태로 나타나기도 한다. 끊임없이 즐거움을 좇고 있다. 어제 영화 한 편이 갑자기 보고 싶어졌다. 극장 시간표를 확인해보니 상영 시간이 임박해 있다. 즉시 주변 사람들에게 전화를 걸어 같이 가자고 독촉했다. 상영 시간에 늦지 않으려고 교통 정체를 뚫고 자동차 엑셀을 밟았다. 이때 마음챙김은 온데간데없다! 어떻게 하면 삶의 페이스를 조금 늦출 수 있을까? 어떻게 하면 단 하루만이라도 온전하게 마음챙김을 유지할 수 있을까?

내면의 목소리

우선, 나를 상대로 싸움을 벌이지 말자. 이것이 매우 중요하다. 자신과 맞붙어 싸우려는 습관적인 에너지는 일종의 쓰레기다. 그런데 쓰레기는 어떻게 사용하느냐에 따라, 꽃을 피우는 연료로 사용할 수도 있다. 자신을 상대로 싸우지 말자! 평화와 마음챙김, 이해의 마음으로 이 느낌들을 따뜻하게 감싸 안자.

둘째, 넉넉한 마음으로 여유를 갖자. 매 순간을 무언가로 채워야 한다고 생각하지 말자. 모든 시간을 이런저런 활동으로 빽빽이 채워야 하는 건 아니다. 오히려 이런 시도를 멈출 때, 이미 이곳에 존재하고 있는 충만함을 자각할 수 있으니까.

셋째, 중심을 잃고 관성에 이끌리지 말자. 혹 그런 나를 발견하더라도, 잠시 멈추어 나 자신으로 돌아가자. 모든 것을 잠시 중단한 채, 잠시 명상을 통해 나 자신으로 돌아가자.

사실 누구라도 무언가 찜찜한 느낌을 가진 채 살고 있을 것이다. 어디에선가 신나는 일이 벌어지고 있는데 나만 쏙 빠진 느낌이다. 멋진 파티가 열리고 있는데 나만 초대받지 못한 것 같다. 이 찜찜한 느낌 때문에 나는 기어코 파티장을 찾아간다.

그러나 그렇게 파티장에 찾아간들 무의미한 일이다. 왜냐하면 실제로 파티장에 가서도 나는 그곳에 현존하지 않을 것이기 때문이다. 그때는 이렇게 생각하겠지. '진짜 파티는 여기가 아니라 다른 어딘가에서 진행되고 있어'라고.

그런데 여기서 아이러니한 점이 있다. 파티는 '이미' 진행되고 있었다는 사실이다. 더욱이 파티는 지금 여기, 나의 바로 곁에서 진행되고 있었다. 그리고 나는 언제나 그 파티에 초대받고 있었다.

이렇게 일기를 쓰고 보니 기분이 한결 좋아졌다. 나는 이제 그날의 마음챙김 수련에 더 집중할 수 있었다.

다양한 걱정거리들

이 외에 다른 주제를 택할 수도 있었지만 내가 이를 선택한 이유는, 그것이 내면의 지혜에서 우러나온 답을 잘 보여준다고 판단했기 때문이다. 그렇다고 일기장에 적는 걱정거리가 반드시 마음챙김 수련이나 그와 관련된 영적 주제여야 하는 것은 아니다. 많은 영적 수행에서 범하는 잘못이 한 가지 있다. 바로, 세상을 좋은 걱정(문제점)과 나쁜 걱정(문제점)으로 딱 잘라 양분하는 잘못이다. 좋은 걱정, 나쁜 걱정이 따로 있지 않다. 일상에서 흔히 겪는 성 문제, 돈 문제, 일과 인간관계의 문제, 중독의 재발 충동과 실수 등도 모두 '정당한' 걱정거리다. 이들 모두가 영적인 주제들이다. 당신의 삶을 마음챙김의 대상인 영역과 그렇지 않은 영역으로 구분 짓는 것은 타당하지 않다.

완벽한 삶?

어떤 내용을 써야 할지 감이 오지 않을 때도 있다. 이것은 우리가 마음을 특정 방향으로 유도하면 마음은 오히려 그에 저항하기 때문이다. 자신의 걱정거리가 무엇인지 떠올리고 그걸 파고들겠다고 작정한다 해서 마음이 저절로 거기에 따라가는 것은 아니다. 당신은 오히려 앞으로 나아가지 못한 채 한 곳에서 막혀 있을 수도 있다.

그러나 다행인 것은, 우리 마음의 성향을 역이용할 수도 있다는 사실이다. 반사 심리(reverse psychology), 쉽게 말해 청개구리 기법을 이용해보라. 적당한 걱정거리가 떠오르지 않는다면 자리에 앉아 자신의 호흡을 알아차리며 이렇게 말해보자. "지금 이대로 내 삶은 더 없이 완벽해." 이 말을 진짜 사실로 믿으라. 이렇게만 해도 걱정거리가 더 쉽게 의식될 것이다. 만약 이렇게 해도 걱정거리가 떠오르지 않는가? 그렇다면 정말 감사한 일이다.

걱정, 걱정, 걱정

때로 우리는 지나치게 많은 걱정거리를 안고 산다. 특히 마음챙김 수행을 처음 접했다면 이제부터 자각하고 알아차려야 할 대상이 갑자기 많아졌다고 느낄 수도 있다. 또 매우 힘든 영혼의 암흑기를 지나고 있을 때에도 당신은 걱정거리가 매우 많다고 느낄지 모른다. 마치 온갖 걱정거리가 한꺼번에 나의 인식에 쏟아져 들어오는 것 같다. 걱정거리들이 관심을 기울여 달라고, 치유적인 알아차림을 달라고 아우성치는 듯하다. 그러나 모든 걱정거리를 한꺼번에 다룰 수는 없다. 그런 시도는 오히려 좌절감만 키우고 만다. 그렇게 되면 일기를 쓰더라도 치유적인 효과를 낼수 없다.

이 경우에는 일단 당신이 갖고 있는 걱정거리들을 모두 열거해보라. 그리고 각각의 걱정거리에 짧막한 이름을 붙여보라. 그런 다음 고요하게 숨을 들이쉬고 내쉬면서 열거한 걱정거리들을 죽 훑어보라. 그중에서 당신이 지금 가장 알아차림을 가져가기 원하는 걱정이 있는지 보라. 다른 걱정보다 두드러지게 나타나는 걱정이 있는지 보라. 아마도 그것은 당신이 지금 가장 절실하게 관심을 기울여야 하는 걱정인지 모른다. 혹시 그 걱정이 당신을 완전히 압도할 정도로 힘겹다면 다른 걱정을 택하라. 지금 다룰 수 있겠다고 느껴지는 다른 걱정거리에서 시작하라. 그리고 이번에는 이 걱정 한 가지만 다루기로 하라. 다른 걱정들이 존재한다는 사실을 인정하되, 그것들은 나중에 다루어주겠다고 약속하라. 모든 걱정을 한꺼번에 다룰 필요는 없다.

내면의 목소리가 응답하지 않을 때

당신은 이제 어떤 문제를 다룰지 정했다. 그런데 막상 내면의 지혜로운 목소리에 귀를 기울여보지만 아무 응답이 없다. 이럴 땐 어떻게 할 것인가? 다음 방법들을 시도해보라.

첫 번째로, 몇 분간 자연스럽게 호흡하면서 자신의 들숨과 날숨을 자각한다. 그런 다음 앞에서 정한 걱정거리를 온전히 자각하면서 다시 한 번 천천히 읽어본다. 이때 이 걱정은 당신의 걱정이 아니라 당신이 가장 사랑하는 사람이 가진 걱정이라고 가정해보자. 당신이 사랑하는 사람이 이 걱정거리 때문에 괴로워하고 있다. 자, 당신 내면에 있는 지혜의 목소리가 말을 건네는가? 건넨다면 어떤 말을 하는가? 지혜의 목소리가 좀 더 자유롭게 말하는가?

다음 방법은 위에 말한 심상화 기법을 이용하는 것이다(혹은 자기 나름의 심상화 방법을 사용해도 좋다). 당신의 내면의 인도자를 마음속에 생생하게 그려본다. 이때 서두르지 말고 시간을 충분히 갖는 것이 중요하다. 이 인도자는 당신 내면에 존재하는 지혜의 현현(顯現)이다. 그의 모습을 최대한 상세하고 구체적으로 마음속에 그려보라. 이제 그 인도자가 당신에게 어떤 말을 건네는지 보라. 아무 말도 하지 않는가? 그래도 상관없다. 지금으로서는 그저 마음챙김으로 깨어 있는 상태에서, 지혜로운 인도자 앞에 당신의 걱정거리를 가져가는 것으로 충분하다.

이것은 그저 듣기 좋은 공허한 말이 아니다. 지금 자신이 가진 문제에 마음챙김이라는 빛을 비추는 것은 그 자체로 매우 치유적인 행위다. 위에서처럼 마음챙김의 현현인 내면의 인도자를 상상한 뒤, 그가 당신의 걱정에 대해 어떤 말을 하는지 들어보라.

『열정의 길(The Way of Passion)』(1994)이라는 책에서 저자 앤드루 하비는 어느 여성의 이야기를 들려준다. 그녀는 모든 것을 잃은 뒤 힌두교의 성자 라마나 마하리쉬를 찾아 지혜를 구했다. 여인은 마하리쉬 앞에서 자신의 슬픔을 모두 토로했다. 하지만 마하리쉬는 아무 말이 없었다. 조바심이 난 그녀는 계속해서 지혜와 위안의 말을 구했다. 그러나 마하리쉬는 아무 대답이 없었다. 여인은 마침내 목 놓아 울더니 완전히 지친 상태로 마하리쉬의 눈을 보았다. 마하리쉬의 눈은 말로 표현할 수 없는 무엇인가를 침묵으로 전하고 있었다. 하비는 말한다. "삶에는 딱 부러지는 해결책이 존재하지 않는다. 그러나 축복을 경험할 수는 있다. 단순히 존재하는 것이 주는 축복, 불멸의 신성한 자아가 주는 축복, 침묵이 전하는 축복을 우리는 경험할 수 있다. 이 축복은 다이아몬드와 같은 광채를 발하며 우리가 지닌 슬픔과 상처, 문제를 모두 치유해줄 것이다." 이는 겉으로 모습을 드러내지 않는 우리 내면의 인도자에게도 해당되는 말이다.

마지막으로, 위에 말한 것처럼 일정한 방향으로 유도할수록 마음이 그와 반대로 가려고 하는 반사 심리를 이용하는 방법도 있다. 숨을 들이쉬고 내쉬면서 자신에게 이렇게 말하라. "마음챙김으로 깨어 있는 마음을 가지고 걱정을 자각하는 걸로 충분해. 오늘 당장 내면의 목소리를 들어야 하는 건 아니야." 이 방법의 장점은, 이 말이 100% 진실이라는 점이다. 지금의 문제를 마음챙김으로 자각하는 것만으로 당신에게 도움이 된다. 물론 앞으로 닥칠 삶의 문제들에 대해서도 당신은 계속해서 마음챙김으로 자각해야 한다. 이때 당신의 반응은 다음 두 가지 중 하나일 텐데, 어느 것도 상관없다. 먼저, 당신은 내면의 지혜로운 목소리가 전하는 답을 이번에 듣지 못해도 괜찮다는 사실을 알게 되었다. 당신은 할 만큼 했으며 그로써 충분하다. 다음으로, 당신은 자신의 걱정거리를 마음챙김으로 자각하기만 해도 충분하다는 메시지에 거부감을 느낄 수도 있다. 그러나 이것도 문제가 되지 않는다. 왜냐하면 이 경우에는 당신 내면의 지혜가 어떤 말이든 건넸을 테니 말이다.

실수와 재발 충동

앞에서 말했듯이, 이 책은 현재 중독에 빠져 힘겨워하는 사람보다(물론 그들에게도 도움은 된다) 중독 회복 과정 중 유지 단계에 있는 사람에게 특별히 도움이 될 것이다(중독 회복의 각 단계에 대해서는 1장 '중독 회복의 과정' 중 '변화의 매커니즘' 부분을 참조하라). 즉 중독 물질을 끊은 뒤에 어느 정도 안정적으로 유지하고 있는 사람에게 더 도움이 된다. 또 그 이후에 만족스러운 생활양식을 만들고 영성을 계발함으로써 유지 단계를 지속하고자 하는 사람에게 더 도움이 되는 책이다.

그런데 우리 주변에는 몇 년 동안 알코올을 한 방울도 입에 대지 않다가 갑작스레 커다란 상실과 곤경에 직면하고는 순간적으로 강렬한 음주 충동을 느끼는 사람들이 있다. 그들 중에는 결국 다시 본격적인 음주에 빠지는 사람도 드물지 않다. 이는 과거에 우울증을 심하게 앓은 사람이 우울증의 재발 위험이 더 높은 것과 마찬가지다. 일단 '어두운 곳'에 들어가는 길을 안 사람은 애당초 그 길을 몰랐던 사람보다 다시 들어갈 확률이 높다. 만약 당신의 '어두운 곳'이 약물 남용이라면, 당신이 다시 이곳에 들어갈 가능성은 상존한다고 볼 수 있다.

당신은 실제로 중독이 재발했는가? 아니면 지금 강렬한 재발 충동을 느끼고 있는가? 어느 경우든, 이 문제를 다룸에 있어 마음챙김이 당신의 우군이 될 수 있다. 재발 에피소드가 발생했는가? 그렇다면 에피소드가 종결된 후에 자신의 들숨과 날숨을 자각하면서 이번 에피소드에서 경험했던 바를 기록하라. 이번에 당신의 재발 충동을(혹은 실제 재발을) 촉발시킨 요인은 무엇이었나? 이것을 돌이켜본 다음 종이에 적어본다. 재발 충동과 재발에 관하여 당신이 이번 에피소드에서 느꼈던 바를 빠짐없이 적어본다. 지금 당신이 생각하고 느끼는 것이라면 무엇이든 살펴보라. 그것을 따스한 주의력으로 감싸 안으라. 다만, 거기에 완전히 빠져버리지는 말라.

삶은 배움의 경험이라고 한다. 그러나 정작 어려움에 직면하면 우리는 거기에 주의를 기울여 배움을 얻으려 하지 않는다. 오히려 문제에서 달아나고 싶어 한다. 사실 우리 사회에서, 문제로부터 달아나는 주된 방법 중 하나가 바로 중독이다. 그런데 마음챙김은 문제를 회피하려는 충동, 문제로부터 도망가려는 충동과 정반대 대척점에 있다.

삶이 배움의 경험이며 우리가 접하는 모든 것이 가르침이라면, 왜 그로부터 무언가 배우려 하지 않는가? 그 경험으로부터 우리가 배울 수 있는 것은 없는가? 만약 부정적 경험이라면 앞으로 되풀이하지 않으면 되지 않을까? 중독 회복의 길에서 미처 대처할 준비가 안 된 재발 충동에 갑자기 맞닥뜨렸는가? 아니면 의외로 수월하게 중독 물질을 구할 수 있다는 사실에 놀랐는가? 만약 당신의 중독이 재발했다면 다시 회복 궤도에 오르기 위해 어떻게 해야 하는지 내면의 인도자에게 물어보라. 또 향후 재발을 방지하기 위해 무엇을 해야 하는지 당신 내면에 있는 인도자에게 물어보라.

다른 관점

자신에게 위와 같은 질문을 던진 다음, 이 문제를 마음챙김으로 자각할 수 있는가? 할 수 있다면 당신이 처한 상황은 이미 변화하기 시작했다. 무엇보다 당신은 수동적인 태도에서 적극적인 자세, 문제 해결의 자세로 바뀌었다. 이것만으로도 기적 같은 일이다. 약물 남용 치료의 초기 단계에 있는 사람들과 이야기해보면, 애당초 자신의 생각과 느낌을 제대로 자각하지 못하는 경우가 많다. 어떻게 해서 다시 약물에 손댔는지 물으면 그저 "우발적으로 그렇게 됐다."고만 답한다. 그들이 거짓말을 하는 것은 아니다. 실제로 그들은 그렇게 느끼고 있다. 그들은 자신이 약물에 다시 손댄 일을 마치 마른하늘의 날벼락처럼 우발적인 일로 느낀다. 자신에게는 책임이 없는 일이라고 여긴다. "길을 가는 중이었는데, 별안간 술집에서 술 마시고 있는 나를 발견했지 뭡니까." 하는 식이다.

그들이 이렇게 느끼는 이유는 무엇일까? 그것은 마음챙김으로 자각하는 힘이 부족하기 때문이다. 만약 지금 자신이 처한 상황을 깨어 있는 마음으로 자각할 수 있다면, 중독의 과정은 지속되지 않는다. 아니, 지속될 수가 없다. 중독이 재발하는 과정을 자세히 들여다보면, 주요한 재발 충동과 재발에 이르게 된 계기가 항상 존재함을 알 수 있다. 그러므로 중독과 관련된 자신의 문제에 마음챙김을 통한 자각의 빛을 계속 비추는 것이 중요하다. 그러면 그것은 변화하며 결국에는 사라질 수도 있다. 문제를 올바로 자각하면, 해결이 불가능해 보였던 문제가 한결 수월하게 보일 수 있다.

또 중독 회복의 길에서 특히 유념해야 할 것이 있다. 바로 '성공 아니면 실패'라는 식의 이분법적 도식에 빠지는 일이다. 실제 중독 회복 장면에서는, 중독 물질을 끊었느냐 아니면 중독이 재발했느냐를 중요시한다. 그래서 '잘 끊고 있느냐, 아니면 구제불능의 실패자냐' 하는 식의 이분법적 도식에 빠지는 경우가 흔하다. 중독 회복 과정에서 수개월 혹은 수년 간 성공적으로 끊었다가도 단기간(며칠 혹은 심지어 몇 시간 동안) 재발하는 경우가 있다. 그런데 이것만으로 자신을 구제불능의 중독자로 낙인찍어버린다면 지나치게 편중된 생각이다. 그것은 현실적이지 못한 태도다. 한 번의 실수 때문에, 지금껏 쌓아온 성공적인 절제 기간을 '없었던 일'로 돌리는 것은 잘못이다.

길지 않은 기간이라도 중독 물질을 끊었다면 나름대로 성공으로 간주할 수 있다. '작은 성공'을 귀하게 여기는 태도가 중요하다. 그러면 더 빨리 본격적인 회복 궤도에 오를 수 있다. 이때 자신과 주변사람들이 겪는 고통도 줄어든다. 당신은 회복 과정에서 '성공 아니면 실패'라는 식의 이분법적 도식에 빠져 있지 않은가? 만약 그런 왜곡된 생각에 빠져 있다면, 마음챙김을 통한 자각의 빛을 거기에 비추라. 올바른 균형 감각을 갖추라. 현실적이지 못한 이분법적 사고방식에 도전하라.

연습
실수를 삶의 일부로 바라보기

○ 혹시 당신은 중독 물질에 다시 손대는 실수를 범했는가? 그렇지만 그 실수로부터 배움을 얻고자 하는가? 그렇다면 이 방법을 시도해보라. 우선 조용한 곳에 앉아 노트와 펜을 준비한다. 숨을 쉬면서 지금 당신이 불편하게 여기고 있는 재발 사건을 머릿속에 떠올린다. 이렇게 했을 때 어떤 생각과 감정이 일어나는가? 어떤 생각과 감정이 일어나더라도, 일어나는 그대로 관찰한다. 몸에서 일어나는 느낌도 알아차려본다. 특히, 어떤 사정 때문에 당신이 중독 물질에 다시 손을 댔는지 곰곰이 헤아려본다. 즉, 어떠한 외부 사건이(혹은 다른 사람의 어떠한 행동과 말이) 당신의 재발 방아쇠를 당겼는가? 이때 더 중요하게 살필 것이 있다. 바로 이런 외부 요인으로 인해 '당신 안에서' 어떤 생각과 감정이 일어났는가 하는 것이다. 이 부분을 의식하라. 의식하되 거기에 사랑과 이

해의 마음을 담으라. 마치 당신의 친한 친구가 재발 문제를 일으켰다고 생각하고, 친구를 대하는 마음으로 하라.

어쩌면 당신은 실수로 중독 물질에 다시 손댔을 수도 있고, 재발 사건에 대처할 준비가 아직 안 되어 있는지도 모른다. 그렇다 해도 "나는 구제 불능이야." "나는 결코 바뀌지 않아." 같은 부정적 일반화와 비관적 예측은 삼가라. 이런 부정적인 생각과 느낌이 일어나더라도 당신의 다른 생각 재료들과 동일한 방식으로 그것들을 다루어주라. 즉 당신이 의식적으로 주의를 향하는 다른 대상들과 같은 방식으로 그것을 다루어라. 그 생각과 느낌들을 관찰하고 의식하되, 그것에 함몰되지는 말라. 그 생각과 느낌들을 자각이라는 '큰 그릇'에 담으라. 그것들을 있는 그대로 경험하라. 당신은 그런 부정적 생각과 느낌보다 '큰 존재'라는 사실을 기억하고, 그것들에 하릴없이 굴복하지 말라. 또 그 생각과 느낌들을, 향후 일어날 수 있는 재발에 대한 구실로 삼지도 말라.

죄책감

중독 물질에 다시 손대는 실수를 범했는가? 그렇다면 당신이 어떤 과정을 밟아 실수를 범했는지 의식해보라. 실수에 이르기까지 당신의 행동과 생각, 느낌은 어떤 연쇄반응을 일으켰는가? 이것을 자각하면 다음에 저지를지 모르는 비슷한 실수에 대비할 수 있다. 당신이 재발에 이르게 된 과정을 하나하나 자각해보라. 사례를 보자.

제리라는 남성은 과식을 중단하고 살을 빼고 싶었다. 그런데 오늘 직장에서 화를 돋우는 사건이 벌어졌다. 거기에다 퇴근 후 전쟁을 치르듯 혼잡한 러시아워 퇴근길을 운전해야 했다. 그러는 중에 복잡했던 마음은 더 엉망이 되었다. 집에 도착할 즈음, 제리는 자신에게 이렇게 말하고 있었다. "상관할 게 뭐야? 초콜릿바를 먹을 거야. 될 대로 되라지." 그리고는 초콜릿바를 먹었다. 다음 날 제리는 이 내용을 일기장에 적었다. 그리고 일기를 적는 과정에서 어제 일과 관련하여 일어났던 자신의 생각과 감정을 다시 경험할 수 있었다. 그러나 제리는 그것에 대해 좋다, 나쁘다 평가하는 태도를 갖지 않았다. 그보다는 그저 호기심 어린 태도로 생각과 감정을 지켜보기만 했다. "무엇 때문에 상황이 그렇게까지 되었던 거지? 가장 큰 원인은 무엇이었을까?" 제리는 이런 내용을 일기에 적었다. 일기를 적는 과정에서 제리는 자신의 몸과 생각, 감정에서 일어나는 변화를 관찰했다.

이렇게 일기를 적는 과정에서 자신의 몸과 마음의 변화를 관찰하는 것이 중요하다. 제리는 이렇게 하는 것만으로 지금까지와 다른 경험을 했다. 지금까지 제리는 화가 날 때면 거의 매번 폭식을 했다. 그리고는 거기에 죄책감을 느꼈다. 이런 죄책감은 누구에게나 고통스러운 경험이다. 하지만 죄책감이라는 느낌을 피하려고만 하면 자신이 반복하고 있는 재발패턴을 알아볼 수 없다. 그런 식으로는 아무것도 바뀌지 않는다. 아무런 배움도 일어나지 않는다. 다시는 폭식하지 않겠다고 다짐할수록 폭식이라는 사슬에 더 강하게 걸려들 뿐이다. 그러나 제리는 그렇게 하지 않았다. 최대한의 자기 이해와 부드러운 수용의 태도로, 죄책감을 비롯한 자신의 모든 경험과 그저 함께했다. 이것만으로 그는 혼란스러운 내면이 중독 행동으로 이어진, 조건화된 연쇄 고리를 끊을 수 있었다.

제리는 여기서 한발 더 나아갈 수도 있다. 즉 앞으로 화로 인한 폭식 상황에 다시 처한다면 어떻게 해야 할까 스스로에게 자문할 수 있다. 어떻게 하면 지금과 다른 방식으로 대처할 수 있을까? 이런 질문을 자신에게 던져보는 것이다. 어떻게 하면 화가 나는 상황을 앞으로 만들지 않을까 헤아려보아도 좋다. 제리는 걸핏하면 자신을 책망하는 성향이 있었다. 그런 점에서, 폭식 충동이 생긴 순간에 떠오른 생각을 자동적으로 비판하려고만 했다. 그는 이런 충동에 특히 유의할 필요가 있었다. 우리는 해결책이 탄생하기도 전에 목 졸라 죽이는 경우가 있다. 물론 어떤 생각은 다른 생각보다 좋아 보인다. 하지만 우선은 모든 생각에 대해 열린 자세로 동등하게 대할 필요가 있다. 향후 재발 충동이 일어나면 당신은 그 상황에 어떻게 대처할까 생각해보라. 그에 관하여 실행 가능한 해결책을 모두 떠올려보라. 자신에게 가장 실제적인 해결책, 가장 성공 가능성이 높은 아이디어를 떠올려보라. 그것을 택하면 된다.

크리스마스 선물: 엘리자베스 이야기

자신의 중독 재발에 대해 일기를 쓰려고 하는가? 그렇다면 재발에 이르게 한 자신의 생각과 느낌, 사건을 살펴보고 그 대안을 모색해보는 것이 중요하다. 재발 방아쇠를 당긴 상황을 다른 관점으로 볼 수는 없었을까? 그때 좀 더 다르게 생각하고 말하고 행동할 수는 없었을까?

　엘리자베스는 초등학생 두 남자아이의 엄마다. 그녀가 파괴적인 음주 습관에 빠져 지낸 지도 5년이 되었다. 그녀의 음주 문제는 그녀도 모르는 사이에 서서히 치명적으로 모습을 드러냈다. 음주량이 최고에 달했을 때는, 실컷 알코올을 마실 수 있는 곳이 아니면 아무 모임에도 나가지 않을 정도였다. 그녀가 술고래가 아닌 사람과는 아예 사귐을 갖지 않았다. 비음주자는 재미없는 사람이라고 여겼다. 그런데 그녀의 건강이 서서히 망가졌다. 찾아간 의사는 우려를 표하며 그녀의 건강 습관에 대해 물었다. 간 검사 결과, 엘리자베스는 손상 초기 단계였다. 검사 결과에 그녀는 충격을 받았다. 그녀의 친구가 AA에 참석할 것을 권해 몇 차례 모임에 나갔다. 모임에서 이야기하는 내용은 그녀의 실제 음주 경험과 꼭 일치하지 않았다. 하지만 그녀는 모임에서 보내주는 지지를 소중하게 생각하면서 지속적으로 모임에 나갔다.

엘리자베스는 정기 모임에 참석하면서 거의 3개월 동안 술을 입에 대지 않았다. 그러던 어느 수요일, 그날은 한겨울 폭풍이 심하게 불어 학교를 마치고 돌아온 아이들이 꼼짝없이 집에만 있어야 했다. 두 아들 녀석은 서로 싸우면서 난리를 피웠다. 몇 번이고 야단을 쳤지만 소용이 없었다. 순간, 음주 충동이 강하게 올라왔다. '술을 한 잔 마시면 아이들을 조용히 시킬 수 있을 텐데.' 하는 생각이었다. 어쨌든 이 상황에서는 술을 먹는 것이 합리적인 선택으로 느껴졌다. 물론 이 생각을 떨쳐내려고 시도는 했다. 하지만 소용이 없었다.

그때 마침 술 한 병이 남아 있다는 사실이 떠올랐다. 작년 크리스마스 선물로 받은 크루보아제 코냑이었는데 차마 버릴 용기가 나지 않아 보관해 두었었다. 게다가 그것은 고급 코냑이었다. 선물 받은 당시에는 그저 기념으로 보관할 작정이었다. 실제로 마실 생각은 없었다. 그런데 큰아들 샘이 작은아들 대릴의 코피를 터뜨린 오늘, 그녀는 그 술을 마시고 싶은 충동을 강하게 느꼈다. 그녀는 스스로에게 이렇게 말했다. '에라, 모르겠다. 알게 뭐람.' 그렇게 입에 댄 첫 모금은 그러나 웬일인지 기대만큼 짜릿하지 않았다. 그러나 이미 시작한 뒤였다. 그녀는 자신에게 책임이 없다고 느꼈다. '아이들 때문에 술을 마시게 된 것 아닌가? 일단 마시기 시작하면 멈출 수 없어. 그건 내 책임이 아니라고.' 남편이 집에 돌아와 보니 엘리자베스는 필름이 끊긴 채 소파에 널브러져 있었고, 아이들은 난장판으로 집안을 뛰어다니고 있었다.

엘리자베스는 이 사건 때문에 자신의 부정적인 삶 이야기가 더 강화될 수도 있었다. '나는 구제불능의 실패자야'라고 스스로에게 속삭일 수도 있었다. 그러나 그렇게 선택하지 않고 그와 다른 이야기를 만들 수도 있다. 즉 부정적 생각이나 느낌과 '함께하는 법'을 배워 부드럽게 숨을 들이 쉬고 내쉬며 가라앉힐 수도 있다. 또 사랑과 자기연민의 마음을 담아 자신의 부정적 생각과 감정을 일기장에 적어볼 수도 있다. 일기를 써보면 앞으로는 지금과 다른 방식으로 대처할 여지가 없는지 살펴볼 수 있다.

사실 엘리자베스의 이번 에피소드는 지금과 다르게 행동할 수 있는 대안을 여러 가지로 암시하고 있다. 예컨대 지금까지 술고래들과 어울렸다면 이제는 가볍게 마시는 사람이나 전혀 마시지 않는 사람과 어울리는 시간을 가져볼 수 있다. 자신의 건강에 적신호가 켜진 사실을 알았다면 건강과 행복 증진이라는 더없이 소중한 목표를 다시 세워볼 수 있다(물론 음주 절제도 그 목표의 일부다). 이렇게 하면 '술을 마시느냐, 안 마시느냐'에 지나치게 초점을 맞추지 않을 수 있다(사실 여기에 지나치게 집중하면 문제가 오히려 악화될 수 있다). 또 크리스마스 선물로 받은 코냑에 대해서도 다른 대처 방법이 가능했다. 즉 음주 충동이 일면 다른 사람에게 그 술을 주겠다는 생각을 처음부터 가질 수도 있었다.

엘리자베스는 일기 쓰기를 통해 여러 가지로 도움을 받았다. 즉 아이들과 뒤엉킨 힘겨운 상황에서 술을 마시지 않고도 그 상황에 능숙하게 대처할 필요가 있음을 알게 됐다. 예컨대 음주 충동이 일어났을 때 그녀가 아이들로부터 잠시 떨어져 있을 수 없었을까? 그 시간만큼만 누군가 대신 아이들을 봐줄 수는 없었을까? 사람을 고용하면 어땠을까? 아이들을 돌보는 시간이 그간 쌓여 있던 그녀의 스트레스가 폭발하는 시간이 되지 않게 할 수는 없었을까? 또 술을 마시면 난장판 아이들을 잘 통제할 수 있다는 근거 없는 믿음을 다시 살펴볼 수도 있었다. 뿐만 아니라 한 번의 실수는 곧 구제 불능의 나락으로 추락하는 것이라는 생각에 도전할 수도 있었다. 또 실수로 마신 한 잔의 술이 기대만큼 짜릿하지 않았다는 것을 자각할 수도 있었다(물론 그러기 위해서는 지금 자신의 경험을 깨어 있는 마음으로 알아차릴 수 있어야 한다). 그리고 이런 자각을 통해, 앞으로 또 일어날 수 있는 실수를 미연에 감지할 수도 있었다.

엘리자베스는 이런 내용으로 20분 정도 일기를 썼다. 그러면서 이번 에피소드에서 자신이 경험한 바를 찬찬이 돌이켜보았다. 이제 그녀는 더 이상 자신의 실수를 자책하는 데 마음이 가 있지 않았으며, 지금부터 시도할 수 있는 다양한 해결책이 떠올랐다. 그 순간 그녀는 의미 있는 전환점을 통과했다. 여기서 전환점이란, 힘겨운 상황이지만 무언가를 하겠다고 결심하는 순간, 우리의 마음 상태는 변화한다는 사실이다. 깨어 있는 마음으로 호흡을 자각하면서 자신의 고통스러운 생각과 감정을 변화시키기로 결심하는 순간, 우리의 마음 상태는 바뀐다. 어쩔 수 없다는 무력감(hopelessness)에서 할 수 있다고 느끼는 자신감(empowerment)으로 바뀐다. 이 자체가 커다란 변화를 가져온다. 한 차례 실수를 하더라도 이제 자신의 무력함이나 변화 불가능에 대한 증거가 아니라, 그로부터 배움을 얻을 수 있는 기회가 된다. 이제 엘리자베스는 자신의 실수를 구제불능의 병통에 따른 필연적 결과로 보지 않았다. 미처 대비하지 못했지만 이제부터는 다른 방식으로 대처할 수 있는 상황으로 보았다.

감사 일기를 쓰자

심리학에서는 내가 가진 문제를 부인하지 않는 것이 중요하다고 본다. 자신의 문제를 똑바로 직시할 필요가 있다는 말이다. 그런데 그렇게 하다 보면 자신의 부정적인 면에 과도하게 초점을 맞추는 이른바, 부정적 초점화(negative focus)의 위험성도 있다.

물론 자신의 문제를 직시할 필요는 있다. 그리고 이렇게 문제를 직시하는 방법 중 하나가 마음챙김이다. 그런데 마음챙김은 서부 영화에 나오는 총잡이들처럼 과격하게 자신의 문제를 없애거나 단숨에 해결하려 하지 않는다. 마음챙김은 고요함과 친절함, 사랑과 부드러움으로 자신의 문제와 마주한다.

최근 심리학계에는 자신이 가진 긍정적인 면을 알아보는 것이 중요하다는 인식이 커지고 있다. 자신의 긍정적인 면을 부인하지 말라는 조언이다. 사실 부인(denial)이란 있는 그대로의 실재(reality)를 인정하지 않는다는 의미다. 당신의 삶에는 긍정적인 면이 분명히 있을 터이다. 그런 긍정적인 면까지 모두 부인한다면, 있는 그대로의 실재를 부인한다는 점에서 부정적인 면을 부인하는 것과 다르지 않다.

우리는 정신과 감정을 가지고 살아간다. 이러한 삶은 어쩌면 밭을 가꾸는 일과 비슷하다. 밭을 아무리 잘 가꾸어도 잡초는 자라게 마련이다. 마찬가지로, 정신과 감정을 가지고 살아가는 우리 삶도 부정적인 면이 없을 수 없다. 우리가 재배하려는 토마토 주위에는 원하지 않는 무성한 잡초가 어느 순간 자라 있다. 잡초를 못 본 척하며 뽑지 않는다면 순식간에 밭을 덮어버릴 것이다. 잡초를 제거해야 한다. 그러나 잡초를 제거하느라(즉 부정적인 면에 집중하느라) 우리가 키우려는 토마토와 상추, 꽃을 보지 못하는 것도(즉 긍정적인 면을 인식하지 못하는 것도) 실재를 왜곡시키는 관점이다.

마음챙김은 존재하는 그대로의 세계와 접촉하게 한다. 마음챙김으로 마음이 깨어 있다면 실제로 존재하지 않는 대상을 보지 않는다. 오직 실제로 존재하는 것만을 알아본다. 원래 슬픔과 두려움 같은 부정적 감정은 우리의 지각의 폭을 좁힌다. 부정적 감정은 실재를 제대로 보지 못하게 만든다. 반면 긍정적 감정은 지각의 폭을 넓혀준다. 마음챙김으로 깨어 있을 때 우리는 자기 삶의 긍정적인 면을 더 잘 보게 되고, 이는 부정적인 감정을 치유하는 효과를 갖는다. 자신의 긍정적인 면과 접촉하면 몸과 마음에 좋은 효과를 주는데, 그 효과는 부정적인 면만을 집중해 다루는 것보다 훨씬 크고 좋다.

사람들은 삶의 대부분 시간을 걱정에 휩싸인 채 살아간다. 자기 주변의 좋은 것들을 애써 무시한 채 힘든 부분, 화나는 부분, 자신에게 닥친 문제에만 초점을 맞춘다. 그런데 이것은 실재를 있는 그대로 보지 못하는 일이다. 실재를 왜곡시켜 보는 태도이다. 이를 극복하기 위해서는 강력한 처방약이 필요하다.

그렇다면 부정적인 면에 초점을 맞추는 성향을 어떻게 극복할 수 있을까? 방법이 있다. 바로 감사 일기를 쓰는 것이다. 먼저 일기장 맨 위에 '오늘 고마웠던 일'이라고 제목을 적는다. 그 다음 그날 하루 감사했던 일을 써내려가기만 하면 된다. 상상력을 동원하여 오늘 하루 감사의 마음을 느꼈던 일을 남김없이 적어본다. 별것 아니라고 생각되는 일도 빼놓지 않고 적어본다.

혹시 오늘 하루 좋지 않은 일만 있었는가? 그렇다 해도 감사하는 마음을 키울 수 있다. 얼마 전 우리 집 수도관이 파열된 적이 있었다. 배관공이 수리하는 데 꼬박 하루가 걸렸다. 아내와 나는 하루 온종일 수돗물을 쓸 수 없었다. 그 일이 있은 뒤 우리 부부는 수돗물에 더 감사하는 마음을 갖게 됐다. 당신의 자동차가 고장 나서 수리해야 했는가? 아마 수리하고 나면 자동차에 대한 고마움이 커질 것이다. 아니면 어제 당신을 괴롭혔던 두통이 오늘 사라졌는가? 그렇다면 두통이 없는 오늘에 감사하는 마음이 솟으리라.

내 친구 조 버로우스가 자기 삶의 좋은 부분에 대한 자각을 키우기 위해 자주 쓰는 방법이 있다. 바로, 자기 삶의 몇몇 요소들에 집중한 뒤 "내 삶에 ~가 있다면 행복할 텐데!"라고 자신에게 말한다. 그리고 '~' 자리에 실제로 그가 가지고 있는 것을 집어넣는다. 당신도 이렇게 해보라. "~ 만 있다면 행복할 텐데."라고 일기장에 적은 다음 당신이 이미 가지고 있는 좋은 것을 '~' 자리에 넣어보라. 이렇게 하면 자신에게 부족한 부분에 초점을 맞추는 경향성을 줄일 수 있다. 자신이 이미 가지고 있는 많은 긍정적인 면을 상기하는 데 도움이 된다.

당신은 부정적인 면에 초점을 맞추는 성향이 강한가? 그렇다면 감사 일기를 며칠 혹은 몇 주에 걸쳐 매일 써보라. 매일 쓰기 어렵다면 시간을 장기적으로 잡고 1주일에 한 번 정도 규칙적으로 써보는 것도 좋다.

'나의 삶'이라는 소설의 주인공

지금까지 적어온 일기를 다시 한 번 읽어보는 것도 좋다. 그렇게 하면 장기적인 자기 삶의 경로와 방향성을 전체적으로 살필 수 있다. 소설에서 반복적으로 등장하는 특정 주제가 있듯이, '당신의 삶'이라는 소설에도 중심이 되는 주제가 있을 것이다. '당신의 삶'이라는 소설에서 주인공이 계속 곤경에 빠지는가? 그렇다면 거기에 일정한 패턴은 없는가? 혹시 주인공이 그 패턴에서 빠져나올 방법은 없는가?

예컨대 당신은 자신의 삶에 나타나는 중심 주제를 파악하기 위해, 앞의 삶 이야기(life story)에서 다루었던 '반항'이라는 주제를 살펴볼 수도 있다. 또는 항상 다른 사람의 도움을 기대한 나머지 곤경에 처하는 패턴이라면 '의존'이라는 주제를 떠올릴 수도 있다. 자신의 일기에서 드러나는 중심 주제를 인식해보라. 그런 다음, 당신의 일기에 잘 드러나지는 않지만 그것과 반대되는 주제를 생각해보라. 당신이 쓴 일기에서 '반항'이라는 주제가 명확하게 드러났다면, 이제 '조화 혹은 협력'이라는 주제를 떠올려보라. 그리고 당신이 실제로 사람들과 조화롭게 어울리면서 협력적으로 일했던 때를 떠올려보라. 또 당신의 반항적인 면을 건설적으로 해소하는 방법은 없을지, 동시에 타인과 협력하는 부분을 더 진작시킬 수는 없을지 생각해보라. 만약 타인에 대한 '의존'이 당신의 주제라면, 지금껏 살면서 내 안의 영웅이 행동에 나섰던 때를 떠올려보라.

연습

내 삶의 챕터 살펴보기

○   장기간에 걸친 내 삶의 큰 흐름을 알아보는 또 한 가지 방법이 있다.

일기장을 책상 위에 펼친 뒤 자리에 앉는다. 편안한 마음으로 몇 분간 자신의 호흡을 자각한다. 이제, 지금까지 살아온 자신의 삶 이야기를 머릿속에서 전체적으로 훑어본다. 마치 한 편의 소설을 읽는 것처럼 삶의 전체적인 줄거리와 맥락을 떠올려본다. 그런 다음 그것을 시간대별로 10~12챕터로 나누어 각 챕터에 적당한 제목을 붙인다. 이제 각 시기에 대해 당신이 지금 생각하고 느끼는 바를 한두 문장 정도로 요약해 적어본다. 다 적었으면 천천히 숨을 들이쉬고 내쉬면서 조금 전에 적은 문장을 가만히 읽어보면서 다음을 떠올려본다. '나는 어떤 과정을 거쳐 지금에 이르게 되었는가? 그리고 앞으로 어디를 향해 갈 것인가?'

이 연습을 여러 차례 해보아도 좋다. 지금부터 몇 주 혹은 몇 달에 걸쳐, 시간 나는 대로 틈틈이 해보라. 그랬을 때 알게 되는 사실이 있을지 모른다. 바로, 당신의 현재 마음 상태에 따라 삶에 대한 전체적인 느낌도 매번 달라진다는 것이다. 만약 당신이 조금 풀이 죽은 상태라면 상실과 실망이라는 관점에서 자신의 삶을 바라볼 가능성이 높다. 반대로 즐거운 마음 상태라면 자신이 거둔 성공과 행운이 더욱 두드러져 보이리라. '당신의 삶'이라는 소설의 각 챕터는 다양한 관점을 제공하면서 당신의 삶을 보다 입체적으로 드러낸다. 마치 인간의 두 눈이 서로 다른 시점을 가졌기 때문에 더 정확한 인식이 가능해지는 것과 같다.

'매일' 왕자님으로 변신하는 개구리

신화와 전설에는 즉각적인 변화의 이야기가 많이 등장한다. 마법의 지팡이를 한 번 휘두르기만 해도 호박이 화려한 왕실 마차로 바뀐다. 공주님의 키스 한 번으로 개구리가 멋진 왕자님으로 변신한다. 왜 그럴까? 이 이야기들이 인간의 무의식에서 나왔기 때문이다. 인간의 무의식에는 시간의 흐름이 없다. 반면 실제의 삶에는 한시도 멈추지 않고 끊임없이 변화가 일어나고 있다. 개구리는 '매일 조금씩' 왕자님으로 변신하고 있다. 다만 변화가 아주 서서히 일어나기 때문에, 우리가 변화를 변화로 인지하지 못하는 것뿐이다. 어쩌면 우리는 즉각적으로 일어나는 변화만을 기적으로 간주하는 편향된 시각에 빠져 있는지 모른다.

이때 일기는 점진적이긴 해도 변화를 일으키는 도구가 될 수 있다. 물론 거기에는 어느 정도의 시간이 필요하다. 조금의 인내심을 갖고 일기를 쓴다면, 당신은 지금껏 쓰레기라고 여겼던 것을 아름다운 꽃으로 바꿀 수 있다. 또 약간의 인내심을 갖는다면, 당신은 붓다가 될 수 있다. 왜냐하면 당신은 이미 붓다이기 때문이다.

··

내 삶의 고유한 연대기 적기

○ 　　　　　　　　　이 수련법은 내 삶의 주제를 발견하는 또 하나의 방법이다. 빈 종이를 앞에 놓고 자리에 앉는다. 이제 당신이 기억에 떠올릴 수 있는 유년기의 가장 이른 시기로 돌아가 본다. 사람에 따라 유년기의 최초 기억을 떠올리는 시점에는 상당한 차이가 있다. 두 살 때 기억을 떠올리는 사람이 있는가 하면, 10살 이후의 일이라야 떠오르는 사람도 있다. 그렇다 해도 상관없다. 자신이 떠올릴 수 있는 최초의 시점에서 시작하면 된다. 떠올린 기억의 내용을 종이 상단의 오른쪽 부분에, 그 일이 있었던 때의 나이를 왼쪽 부분에 적는다.

그런 다음 종이의 맨 왼쪽에, 제일 이른 기억이 떠오른 연도를 적는다. 그리고 그 아래로는 그 해부터 시작하여 열대여섯 살 때까지 연도를 순서대로 적는다. 각 연도에 당신에게 일어났던 일 중 특별히 기억나는 것을 하나씩 적는다. 자세한 내용까지 적을 필요는 없다. 무슨 일이 있었는지 간략하게 기록하면 된다. 예를 들어 "그때 학급 친구들이 모두 보는 앞에서 선생님에게 꾸지람을 들었지." 혹은 "그날 100m 달리기에서 1등을 했지." 정도면 된다. 특정 나이의 기억이 떠오르지 않으면 당시의 구체적인 환경을 자신에게 상기시켜본다. "음, 어디 보자. 그 해 나는 5학년이었어. 그렇다면 우리 집이 데이턴으로 이사했던 해군." 같은 식이다. 이렇게만 해도 당시 있었던 일에 대한 기억의 회로를 활성화시킬 수 있다.

다 썼으면 이제 자신이 적은 내용을 다시 한 번 찬찬히 훑어본다. 이때 각각의 기억들을 연관된 주제에 따라 연결시켜도 좋다. 예컨대 성공과 실패, 강함과 약함, 친밀감과 거리감, 반항과 순응, 수용과 거부 등 지금까지 나의 삶을 통해 표현된 각양각색의 주제들을 찾아보는 것이다.

이 연습을 한 번으로 끝내지 말고 반복적으로 해보라. 그러면 앞에서

했던 '내 삶의 챕터 살펴보기' 연습과 마찬가지로, 매번 처음과 다른 결과를 얻을 것이다. 이렇게 하면 당신의 관점은 더 넓어지고 깊어진다.

일기는 언제나 곁에 있어주는 친구와 같다. 일기는 당신의 마음챙김과 지혜로움이 외적인 형식을 갖추어 겉으로 표현된 것이다. 일기는 당신 내면의 영혼과 은총이 눈에 보이도록 드러난 것이다. 이 점에서 일기 쓰기는 신성한 활동이다.

명상

자신과 삶에 대해 받아들임의 태도를 키우는 명상을 수련하라. 명상을 통해 삶의 긍정적인 면을 더 많이 자각할 수 있다. 또 자신의 상처까지도 더 많이 포용할 수 있다. 그것은 중독 회복을 위한 탄탄한 영적 토대를 마련하는 일이다.

하느님이여, 사슴이 시냇물을 찾기에 갈급한 것처럼

내 영혼이 주를 찾기에 갈급하나이다.

내 영혼이 하느님,

곧 살아 계시는 하느님을 갈망하나니.

—

「시편」 42

당신의 내면에는 고요함이라는 중심이 있다.

당신은 고요함에 대해 알아야 하고,

고요함을 유지해야 한다.

고요함이라는 중심을 잃는다면

긴장 속에서 산산이 부서지고 만다.

—

조지프 캠벨, 『신화의 힘 The Power of Myth』(1988)

나는 대학교 1학년 때 생활습관이 다른 룸메이트와 좁은 기숙사 방을 같이 써야 했다. 그 친구의 이름은 피트였는데, 그는 내가 기숙사 방에서 명상하는 것을 보고 뭐라고 하지는 않았다. 하지만 라디오로 뉴욕 닉스 팀의 농구 경기 중계를 청취하는 데 더 관심이 많았다. 한번은 내가 명상하는 중에 피트가 기숙사 방에 들어왔다. 나는 피트가 들어온 사실을 알았지만 꿈쩍도 않고 명상을 계속했다. 나중에 안 일이지만, 피트는 자신이 방에 돌아온 사실을 내가 모르는 줄 알았다고 한다. 피트는 놀라며 이렇게 말했다. "그렇담 뭘 하러 명상하는 거지?" 피트는 명상이란, 주변에서 일어나는 일에 아랑곳하지 않고 거기에 둔감해지는 거라고 알고 있었다. 많은 사람들처럼 그도 명상이란 주변 세상을 전혀 의식하지 않는 완전한 몰입 상태에 이르는 것으로 생각하고 있었다.

그러나 명상은 그런 것이 아니다. 명상은 단지 삶의 속도를 조금 늦추면서, 지금 있는 그대로 존재하는 것이다. 주변 세계에 무감해지는 것과는 아무 관계가 없다. 명상은 지금 여기에서 현재 순간을 온전하게 경험하는 것이다. 편안한 열림과 또렷한 자각으로 자신의 몸과 느낌, 마음에서, 그리고 주변 세계에서 지금 일어나는 일을 자각하는 것이다. 규칙적인 명상은 일상의 마음챙김 수련을 크게 향상시킨다.

명상은 깨어 있는 삶을 가꾸는 토대다. 한번은 틱낫한 스님이 산타바버라에서 집중명상회를 지도하고 있었다. 참가자들이 스님에게 하루 몇 시간을 명상해야 하는지 물었다. 그러자 스님이 대답했다. "하루 종일 해야 합니다." 그런데 이것은 하루 종일 명상용 방석에 앉아 있으라는 의미가 아니다. 스님의 말은 명상이 일상의 삶에 적용되어야 하며, 그럴 때 깨어 있는 삶을 살 수 있다는 뜻이었다. 다시 말해 마음챙김으로 깨어 있는 삶을 산다면 그 자체가 명상이라고 할 수 있다. 그러므로 마음챙김이란 명상용 방석에 앉지 않은 상태에서 수련하는 명상이다. 뒤집어 말하면, 명상이란 다른 활동을 하지 않는 상태에서 마음챙김으로 깨어 있는 시간을 갖는 것이다.

전체성에 대한 염원

우리는 누구나 완전한 평화에 대한 염원을 자기 내면에 가지고 있다. 성경 「시편」처럼 하느님을 염원의 대상으로 삼는 경우도 있고, 불교인들처럼 특정 대상을 지목하지 않는 경우도 있다. 불교인들은 특정 대상보다 자신이 목표하는 존재 상태에 대해 이야기한다. 그리고 그 상태를 '열반'이라는 이름으로 부른다. 그런데 염원의 대상을 지목하든 그렇지 않든, 또 초월 관념을 지니고 있든 그렇지 않든, 거기에는 동일한 추동력이 작용하고 있다. 바로 내면의 불안, 내면의 어떤 추구라는 추동력이다.

일반적으로 우리는 부와 권력, 성공과 명성이 있으면 행복하다고 여긴다. 이런 것은 그 자체로는 좋은 것이다(물론 우리의 오용, 남용으로 그 본질이 변색되기는 했지만). 하지만 부와 권력, 성공과 명성만으로 우리가 바라는 평화를 실현할 수는 없다. 삶은 우리가 염원하는 단순한 조화로움을 선뜻 우리 앞에 내놓지 않는다. 삶은 어려운 일과 긴장감으로 끊임없이 우리 앞길을 가로막는다.

이런 상황에서 중독은 '작은 신(lesser god)'에 대한 염원이라고 할 수 있다. 중독은 (참된 치유가 아니라) 무언가가 자신의 고통을 일시적으로 중단시켜주기 바라는 염원이다. 그리고 이 염원이 알코올, 약물, 음식, 성관계, 짜릿한 흥분, 사랑의 자아도취적 황홀경 같은 '작은 사물(lesser things)'에 고착될 때 우리는 반복적으로 되풀이되는 끔찍한 패턴에 갇혀버린다. 이 것이 바로 중독에 전형적으로 나타나는 지옥과도 같은 경험이다. 전체성,

초월, 평화, 안녕, 천국, 열반에 대한 염원은 알코올 같은 약물로 충족되지 않는다. 어떤 이름을 붙이든 이러한 염원은 다른 방법으로 충족되어야 한다.

그렇다면 전체성에 대한 염원은 어떤 방법으로 충족되어야 하는가? 이에 대한 답으로, 우리는 삶에서 일어나는 긴장과 부조화, 불완전함을 받아들이고 심지어 그것에 감사해야 한다고 말할 수 있다. 『영혼의 돌봄(Care of the Soul)』이란 책에서 토마스 무어(Thomas Moore)는 영혼이 가장 분명하게 말을 거는 때는 우리가 긴장과 부조화, 불완전한 상태에 있을 때라고 했다. 우리에게 진정 필요한 것은, 우리가 원하는 대로의 삶이 아니라 있는 그대로의 삶에 현존하는 방법이다. 상상 속의 완벽한 미래상으로 달려가거나 한때 좋았던 과거로 돌아가는 것이 아니라, 지금 여기에서 일어나는 일을 자각해야 한다. 영원한 현재에 머물 수 있어야 한다. 그 방법은 무엇인가? 자신에게 닥친 온갖 어려움을 품어 안을 정도로 자신의 가슴을 확장시켜야 한다. 그렇게 자신의 삶에 온전히 현존할 수 있어야 한다.

이를 위해서는 자기 삶에서 내팽개치고 싶은 바로 그것을 품어 안을 수 있어야 한다. 나를 만신창이로 만든 사건, 비참하게 버려진 기분이 들었던 이혼 사건, 녹록치 않은 현실의 벽을 실감케 한 경력 단절, 마땅히 누려야 하는 정상적인 아동기를 선사하지 못한 부모님의 결점과 한계 등 내 삶에서 내팽개치고 싶은 것은 많다. 그런데 그런 것이 나에게 어떤 깨달음을 줄 수도 있다. 왜냐하면 그것은 내가 둘러친 단단한 껍질에 약간의 틈을 냄으로써 나 자신을 더 깊이 들여다보게 만들기 때문이다.

그러나 이와 동시에 우리는 더 깊은 평화에 대한 요구를 존중해야 한다. 초월성과 접촉하고자 하는 갈망, 부분이 아닌 전체와 연결되고자 하는 갈망을 보살펴주어야 한다. 자기 내면의 중심을 잡아 가장 깊은 자신, 동시에 가장 높은 자신에게 돌아올 수 있어야 한다. 눈에 보이는 근시안

적이고 파편화된 개체들 너머를 볼 수 있어야 한다.

그런데 이때 우리가 딛고 서 있는 땅이 흔들린다면 어떻게 해야 할까? 어떻게 하면 이 상황에서도 우리가 염원하는 곳으로 계속해서 나아갈 수 있을까? 많은 사람에게 있어 그 핵심적인 방법이 바로 명상이다. 최근 명상이 점점 더 사람들의 관심을 받고 있지만, 아직도 명상은 무언가 특별한 종교적 소명의 이미지로 생각하는 사람이 많다. 예컨대 두건이 달린 수사복을 입고 수도원의 회랑을 지나가는 중세 수도사의 이미지라든지, 수염을 기른 수척한 모습으로 완벽한 고요와 지복 상태에서 가부좌를 틀고 앉은 요기의 이미지가 그렇다. 이렇듯 명상은 가정을 꾸리느라 분주한 일상인들과는 무관한 활동, 특별한 사람들만을 위한 활동이라 여기기 쉽다. 그러나 명상이 특별한 사람들을 위한 것이라는 생각은 명상에 관한 가장 큰 오해다.

당신은 이미 명상을 하고 있다

우리는 내담자들과의 상담 작업을 통해 '명상'이라는 말이 어떤 이에게는 무서움을 심어줄 수 있다는 걸 알았다. 명상을 권했을 때 내담자들이 제일 먼저 보이는 반응은 "아, 나는 못해요!"라는 것이다. 이럴 경우 우리는 명상 대신 '호흡 연습'을 제안한다. 그러면 내담자들은 거부감을 훨씬 덜 보인다. 그러나 사실 호흡 연습도 일종의 명상이다. 그러므로 편안한 마음을 가져라. '명상'이라는 말에 미리 겁먹을 필요는 없다. 우리가 첫 번째 문에서 소개한 '호흡에 대한 자각 연습'을 시작했다면 당신은 이미 명상을 하고 있다.

쿼바디스(Quo Vadis), 주여 어디로 가시나이까?

상담치료를 받으러 오는 내담자들에게 내가 자주 던지는 질문이 있다. 그것은 "현재 당신이 겪고 있는 괴로움이 당신을 어디로 이끌어간다고 생각합니까?"라는 질문이다. 또 "지금 당면한 괴로움이 당신 마음의 어떤 자질을 불러내고 있나요?"라는 질문이다. 이런 질문에 대개 내담자들은 즉각적으로 대답하지 못한다. 그래도 상관없다. 중요한 것은 질문 자체다. 이 질문은, 삶에서 일어나는 문제들에는 언제나 일정한 목적이 들어 있다는 관점을 암시하고 있다. 다시 말해, 지금 당하고 있는 고통을 우리는 조금이라도 빨리 없애려 하지만, 사실 거기에는 일정한 목적이 존재한다고 보는 관점이다.

전 지구적 차원에서 이 질문을 던질 수도 있다. 지금 세계가 처한 상황은 우리에게 무엇을 요청하고 있는가? 현재의 세계 상황은 우리가 무엇을 배우기를 요구하는가? 지금의 세계 상황은 우리가 관점을 변화시키고 확장하기를 요청하고 있지 않은가? 이 질문에 어떤 답을 내놓든 한 가지 분명한 사실이 있다. 바로, 오늘날 세상은 고요한 내면의 중심을 잡은 사람, 세상과 등지지 않은 채 내면의 중심을 잡는 사람을 필요로 한다는 점이다. 우리는 산속의 동굴과 수도원에 들어가 사는 은둔자가 필요하지 않다. 지금 우리가 살고 있는 이 세상에서 우리와 함께하면서 깨어 있을 수 있는 사람을 필요로 한다. 선사(禪師) 샬롯 조코 벡이 『일상의 선(Everyday Zen)』이라는 책에서 말했듯이, "장작을 패고 물을 긷는" 참뜻은 "사랑을 나누고 자유의 길을 가는" 것이어야 한다.

물론 우리에게는 순수한 신비가도 필요하다. 특별한 영적 소명을 부여받은 사람, 고독의 삶에 부름 받은 이들이 앉을 자리는 앞으로도 계속 존재할 것이다. 어쩌면 우리가 아는 것 이상으로, 그들은 우리를 단단히 붙잡아주고 있는지 모른다. 그러나 오늘날 우리에게 가장 필요한 사람은 속세와 단절된 신비가가 아니다. 오늘날 우리는 '세속의 승려와 수녀'를 필요로 한다. 세속의 승려와 수녀란 누구인가? 직업을 갖고 가정을 꾸리며 아이의 숙제를 돕고 장을 보러 가되, 마음의 평화를 가꾸는 데 소홀히 하지 않는 일상의 사람을 말한다.

다행스러운 점은, 우리가 마음의 평화를 찾기 위해 장기간의(혹은 영원한) 고독 속으로 침잠할 필요는 없다는 사실이다. 누구라도 평화를 경험할 수 있으며, 그 경험을 일상의 삶으로 가져올 수 있다. 그것은 실제로 가능하며 당신도 그렇게 할 수 있다. 그런데 그러기 위해서는 마음의 평화를 구현하는 법을 알아야 한다.

오늘날 우리 삶의 속도와 복잡성은 계속해서 증가하고 있다. 이러한 사정이 조만간 바뀌리라 기대하기는 어려워 보인다. 이에 대응하려면 내면의 평온을 찾아야 한다. 우리는 거창한 변혁과 재편이 아니라, 일상의 한가운데서 평온을 발견해야 한다. 중독을 비롯한 파괴적 행동은 나날이 스트레스가 증가하는 오늘날 삶의 징후다. 많은 사람이 이에 대한 해결책을 구하는 곳이 있으니, 바로 명상이다.

연습
명상 수련 확립하기

○   명상에 접근하는 방식은 다양하다. 때문에 어디서부터 명상을 시작해야 할지 모르는 사람도 있다. 그러나 처음 명상 수련을 접했든 한동안 안 하던 명상을 다시 시작했든, 아니면 오랫동안 명상을 해왔든 상관없이 명상의 기본에서 다시 시작하는 것이 좋다.

결국 명상은 정해진 종착점을 기대하기보다, 매순간 끊임없이 익히는 것이기 때문이다. 열린 마음과 지속적인 배움의 자세가 무엇보다 중요하다. 실제로 선(禪)에서는 좌선에 적합한 마음 상태는 배움의 자세라고 가르친다. 그리고 우리는 언제나 새로 시작하고 있다고 가르친다. 깨달은 사람의 마음은 언제나 초심(初心)이다. 가득 차 있지 않고 조금 비어 있는 찻잔이다. 언제든 몇 모금 마실 수 있는 찻잔이다. 그렇게 열려 있고 부드러운 마음, 수용적인 마음이다.

명상 시 기본 지침은 다음과 같다.

1. 편안하고 조용한 장소를 찾는다.
2. 편안하면서도 깨어 있는 자세로 앉는다. 허리를 곧게 펴고 앉으면 졸음을 막을 수 있다. 또 여러 명상 전통에 의하면, 허리를 곧추 세운 자세는 영적 에너지 중추를 정렬하는 데 도움이 된다.
3. 고요하게 침잠하면서 내면의 중심을 잡는다. 천천히 여유롭게 한다. 먼저, 주변에서 일어나는 현상들을 자각해본다. 눈에 보이는 형상, 귀에 들리는 소리, 냄새와 몸에 닿는 감촉 등 오감을 통해 지각되는 어떤 것이라도 느껴본다. 오늘 하루 있었던 일을 돌이켜보면서 지금 어떤 느낌이 드는지 느껴본다. 또 피부를 통해 나와 나 밖의 세상이 (단절이 아니라) 연결되어 있다고 생각한다. 이제 천천히 호흡에 주의를 집중하면서 자신의 내면에 주파수를 맞춰본다. 부드럽게 숨을 들이쉬고 내쉬면서 고요하고 단순한 기쁨으로 매번의 들숨과 날숨을 경험하라. 이때 자연스럽게 일어나는 호흡을 의도적으로 바꾸려고 해서는 안 된다. 단지 있는 그대로 호흡을 느끼기만 하라.
4. 이제 주의를 기울일 대상을 정한다. 타들어가는 향초의 끝 지점을 응시해도 좋고, 붓다의 이미지 같은 구체적인 대상도 좋다. 아니면

꽃 한 송이나 웅장한 산의 이미지를 마음에 떠올려도 상관없다. 혹은 퀘이커 명상에서 하듯이, 내면의 빛(Inner Light)과 같은 일정한 대상을 마음속에 그려도 괜찮다. 아니면 틱낫한 스님의 가르침처럼, 그저 자신의 호흡에 계속해서 집중할 수도 있다. 그도 아니면 위빠사나 명상에서 하듯이, 머릿속에서 흘러가는 생각을 물끄러미 관찰해도 좋다. 명상을 처음 접해본 사람이나 명상할 때 산만한 생각이 많이 일어나는 사람은 구체적인 집중 대상을 선택하는 것이 좋다.

5. 지금 하고 있는 명상의 과정을 신뢰하면서 자신을 거기에 내맡긴다. 특별한 일이 일어나야 한다는 기대감을 내려놓는다. '잘 하고 있는지' 염려할 필요도 없다. 어떤 일이 일어나든 그것은 지금 당신에게 일어나고 있는 일이다. 그러니 그저 그 일에 현존하기만 하라. 명상은 무언가 대단한 것을 추구하는 활동이 아니다. 단지 '지금 이대로 존재하는' 시간이다.

6. 편하게 집중할 수 있는 시간 동안 한다. 처음 하는 경우, 10분 정도면 충분하다. 또 지금껏 일정 기간 명상 수행을 해왔던 사람이라면 1시간으로 모자랄 수도 있다.

다양한 명상 방법이 있지만 내가 진행하는 워크샵의 대다수 참가자들은 위 방법이 가장 편안하다고 느꼈다.

명상이 어떻게 도움이 되는가

주변의 위협을 인식했을 때 인간의 신경계는 어떻게 반응할까? 아마도 당신은 싸움-도망 반응(fight or flight response)에 대해 들어보았을 것이다. 현대인의 신경계는 초기 인류의 신경계와 크게 다르지 않다. 현대인도 우리의 조상들이 야생 초원의 위험에 대응했던 것과 같은 방식으로 대응한다. 즉 혈액은 소화 등 신체유지 기능에 더 이상 사용되지 않고, 대골격근 같은 비상시의 필요에 이용된다. 혈압이 높아지고, 호흡과 심장 박동도 빨라진다. 한마디로 신체가 위험에 맞서 싸우거나 그로부터 도망가려고 준비한다. 인류의 조상은 이런 싸움-도망 반응 덕분에 생존에 크게 도움을 받았다. 그리고 이런 특징을 자신의 후손에게도 물려주었다.

그러나 오늘날 싸움-도망 반응이 도움 되는 상황은 그리 많지 않다. 혹시라도 산에서 캠핑하는 중에 굶주린 곰을 만난다면 도움이 될 것이다. 그러나 그런 상황에 닥칠 가능성은 별로 없어 보인다. 사실 오늘날 우리가 처하는 대부분 상황에서 싸움-도망 반응은 그리 유용한 대응 방식이 아니다. 오히려 역효과가 일어날 수도 있다. 상사가 불같이 화를 낼 때 그에 대한 최선의 대응책은 무엇일까? 상사를 받아치는 것도, 상사로부터 도망가는 것도 아니다. 사실 상대가 굶주린 곰이라 해도 도망보다 침착함을 유지하는 편이 더 낫다. 도망은 곰의 공격성을 오히려 부추길 수 있다.

자동차 운전에서도 싸움-도망 반응이 도움이 안 되기는 마찬가지다. 아무리 침착하고 얌전하게 운전하기로 결심해도 복잡한 출퇴근 시간에 다른 운전자의 공격성에 휘말리지 않기란 쉽지 않은 일이다. 도로 위의 불만과 분노는 이 차에서 저 차로 신속하게 전염된다. 다른 운전자의 예상치 못한 난폭 운전에 나의 신경계는 산에서 곰을 만났을 때처럼 깜짝 놀란다. 그러나 이런 반응은 아무 도움이 되지 않는다. 사실 이런 위협에 대해서는 맞서 싸울 수도 없고, 그렇다고 도망갈 수도 없다. 이 상황에서 도로 위의 분노는 최선의 선택이 아니다. 물론 이 분노가 싸움-도망 반응에서 '싸움'에 해당한다는 사실은 이해할 수 있다. 그것은 인간의 생리 기능에 따른 자연스런 현상이다.

그런데 일단 싸움 반응이 촉발되고 나면, 자신의 생물적 반응 패턴으로 오히려 곤란함에 처하게 된다. 무슨 말인가? 분비샘이나 호르몬 같은 내분비계는 싸움-도망 반응으로 빨라진 중추신경계의 반응 속도를 따라가지 못한다. 그래서 중추신경계보다 늦게 반응을 시작하고 더 늦게 멈춘다. 이렇게 되면 싸움-도망 반응으로 인한 호르몬(코티졸, 에피네프린, 노르에피네프린 등)이 다량으로 혈류에 쏟아져 들어온다. 위험하다고 여겼던 상황을 다시 살펴본 뒤에 더는 위험이 존재하지 않음을 알아도 이 호르몬들은 아직 남아 있다. 혹은 애당초 위험이 없었음을 알게 되어도 이 호르몬들은 한동안 활동성을 유지한다. 이 때문에 '상황 종료' 후에도 계속해서 싸우거나 도망하는 반응 상태에 있게 된다(싸움도 도망도 할 수 없다면 완전히 녹초가 되고 만다). 이는 떨리는 마음으로 무하마드 알리가 기다리는 링에 오르려는 순간, 갑자기 시합이 취소되었다는 소식을 전해 듣는 것과 마찬가지다. 시합이 취소되어도 당신의 가슴은 여전히 쿵쾅쿵쾅 뛴다. 이러니 당신이 퇴근길에 완전히 녹초가 되는 것도 이상한 일이 아니다.

싸움-도망 반응과 반대되는 반응을 일으키는 활동이 있다. 바로 명상이다. 명상을 하면 호흡과 심박이 느려지고 혈압도 떨어진다. 산소 소비량이 평소보다 10~20% 떨어진다. 이는 깊은 수면 시의 산소 소비량보다 낮은 수치다. 하버드대학의 허버트 벤슨 교수는 이를 이완 반응(Relaxation Response)이라고 했으며, 같은 이름의 책(1975년)을 출간하기도 했다.

이렇게 생각해보자. 자율신경계는 우리가 직접적이고 자발적으로 통제할 수 없는 신경계다. 이런 자율신경계에는 교감신경계와 부교감신경계의 두 줄기가 있다. 교감신경계는 위험에 반응해 도망가거나 싸우는 방어 태세를 작동시킨다. 마치 자동차의 가속 페달인 액셀과 비슷하다. 그런데 자동차에 가속 페달만 있고 브레이크가 없다면 어떻게 될까? 커다란 문제가 생긴다. 마찬가지로 우리 몸에도 교감신경계라는 액셀을 제어하는 브레이크가 필요한데, 이것이 부교감신경계다. 부교감신경계는 이완반응을 촉발시킨다. 그럼으로써 비상시 가속 페달이 높여놓은 속도를 낮추고 그로 인해 생긴 손상도 복구한다.

자동차의 비유를 더 확장시켜보자. 만약 당신이 계속해서 고속으로 운전하면 자동차는 오래가지 못할 것이다. 엔진 마모를 방지하는 시스템이 정상으로 작동하지 못할 뿐 아니라, 가열과 마찰로 인해 가동부가 마모될 것이다. 계속 이런 식으로 운전하면 차의 수명이 단축되는 수밖에 없다.

그런데 자신의 몸과 마음에 대해서도 고속으로 운전하는 사람이 있다. 즉 끊임없이 몸과 마음을 정신없이 움직이는 사람 말이다. 그들은 과부하가 걸린 몸과 마음을 진정시키는 수단이 없을 때, 알코올과 기타 약물에 의존하기 쉽다. 그들은 알코올과 약물을 자신의 '브레이크'로 사용한다. 그런데 이 방법은 단기간 효과는 있을 수 있지만 장기간 지속하면 문제가 생겨 결국에는 상황을 더 악화시키고 만다. 이때는 우리가 본래부터 가지고 태어난 브레이크를 발견해야 한다.

본래부터 가지고 태어난 브레이크란 무엇인가? 바로 명상이 그것이다. 명상은 약물에서 생기는 부작용이 없다. 명상은 우리 본연의 상태를 회복해, 있는 그대로의 상태로 지극히 단순하게 존재하는 것이다. 사실 우리는 '단순하게 존재함'과는 정반대의 상태에서 대부분의 시간을 보내며 산다. 그렇기 때문에 이 오랜 습관에서 벗어나는 데는 일정한 노력이 필요하다. 그렇다고 그것이 불가능한 과정은 아니다. 오히려 배움의 과정을 즐길 수도 있다. 허버트 벤슨은 단 몇 주 혹은 몇 개월간 명상을 경험한 초보자도 15년~20년 명상한 사람과 비슷한 생리적 변화를 경험한다는 사실을 알아냈다. 그러니 자신이 명상을 제대로 하지 못할까봐 걱정할 필요가 없다. 당신은 명상을 통해 몸과 마음의 이익을 얻을 수 있다.

명상에 유리한 환경을 마련하라

경험 많은 명상가라면 장소에 구애받지 않고 명상할 수 있다. 하지만 그렇더라도 평화롭고 고요한 장소를 마련하는 것이 중요하다. 특히 처음에 명상을 배울 때는 더 그렇다. 명상을 할 때는 전화기와 라디오, 텔레비전을 모두 꺼놓는다. 또 타인의 시선을 의식할 필요가 없게끔 주변에 사람이 없는 환경을 마련하는 것이 좋다. 문을 열어두었다면 닫는 것이 좋다. 주변이 조용하지 않으면 내면이 고요하기 어렵다.

집 안 어딘가에 명상에 적합한 장소가 있는지 찾아보라. 명상을 위한 특별한 공간을 마련하면 좋다. 그 이유는 몇 가지 차원에서 설명이 가능하다. 학습 심리학에서는 '조건화'에 대해 이야기한다. 즉 긴장을 풀어주는 조용한 환경은, 당신이 다시 그곳에 갔을 때 당신의 마음을 고요하게 해준다. 또 영적 차원에서 보자면, 명상을 위한 특별 공간을 마련하는 것은 명상적 깨어남에 도움이 되는 분위기와 에너지를 창조한다. 어떤 설명이든 명상을 위한 특별한 공간을 마련하는 것은 도움이 된다.

그러나 집을 떠나 있을 때나, 아니면 어떤 이유에서건 익숙한 장소를 이용하지 못하는 경우에도 명상을 할 수 있어야 한다. 또 평소 규칙적으로 명상하는 장소가 있다 해도 가끔씩은 교회나 사원에서 명상하는 것도 괜찮다. 아니면 붓다가 깨달음을 얻은 장소나 예루살렘의 벽처럼 역사적이고 영적인 가치가 있는 곳을 찾아도 좋다. 또 아름다운 호수나 산의 정상처럼 평화로운 자연 속에서 명상하는 것도 방법이다. 내 아내는 아름다운 자연 속에서의 명상을 특히 좋아한다. 반면 나는 우리 집의 정해진 곳에서 하는 명상을 더 선호한다. 자신에게 가장 적합한 명상 장소가 어디인지 찾아보라. 규칙적으로 명상하되 새로움의 요소를 적절하게 가미해보라. 당신의 기호에 가장 적합한 조합을 실험해보라.

명상의 집중 대상

우리는 누구나 살아 있는 한 생각을 그치지 않는다. 그리고 생각을 그치지 않는 한, 그것은 언제나 무언가에 관한 생각이다. 활동하지 않는 정신이란 존재하지 않는다. 혹자는 명상을 공(空)이나 무(無)에 대한 생각으로 알고 있다. 그러나 이 경우에도 거기에는 아무 것도 없지 않다. 즉 공과 무에 대한 생각의 흐름이라는 것이 존재한다. 중요한 것은 명상 중에 아무 생각도 일어나지 않는 것이 아니다. 명상 중에 마음이 한 대상에 집중해 있느냐, 아니면 여기저기 방황하느냐, 만약 집중해 있다면 '무엇에' 집중해 있느냐가 더 중요하다.

　명상적 상태에 이르는 가장 간단한 방법은 특정 대상에 집중하는 것이다. 여기서 대상은 무엇이라도 좋다. 꽃 한 송이도 좋고, 빛을 내며 타는 향의 끝 부분도 괜찮다. 성자의 이미지나, 우리 몸의 영적 중심인 차크라를 택해도 좋다. 아니면 그저 바닥의 한 지점을 응시해도 된다. 또 대상이라고 해서 반드시 시각적인 대상일 필요도 없다. 향이나 소리, 감각, 그리고 조금 뒤 말하겠지만 마음속에 일어나는 생각도 명상 대상이 될 수 있다. 그중에서도 명상을 시작하는 가장 쉬운 방법은 단어, 즉 소리를 가지고 하는 것이다. 특히 자신에게 의미 있게 다가오는 단어를 선택하면 된다.

　'사랑', '빛', '평화' 같은 단어는 명상에 적합한 마음 상태로 이끌어주는 좋은 명상 대상이다. 어떤 사람은 '아~' 하고 길게 소리 내어 말하는가 하면, 또 울림 있는 낭랑한 목소리로 힌두교의 신성한 단어 '옴(Om)'을 외기도 한다. 아니면 '옴마니반메훔' 같은 고대의 주문(呪文)을 외는 사람도 있다. 이는 '연꽃 속의 보석'이란 뜻으로 일체 만물에 깨달음이 존재한다는 의미다. 그러나 대부분 사람은 이 주문의 소리 자체를 (의미가 아니라) 중시

한다. 또 헤브루의 세마(Shema)도 있다. 이것은 매일 아침과 저녁에 하는 기도에서 외는 성서 구절의 일부다. "셰마 이스라엘, 아도나이 엘로헤누, 아도나이 에샤드"라고 하는데 "들어라, 오 이스라엘이여. 주는 우리의 신, 주는 한 분이시라."는 의미다. 그리스정교회의 헤시카즘파(派)에서는 "주 예수 그리스도여, 나에게 자비를 베푸소서."처럼 예수에 대한 기도를 반복해서 왼다. 무슬림 중에는 알라 신을 반복해서 부르다 음량과 격정을 점점 높여간다. 결국 황홀경에 이르는 사람도 있다.

앞에서 언급한 허버트 벤슨의 연구는 자신의 종교적·영적 신앙을 활용하면 이완 반응이 더 깊어진다는 사실을 보여주었다. 자신에게 긍정적인 의미를 갖는 단어나 구절, 주의를 기울일 대상을 선택하라.

가장 많이 사용하는 주의 기울임의 대상은 호흡이다. 호흡에 집중할 때는 억지로 호흡을 바꾸려 하지 말고, 일어나고 사라지는 자연스러운 호흡의 리듬을 그대로 따라간다. 들숨의 시작부터 끝까지, 그리고 날숨의 시작부터 끝까지 호흡의 전 과정을 놓치지 않고 주의를 기울인다. 그러면서 호흡이 우리 몸과 마음에 불어넣는 생명력을 느껴본다. 이 과정에서 고요하고 치유적인 생체적 기제가 깨어난다. 호흡은 우리가 어느 곳에 있든 집중의 대상으로 삼을 수 있다. 호흡 연습에 익숙해지면, 다른 일을 하는 중에도 호흡에 주의를 기울여 진정 효과를 얻을 수 있다. 무엇을 명상 대상으로 삼든, 의식적인 호흡을 함께 사용하면 더 좋다.

연습
저절로 일어나고 사라지는 호흡 체험하기

○   명상 중에 호흡을 조정하려고 시도하는 나머지, 그저 일어나고 사라지는 호흡을 따라가는 데 어려움을 느끼는 사

람도 있다. 호흡에 간섭하지 않고, 있는 그대로 경험하는 데 어려움을 느낀다. 호흡이 일어나고 사라지는 대로 내버려두라. 그러면 호흡 수련이 더 흥미로워진다.

자리에 앉아 자신의 호흡을 자각하면서 들숨보다 날숨에 조금 더 주의를 집중해본다. 날숨을 다 내쉰 뒤 곧바로 들숨을 들이쉬려고 하지 말고 순간적으로 호흡이 멈추는 지점을 알아차려본다. 이제 자신의 몸이 숨을 들이쉴 준비가 되었다면 쉬어지는 대로 깊게 혹은 얕게 숨을 들이쉰다. 숨이 몸의 리듬에 맞춰 저절로 쉬어지는 것을 경험한다. 다 들이쉰 뒤에도 역시 몸의 리듬에 맞춰 저절로 숨이 내쉬어지는 것을 경험한다.

스스로에게 이렇게 물어보는 것도 좋다. 지금 내가 숨을 조종하고 있는가? 아니면 자연스럽게 저절로 숨이 쉬어지고 있는가?

편안한 자세

명상할 때 어떤 자세로 앉느냐도 중요하다. 동양 전통에서는 최적의 명상 자세를 찾기 위해 많은 시도가 이루어졌는데, 최종 결론은 결가부좌였다. 바닥에 앉은 상태에서 양 다리를 겹친 채로 한쪽 발등을 반대쪽 다리의 허벅지 위에 두는 자세다. 이 자세가 보편화된 이유는 매우 안정적인 자세로서, 허리를 곧추 세운 채 힘들이지 않고 앉을 수 있기 때문이다. 또 이 자세는 명상 상태를 유도하는 데도 도움이 된다. 결가부좌는 그 자체로 명상이 목표하는 편안하고 자연스러운 알아차림의 상태를 상징적으로 표현한다. 한편 바닥에 누운 자세는 잠에 떨어지기 쉬우므로 고요하고 또렷하게 깨어 있는 데 방해가 될 수도 있다.

결가부좌 자세는 '좀 있어' 보인다. 매우 인상적이고 영적인 자세 같다.

명상 시에 결가부좌 자세로 앉은 사람이 의자에 앉은 사람보다 영적으로 더 뛰어난 사람처럼 보인다.

그러나 외관에 이끌려 반드시 이 자세로 앉을 필요는 없다. 특히 현대인의 허리와 무릎은 결가부좌 자세에 익숙하지 않아 몸에 무리를 줄 수도 있다. 결가부좌로 계속 앉으면 통증 외에 다른 생각이 들지 않을 수 있다. 물론 통증을 견디는 것 자체가 명상 수행이라고 할 수도 있다. 그러나 일부러 통증을 일으키지 않아도 우리가 살면서 고통에 맞닥뜨릴 기회는 얼마든지 있다. 일부러 고통스러운 자세를 취하는 것은 명상에 도움이 되지 않는다.

결가부좌가 힘들다면 반가부좌를 취하라. 한쪽 발등만 반대쪽 다리 허벅지 위에 두는 자세다. 반가부좌 자세로 편안하게 앉을 수 있으면 이 역시 최고의 명상 자세다. 그런데 여기서 중요한 것은 이 자세로 앉는 '목적'이다. 결가부좌든 반가부좌든 그 목적은 허리를 곧추 세운 상태로 졸음에 빠지지 않고 편안하게 앉는 것이다. 만약 당신이 취한 자세가 너무 힘들게 느껴진다면 자세를 취하는 본래 목적에서 벗어난다. 어떤 자세든 편안하게 허리를 곧추 세우되 경직되지 않은 상태로 앉으면 된다. 자신에게 가장 적합한 자세를 찾으라.

지나친 목적 지향적 태도는
명상의 장애물

수동적 태도는 명상에서 가장 중요한 요소다. 학교 체육시간의 거수도약 운동처럼 전투적 자세로 명상에 임한다면 명상의 고유한 기쁨을 누릴 수 없다. 또 명상을 의무감으로 해서도 안 된다. 어렸을 때 몸에 좋다는 이유로 부모님이 억지로 먹였던 끔찍한 시금치 캔을 대하듯 명상해서는 안 된다. '기필코 열반을 성취하겠어', '모든 문제를 단숨에 해결하겠어' 같은 지나친 목적 지향적 태도는 바람직하지 않다. 이는 이 책에서 소개하는 다양한 마음챙김 수련법에 모두 적용되는 말이지만, 명상은 더욱 그러하다. 만약 명상에 있어서 목적을 가지려면 매우 단순하게 설정하는 것이 좋다. 예컨대 '평온함을 좀 더 느껴보겠어', '몸과 마음이 잠시 고요하고 편안한 상태를 맛보겠어' 하는 식이다. 자리에 앉는 것으로 당장 간디 같은 성자가 될 거라 기대해서는 안 된다.

앞서 인간의 신경계에 관한 논의에서 이야기했던 이완 반응을 기억하는가. 이완반응은 자율신경 중 부교감신경이 활성화된 상태로서 일종의 '브레이크' 역할을 한다. 반면, 목적 지향적 행동은 자율신경 중에서도 교감신경을 자극한다. 주요 고객에 대한 판매를 성사시켜야 하는 세일즈맨이 있다고 하자. 그는 판매를 성사시키기 위해 무던히 애를 쓸 것이다. 땀이 흐르고 심장이 빨리 뛰며 위장이 쓰라릴 것이다. 이는 그의 교감신경이 활성화되었다는 표시다. 그러나 명상에서 이런 태도는 유용하지 않다. 지나친 목적 지향적 태도는 명상에 도움이 되지 않는다.

명상을 잘 하는 법

어떻게 하면 명상을 잘 할 수 있을까? 오랜 시간에 걸쳐 알아낸 비법 하나를 소개한다. 그것은 바로 명상을 즐기는 것이다. 명상은 즐거운 마음으로 기다리는 활동이어야 한다. 명상은 편안함과 고요함을 누리는 나만의 특별한 시간이다. 명상이 가져다주는 편안함과 고요함을 마음껏 즐기라. 혹시 당신은 이것으로 만족하지 못하는가? 20년간 인도를 돌아다니며 비밀스런 가르침을 전수하는 스승과 함께 명상해야 만족하겠는가? 그렇다면 그렇게 하라. 그리고 하루 24시간 내내 자리에 앉아 하루 쌀 한 톨만 먹으며 명상해야 할 것 같은가? 그렇다면 그렇게 하라. 이것이 당신이 가야 할 길이라면 다른 모든 일을 제쳐두고 그렇게 하라. 그러나 만약 10분 이상 자리에 앉는 일이 또 하나의 '해야 하는 일'로 여겨진다면, 10분 동안만 명상을 하고 멈추라. 아니면 단 5분만 하고 멈추어도 상관없다. 다만 그 10분 혹은 5분만큼은 지극히 편안하고 즐거운 시간이 되게 하라. 중요한 것은 얼마나 오래 명상하느냐가 아니다. 얼마나 제대로 하느냐이다. 그리고 제대로 명상하기 위해서는 명상하는 동안 스스로 기쁨을 느낄 수 있어야 한다. 명상하는 과정 자체를 즐길 수 있어야 한다.

혹시 당신은 명상을 애써 노력해야 하는 무엇으로 여기지 않는가? 그렇다면 명상의 본래 취지에서 벗어났다. 혹시 하루 한 시간의 명상 시간을 두 시간으로 늘려야겠다고 생각하는가? 그렇다면 잠시 템포를 늦출 필요가 있다. 대신 지금 하고 있는 한 시간을 온전히 집중하는 깨어 있는 시간으로 만들어야 한다. 누가 가장 영적인가, 누가 제일 오래 명상하는가를 따지는 것은 부질없는 행동이다. 고등학교 시절, 멋진 자동차를 몰기 위해 친구들끼리 벌이는 경쟁만큼 유치한 일이다. 이런 식의 경쟁은 명상이라는 활동에 어울리지 않는다.

명상에는 경쟁과 다툼이 없다. 우리 모두가 붓다이며, 누구나가 배움을 얻는 과정에 있을 뿐이다. 그렇다면 자신과 남을 상대로 분투하고 경쟁하는 이유는 무엇일까? 바로 작은 자아(small self)가 개입하기 때문이다. 작은 자아는 부드럽게 다뤄주어야 한다. 작은 자아는 명상이 아니라 다른 방법으로 돌봐주겠다고 자신에게 속삭이라. 다만, 명상에 있어서만큼은 작은 자아가 개입하지 않게 하라.

가슴을 여는 법

틱낫한 스님이 들려준 일화다. 인색하고 괴팍한 어느 여성이 염불 수행을 했다. 마음속에 붓다를 떠올리는 염불 수행을 한 번에 한 시간씩, 하루 세 번을 했다. 무려 10년 동안 꾸준히 수행했다. 그런데도 그녀의 성마른 성품은 조금도 바뀌지 않았다. 예전과 마찬가지로 인색하기 짝이 없었다. 그녀에게 가르침을 주기 위해 어느 친구가 찾아왔다. 친구는 일부러 그녀가 수행을 시작하는 시간에 맞춰 찾아왔다. 문 앞에서 몇 번이고 그녀의 이름을 불렀지만, 수행 시간에 찾아온 친구를 성가시게 여긴 그녀는 문을 열어주지 않았다. 친구의 부름을 애써 무시했다. 그러나 친구가 계속 이름을 부르자 참다못한 여자는 화를 내며 자기를 애타게 찾는 이유를 따지며 발끈했다. 이때 친구가 대답했다. 그녀가 자신의 이름을 몇 번 부른 데 화를 낸다면, 10년간 계속 그 이름을 불렀던 붓다는 지금쯤 얼마나 화가 났겠느냐고 말이다.

올더스 헉슬리(영국의 소설가이자 평론가, 1894~1963)는 오랜 기간 동양 종교를 연구하며 명상 수행을 한 인물이다. 노년의 그에게 누군가 명상의 효과에 대해 물었다. 그는 이렇게 대답했다. "명상 덕분에 마음이 조금 더 따뜻해졌습니다." 또 누군가 달라이 라마에게 그의 종교의 핵심이 무엇이냐고 물었다. 심오한 가르침으로 가득한 티베트 불교이지만, 달라이 라마는 이렇게 대답했다. "친절이 나의 종교입니다."

명상 수행의 목표는 자신의 모난 성질을 부드럽고 나긋나긋하게 만드는 것이다. 우주의 근원적 조화, 즉 도(道)의 리듬에 자신을 맞추는 것이다. 명상을 수행하는 이유는 꽉 닫힌 우리의 가슴을 활짝 열기 위해서다. 명상은 자신과 자신의 생각과 감정, 그리고 세상에 대한 비폭력의 연습이다. 경쟁심과 목적 지향적인 태도, 경직되고 강압적인 자세는 명상에 도움이 되지 않는다. 그것은 지금 우리에게 필요한 치유 작업이 아니다. 그런 태도로는 무엇도 변화시킬 수 없다.

명상에 접근하는 최선의 방법은, 명상이 선사하는 단순한 기쁨을 즐기는 것이다. 붓다의 부드러운 미소를 띠고 명상해야 한다. 자리에 앉는 단순한 행위를 즐기는 마음으로 임해야 한다. 향상을 좇지 않는 자세가 어쩌면 가장 크게 향상하는 방법인지 모른다.

명상에 도움이 되는
주변 분위기를 만들라

명상에 적합한 주변 분위기를 만드는 것도 도움이 된다. 앞에서 말했듯이 같은 장소에서 명상을 하는 것도 한 가지 방법이다. 매일 같은 장소에서 명상하면 이완 반응을 일으키는 데도 유리하다. 또 명상 시간을 정해두면 적절한 리듬을 탈 수 있어서 좋다.

많은 사람이 하루 중 명상하기 좋은 시간으로 아침과 저녁 시간을 든다. 인도에 라비 샹카르라는 유명한 시타르(기타 비슷한 남아시아 악기) 연주자가 있었다. 어느 날 오후에 예정된 연주회를 두고 그는 이렇게 '영적이지 않은' 시간에 연주하는 것은 상상하기 어렵다고 말했다고 한다. 하루 중 어느 때에도 명상할 수 있지만, 특히 아침과 저녁 시간이 명상하기에 더 적절하다. 아침 명상은 하루를 준비하는 태도와 의도를 갖추게 한다. 한편 저녁 명상은 그날 있었던 일을 정리하고 스트레스를 해소하는 시간이다. 언제나 그렇듯이, 스스로 실험을 통해 자신에게 맞는 시간대를 찾아보라. 불가피하게 오후에 명상을 하더라도 아예 하지 않는 것보다 좋음은 물론이다.

명상 분위기에 어울리는 물건들을 주변에 두어도 좋다. 성자의 성상이나 그리스도를 그린 그림, 지복을 체험하는 행복한 불상 등 신성함과 평화의 분위기를 자아내면 된다. 반드시 종교적 느낌을 주는 물건일 필요는 없다. 평화와 안정감을 느끼게 하는 것이면 상관없다.

향을 피우는 것도 명상에 도움이 된다. 냄새는 인간의 진화 상 아주 오래된 뇌 부위에서 느끼는 원시적 감각이다. 냄새는 원래 동물을 희생으로 바치던 고대의 의식(儀式)과도 관련이 있다. 기록된 여러 신비 체험에 의하면, 심오한 신비 체험의 표식 중 하나가 냄새였다고 한다. '신성의 향(scent of holiness)'이라는 표현은 단지 비유에 그치지 않는다. 냄새는 심오한 차원에서 우리를 사로잡는다. 많은 영적 전통에서 향을 피우는 것도 우연이 아니다. 심리적 조건화의 관점에서 보더라도, 향냄새를 맡으면 자연스럽게 명상적 상태에 들어갈 수 있다.

소리도 명상에 도움이 되는 감각 차원이다. 단어나 구절을 반복적으로 되뇌는 암송에 관해서는 앞에서 이야기했다. 조용하고 잔잔한 배경 음악을 깔거나 명상 멘트로 안내해주는 시디를 틀어도 좋다. '옴(Om)' 소리를 녹음한 테이프로 주변의 잡다한 소음을 차단할 수도 있다. 그중에서 가장 좋은 소리는 고요한 자연에서 들리는 손에 잡힐 듯 생생한 '침묵의 소리'인지 모른다. 번잡한 도시에 산다면 주변 소음을 듣기보다 마음을 편하게 해주는 잔잔한 테이프를 들어도 좋다. 언제나처럼, 자신에게 가장 적합한 소리를 선택하라. 그 소리가 일반적으로 떠올리는 영적 이미지에 부합하는가는 중요하지 않다.

우리 집에는 나만의 명상 장소가 있다. 단출하게 마련한 제단인데, 이 제단 주변에 나에게 특별한 의미를 갖는 소품을 몇 가지 둔다. 이렇게 하면 명상 분위기를 연출하는 데 도움이 된다. 명상의 시작과 끝을 알리는 작은 종, 향 받침대, 향을 피우기 위한 세이지 다발(약용·향료용 허브)이 그것이다. 또 명상에 잠긴 평화로운 불상, 성 프란체스코(이탈리아 가톨릭교회의 성인) 상도 있다. 그 밖에 바닥에 앉을 때 필요한 방석과, 편하게 앉고 싶을 때 사용하는 소파도 있다. 명상에 도움을 주는 이 소품들은 시간이 지나면서 새롭게 추가되기도 하고 없어지기도 한다. 이 제단은 우리 집의 중심이다. 우리 부부는 제단 이외 다른 곳에서 명상할 때도 있지만, 이곳이 집의 중심이라고 할 수 있다. 만약 당신의 집에 이런 중심이 없다면 하나 만들어보는 것도 나쁘지 않다.

캐서린 드 휴엑 도허티(Catherine de Hueck Doherty: 러시아 태생의 로마가톨릭 사회사업가로서 캐나다 온타리오에 있는 '마돈나의 집 사도회' 창립자, 1896~1985)는 러시아정교 전통에 관한 글에서 '푸스티니아(poustinia)'에 대해 이야기한다. 이는 러시아어로 사막, 광야, 황야를 뜻하는 말로서 그녀가 쓴 책(1975년)의 제목이기도 하다. 이 책에서 도허티는 인간은 고독과 침묵, 기도의 장소로서 사막과 같은 장소를 필요로 한다고 말한다. 유대 기독교 전통에는 사람이 살지 않는 사막과 황야의 이미지로 가득하다. 이곳은 오로지 자기 자신 그리고 신과 대면하는 장소다. 힌두교에는 이런 장소로 숲이 있으며, 티베트 불교에는 고독 속에 찬연히 빛나는 산속의 외딴 동굴이 있다.

그렇다고 푸스티니아가 문자 그대로 반드시 사막일 필요는 없다. 현대 세계의 푸스티니아는 아침 출근길에도 있고, 줄을 서는 마트에도 있다. 아니면 차량 등록을 위해 많은 사람이 대기하는 관청에도 있다. 또 푸스티니아는 당신 가슴 속에 있는 침묵과 고독, 평화의 장소이자 내면의 성소(聖所)이기도 하다. 영혼의 쉐키나(shekinah), 즉 속죄의 장소다. 명상이나 기도를 할 때는 이런 장소가 반드시 필요하다.

또 몇 분간 조용히 독서를 해도 명상적 분위기에 들어갈 수 있다. 여기에 도움이 되는 책을 골라보라. 명상에 관한 고전 작품들은 확실히 도움이 된다. 중요한 것은 책에서 다루는 주제가 아니라, 책이 당신에게 어떤 영향을 주는가이다. 다양한 가능성을 열어두라. 만약 당신이 요리를 좋아한다면 요리책을 읽는 것으로 평화로운 마음 상태에 들어갈 수 있다. 이때 요리책은 적어도 당신에게는 명상 도서나 다름없다.

그러나 독서에도 위험성은 있다. 즉 너무 오래 책을 읽으면 자칫 독서로 명상을 대체할 가능성도 있다. 그러나 단언컨대, 명상을 대체할 수 있는 활동은 없다. 독서를 비롯한 활동은 명상의 준비 활동이다. 거기에 너무 시간을 할애한 나머지, 주객이 전도되어서는 안 된다.

명상에 관한 조언을 한마디로 압축하면 '단순함'이라고 할 수 있다. 단순하게 명상하라. 명상할 때 외는 주문의 가짓수는 매우 많다. 또 시각화와 센터링 기법(내면의 중심을 잡고 삶의 에너지를 깨우는 기법)도 각양각색이다. 그런데 나는 한때 명상의 준비과정으로 센터링 기법을 너무 많이 도입한 적이 있었다. 결국엔 센터링을 하다가 명상 시간을 모두 보내버렸다.

명상 시에는 무엇이든 억지로 하지 않도록 유의하라. 20분 동안 소리 내어 주문을 외기로 했지만 그것이 영 내키지 않는가? 그렇다면 속으로 조용히 주문을 외라. 그러다 너무 모호하고 초점이 잡히지 않으면 다시 소리 내어 주문을 외라. 아니면 가슴 차크라 부위에서 나타나는 '내면의 빛'을 시각화 할 수도 있다. 어떤 기법이든 자신에게 맞는 것을 찾으라. 기법은 단지 기법일 뿐, 특정 방법이 절대적으로 옳은 것은 아니다. 중요한 것은 그 기법을 통해 당신이 고요하게 주의를 기울이는 상태에 들어가느냐이다.

산만함 다루기

자, 이제 당신은 명상할 준비를 마쳤다. 자리에 앉아 마음을 가다듬고 당신이 고른 특정 단어나 대상에 주의를 집중한다. 그런데 웬걸, 당신의 마음은 안개 속을 헤매듯 이리저리 방황한다. 직장에서 있었던 일이 다시 화를 돋운다. 그 일이 다시 머릿속에서 재연된다. 지금 당신은 명상을 제대로 하지 않고 있다는 생각이 든다.

오랜 세월에 걸쳐 수많은 현자들이 이 문제에 대해 고심했다. 그들은 명상할 때 일어나는 산만한 생각을 어떻게 다룰까 고심했다. 『미지의 구름(The Cloud of Unknowing)』이라는 책을 쓴 14세기 익명의 작가는 명상이 너무 어렵다면 자신에게 도움이 되는 어떤 방법이든 찾으라고 조언한다. 그의 말이다. "어떻게 자신에게 맞는 명상 방법을 찾아야 하는가? 주변의 누군가에게 배우기보다, 자신의 경험을 통해 신으로부터 직접 배우라. 그것이 최선이다." 당신 안에는 스스로 길을 찾는 능력이 있다. 자신의 기질과 상황에 맞는 방법을 얼마든지 찾을 수 있다. 마음을 열고 자신에게 맞는 방법을 찾아보라. 그리스도와 붓다, 위대한 스승은 언제나 당신 곁에 있다.

동시에 『미지의 구름』 저자는 명상 중 산만함을 다루는 팁을 몇 가지 소개한다. 그중 하나가, 마치 산만한 생각이 일어나지 않은 것처럼 망각의 두꺼운 구름으로 그것을 덮어버리는 것이다. 산만한 생각이 계속 일어나면 망각의 구름으로 덮어버린다. 그는 다른 방법도 소개한다. 산만한 생각이 일어나면 "아니."라고 말한다. 흥미롭게도, 600년 전 그가 제안한 방법은 현대 인지심리학에서 말하는 생각 멈추기 기법과 유사하다. 원치 않는 부정적 생각이 일어날 때 "아니."라고 단호하게 말하는 자신의 모습을 상상하는 것이다. 그렇다고 겉으로 소리를 지를 필요는 없다. 그것은 다소 과격한 방법이다. 부드럽게 "아니." 혹은 "지금은 아냐."라고 이야기하는 것으로 충분하다. 아니면 자신에게 이렇게 상기시키는 방법도 있다. "이 문제는 나중에 때가 되면 돌볼게."

그러나 이런 기법들을 사용하면 다소 역설적인 상황에 처한다. 무슨 말인가? 명상은 자연스럽게 펼쳐지는 과정인데, 그것을 인위적으로 조정한다는 점에서다. 당신은 지금 자신이 명상을 '잘 하고 있는지' 평가하는가? 그래서 '잘 못하고 있다'고 판단되면 특정한 방법으로 명상의 과정을 조정해 '제대로' 하게 만드는가? 그렇다면 지금 당신의 내면은 분열을 일으키고 있다. 즉 지금 당신은 명상을 제대로 하고 싶다는 바람과 실제로 당신에게 일어나고 있는 일(명상을 잘 못하고 있는 일) 사이에서 분열되어 있다. 그러므로 명상 중 방황하는 마음을 제자리에 돌려놓을 때는 부드러운 인내의 태도로 해야 한다. 지나치게 긴장하며 애쓰는 태도는 명상에 도움이 되지 않는다.

위빠사나 명상(혹은 통찰 명상)은 이러한 역설의 실타래를 흥미로운 방식으로 푼다. 위빠사나 명상에서는 자신의 마음에서 일어나고 사라지는 생각의 흐름에 주의를 집중한다. 단 몇 분이라도 좋다. 자리에 앉아 자신에게 일어나는 생각들에 이름(명칭)을 붙여보라. 그러면 위빠사나 명상이 무엇인지 대강의 느낌이 들 것이다. 예컨대 이런 식이다.

'좋아, 이제 자리에 앉았을 때 일어나는 생각들에 명칭을 붙이려고 마음먹은 내가 보여. … 흠, 친구 녀석이 점심 먹자고 전화할지도 모른다는 생각이 들어. 그런데 아무래도 거절하는 게 낫겠다는 생각이 드는군. 날씨가 추워서 도로가 꽁꽁 얼어붙었으니 말이야. 그러고 보니 왜 뉴멕시코는 도로 제빙을 제때 안 하는 거지? 이런 생각이 또 들어. 그 때문에 은근히 짜증과 화를 내는 내가 보여.'

요는, 일어나는 생각이나 감정과 함께하면서 그것이 일어났다 사라지도록 내버려두라는 것이다. 즐거운 생각과 감정이라고 해서 집착하지 말고, 불쾌한 생각과 감정이라고 해서 피하려고 하지 말라.

이것은 유도에서 상대방의 힘을 자신에게 유리한 방향으로 역이용하는 방법과 비슷하다. 명상 중에 일어나는 산만한 생각들에 명칭을 붙임으로써 그를 역이용하는 방법이다. 명칭을 붙이면 생각들은 힘을 잃고 결국에는 가라앉는다. 그러나 산만한 생각이 가라앉을 것이라고 미리 예측해서는 안 된다. 왜냐하면 방황하는 생각이 진정되리라고 예상하면 그 자체가 또 하나의 목적이 되어버리기 때문이다. 그러면 앞에서 이야기한 역설적인 상황에 다시 얽히는 꼴이 되고 만다. 그러므로 일어나는 생각과 단순하게 함께하는 것 외에는 다른 방법이 없다. 차분하고 부드러운 주의력으로 자신에게 일어나고 사라지는 생각들을 따라가라. 즐거운 생각에 집착하지 말고, 불쾌한 생각을 피하려고도 하지 말라. 다만 생각들이 일어나고 사라지도록 내버려두라.

시점의 전환

마침내 변화가 일어난다. 그런데 이 변화는 당신이 의도적으로 일으킨 변화가 아니다. 마음이 지금 만들어내고 있는 것을 무엇이든 있는 그대로 받아들였기 때문에 일어나는 변화다. 이러한 변화는 심리학에서 이야기하는 '전경-배경의 전환' 현상으로 설명이 가능하다. 당신은 심리학 개론 책에서 꽃병 가장자리를 사람 얼굴 실루엣으로 처리한 그림을 보았을 것이다. 어떻게 보면 꽃병이 드러나 보인다. 이때는 사람 얼굴이 배경이다. 그러다가도 또 다른 시점에서 보면 사람 얼굴이 눈에 들어온다. 이때는 꽃병이 배경으로 보인다. 이렇게 시점을 바꾸기가 어렵다는 사람도 있지만 몇 번 해보면 두 시점을 자유롭게 오갈 수 있다.

통찰 명상에서는 이러한 시점 이동이 자연스럽게 일어난다. 마음에서 일어나는 생각들을 인내심으로 부드럽게 따라가다 보면, 지금까지와 다른 관점이 작동하기 시작한다. 즉 나에게 떠오르는 생각이 더 이상 전경으로 보이지 않는다. 생각이 배경으로 물러나고, 지금까지 배경으로 있던 무언가가 전경으로 드러난다. 그것은 무엇인가? 바로 큰 마음(Mind) 혹은 본 바탕의 밝음(Ground Luminosity)이라는 것이다. 폴 틸리히(독일의 프로테스탄트 신학자, 철학자)는 그것을 '우리 존재의 근본에 있는 신'이라고 했다. 그러나 선사(禪師)들은 이에 관해 이야기하기를 꺼린다. 왜냐하면 이런 식의 논의는 또 하나의 목적 설정으로 비치기 때문이다. 그렇게 되면 새로 설정한 목적을 달성하기 위해 다시 충돌과 긴장, 끝없이 혼란스러운 역설이 일어난다.

만약 이 흥미로운 역설이 계속 마음에 걸린다면 그 생각들을 한번 따라가보라.

일어나는 생각을 따라가기란 실제로 쉬운 일이 아니다. 쉽게 하는 사람이 있고 그렇지 못한 사람도 있다. 여느 방법과 마찬가지로, 자신에게 맞는 방법을 스스로 찾아보라. 그것이 실제로 자신에게 도움이 되는지 살펴보라. 생각을 따라가는 것은 우울에 빠진 사람이나 원하지 않는 생각이 자꾸 떠오르는 강박 성향이 있는 사람에게는 도움이 되지 않을 수도 있다. 우울 성향이 있는 사람은 이미 우울한 사고에 과도하게 집중한 상태이므로 이 상태에서 더 집중하게 되면 (장기적으로는 도움이 될지 모르나) 단기적으로 우울을 증가시킬 수 있다. 그리고 강박 성향이 있는 사람은 그 정의상, 힘겨운 생각의 매듭을 못 푸는 상태에 있다. 이 상태에서 생각에 더 집중한다면 문제가 악화될 수 있다. 그러나 그렇다고 해서 생각을 따라가는 이 방법을 지나치게 두려워할 필요는 없다.

맞서 싸우지 않는 법 배우기

○   명상에 적합한 방식으로 자리를 잡고 앉는다. 몇 분 동안, 의식이 편안하게 안정되도록 자신의 숨을 알아차리면서 호흡한다. 마치 묵직한 돌멩이 하나가 깊고 차가운 호수 바닥에 착 가라앉는다고 상상한다. 그 다음 자신의 몸과 마음에서 무슨 일이 일어나는지 관찰한다. 관찰되는 각각의 현상에 명칭을 붙인 뒤 "괜찮아"라고 속으로 되뇐다. 예를 들면 다음과 같다

"돈 걱정을 하고 있군. … 괜찮아."

"라디오에서 흘러나오던 노래가 아직도 귓가에 맴돌고 있네. … 괜찮아."

"목과 어깨가 뻣뻣해. … 괜찮아."

"바깥에 차들이 질주하는군. … 괜찮아."

"갑자기 슬퍼졌어. … 괜찮아."

"그러다 마음이 고요해졌어. … 이것도 괜찮아."

마음이 이곳저곳 방황하느라 힘들다면 이 방법을 사용해보라. "괜찮아"라는 말을 기계적으로 되뇌지 않는 것이 중요하다. 실제로 자신의 마음 상태가 괜찮다는 생각으로 이 구절을 사용하라.

걷기 명상

좌선(앉기 명상)은 매우 수동적으로 비친다. 반대로 일상생활은 고요한 명

상에 비해 너무 활동적으로 느껴진다. 여기서 걷기 명상은 이 둘을 이어주는 자연스러운 다리라고 할 수 있다. 이 점에서 걷기 명상은 즐거운 활동이 될 수 있다. 명상적 자각 상태에서 걸음을 걷는다면 우리는 걷기 이외의 활동들도 명상적 방식으로 행할 수 있다.

걷기 명상을 시작할 때는 우선 잠시 똑바로 서서 몸을 세운 자세를 취한다. 의식적으로 몇 차례 호흡을 하면서 마음을 가다듬는다. 이제 바닥과 닿아 있는 자신의 발바닥을 느껴본다. 그 느낌을 알아차린다. 다음으로, 숨을 한 차례 들이쉬고 내쉬면서 천천히 자연스럽게 오른발이든 왼발이든 한 걸음을 내딛는다. 이때 발바닥이 닿을 때 마치 바닥을 부드럽게 애무한다고 생각하라. 이제 숨을 들이쉬면서 다른 쪽 발을 역시 천천히 자연스럽게 한 걸음 내딛는다. 발뒤꿈치가 바닥에서 들리는 느낌, 발이 바닥에서 떨어진 상태에서 앞으로 나아가는 느낌, 그리고 발을 내려놓을 때 발바닥이 바닥에 닿는 느낌 등 걸으면서 느껴지는 모든 감각을 가만히 알아차리면서 즐긴다. 걸을 때 마음 속의 걱정거리는 모두 내려놓는다.

바깥에서 걷기 명상을 한다면 다른 사람의 이목 때문에 불편할 수 있다. 때문에 실내에서 할 때보다 조금 빠르게 걷는다. 이렇게 하려면 숨을 한 번 들이쉬고 내쉴 때 더 많은 걸음을 걸어야 할 것이다. 하지만 조금 빨리 걸어도 걷는 동작을 알아차리며 걸을 수 있다. 만약 걷는 중에 주변의 나무나 꽃, 아이들이 뛰어노는 광경이나 소리 등 즐거운 대상이 감각에 들어오는가? 그렇다면 걷기를 멈추고 잠시 그 대상을 온전히 즐기라. 동시에 자신의 감각이 그 대상으로 향했음을 알아차리라. 그런 다음 다시 걷기로 돌아온다.

자애 명상

모든 위대한 영적 전통은 예외 없이 사랑을 가르친다. 물론 사랑은 훌륭한 수행이지만 그것을 실천하기가 언제나 말처럼 쉽지는 않다. 자애 명상은 사랑하는 능력을 키워주는 수련법이다. 더 많이 사랑하는 사람은 삶의 안과 겉이 크게 변화한다.

자애 명상에서는 무엇보다 자신에 대한 사랑을 먼저 연습한다. 자신을 사랑할 수 있을 때 비로소 타인을 사랑할 수 있기 때문이다. 우리는 생각보다 더욱 서로 연결된 존재이므로, 자신을 사랑하는 것은 곧 타인을 사랑하는 일과 다르지 않다.

자애 명상을 할 때는 자연스럽게 숨을 들이쉬고 내쉬면서 마음속으로 다음과 같은 구절을 되뇐다. 이때 형식적으로 되뇌지 말고, 마음의 따뜻하고 진실된 의도를 실제로 일으키는 것이 가장 중요하다.

내가 행복하고 즐겁기를
내가 바라는 것, 필요한 것을 모두 얻기를
내가 편안하고 안녕하기를
내가 위험이나 부상으로부터 안전하기를
내가 두려움, 걱정, 슬픔 등 마음의 온갖 고통에서 벗어나기를
내가 평화와 깨달음을 얻기를

여유롭게 천천히 한다. 숨을 들이쉬고 내쉬면서 자신을 사랑하는 마음이 실제로 일어날 때까지 이 구절을 마음속으로 되뇐다. 자신을 향한 사랑의 마음이 일어났다면 이제 배우자나 가족 등 당신과 제일 가까운 사람 혹은 당신이 세상에서 가장 좋아하는 사람에게 그 마음을 확장시킨다. 위

구절의 '나' 자리에 그 사람의 이름을 넣은 다음 마찬가지 방법으로 마음속으로 되뇌며 자애의 마음을 일으킨다.

어느 정도 했다 싶으면 이제 친구 혹은 나와 무관한 사람들에게 자애의 마음을 보낸다. 그 다음에는 당신이 힘겨워하는 사람으로 넘어간다. 나를 힘들게 하는 사람, 나와 불편한 관계에 있는 사람들에게 자애의 구절을 되뇐다. 이제 마지막으로 세상의 모든 존재에게로 자애의 마음을 확장시킨다. 각각의 단계에서 여유롭게 시간을 갖고 자애의 마음을 충분히 일으킨다. 물론 다음 단계가 이전 단계보다 어렵게 느껴질 것이다. 그런데 이 어려움은 이전 단계에서 일으킨 자애 마음의 크기에 따라 달라지기도 한다. 그러므로 서둘러 다음 단계로 넘어가지 말고, 각 단계에서 충분히 자애의 마음을 일으켜야 한다. 모든 단계를 한꺼번에 통과하려고 해서는 안 된다.

자애 명상은 잠자리에 들기 전에 하면 특히 효과적이다. 자애 명상을 통해 자신이 사랑을 주는 존재임을 느껴보라. 나와 세상이 서로 연결되어 있다고 느껴보라. 그러면 더 편안하고 깊은 잠을 잘 수 있다.

충동이라는 파도를 넘는 법: 낸시 이야기

명상할 때 일어나는 산만한 생각들을 억지로 없애려고 하면 오히려 괴로움과 긴장만 커진다. 중독에서도 마찬가지다. 중독 행동은 내 의지대로 조절이 잘 안 된다. 그런 중독 행동에 탐닉하려는 충동을 또 다시 억누르려 해서는 안 된다. 그러면 긴장과 괴로움만 커질 뿐이다.

음주 문제가 있는 낸시의 경우를 보자. 쇼핑몰에 옷을 사러 가던 어느 날 낸시는 마침 자신이 평소 즐겨 마시던 술집을 지나게 되었다. 음주와 관련 있는 장소는 음주 충동을 촉발시키기 쉽다(가벼운 근질거림이든, 저항하기 어려운 강한 충동이든). 그 순간은 분명 낸시가 자칫하면 '실수할 수 있는' 위험한 시점이었다.

보통은 이렇게 일어난 충동을 직접적으로 진압하는 방법을 많이 사용한다. 즉 갑자기 일어난 음주 충동을 의식 바깥으로 몰아내거나, 음주 충동 외의 다른 곳에 주의를 돌리는 방법이다. 예컨대 라디오에서 흘러나오는 음악에 맞춰 노래를 흥얼거리며 술 생각을 멀리할 수 있다. 아니면 지금 하려고 하는 쇼핑에 생각을 집중할 수도 있다.

이렇게 주의를 다른 곳으로 돌리는 방법은 재발 충동이 순간적으로 덮쳐오는 잠깐의 시간을 통과하는 데는 도움이 된다. 그런데 문제는, 조금 있으면 더 큰 유혹이 찾아온다는 사실이다. 만약 코끼리를 머릿속에 떠올리면 끔찍한 결과가 일어난다고 하자. 그러니 절대 떠올려서는 안 되는 상황이다. 이때 당신은 어떻게 반응할까? 과연 코끼리를 떠올리지 않을 수 있을까? 이 말을 듣자마자 당신의 머릿속에는 코끼리의 모습이 은연중에 떠오를 것이다. 만약 코끼리를 떠올려도 끔찍한 결과가 생기지 않는다면, 코끼리 생각은 일어난 뒤 자연스럽게 사라질 것이다. 그런데 코끼리를 떠올리면 안 된다는 지시가 내려져 있으므로 코끼리 생각이 두려워진다. 코끼리 생각을 하면 안 된다고 생각하니 오히려 그 생각이 더 커진다. 일반적으로, 대상을 부정하면 할수록 그 대상은 더 힘을 얻는다.

중독 행동을 변화시키기 어려운 이유가 바로 이것이다. 중독 행위를 없애려 할수록 중독은 더 힘을 얻는다. 벗어나려 발버둥칠수록 그물에 더 단단히 걸려드는 꼴이다. 우리 저자가 이 책에서 중독 자체보다 치유적 생활양식에 초점을 맞추는 이유도 그 때문이다. 중독에 맞서 그것을 없애려고만 하면 중독이 가진 힘을 오히려 키우는 꼴이 되고 만다.

그렇다면 중독에서 빠져나오는 방법은 무엇인가? 여러 가지 방법이 있겠지만 그중 하나가 일어나고 사라지는 생각을 집착하지도 회피하지도 않으면서 관찰하는 방법이다. 바로 위빠사나 명상에서 이렇게 한다. 중독의 충동이 일어나면 그 충동을 여느 생각과 다르지 않은 또 하나의 생각으로 바라본다. 중독의 충동은 그저 오랜 기간 쌓여온 카르마(업)이자, 마음이 조건화된 상태일 뿐이라고 생각한다. 그러므로 중독 충동을 두려워하지 않고 그것과 함께할 수 있다. 충동에 힘을 싣지도 거부하지도 않으면서, 일어나고 사라지는 충동을 가만히 지켜본다. 중독 충동이 일어날 때 이렇게 시도하는 것만으로 습관이 우리에게 행사하는 장악력을 느슨하게 만들 수 있다. 이런 자세로 충동이 다시 일어나더라도 두려워하지 않으면 재발 충동은 힘을 잃는다.

낸시는 속으로 중얼거렸다. "흠, 예전에 자주 가던 스컬리 술집이 보이는군. 저기에서 놀 땐 정말 재미있었지. 모두들 어떻게 지내는지 궁금하네. 잠깐 들러 딱 한 잔만 해볼까? 아, 안 돼! 그러면 안 돼. … 그러나 만약 해본다면? 딱 한 잔만 하는 게 그리 나쁜 일일까? 그렇지만 여기서 잠깐, 이번에 올라온 순간적인 음주 충동을 연습의 기회로 한번 삼아보는 건 어떨까? 술 생각이 강하게 일어도 그 생각과 함께하면서 주의를 기울여보는 거야. 어때? 어디 보자. 목과 어깨가 긴장하고 있군. 술 생각에 입에선 침이 흐르고 머릿속엔 맥주병이 둥둥 떠다녀. 음주 충동에 어떻게 대처해야 할지 두려움도 생겨. 흥미로워. 아주 강한 충동이야. 자, 천천히 숨을 들이쉬고 내쉬어보자. 지금 일어나는 생각과 느낌, 몸의 감각을 관찰하는 거야. 가만히 관찰하니까 음주 충동이 조금 줄어드는 것 같아. 이제, 어서 충동이 사라졌으면 좋겠다는 조급함이 올라오는군. 그래도 괜찮아. 음주 충동과 함께하겠다는 마음만 있으면 돼. 됐어, 이제 이 느낌과 함께할 수 있어. 그것에 빠져들지 않을 수 있어. 충동이 올라와도 괜찮아. 이젠 마시지 않는 쪽을 선택할 수 있어. 물론 아직은 어려워! 그러나 이제 음주 충동이 점점 힘을 잃어가고 있어. 천천히 숨을 쉬어. 조금 전 사려고 했던 옷을 떠올려보자. 어느 가게를 먼저 들를지도 생각해보고. 아직 스컬리 술집이 생각나지만 조금 전보단 한결 나아. 어쨌든 이제 술 충동을 어느 정도 극복한 거 같아. 다시는 그곳으로 돌아가지 않을 테야. 이제 한결 자유로운 느낌이 드는 걸…."

'충동의 파도타기'라는 이 기법은 중독 물질에 대한 충동을 마치 유도에서 상대방의 힘을 역이용하듯 부드럽게 다룬다. 상대방의 힘을 나에게 유리하도록 이용하는 방법이다. 이는 또 명상 시에 일어나는 산만한 생각들을 가만히 관찰하는 방법과도 비슷하다. 일어나는 생각이든 충동이든, 그것과 맞서 싸우지 않고 부드럽게 감싸 안는다. 이렇게 되면 상대를 더 이상 적으로 간주할 필요가 없다. 만약 당신이 운전 중이 아니라면 지금 바로 이것을 실험해보라. 자리에 앉아 눈을 감고 편안하게 숨을 들이쉬고 내쉰다. 그리고 이때 일어나고 사라지는 생각들을 가만히 관찰하기만 하라. 그러면 생각들이 서서히 힘을 잃어감을 볼 것이다.

대개 중독 물질에 대한 충동이 일어난 직후의 처음 20분이 가장 힘들다. 이때 충동이 가진 힘에 맞서 싸우기보다, 부드럽게 충동의 파도를 타면서 함께하는 연습을 해보라. 그러면 충동이 일어나더라도 거기에 더 이상 힘이 실리지 않는다. 평소에 일어나고 사라지는 생각들에 이 방법을 적용해보아도 좋다. 그러면 중독 물질에 대한 충동이 일어났을 때 훨씬 수월하게 적용할 수 있다. 사실 '충동의 파도타기' 기법, 부드러운 마음챙김을 통한 깨어 있는 삶, 평화로운 삶이라는 보다 전체적인 접근법의 일부다.

기도

기도는 브라만(힌두교에서 우주의 근본원리)이든, 내면의 빛(퀘이커교에서 마음속에 느끼는 그리스도의 빛)이든, 만군(萬軍)의 주(여호와를 가리킴)이든, 단지 그 현전(現前)에 임하는 행위다. 중요한 것은 신성한 공간에 머물며 초월적 존재와 접촉하고 있음을 느낄 수 있느냐이다. 이런 차원에서 유대교의 신비 전통에서는 신을 '그곳(The Place)'이라고 부른다.

지금 하고 있는 명상을 자신의 신앙과 조화시키는 방법이 있다. 바로, 자신이 믿는 종교에서 사용하는 구절을 명상의 집중 대상으로 삼는 것이다. 아니면 당신이 하는 명상을 그저 위에 말한 현전에 임하는 행위로 생각해도 좋다. 이렇게 단순하게 보아도 좋다.

영혼의 움직임을 믿고 거기에 따르라. 당신은 신을 믿지 않지만(혹은 추상적 의미의 신만을 믿지만), 당신의 영혼은 당면한 문제에 대하여 신을 찬미하거나 신의 도움으로 해결하려 하는가? 그렇다면 자신의 평소 철학과 다르더라도 그렇게 하라. 영혼의 움직임에 이끌려 '하느님 아버지', '성모 마리아'를 부르며 무릎 꿇고 기도하는 자신을 발견했는가? 그렇다면 그렇게 하라. 반대로, 인격신을 믿는 당신이지만 신의 비인격적 측면에 관심이 가는가? 그런 자신을 발견한다면 그렇게 하도록 하라. 자신의 평소 철학이 아니라 영혼의 경험을 신뢰하라. 저명한 심리학자 칼 로저스는 이렇게 말했다. "성경이나 예언자, 신의 계시라 해도, 프로이트와 과학 연구라 해도 나 자신의 직접 경험보다 우선하지 못한다." 또 어느 선사는 이렇게 말했다. "당신의 머리 위에 어떤 머리도 두지 말라." 이는 자신의 경험에 관한 '생각'을 실제 경험보다 우선시하지 말라는 의미다.

미소를 잃지 말라

이 책은 중독 치유의 영적인 길을 제시한다. 그리고 그 바탕에는 마음챙김으로 계발되는 온전한 전체성과 치유력이 있다. 중독 행위에서 벗어나기 위해서는 자각(알아차림)의 힘을 키울 필요가 있다. 알아차림이 깊어지면 전에는 보이지 않던 해결책이 눈에 들어오기 시작한다. 돌로 된 벽에 문이 열리는 것과 같다.

자각을 깊게 하는 데 명상이 도움을 준다. 이번 장에서는 명상의 기초에 대해 개략적으로 살폈다. 하지만 명상을 시작하는 데 대단한 지식이 필요하지 않다. 현재 자신이 처한 상황에서, 그리고 자신이 가진 정보를 바탕으로 시작하면 된다. 명상에 대해 더 배우고 싶다면 훌륭한 매뉴얼을 찾아보라. 얼마든지 구할 수 있다. 최근에는 어디를 가나 명상 센터를 어렵지 않게 찾을 수 있다.

특정 수련법이 절대적으로 옳다고 말할 수 없다. 반드시 그것을 수련해야 한다는 주장도 바람직하지 않다. 그러나 명상의 경우에는 감히 그렇게 말할 수 있다. 우리가 반드시 해야 하는 수련법이 있다면 그것은 바로 명상이다.

그렇다고 해서 명상할 때 대단한 기교를 부릴 필요는 없다. 또 부담스러운 의무감으로 해서도 안 된다. 당신의 명상 시간이 또 하나의 '해야 할 일'이 되어서는 안 된다. 자기 내면의 교사를 따르라. 미소를 띤 얼굴로 즐겁고 단순하게 수행하라. 수동과 수용에 깃든 지혜를 깨달으라.

허용하고 내려놓으라.

편안하게 이완하라.

어떤 일이 일어나든 그 과정을 신뢰하라.

지금 있는 그대로 그저 존재하라.

여가와
자연

자연과 연결하는 방법을 찾아라. 중독에 빠진 사람들은 자연과 유리되어 있다. 중독은 자연으로 돌아가는 것과 양립할 수 없다. 여가시간을 보다 의식적으로 선택하라. 지적·예술적·영적 활동 등 인간으로서 보다 높은 차원의 능력을 사용하라. 그런 능력을 활용하지 않는 수동적 활동에 시간을 낭비하지 말라.

봄에는 수만 송이 꽃이 피고,

가을에는 휘영청 달이 뜨네.

여름에는 시원한 바람이 불고,

겨울에는 하얀 눈이 내리네.

그러나 마음이 쓸데없이 흐리지 않으면

지금이 바로 삶의 최고의 계절이라네.

—

무문혜개, 『무문관』(1228)

느지막한 오후가 되자 캐서린은 벌써부터 퇴근 후의 와인 한 잔이 생각났다. 그러나 동료들이 보기에 그녀는 아무렇지도 않다. 그녀가 그저 건성으로 일하고 있음을 동료들은 눈치 채지 못한다. 사실 캐서린은 비서 업무를 대충대충 하고 있다. 무표정한 얼굴로 단지 시간이 빨리 흐리기만을 바라고 있다. 지금 시계바늘은 5시 퇴근 시간을 향해 너무나 더디게 가고 있다. 그녀는 시계바늘만 쳐다보고 있다.

또 지미는 주말만 기다리고 있다. 어쩔 수 없이 주중의 일과를 견뎌낼 뿐이다. 그에게 주말은 짜릿하고 즐거운 일로 가득한 환상의 세계다. 반면 주중의 일과는 주말에 이르기 위해 어쩔 수 없이 건너야 하는 다리다. 그에게 주중은 의무감으로 버텨내야 하는 시간이다. 지미는 무감각한 상태로 주중의 일을 그저 성가신 삶으로 여긴 채 살고 있다. 그에게 주중의 일과는 고기를 먹고 후식을 먹기 전에 억지로 양배추를 먹는 아이의 마음과 같다. 지미는 주중 일과가 자신의 참된 삶을 방해하는 요소라고 여긴다.

지미에게 주말은 곧 파티와 텔레비전 스포츠 게임을 즐기는 시간이다. 그는 화려했던 자신의 대학 시절을 재연하고 싶었다. 토요일 밤이 기대만큼 짜릿하지 않다는 생각에 선택을 내렸다. 더 열심히 놀기로 했다. 지미는 시트콤과 액션 영화에서 끊임없이 짜릿한 재미를 찾고 있다. 그러나 그런 만큼 현실의 삶은 더 지루하게 느껴진다.

또 지미는 주말이면 지나치게 많이 먹고 마시는 자신을 발견한다. 그런데 이런 폭식과 폭음이 주말에 빠트려서는 안 되는 일이 되어버렸다. 최근에는 기대에 부응한 주말을 보낸 적이 거의 없었지만 지미는 계속해서 더 즐거운 시간을 가지려고 했다. 이제는 주말이 그리 만족스럽지 않았을 뿐 아니라 그에 따라 혹독한 대가도 치러야 했다. 지미는 자기 삶에서 7일 가운데 5일을 무기력하게 보내고 있다. 게다가 일요일 저녁이 되면, 월요일 아침 출근 생각으로 인해 예기불안과 우울한 기분에 휩싸인 채 지낸다.

일과 놀이

중독 회복은 단지 중독 물질을 끊는 것을 의미하지 않는다. 물론 중독 물질을 끊는 행위는 중요하고도 어려운 첫 단계이긴 하나 그것만으로 충분하지 않다. 성공적인 중독 회복 과정은 약물이나 알코올에 대한 직접적 공격이 아니라, 궁극적으로 보다 균형 잡힌 생활양식을 필요로 한다는 점은 아무리 강조해도 지나치지 않다.

마음챙김을 통한 깨어 있는 삶은 약물 남용이나 폭음, 폭식과 양립할 수 없다. 더 깨어 있을수록 우리는 극단에 탐닉하지 않는다. 깨어 있을수록 우리는 한 차례 실수로 다시 중독에 빠져들어도 그것이 기대만큼 즐거움이 아님을 안다. 깨어 있을 때 우리는 폭음이나 폭식이 그다지 유쾌한 경험이 아님을 쉽게 자각한다. 또 깨어 있을 때는 폭음이나 폭식이 더 이상 우리가 기대했던 쾌락이 아님을 알게 된다. 깨어 있을 때 우리는 단순하고 자연스러운 일상의 즐거움에 더 관심을 갖는다. 깨어 있을 때 우리는 주말이나 휴가뿐 아니라 매일의 순간순간을 더 충만하게 산다.

만약 우리가 예의 불만족스러운 생활양식을 지속한 채 자신에게 중독 물질 끊기를 강요한다면, 그래서 자기 힘으로 중독의 늪에서 빠져나오려 한다면 실패하고 만다. 주중의 모든 시간을 즐겁지 않은 일에 소모하면 삶의 불균형이 생긴다. 그리고 이러한 불균형으로 인해 우리는 일하지 않는 시간만큼은 특별한 만족감을 누려야 한다고 여긴다. 불만족스럽고 무의미한 일에서 도피하려는 욕구도 그 만족감의 일부다. 의미 없는 일과를 마친 뒤 어떻게든 그 시간을 상쇄하고픈 마음, 그렇게 자신에게 충족감을 선사하고자 하는 마음은 어찌 보면 당연하다.

그러나 '주말을 위해' 주중을 사는 것은 바람직하지 않다. 삶은 순간순간이 다 소중하기 때문이다. 우리는 삶의 매 순간에 온전히 관심을 기울여야 한다. 우리는 삶의 모든 순간을 충실히 그리고 깊게 살아야 한다. 일이 불만족스러우면, 여가도 만족스러울 수 없다. 불만족스러운 일 때문에 여가에 탐닉하는 악순환을 깨트려야 한다.

『일의 재발견(The Reinvention of Work)』(1994)에서 매튜 폭스는, 불만족스런 일에서 헤어 나오지 못한 채 자신을 방치할 때 느끼는 소외감에 대해 이야기한다.

"거대 엔터테인먼트 산업으로부터 우리의 여가 시간을 되찾아야 할 때다. 스스로 하는 운동이나 이완은 소홀히 하면서, 프로 운동선수와 그들의 스폰서 기업에 얼마나 많은 여가 시간을 헌납하고 있는지 생각해보라. … 나와 주위 사람의 참된 참여를 일으키는 활동을 더 많이 할 필요가 있다. 음악, 그림, 시, 춤, 마사지, 요리, 하이킹 등이 그런 활동이다. 우리는 칭찬을 받거나 남에게 자랑하기 위해 이런 활동을 하지 않는다. 그저 기도하는 마음으로 한다. 왜냐하면 기도하는 마음이야말로 이 활동들의 본질이기 때문이다. 그런 점에서 이 활동들은 일종의 명상이다."

우리는 일과 여가 사이에 놓인 깊은 간극을 줄여야 한다. 무의미한 일로 연명한다면 살아도 죽은 거나 마찬가지다. 거기다 우리는 무의미한 일과 다름없이 공허한 유흥거리로 만족스럽지 못한 일을 보상하려 한다. 그러나 일하는 시간도 엄연한 나의 삶이다. 일하는 시간이 공허하게 느껴져서는 안 된다. 마찬가지로, 재미와 유흥을 위한 시간도 공허하게 느껴서는 안 된다.

여가는 아무렇게나 시간을 보내는 것을 의미하지 않는다. 흥청망청 파티를 열거나 자극적인 영화를 본다고 해서 만족스러운 여가 시간이 되지 않는다. 우리를 기분 좋게 만드는 여가 시간은 대개 단순한 기쁨들로 가득하다. 한 송이 꽃을 온전히 음미할 때 우리는 생각보다 큰 행복감을 느낀다. 상품화된 유흥거리가 아니라 단순한 행동을 통해 더 큰 행복을 느낄 수 있다.

　당신은 저녁식사에 친구들을 초대해 특별한 준비 없이도 충만한 저녁 시간을 보낸 적이 있는가? 몇 년 전 비버리는 오랜 친구들을 저녁식사에 초대했다. 하루 종일 갓난아기를 돌보느라 녹초가 된 비버리는 성대한 식사를 준비하기가 벅찼다. 대신 간단한 스튜를 내놓은 채 친구들이 도착하기 전에 대충 집안 정리만 해놓았다. 그럼에도 그녀는 그날 저녁 좋은 친구들과 의미 있는 대화를 나누며 더없이 충만한 시간을 보냈다. 으리으리한 저택에서 진수성찬을 먹는다고 해서 반드시 즐거운 저녁이 되는 것은 아니다. 오히려 형식적인 관심사에 대해 이야기하느라, 즐거운 저녁을 즐기는 데 방해가 될 수도 있다.

자연에서 멀어진 우리

우리는 누구인가? 우리의 참된 본성은 무엇인가? 선(禪)의 화두에 이런 것이 있다. "부모에게 태어나기 전 나의 본래 모습은 무엇인가[父母未生前本來面目]?" 직장에서 맡은 역할이 곧 나의 본모습일까? 가정에서 가족을 대하는 얼굴이 나의 원래 모습일까? 자동차를 타고 도시를 씽씽 가로지르는 모습이 진짜 나일까? 반드시 그렇지는 않을 것이다. 우리는 그 모든 것의 일부이면서 동시에 그 모든 것이다. 우리는 자연의 일부이면서 동시에 자연 자체다.

연습 ··
나와 세상은 둘이 아니다

○　　　　　　　　　　　명상 자세로 앉아 수차례 숨을 들이쉬고 내쉬며 편안하게 호흡에 머문다. 그런 다음 내가 세상과 분리된 채 홀로 존재한다고 생각하지 말고, 피부를 통해 주변 세계와 연결되어 있다고 상상해본다. 눈을 감은 채로 천천히 숨을 들이쉬고 내쉬면서 자신의 피부와 닿아 있는 주변 세계를 느껴본다. 내가 주변 세계에서 분리되어 있지 않고, 연결되어 있음을 느껴본다. 나와 세상이 둘이 아니라는(不二) 일체감을 느낄 수 있는가. 그렇다면 이것을 지구와 우주 전체로 확장시켜본다.

수련을 마무리 지을 때는 손가락으로 자신의 가슴을 가리키며 이렇게 말한다. "지금 내가 여기에 있어." 이 의도를 단단하고 명료하게 한다.

그런 다음, 눈을 뜨고 이제 자기 바깥을 향해 손가락을 가리킨다. "지금 세상이 저기에 있어." 앞에서 자신을 가리켰을 때 느꼈던 느낌과 이 느낌을 서로 연결시켜본다. 그런 다음, 하루를 지내는 동안 이 연결의 느낌을 지속할 수 있는지 본다.

오늘날 인간과 자연은 과거에 유례가 없을 만큼 서로 단절되었다. 우리는 많은 것을 이루었으나 동시에 그 과정에서 엄청난 희생을 치렀다. 위대한 자연과의 연결성을 잃어버린 것도 그중 하나다. 우리는 자연과의 합일과 상호의존성을 잃어버렸다.

오늘날 사회에서 우리 대부분은 직접 땅을 일구거나 농작물을 경작하지 않아도 생계를 유지할 수 있다. 그러나 자연이 없다면 인간도 존재할 수 없다. 열대우림이 베어져 나갈 때 우리 몸의 세포는 울부짖는다. 이것은 단지 비유적 표현이 아니다. 세포에 산소를 실어 나르는 헤모글로빈의 화학 구조는, 햇볕을 식물 에너지로 전환하는 엽록소의 화학 구조와 완전히 동일하다(단 한 개의 중심 분자를 제외하고는). 식물을 생장시키는 화학 성분이 인간의 세포를 성장시키는 화학 물질과 다르지 않은 것이다.

어린 시절 보스턴에서 자란 비버리는 우유와 치즈, 쇠고기 같은 음식은 마트에 가면 팩과 랩에 포장된 채로 얼마든지 구할 수 있다고 생각했다. 그녀는 이런 것을 생산하는 소와 농부에 대해서는 한 번도 생각해본 적이 없었다. 그녀에게는 그런 생각 자체가 무척 생소한 일이었다. 그러나 성인이 되어 어릴 적 자신의 그런 생각이 어리석었음을 깨달았다. 이는 인간이 자연의 생명 과정으로부터 얼마나 멀어졌는지 단적으로 보여주는 예다.

어머니 지구

100년 전 대부분 사람들은 농사를 지으면서 자급자족했다. 날씬한 몸매를 유지하고 칼로리를 소비하기 위해 별도의 운동 프로그램을 짤 필요도 없었다. 그날 필요한 유산소 활동을 그날의 노동에서 충당했다. 걸음을 많이 걷고 손수 무거운 짐을 날랐다. 스스로 담장을 고쳤으며 옷을 빨았다. 이렇게 하루 중 대부분 시간 동안 몸을 움직였다. 1900년대 초반의 농부가 아침에 한 시간 조깅을 하고 일주일에 세 번씩 웨이트 트레이닝 하는 모습을 상상할 수 있을까? 그들은 운동 시간을 따로 마련할 필요가 없었다. 농부의 일과 농부의 삶은 서로 분리되어 있지 않았다. 농부의 일 자체가 자연스러운 운동 프로그램이었다.

100년 전 사람들은 자연에서 시간을 보낼 방법을 따로 강구할 필요가 없었다. 일상의 노동이 곧 운동이었던 그들은 하루 중 많은 시간을 바깥에서 보냈다. 땅에서 먹을 것을 구했으며, 어머니 대지와 지속적으로 접촉하고 있었다. 그들은 오늘날 우리가 마트에서 구하는 물건들의 참된 원천을 매일 몸으로 체험하며 살았다.

인간은 땅과 접촉함으로써 신선한 활기를 얻는다. 인간에게 결투를 제안한 그리스신화의 거인 안타이오스도 어머니 대지와 접촉해 승리의 힘을 얻었다. 땅과 접촉함으로써 새로운 원기를 얻었던 것이다. 안타이오스의 힘이 어디서 나왔는지 알게 된 헤라클레스는 그를 공중에 매달아 질식시켰다. 안타이오스가 생명력의 원천인 땅과 접촉하지 못하도록 만든 것이다.

현대의 삶도 마찬가지다. 마치 헤라클레스와 같은 힘으로 현대의 삶은 인간을 땅으로부터 멀어지게 만든다. 우리의 생명력은 질식당하고 있다. 일과 자동차, 컴퓨터에 점령당한 우리가 자연에서 보내는 시간은 줄어들고 있다. 아니, 더 정확히 말하면 우리 스스로 자연에서 보내는 시간보다 일과 전자기기에 우선권을 부여했다.

컴퓨터와 자동차, 텔레비전 등 현대의 기기가 그 자체로 나쁜 것은 아니다. 이것 없이는 현대의 삶을 생각하기 어렵다. 그것들은 현대의 필수품이 되었다. 그러나 컴퓨터를 비롯한 전자기기에 매달린 삶은 인간이 자연과 다시 연결하는 데 커다란 장애물로 작용하고 있다. 인간을 회복시켜주고 생기를 북돋는 자연과의 접촉은 이제 일상에서 자연스럽게 발생하기 어려운 일이 되었다. 이제는 자연과 교감하기 위해 의식적이고 의도적인 선택을 내려야 한다.

연습
깨어 있는 마음으로 텔레비전 시청하기

○⟶⟶⟶⟶⟶⟶⟶⟶⟶⟶⟶⟶⟶⟶⟶⟶수동적인 유흥 가운데 대표적인 것이 텔레비전 시청이다. 우리는 텔레비전이 선사하는 따뜻하고 편안한 불빛에 이끌린다. 텔레비전은 우리에게 아무것도 요구하지 않는 듯하다. 게다가 텔레비전은 우리에게 자극적인 이미지를 듬뿍 선사한다. 화려한 광고 음

향과 영상으로 온갖 욕망을 부추긴다.

하루든 한 주든 한 달이든, 자신에게 적합한 일정 시간 동안 텔레비전 시청에 각별히 주의를 기울여보자. 텔레비전 편성표를 확인하는 시간을 마음챙김 하는 기회로 삼는 것이다. 이렇게 깨어 있는 마음으로, 시청할 프로그램을 미리 선정한다. 그리고 그 프로그램을 시청한 다음에는 즉시 텔레비전을 끄겠다고 다짐한다.

이 실험의 결과로 당신에게 어떤 일이 일어나는지 보라. 당신의 시간 활용에 어떤 변화가 생겼는가? 가족들과 대화하는 시간이 더 많아졌는가? 아니면 책을 읽고 음악을 듣는 시간이 늘어났는가? 저녁에 산보 나가는 시간이 생겼는가? 마음챙김 호흡을 수련하게 되었는가? 그것을 이전의 텔레비전 시청 습관과 비교해보라. 이런 변화가 어떤 느낌을 주는가?

우리가 당연하게 여기는 것

비버리는 알코올과 약물 남용의 이력이 있는 수감자들과 상담을 진행한 적이 있다. 물론 그들은 일정 정도 자유를 제약 당한 상태에 있었다. 그런데 수감자들이 가장 그리워하는 것이 무엇일까? 수감자들은 알코올과 약물 남용의 과거를 갖고 있었지만 지금 그들이 가장 원하는 것은 알코올과 약물이 아니라고 한다. 그들은 차가운 맥주 한 병과 스카치위스키 한 잔, 혹은 코카인을 그리워하지 않는다. 의외로 그들은 자연에서 보내는 시간을 가장 그리워한다고 한다. 숲속의 산책을 그리워한다. 산악 하이킹을, 캠핑과 낚시를, 그리고 물에서 헤엄치는 것을 그리워한다고 한다. 간단히 말해 그들은 지금까지 살면서 당연하게 받아들였던 자연의 아름다움을 그리워하고 있었다. 우리는 언제든 마음만 먹으면 자연으로 떠날 수 있다고 생각한다. 그리고 그 때문에 자연에 별다른 관심을 기울이지 않는다.

1849년 랄프 왈도 에머슨은 다음처럼 간명한 표현을 남겼다.

"만약 밤하늘의 별이 천년 중에 하룻밤만 빛을 낸다면 어떨까? 그렇다면 인간은 그렇게 모습을 드러낸 '하느님의 나라'를 지극하게 믿고 숭배하지 않을까? 또 그 기억을 오랫동안 소중하게 간직하지 않을까?"

그러나 실제로 별은 매일 밤 우리에게 빛의 장관을 선사한다. 우리는 별이 선사하는 장관을 온전히 누리고 있는가? 매일 밤, 별에 대한 경외의 느낌과 감사의 마음을 고백하는가? 먼 곳에서 빛을 발하는 별들의 장관에 압도되는가? 그렇지 않다. 대개 우리는 하늘을 올려다보는 일조차 잊은 채 산다. 언제나 그곳에 있는 친구를 대하듯, 우리는 밤하늘의 별을 당연하게 여긴다. 별이 선사하는 아름다움을 좀체 인식하지 못한다.

마음챙김으로 마음이 깨어 있지 않을 때는 바로 코앞에 있는 기적도 제대로 알아볼 수 없다. 무리 없이 세상을 살아가느라 우리는 종종 세상의 추악함에 눈감은 채 산다. 우리는 불결한 도시 빈민, 매일 밤 뉴스에 보도되는 살인과 강간 사건, 퇴락한 도시 건물, 길가의 쓰레기에 무감각한 채 살아간다. 그래야 사는 게 조금 더 수월하다. 그런데 여기에는 문제가 있다. 바로, 세상의 부정적인 면에 무감각해지면 아름다움에 대한 감각도 무뎌진다는 사실이다.

인간의 신경계는 자주 경험하는 현상일수록 거기에 쉽게 익숙해진다. 이 때문에 째깍거리는 시계 소리나 온풍기와 에어컨 작동음, 형광등의 잡음을 우리는 잘 인식하지 못한다. 심리학자들은 이것을 습관화(habituation)라고 부르는데, 습관화는 어느 정도 유용한 목적을 갖는다. 예컨대 째깍거리는 시계소리를 인식에서 차단하면 다른 일에 더 주의를 기울일 수 있다.

그런데 불행하게도 우리는 긍정적인 경험에 가장 쉽게 습관화된다. 잘못된 일은 어김없이 우리의 관심을 잡아끄는 반면, 매일 문제없이 풀려가는 일에 대해서는 좀체 인식하지 못한다. 녹슨 맥주 캔 하나가 아름답고 맑은 호수에 떠 있다고 하자. 이때 우리는 호수 위에 일렁이는 빛과 바람의 물결이나 호숫가의 화려한 야생화보다, 그 맥주 캔에 더 시선이 간다.

꽃을 알아보기 위해 명상한다는 말은 단지 낭만적인 이야기가 아니다. 몇몇 연구에 따르면 현재 순간을 알아차리는 선 명상을 오래 한 사람은 단조롭고 반복적인 자극에 쉽게 습관화되지 않는다고 한다. 그들은 시계 바늘이 째깍거릴 때마다 그 소리를 새롭게 듣는다. 명상을 통해 우리는 이전에 한 번도 보지 못한 것처럼 꽃과 별을 바라본다. 그리고 앞으로도 보지 못할 것처럼 바라본다. 나에게 의미 있는 꽃과 별은, 지금 여기에 존재하는 꽃과 별이기 때문이다.

삶을 축복하라

공상과학 소설에 나오는 것처럼 만약 우리가 소중하게 여기는 것들을 빼앗긴다면 우리는 어떻게 대응할까? 만약 전쟁이나 괴물 악당이 지구를 파괴해 세계 종말이 닥친다면 우리는 어떻게 반응할까? 아마도 우리는 아름다운 세계가 사라지는 데 소리쳐 저항할 것이다. 우리가 당연하게 여기는 아름다운 것들이 사라지게 된다면 우리는 적극적으로 저항할 것이다. 나무와 아름다운 일몰, 멋진 바다를 다시 볼 수 없다는 끔찍함에 몸부림칠 것이다.

어느 택시 기사가 비버리에게 들려준 이야기다. 그 기사는 몇 개월 전 갑작스러운 질병으로 목 아래의 전신이 완전히 마비되는 지경에 이르렀다고 한다. 의사들도 그의 몸이 마비된 원인을 정확히 짚어내지 못했으며, 그가 영원히 불구가 될 수도 있다고 말했다. 그는 앞으로 걷거나 야구장에서 공을 던지고 자동차를 운전하는 일을 못할지 모른다는 생각이 들었다.

다행히 마비는 오래가지 않았다. 마비는 말끔히 사라졌고 그는 건강을 되찾았다. 이제 그는 삶이 순간이며 영원하지 않다는 것, 그래서 그만큼 소중하다는 사실을 깨달았다. 이제는 자연의 경이로움을 느끼고 감상할 수 있었다. 자연을 즐기고 멋진 야외에서 놀 수 있는 날도 영원하지 않다는 것을 알게 되었다.

병원을 나온 그는 가족들에게 여행을 가자고 했다. 오랫동안 계획했던 전국 횡단 여행을 이제는 마냥 미루지 않았다. 그는 가족과 함께 전국 각지의 장관을 감상하며 삶을 축복했다. 꿈을 현실로 만들지 않으려는 변명은 이제 통하지 않았다. 그는 더 이상 자신이 지녀왔던 꿈을 어리석음으로 치부하지 않았다. 잃을 뻔했던 삶을 마음껏 즐기기로 했다.

당신도 몸이 더는 자연을 즐기지 못할 때까지 마냥 기다리는 것을 바라지 않을 것이다.

인간은 자연의 일부

어느 날 나는 눈을 감고 명상하던 중 특별한 편안함과 함께 현존감을 느꼈다. 잠시 눈을 떴을 때 이웃집 고양이가 우리 집 창문 앞에서 인도를 따라 코너를 돌아가는 장면이 눈에 들어왔다. 순간, 고양이의 우아하고 자연스러운 동작을 보며 나의 온몸에 미소가 번졌다. 그런 다음, 우리 집 거실에 있는 화초를 보았다. 이번에도 잠시 화초와 하나가 된 것처럼 느껴졌다. 나는 주변의 사물 가운데 나의 의식에 들어온 화초나 고양이와 하나임을 알 수 있었다. 그때 나는 그 고양이를 그저 우리집 정원을 화장실로 이용하는 녀석으로 여기지 않았다. 또 단지 물을 주고 가꿔야 하는 대상으로 거실의 화초를 간주하지 않았다. 나는 그것들과 함께 존재하고 있었다. 이렇듯 깊은 명상적 고요의 순간에는 지금까지 몰랐던 새로운 차원의 실재가 모습을 드러낸다. 그 순간에는 불현듯 모든 사물이 밝게 빛을 발한다.

이런 체험은 사실 특별한 것이 아니다. 누구나 할 수 있는 경험이다. 왜 그런가? 인간은 주변 자연환경과 동떨어진 존재가 아니기 때문이다. 인간이 스스로를 동물의 왕국에서 특별한 존재로 여긴다 해도, 인간은 여전히 자연의 일부다. 하나의 사물에 우주의 모든 존재가 들어 있다. 사과를 먹을 때 우리는 햇볕과 흙, 물, 뿌리와 나뭇잎, 사과를 재배한 농부, 사과를 키운 양분과 접촉한다. 사과를 먹는 것은 곧 우주와 만나는 것이다. 하나의 신을 취함으로써, 다른 신을 또 다른 신으로 변화시키는 작업이다.

식물은 인간의 생명을 유지시키는 산소를 제공하며 우리의 생활 세계를 아름답게 해준다. 인간이 생존하기 위해서는 물과 햇볕이 필요하다. 거주할 집을 짓는 데는 나무와 흙 등의 자연자원을 이용한다. 우리는 흙이 주는 다양한 혜택 없이는 살아갈 수 없다. 인간과 환경의 연결성을 무시할 때 불균형이 초래된다. 자연과 분리되면 자연이 주는 치유 효과를 누릴 수 없다.

인간은 신선한 공기, 깨끗한 물, 푸른 신록, 햇볕과 접촉하지 못하면 병이 든다. 이것은 한낱 감상적 낭만주의가 아니라 실제로 증명 가능한 사실이다. 예컨대 계절성 정서장애(Seasonal Affective Disorder, SAD)가 있는 사람은 겨울철 햇볕이 적은 고위도 지역에 살 경우, 우울증 확률이 매우 높다고 한다. 계절성 정서장애는 우리 모두에 관한 진실, 즉 사람은 누구나 햇볕이 필요함을 보여준다. 우리는 1년 중 낮이 긴 달에 더 행복감을 느낀다. 반대로 밤이 길어 햇볕이 적은 달에는 자살률이 더 높다고 한다.

사막 식물은 사막에서 자라야

자신을 주변과 분리된 개체로 여길 때 우리는 무용 감독이나 예술 비평가의 입장을 취한다. 자연 그대로를 즐기기보다 바꾸고 개선시키려 한다. 가끔씩 아내와 내가 뒷마당에 나가보면 우리 눈에 들어온 '문제'를 개선시킬 계획에 마음이 분주하다. 지금 당장 잔디를 깎고 잡초를 제거해야 한다거나, 담장을 수리해야 한다는 생각이 마구 떠오른다. 그러나 이때 우리는 조금 다른 선택을 내릴 수도 있다. 자신의 분주한 마음에 미소를 보내면서 지금 이 순간 뒷마당에서 보내는 한때를 느긋하게 즐길 수도 있다.

노력을 쏟았다고 해서 항상 무언가가 개선되는 것은 아니다. 숲과 산, 호수와 강은 자연 풍경 그대로 완벽하지 않은가? 우리가 군이 변화시키지 않아도 있는 그대로 완전하지 않은가? 우리는 아름다운 풍광을 가까이에서 즐기려고 전원주택과 리조트를 지어 자연을 '더 낫게' 만들려고 하지만, 이는 우리가 추구하는 바로 그것을 파괴시키는 행동이다.

이곳 뉴멕시코는 사막 특유의 풍광을 즐기기에 좋은 곳이다. 그런데 요즘은 자연 그대로의 사막에서 많이 멀어졌다. 물이 부족한 사막 기후에 살아남지 못하는 식물을 사람들이 들여왔기 때문이다. 손보지 않아도 살아남는 토착 식물들을 외래종으로 바꿔 심은 것이다. 게다가 물이 부족한 기후에서 외래종은 많은 노력을 기울여 돌봐야 한다.

최근에 친구를 방문했더니 얼마 전 자기네 정원에 심은 사막 식물에 대해 이야기했다. 아내와 함께 사막식 정원을 가꾸는 데 온 정성을 쏟았다는 것이다. 사실 친구는 몇 년 전에 사막 식물을 제거하고, 그 자리에 자주 물을 쥐야 하는 관목을 심었었다. 그 뒤로 몇 년에 걸쳐 친구 부부는 뉴멕시코 기후에 적합한 방식으로 정원을 가꾸기 시작했다. 최근에는 뒤편 정원을 물을 자주 주지 않아도 되는 건식(乾式) 조경으로 완전히 바꿨다고 한다. 이제는 처음에 심었던 토착종 식물들과 거의 비슷한 모습을 되찾았다고 말했다.

인간이 자연의 일부임을 자각한다면, 자연의 아름다움을 '개선'하는 일에도 좀 더 신중해야 할 것이다. 인간은 자연 속에서 살아간다는 엄연한 진실을 깨닫지 못하면, 우리가 환경에 일으키는 다양한 변화들이 실은 지구의 균형을 깨뜨리는 위험한 일이 될 수도 있다.

영적 깨어남

『월든』에서 헨리 데이비드 소로는 생존에 꼭 필요한 물건만 가지고 숲속의 삶을 시작한 경위에 대해 이야기한다. 그는 삶에 절대적으로 필요한 물건만으로 최소한의 삶을 사는 것이 무엇보다 중요하다고 생각했다. 여기서 '삶에 꼭 필요한 물건'은 무엇일까? 우리는 솥과 팬이 필요한가? 아마 필요할 것이다. 그러나 그 수는 그리 많지 않아 보인다. 물론 침대, 담요, 갈아입을 옷, 작은 움막, 기본적인 음식 등은 꼭 필요할 테다. 사실 인간의 삶에 꼭 필요한 물건의 가짓수는 그리 많지 않다. 소로는 우리가 정기적으로 구입하고 소비하며 쌓아두는 물건들이 삶에 꼭 필요한가라는 질문을 던진 다음 철저하게 검토했다. 그 물건들은 생존에 꼭 필요한 것인가? 그 물건들 없이는 살 수 없는가?

소로는 문명이 인간의 집을 개량시킬 수는 있지만, 그 집에 사는 사람들의 삶을 향상시키는 데는 도움이 되지 않는다는 사실을 그가 살던 시대에 이미 꿰뚫고 있었다. 소로는 당시에 이미 예언자적 명철함으로 통찰하고 있었다. 우리가 안락함을 추구하는 과정에서 그 안락함은 어느덧 없어서 안 되는 필수 조건이 되어버린다는 사실을 말이다. 그리고 또 다른 새로운 안락함을 추구하기 위해 더 많은 시간을 일해야 하는 악순환에 대해서도 통찰했다.

그러나 소로의 이상은 인간의 생존에 반드시 필요한 물건을 가려내는 데 있지 않았다. 그는 그 너머를 추구했다. 소로는 사회의 요구, 현대의 편리함과 유흥에 방해받지 않는 단순하고 기본적인 삶으로 돌아가 영적인 깨어남을 이루고자 했다. 그는 우리에게 삶을 단순하게 만듦으로써, 끝없는 쳇바퀴에서 벗어나 영적 본성으로 돌아갈 것을 촉구했다. 그는 우리의 영혼을 살찌우는 일이 무엇보다 우선되어야 하며, 그것이 인간의 생존에 무엇보다 중요한 일이라고 가르쳤다.

연습
꼭 필요한 물건만 사기

○ 다음 번 쇼핑을, 생활에 꼭 필요한 물건만 구입하는 기회로 삼겠다고 의식적으로 결심해본다. 정말 사고 싶으나 실제로 필요하지 않은 물건들은 이번이 아니라 다음에 사겠다고 다짐한다. 실제로 필요치 않은 물건에는 예컨대 이런 것이 있다. 가공식품과 인스턴트 식품, 탄산음료, 너무 다양한 종류의 청소용품들, 각종 과자와 디저트….

사실 쇼핑하는 대부분 물건은 정말 필요한 물건과 그저 조금 편리해서 구입하는 물건 사이의 어딘가에 위치한다. 각각의 물건이 어디에 위치하는가는 본인 스스로 결정할 문제다. 다만 마음챙김으로 깨어 있는 상태에서 쇼핑을 해보라. 그러면 쇼핑 카트에 들어갈 물건의 수가 그리 많지 않음을 알고는 놀랄지 모른다. 그러면 생활용품 쇼핑에 대해 당신은 이전과 완전히 다른 눈을 갖게 될 것이다.

놀이의 재발견

우리들 대부분이 문명사회와 단절된 채 살 필요는 없다. 또 자연친화적인 삶을 위해 숲으로 들어갈 필요도 없다. 만약 너무 많은 사람이 숲에 들어가면 오히려 숲이 망가질 것이다. 그러나 지금 자신이 어떻게 여가시간을 보내고 있는지 생각해볼 수는 있다. 자연과의 합일감을 경험하는 데 필요한 것을 하고 있는가? 주변 자연을 아끼는 마음을 갖는가? 혹은 나의 몸이라는 이 조그마한 자연은 어떤가? 거기에 온당한 관심을 기울이고 있는가?

여가를 보내는 방법에 관하여 모든 사람에게 적용되는 단일한 규칙은 존재하지 않는다. 1주일에 3시간을 조깅하는 사람이 있는가 하면, 어떤 사람은 1주일에 3차례, 30분씩만 해도 충분하다. 또 어떤 사람은 크로스컨트리 스키를 좋아하고, 어떤 사람은 하이킹을 즐긴다. 자연과 교감한다고 해서 반드시 자연에서 격렬한 운동을 해야 하는 것은 아니다. 그저 바깥에 나가 자연이 자신의 삶 속으로 들어오게 하는 것으로 충분할 수 있다.

1~2주간 여가 일기를 쓰는 것도 좋은 방법이다. 여가 활동에 얼마의 시간을 쓰는지 기록한다. 또 여가 활동 뒤의 느낌, 특히 활동 후에 느끼는 행복감을 1점부터 10점까지 점수를 매겨본다. 이렇게 하면 얼마만큼의 시간을 자연에서 보내고 있는지, 얼마만큼의 시간을 자신이 즐기는 활동에 보내고 있는지 알 수 있다. 또 자신을 회복시켜 주지 못하는 수동적 활동에 얼마의 시간을 허비하는지도 알 수 있다. 이를 기록한 다음, 자신에게 다음 질문을 던져보라.

나는 일주일에 한 시간 걷는 데 만족하고 있는가?

하이킹에 더 많은 시간을 보내고 싶지 않은가?

일주일에 10시간의 텔레비전 시청은 내가 수동적 유흥에 할당한 시간으로 너무 많지 않은가?

나의 여가 스케줄에는 멋진 경치를 즐기는 여행이 충분히 들어가 있는가?

바다 가까이에 살면서도 실제로 바다를 즐기는 경우가 드물지 않은가?

산은 그저 배경일 뿐, 차를 몰고 시내를 돌아다니기만 하는 것은 아닌가?

자신의 여가시간을 살피는 이유는 자신을 질책하는 것이 아니다. 여가시간이 자신에게 기운을 북돋는 시간이 될 수 있도록 의식적인 선택을 내리기 위함이다. 자신의 소중한 시간을 만족스럽고 치유적인 방식으로 보내기 위함이다. 자신의 여가활동을 꼼꼼히 살펴보면 그다지 만족스럽지 않은 활동들이 포함되어 있을지 모른다.

또 다른 방법도 있다. 현재 너무 오랜 시간 하고 있는 한두 가지 여가활동을 선택해, 적어도 일주일 동안 그 활동을 완전히 하지 않거나 시간을 대폭 줄여보는 것이다. 예컨대 수동적인 텔레비전 시청을 일주일간 여가 계획표에서 완전히 뺄 수도 있다. 아니면 일주일 동안 쇼핑을 하지 않거나, 너무 많은 시간을 잡아먹는 카드 게임을 완전히 끊어보는 것도 좋다.

물론 중독 회복의 초기 단계인 사람은 자신의 중독과 연관된 활동을 삼가는 것이 중요하다. 그런데 안타깝게도 훌륭한 야외 활동들이 여기에 포함되는 수가 있다. 이곳 뉴멕시코에서는 많은 사람이 산 개울과 호수에서 낚시를 즐긴다. 그런데 낚시는 음주와 연관되어 있는 경우가 많다(즉 낚시할 때 음주하는 경우가 많다). 때문에 알코올 중독자들은 술에서 멀어진 새로운 삶의 양식이 어느 정도 자리 잡기까지는 낚시를 멀리하는 것이 좋다.

회복 초기 단계는 인간이 가진 고차원의 능력과 무관한 활동들에 자신이 허비하는 시간이 얼마나 되는지 살펴보고 줄일 수 있는 기회다. 동네 술집에서 술을 마시는 습관처럼, 과거의 해로운 활동을 마냥 포기하거나 순전히 의지력으로 절제하라는 말이 아니다. 그보다 소중한 당신의 시간을 어떻게 사용하고 있는지 면밀히 살피는 기회로 삼으라.

야외 운동

당신은 운동 시간을 늘리려 하는가? 그 이유는 아마도 운동이 가져다주는 건강상의 이익 때문이거나 아니면 살을 빼고 싶어서일 것이다. 운동은 당신의 신체를 더 건강하게 만들어주고 웰빙의 느낌을 증가시킨다. 뿐만 아니라 기분도 좋게 만든다. 오직 운동의 즐거움을 위해 운동하는 사람도 있고, 신체의 건강을 위해 걷기와 조깅을 스케줄에 추가하는 사람도 있다. 이는 운동을 하는 훌륭한 이유들이다. 여가 활동에 운동을 추가하면 유익한 효과를 누릴 수 있다. 그러나 단지 운동을 위해 운동하기보다, 운동이 주는 부가적인 이점에 대해서도 생각해보기를 권한다. 그것은 영혼과 관련된 이점이다. 실내 자전거는 당신의 근육을 운동시켜 주지만, 당신의 영혼을 살찌우지는 못한다. 마음챙김을 통해 우리는 운동의 결과만이 아니라 운동하는 순간순간을 즐기면서 영혼을 살찌울 수 있다.

자연에서 걷기 명상을 하면 실내에서 하는 걷기 명상이 주지 못하는 유익함을 누릴 수 있다. 자연에서 걷는 동안 당신은 주변의 나무와 파란 하늘을 자각하는 기회를 갖는다. 스쳐지나가는 새와 동물을 깨어 있는 마음으로 감상할 수 있다. 호수와 해변, 산과 숲을 목적지 삼아 걷는 동안 자신의 호흡을 알아차릴 수도 있다. 숨을 들이쉬고 내쉬는 스스로를 자각하면서 걷는다. 이때 자신에게 "아름다워!"라고 말해보라. 마치 이 말로 자연의 아름다움과 생생하게 접촉한다고 생각하면서 말해보라. 평범한 주변환경이라도 우리가 즐길 수 있는 아름다운 자연을 제공해준다. 주변에 나무와 꽃이 없어도 하늘은 언제나 있게 마련이니까.

자연에서 걷는 한 걸음 한 걸음을 깨어 있는 마음으로 알아차리면, 운동이 될 뿐 아니라 내면의 중심이 굳건하게 잡힌다. 자신의 호흡에 주의를 기울여 알아차리고 아무렇게나 일어나고 사라지는 생각들을 흘려보내면, 자연에 대한 자각과 감사의 마음이 커진다. 이럴 때 당신은 주변 환경을 온전히 자각한다. 우아하고 날렵한 몸짓으로 담장을 뛰어넘는 고양이, 당신이 다가갔을 때 근방 친구들에게 알리는 개들이 눈에 들어온다. 새 한 마리 한 마리가 당신이 지금까지 봤던 새 중에 가장 소중하게 여겨진다. 꽃의 아름다운 향기가 문득 당신에게 다가와 말을 건다. 당신은 변화하는 계절, 뜨고 지는 태양의 리듬, 차고 기우는 달의 리듬에 조율한다.

날씨가 흐리면 러닝머신 등 실내 운동기구를 이용해 운동할 수도 있다. 그러나 그것은 풀밭을 걷거나 산을 오르며 걷는 것과는 비교할 수 없다. 실내 운동을 통해 우리는 야외 운동과 마찬가지의 건강상 이익을 얻을지 몰라도, 자연의 걷기가 주는 아름다움과 평화로움을 경험할 수는 없다. 실내 운동은 신체적으로는 운동이 되지만, 우리의 영혼을 살찌울 기회는 되지 못한다.

당신이 도시에 산다면 차로 몇 시간을 달려야 산과 들판을 만날지 모른다. 그러나 파란 하늘과 회색빛 구름, 군데군데 심은 나무는 어디에도 있다. 당신이 지금 있는 자리에서 누릴 수 있는 자연을 얼마든지 찾을 수 있다. 아니면 공원, 동물원, 식물원, 수족관, 수목원 등 자연과 접촉하는 장소를 찾아도 좋다. 또 대다수 도시는 주요 물길을 따라 만들어졌으므로 강과 만, 바다를 따라 난 산책로를 걷거나 보트를 탈 수도 있다. 야구장에서 자연과 함께하는 것도 좋다. 야구장의 푸른 잔디와 시원하게 트인 공간은 마음의 평안을 준다. 이 때문에 앞으로 당신이 야구장을 자주 찾을지 모를 일이다. 당신이 할 수 있는 범위 내에서, 지금 살고 있는 도시를 떠날 방법을 찾아보라. 무슨 일이 있어도 자연과 동떨어진 채 오랜 시간을 보내는 것은 피하라.

쇄신

레크리에이션(recreation)이라는 단어에는 '자신을 새롭게 하고 회복시키며 쇄신한다'는 중요하고도 멋진 의미가 있다. 그럼에도 우리는 이 단어의 참 의미를 새겨보는 일이 잘 없다. 우리가 별 뜻 없이 '레크리에이션'이라고 부르는 활동들은 사실 진정한 의미의 회복이나 쇄신과 무관하다. 텔레비전 시청이나 비디오게임은 그 자체로 나쁜 활동이 아니지만, 그런 활동으로는 다시 새롭게 태어나는(re-create) 느낌, 자양분을 얻는 느낌을 받기 어렵다.

안락함과 기쁨, 영감의 원천을 구하기에 적합한 자연의 장소를 한 곳 정해둔 다음, 정기적으로 찾는 것도 좋다. 당신은 그 특별한 자연의 장소에 이르는 동안 걸어도 좋고 조깅을 해도 좋고 자전거를 타도 좋다. 그리고 그곳에 도착해서는 명상을 할 수도 있고, 그저 그곳에 앉아 몸에서 느끼는 무엇이라도 받아들일 수 있다. 이곳은 당신이 생각하고 결정을 내리는 장소, 자신이 내린 선택을 숙고하면서 삶의 문제를 해결하는 장소가 될 수 있다.

해안의 절벽이나 산속의 바위에 앉아 명상하면 자연과 하나 되는 느낌을 더 크게 가질 수 있다. 이때 당신과 자연 사이의 인위적 구분은 자연스레 떨어져 나간다. 당신은 자연과 조화를 이루는 존재가 되며, 이 과정에서 자신과도 더 조화를 이룬다. 왜냐하면 이때 당신은 곧 걷는 자연, 말하는 자연, 숨 쉬고 생각하는 자연이기 때문이다. 이렇게 자기 안에서 중심을 잡고, 자신의 자연스러운 리듬에 조율하면 당신이 하는 다른 활동도 이에 영향을 받는다. 그리고 그렇게 잡힌 중심을 당신의 일터로 가져갈 수 있다. 또 친구나 가족, 동료들과의 관계에도 변화를 일으킬 수 있다.

집에 있을 때는 당신이 선택한 자연 속의 특별 장소를 머릿속에 그려보는 것도 좋다. 거실에 앉아 눈을 감은 채 숨을 깊게 들이쉬고 내쉰다. 그런 다음, 당신이 택한 자연의 아름다운 장소로 상상의 여행을 떠난다고 생각하라. 실제로 그곳에 갈 수 없다 해도, 그곳을 향한 안내 여행을 직접 해보면 실제로 가는 것과 비슷한 명상 효과를 거둘 수 있다.

자신을 보호하고 자양분을 주기

『묵상의 새로운 씨앗(New Seeds of Contemplation)』(1961)이라는 책에서 트라피스트회(기도·침묵 등을 강조하는 엄격한 수도회) 수사(修士) 토마스 머튼은 묵상에 대해 말한다. 그의 말은 지금 우리가 하고 있는 마음챙김 수행과 매우 비슷하다.

사람들이 일으키는 소음과 번잡한 일을 피하라. 이를 위해 당신이 할 수 있는 모든 것을 하라. 사람들이 모여 서로를 속이고 욕하고 착취하는 곳에서 멀어지도록 하라. 거짓된 우정의 몸짓으로 서로를 비웃는 곳으로부터 가능한 멀어지도록 하라. 그들의 시끄러운 라디오에서 벗어남을 기뻐하라. 그들의 기괴한 노랫소리에 신경 쓰지 말라. 그들의 광고에 눈길을 주지 말라.

물론 독선에 빠져 보통 사람들의 습관과 여흥을 경멸하는 것은 묵상적 삶과 거리가 멀다. 그러나 정신의 해방을 찾고 영적 광명을 구하는 사람이라면, 판매자와 소비자가 주도하는 사회에 수동적으로 굴복해서는 안 된다.

당신의 눈을 깨끗하게, 귀를 조용하게 하라. 마음의 평온을 유지하고 신의 공기를 들이마시라. 그리고 가능하면 신의 하늘 아래에서 일하라. 그러나 만약 당신이 도시에 살아야 하고 기계들 사이에서 일해야 하더라도, 또 지하철을 타고 라디오의 거짓 뉴스에 귀가 먹먹하더라도 초조해하지 말라. 잘못된 음식이 당신의 삶을 파괴하고, 주변 사람의 감정이 당신의 가슴을 지루함으로 물들이더라도 다급해하지 말라. 그것을 신의 사랑으로 받아들이라. 당신의 영혼에 심은 고독의 씨앗으로 생각하라. 그런 일이 섬뜩하게 여겨지는가? 그렇다면 당신은 묵상의 침묵이 지닌 치유력을 계속 필요로 할 것이다.

삶의 소중한 순간순간을 놓치지 않도록 하라. 이를 위해 당신이 할 수 있는 일을 하라. 언제나 특별하고 흥미진진한 유흥을 좇는 악순환에서 벗어나라. 이런 악순환은 약물 남용으로 이어지기가 쉽다. 땅과 물, 하늘에서 단절되어 차와 사무실에 갇혀 사는 자신이 한심하게 느껴지는가? 이 한심함조차 소중히 여기라. 그리고 그것을 자연으로 돌아오라는 부름으로 받아들이라. 당신이 곧 자연이기 때문이다.

사랑

중독에서 벗어나기 위해서는 건강한 인간관계를 가꿀 필요가 있다. 고통스럽고 불만족스러운 인간관계 때문에 중독에 빠지는 경우가 많다. 또 중독으로 인해 좋았던 인간관계가 파괴되는 경우도 있다. 자신의 관계 패턴에 대해 자각하면 그 패턴을 변화시킬 수 있으며, 이에 따라 중독에 빠져야 하는 당위성도 줄어든다.

상추를 심었는데 잘 자라지 않는다면 상추를 탓해야 할까?

아마도 비료나 물, 햇빛이 모자라지 않았는지 살펴야 할

것이다. 상추가 자라지 않는 이유는 그런 데서 찾아야 한다.

우리는 친구와 가족과의 관계에 문제가 생기는 경우에

상대방을 비난한다. 만약 우리가 그들을 제대로 보살핀다면

그들은 상추가 자라듯 제대로 성장할 것이다. 비난은 어떤

경우에도 긍정적인 효과를 주지 못한다. 논리와 증거로

설득하는 것도 마찬가지다. … 비난과 논리, 증거는 필요하지

않다. 단지 이해가 필요할 뿐이다. 당신이 이해한다면,

그리고 이해하고 있음을 상대에게 보여준다면 당신은 사랑을

줄 수 있다. 그리고 사랑을 줄 수 있다면 상황은 바뀔 것이다.

—

틱낫한, 『걸음마다 평화(Peace Is Every Step)』(1991)

중독 물질을 갑작스레 중단하고 나면 건강한 인간관계를 어떻게 이루어야 할지, 기존에 맺었던 관계를 어떻게 회복해야 할지 난감할 수 있다. 또 나에게 상처를 주고 성장을 방해하는 관계를 어떻게 끊어야 할지 몰라 당황하는 경우도 있다. 그러나 이것은 중요한 배움의 과정이다. 왜냐하면 건강한 사랑의 관계는, 중독에 빠진 삶으로 되돌아가지 않도록 해주는 강력한 보호막이기 때문이다. 크리팔루(Kripalu) 요가로 유명한 암리트 데자이(Guru Amrit Desai)는 이런 말을 했다. "여럿이 함께 있음은 혼자만의 의지력보다 강하다." 건강한 사람들과 맺는 건강한 인간관계는 일어날 가능성이 있는 많은 문제에 대해 예방접종을 맞는 것과 같다. 지지해주는 인간관계망이 있는 사람은 그렇지 못한 사람보다 더 건강하고 행복하다.

중독에서 흔히 나타나는 인간관계 가운데 공동의존 관계가 있다. 이는 누군가가 중독에 빠졌을 때 그를 보살피는 가족에게도 심리적 문제가 생기는 것을 말한다. 이 때문에 가족들은 중독에 빠진 가족 구성원을 '중독자'로 낙인찍고 비난하기 쉽다. 이로써 알코올이나 약물에 빠진 사람은 건강하고 지지적이며 생산적인 관계를 갖기가 더욱 어려워진다. 알코올 중독자가 가까운 가족을 왜곡시키거나 과장하지 않고 있는 모습 그대로 온전히 바라볼 수 있을까? 알코올 중독자 메리는 배우자에게 화가 나거나 실망하면 어떻게 반응할까? 또 다른 알코올 중독자 해리는 점점 제멋대로 행동하는 자녀들과 어떻게 접점을 찾을 수 있을까?

일반적으로, 약물과 알코올은 살면서 생기는 문제를 회피하고 관계를 소원하게 만드는 데 흔히 사용된다. 중독 물질을 남용했다는 명백한 증거가 없는 경우에도 가족들이 '물질 사용 장애'라는 색안경을 끼고 바라보는 경우가 있다. 즉 가족들은 중독자의 문제에 끊임없이 과민반응 하거나 방어하거나 아니면 화를 낸다. 이처럼 중독에 빠진 사람이 건강한 인간관계를 맺기란 결코 쉬운 일이 아니다.

오래 전 비버리가 담배를 끊었을 때, 그녀에게는 자신을 둘러친 연막이 제거된 것이나 다름없었다. 그녀는 친구 관계를 완전히 새롭게 만들어야 했다. 담배를 끊기 전, 그녀는 담배에 손을 뻗침으로써 자신의 감정을 틀어막고 방어벽을 치는 데 익숙해져 있었다. 그런 그녀의 삶에서 담배가 사라지자 그때까지 그녀를 보호해주던 방어막도 함께 사라진 것이다. 이제 그녀는 자신의 감정과 인간관계라는 현실에 직면해야 했다. 담배를 끊고 나서 그녀는 기나긴 변화의 과정을 겪어야 했다.

중독에 빠져 있던 사람이 중독에서 떠나면 자신과 타인을 사랑하는 법을 처음부터 다시 배워야 한다.

인간관계

인간이 가진 두 가지 성향 때문에 우리의 인간관계는 더욱 어려워진다. 그것은 모든 것을 자기 관점에서만 보려는 성향, 그리고 이로 인해 상대를 비난하는 성향이다. 우리는 자신의 필요를 충족시키느냐, 실망시키느냐의 관점에서 상대를 보는 일이 많다. 상대가 자신의 필요를 충족시키면 비난하지 않고, 충족시키지 못하면 비난한다. 어쩌면 이것은 납득할 수 있는 자연스러운 현상이다. 그러나 건강한 인간관계를 맺기 위해서는 이런 협소한 관점에서 벗어나야 한다. 상대를 나의 관점이 아니라, 있는 그대로 모습으로 온전히 바라볼 줄 알아야 한다.

나의 삶에 등장하는 사람들은 우리 집 정원에 심어놓은 식물과 같다. 그들을 한번 살펴보라. 그들은 지금 어떤 상태인가? 그들은 지금 어떻게 살고 있는가?

상대방의 관점에서 보기

○ 　　　　　　　　종이나 일기장에 배우자, 친구, 소중한 가족 구성원 등 당신의 삶에서 가장 중요한 사람들의 이름을 세로로 죽 적는다. 우선 목록의 맨 위에 적은 사람을 머릿속에 떠올린다. 숨을 자각하며 천천히 들이쉬고 내쉬면서 당신이 곧 그가 되었다고 생각한다. 그가 느끼는 느낌을 그대로 느끼고, 그의 삶을 똑같이 살고 있다고 생각한다. 천천히 시간을 갖고 생생하게 느껴본다. 그런 다음 그가 당신에게 말하는 장면을 떠올린다. "지금 난 이렇게 살아. 그리고 너와의 관계는 지금 이런 상태야." 그가 말하는 것을 받아 적는다. 좋은 내용이든 나쁜 내용이든 모두 적는다. 이제 정해진 시간이 되면 그 사람에 대한 당신의 생각이 어떻게 변했는지 살펴본다. 목록에 적은 모든 사람에 대하여 이 과정을 진행해본다.

이제 당신의 '사람 정원'은 어떻게 변했는가?

만약 당신이 운이 좋다면 이 관계들을 떠올렸을 때 입가에 미소가 번질 것이다. 그러나 솔직하게 자신을 들여다보면, 이들 관계 가운데 일부는 다소 꼬여 있고 고통스러운 관계도 있다. 고통스러운 관계를 떠올리는 동안에 당신의 머릿속에는 아마도 두 종류의 정신적 테이프가 돌아가고 있을 것이다. 지금의 문제에 관해 상대를 비난하면서 그 사람에 대한 자신의 반응을 정당화하는 정신적 수다가 그 하나다. 또 당신이 얼마나 형편없는 사람인가라는 마음속의 끝없는 재잘거림이 두 번째 테이프다. 최악의 경우, 두 가지 테이프가 함께 돌아가는 수도 있다.

만약 당신이 채소를 가꾸고 있다면 밭일로 인해 죄책감과 비난의 감정이 일어날 수 있다. 즉 당신이 키우는 상추가 잘 자라지 않을 때 당신은 스스로를 비난하거나('물을 더 주어야 했는데. 잡초를 제때 제거해주어야 했는데.') 아니면 외부적 요인에 비난의 화살을 돌릴지 모른다('씨앗이 좋지 않았어. 원래부터 잘 자라는 식물이 아니야.'). 아니면 자신과 외부 요인을 동시에 비난하는 수도 있다. 그러나 자신에 대한 비난이든, 외부 요인에 대한 책망이든 어느 것도 바람직하지 않다. 둘 모두 우리를 소외시키고, 슬프고 화나게 만들며, 고립된 상태에 빠트리기 때문이다.

주되, 굴종하지 않기

모든 인간관계에서 가장 핵심적인 문제는 '어떻게 하면 상대에게 주되, 굴종하지 않는가'이다. 다시 말해 '어떻게 하면 내가 가진 것을 주되, 나 자신을 잃어버리지 않는가'이다. 치료사들은 이 문제를 위해 각종 듣기-말하기 기법, 합당한 자기주장 등 다양한 방법을 제안한다. 그러나 기법 자체보다 중요한 것은 그 기법들이 추구하는 바, 즉 자신과 상대방을 지금과 다른 새로운 관점으로 보는 것이다. 이 기법들은 모두 '나 대 당신'이라는 대결과 배척의 느낌이 아니라, '함께 우리'라는 느낌을 목표로 한다. 나의 욕구를 희생하면서 상대방에게 굴종하는 것이 아니라, 그 관계에 자신을 온전히 내맡길 수 있어야 한다. 그렇게 되지 않으면 어떤 기법도 소용이 없다.

'함께 우리'라는 느낌은 단지 머리로 이해한다고 해서 생겨나지 않는다. 치료사들이 사용하는 도구 역시, 갈등이 아니라 '함께 우리'라는 새로운 '경험'을 내담자들이 하도록 돕는 것을 목표로 한다. 경쟁심이나 비난, 죄책감에 휩싸여 있다면 '함께 우리'를 경험할 수 없다. '함께 우리'라는 경험을 만들 수 있어야 비로소 소원함과 갈등이 사라진다. 여기에는 일종의 길항 관계가 있어서 '함께 우리'를 경험하는 만큼 '내 이익만 고수하려는' 생각은 줄어든다.

죄책감과 수치심은 자신을 향한 부정적 에너지 흐름이다. 반면 분노와 비난은 타인을 향한 부정적 에너지다. 그런데 이 둘은 기본적으로 유사한 점이 있다. 즉 두 가지 모두 우리의 치유를 방해한다는 점이다. 죄책감이든 분노든, 당신은 지금 해야 할 일에 주의를 기울이지 않고 있다. 상추에 물을 주지 않아 죄책감을 느낀다면 당신은 상추를 제대로 돌보지 않는 것이다. 또 애당초 품질이 좋지 않은 씨앗에 화를 내는 경우에도 당신은 상추를 제대로 돌보지 않고 있다. 두 경우 모두, 자신이 현재 경험하고 있는 괴로움을 줄이려는 시도인 것은 맞다. 현재의 상황을 이해하여 무질서한 자신의 경험에 일정한 질서감을 부여하려는 시도인 것이다. 그러나 죄책감과 분노는 둘 다 파괴적이다. 그것은 진정한 변화를 방해한다.

상대에게 주되 굴종하지 않기 위해서는 지금까지와 다른 경험을 창조해야 한다. 변화하되 그 와중에 자신을 잃어버리지 않기 위해서는 지금까지 서 있던 곳이 아닌 다른 장소에서 출발해야 한다. 즉 나와 상대방의 분리를 더 적게 경험하는 장소에서 출발해야 한다. 그렇다면 어떻게 우리가 상호 연결된 존재임을 알 수 있는 그곳에 이를 수 있을까? 어떻게 하면 '함께 우리'라는 감각에 이를 수 있을까? 이를 위해서는 우선 그곳에 이르려는 우리의 시도를 방해하는 것이 무엇인지 살펴볼 필요가 있다.

나는 부부들을 상대로 자주 상담을 하는데 그때마다 떠오르는 단순한 질문이 있다. "왜 서로가 원하는 바를 주지 않는가?"라는 질문이다. 물론 어떤 면에서 이는 아주 순진한 생각이다. 서로가 필요로 하는 것을 상대에게 주지 않는 데는 다양한 이유가 존재한다. 그런데 그중 가장 커다란 장애물은, 줌으로써 자기가 가진 무언가를 잃는다는 느낌인지 모른다. 주는 행동은 곧 상대에게 굴종하는 행위라고 느낀다. 주는 행동은 상대방의 배려를 받지 못한 채 그저 이용당하는 느낌이라고 여긴다. 때로 우리는 이것을 의사소통의 문제로 치환한다. 당사자가 서로 무엇을 원하는지를 모른다고 생각하는 것이다. 물론 실제로 그런 경우도 있다. 그러나 대부분의 갈등 관계에서 당사자들은 상대가 원하는 바를 너무나 잘 알고 있다. 다만 상대가 원하는 것을 기꺼이 주고 싶지 않을 뿐이다.

수잔은 당신이 좀 더 자주 전화를 걸어주기를 바라고 있다. 조지는 당신이 자신의 생각을 좀 더 존중해 주었으면 한다. 또 당신의 아들은 당신이 함께 놀아주기를 바란다. 당신의 아내는 집에 돌아오면 당신이 텔레비전을 끄고 아내를 반겨주었으면 한다. 물론 당신은 이 모든 것을 의무감에서 할 필요는 없다.

그런데 하지 않을 이유가 무엇이란 말인가? 이렇게 함으로써 제일 먼저 혜택을 보는 사람은 바로 당신 자신인데 말이다.

"나의 꿈이 모두 이루어지이다"

플라톤은 소울메이트(영혼의 짝)에 관한 오래된 신화(플라톤이 살았던 당시에조차도 오래된 신화)에 대해 이야기한다. 오래 전, 태초에 세 가지 존재가 있었다. 그것은 남성-남성, 여성-여성, 그리고 남성-여성이었다. 비극적이게도 이 존재들은 서로 분리되어 있었으며, 이후 자신의 반쪽을 찾아 재결합하는 데 자기 삶의 상당한 시간을 보낸다. 이 이야기는 고대의 남성과 여성들에게 울림을 주었던 것과 마찬가지로 오늘을 사는 우리에게도 시사하는 바가 있다. 또 찾아야 하는 '나의 반쪽'이 반드시 다른 성(性)일 필요가 없다는 점에서 현대적인 면도 있다. 우리들 대부분은 자신의 반쪽이 나의 모든 것을 완성시켜 줄 거라는 믿음에 쉽사리 동의한다. 많은 사람이 자신의 반쪽을 다른 사람에게서 찾고자 한다. 그들은 소울메이트를 찾고 싶어 한다. 물론 이것은 실제적이며 소중한 일로서 삶의 가장 경이로운 현상 가운데 하나다.

그러나 반쪽을 찾기만 하면 그가 자신의 모든 부분을 채워줄 것이라는 믿음은 과연 문제가 없을까? 제대로 살피지 않으면 그것은 자칫 좋은 인간관계를 찾고 유지하는 데 방해가 될 수도 있다. 엘비스 프레슬리가 '부드럽게 사랑해 주세요, 진실로 사랑해 주세요'라고 애처롭게 노래한 것까지는 좋았다. 그런데 상대방에게 자기의 꿈을 실현시켜 달라고 요구하는 지점에서는 잠시 멈출 필요가 있다. 이것은 멋진 낭만적 시(詩)다. 그러나 낭만적 상대가 자신에게 이것 혹은 저것을 해주어야 한다는 기대가 삶의 실제 이야기가 되면 그것은 재앙이나 다름없다. 누구도 나의 꿈을 모두 충족시켜 주지 못한다. 아무리 멋진 낭만적 관계라도 그렇게 할 수 없다.

상대방이 나의 기대를 모두 충족시켜 주기를 바라서는 안 된다. 대부분의 사람이 이 점에 이성적으로 동의한다. 그러나 이것은 이성이나 말보다 깊은 차원에서 작동하고 있는 문제다. 신화와 이야기의 차원에서, 그리고 감정의 차원에서 우리는 여전히 상대방에 대한 기대를 품고 행동한다. 올드 블루 아이즈, 엘비스 프레슬리, 비틀즈 같은 음유시인 이래로 사랑의 노래와 애정의 시를 부르지 않은 세대는 없었다. 낭만적 사랑에 대한 환상은 우리의 피부를 뚫고 들어와 정신 깊숙한 곳에 안착했다. 낭만적 환상은 어느 날 이상적인 상대가 내게 다가와 모든 것을 해결해줄 거라고 속삭인다.

낭만적 사랑에 관한 과장된 생각이 주는 영향은 또 있다. 낭만적 사랑이라는 환상은 우리가 맺고 있는 다른 인간관계의 가치를 평가절하 시킨다. 토마스 무어는 『소울메이트』(1994)에서 '소울메이트'를 반드시 낭만적 상대에 국한시킬 필요가 없다고 말한다. 친구는 소울메이트가 될 수 없는가? 부모나 자녀, 형제는? 또 선생님과 제자는? 소울메이트를 낭만적 상대에 국한시키면 그 밖의 다른 관계가 축소되고 만다. 삶의 다른 관계들은 부차적 지위에 머물고 만다. 그뿐 아니라 짝이 없는 사람들은 더 큰 외로움을 느끼게 된다.

우리들 대부분은 낭만적 사랑의 환상에 사로잡힌 채 살고 있다. 우리는 낭만적 사랑보다 아픈 경험은 없다는 사실을 알면서도, 그보다 멋진 일도 없다고 여긴다. 사랑하는 사람, 일상의 소소한 일을 함께 나눌 사람이 있다는 것은 멋진 일이다. 사랑하는 사람이 있다는 사실은 모든 것을 고요하고 안정되게 만들어주는 빛나는 중심이 내 삶에 존재한다는 뜻이다. 그것은 매우 멋진 일이다. 그러나 감정의 차원에서 상대방이 모든 것을 멋지고 수월하게 만들어줄 거라 기대한다면 그 관계는 지나친 기대로 인해 부담스러워진다.

신데렐라 공주와 백마 탄 왕자님

낭만적 사랑에 대한 지나친 기대는 어디를 가든 남자와 여자들이 서로에게 화를 내는 이유가 된다. 오늘날 교육 받은 여성들조차 백마 탄 왕자님과 사랑에 빠진 날로 모든 것이 완벽하고 수월해질 거라는 환상을 갖고 있다. '그날 이후로 그들은 행복하게 살았습니다'라는 신데렐라 동화를 자기 내면 깊은 곳에 간직하고 있다. 이를 위해 할 일은 오직 하나뿐이다. 바로 자기 발에 맞는 신발만 있으면 된다는 것이다. 그러나 백마 탄 왕자님도 자기 나름의 욕구와 결점, 약점이 있다는 사실을 알게 된다. 그러면 그것은 적지 않은 실망으로 다가오며, 그 실망은 다시 커다란 슬픔과 분노의 원천이 된다. 오늘날처럼 개화된 시대에도 많은 소녀들이 여전히 자신의 결혼식 날이 인생 최대의 전환점이 될 거라는 환상에 사로잡힌 채 살고 있다. 그런 소녀들이 결혼 이후의 삶, 즉 현실의 남자와 부대끼며 살아가는 삶에 전혀 준비되어 있지 못한 것은 어찌 보면 당연한 일이다.

이런 상황은 여자들만큼이나 남자들에게도 힘겹게 다가온다. 왜냐하면 남자들이 갖는 기대에 대해서는 일반적으로 인식이 부족하기 때문이다. 어린 남자아이들은 사랑에 관하여 복잡한 메시지를 받는다. 한편으로 남자아이들은 자기만의 욕구나 필요를 갖는 것이 용서할 수 없는 죄라는 메시지를 받는다. 남자라면 모름지기 그런 것들을 초월할 수 있어야 한다는 생각이다. 그러나 남자도 똑같은 사람인지라 그들도 엄연히 욕구와 필요를 갖고 있다. 억누르면 더 강해진다는 원리가 있듯이, 수면 아래로 숨어든 남자아이들의 욕구와 필요는 여자아이들보다 더 강할 수도 있다. 이처럼 남자아이들에게 주어지는 메시지는 복잡하며 그 메시지를 제대로 충족시키는 것도 만만치 않은 일이다. 남자아이들은 남자라면 응당 제임스 본드나 클린트 이스트우드처럼 유능하고 멋진 존재가 되어야 한다고 여긴다. 결코 징징대서는 안 된다고 생각한다. 그러나 그 표면 아래에는 더 깊고 복잡한 욕구가 자리 잡고 있다. 그리고 자신의 삶에 나타난 여자들이 그 욕구를 돌봐줄 거라 생각한다.

남자들의 존경받고 싶은 욕구, 보살핌 받고 싶은 욕구, 매력적으로 보이고 싶은 욕구 등은 여자들처럼 쉽게 감지되지 않는다. 때문에 그 욕구들은 더 강할 수도 있고, 다루기도 더 어렵다. 남자들이 어떤 상황에서 욕구와 필요를 드러내는지 살펴보면 그들이 어느 부분에서 스트레스를 받고 있는지 알 수 있다. 남자들이 아플 때, 겉으로 위장한 경직된 강인함에 어떤 일이 일어나는지 보라. 실제로, 이혼하는 남자들은 이혼이 감정적으로 얼마나 힘든 경험인지 미처 몰랐던 터라 매우 당황스러워 한다.

자신이 무엇을 필요로 하는지 알지 못하는 이유는 스스로에 대한 자각(알아차림)이 없기 때문이다. 함께 사는 사람들에게 내가 무엇을 원하는지 알지 못하면 그것을 그들에게 요청할 수 없다. 뿐만 아니라 나의 욕구와 필요가 타당한지도 제대로 살필 수 없다. 이러한 무의식적 욕구가 충족되지 않을 때, 그 관계는 부글거리는 억울함의 색조를 띠게 된다. 그러면서도 자신은 그 이유를 알지 못한다.

어떤 남자들은 자신의 욕구를 철저히 숨기려고 한다. 불행히도, 욕구를 숨기는 데 완벽하게 성공하는 남자들도 더러 있다. 이렇게 되면 그들의 배우자는 '부서지기 쉬운 강함'이라는 남자들의 신화를 그대로 믿어버린다. 그러면서 심지어 남자들이 무언가를 필요로 한다는 사실 자체를 받아들이지 못한다. 제니와 남편의 사례가 그런 경우다. 당시 중년 초기에 접어든 제니는 치료를 받는 중이었다. 그녀는 오랫동안 자신의 결혼생활에 대한 감정을 꽁꽁 감춘 채 살았다. 그러다 술을 끊자 자신이 경찰인 남편에게 매우 분노하고 있음을 알게 되었다. 남편은 결혼 전에 스스로 공언했던 모습, 즉 강인하고 독립적인 남성이자 남편으로 살지 않았다. 제니는 자신을 돌봐줄 거라고 믿었던 남편이 그와 다른 행동을 보이는 데 분노하고 있었다. 그녀는 자신의 결혼 생활에 대한 깊은 슬픔과 실망감, 그리고 미래에 대한 불안감을 그 분노의 이면에 함께 지니고 있었다. 지금의 삶은 그녀가 꿈꾸었던 삶이 아니었다. 그녀는 남편이 그녀를 친정 가족으로부터 구해주고 보살펴줄 거라고 생각했었다. 영원히 행복한 삶을 함께 살아줄 거라고 철석같이 믿었었다.

나는 제니가 느끼는 실망과 슬픔, 분노를 몇 주 동안 살펴보았다. 그런 뒤에 어쩌면 제니의 남편에게도 충족해야 하는 욕구가 있을지 모른다는 말을 조심스레 꺼냈다. 나의 말에 제니는 못 믿겠다는 표정을 지었다. 남자도 충족해야 하는 욕구와 필요가 존재한다는 생각을 제니는 해본 적이 없었다. 또 남자인 남편이 여자인 자기에게 무언가를 필요로 하고 있다는 생각은 더더욱 해본 적이 없었다. 이런 생각은 남성과 여성에 관한 그녀의 생각과는 완전히 달랐다. 그 때문인지 이 일이 있고 난 뒤 제니는 치료를 중단했다. 만약 제니가 자신의 이런 패턴을 제대로 알아차리지 못하면 계속해서 외면적인 강인함을 풍기는 남자만 만나려 할 것이다. 그리고 결국에 그 남자는 그녀를 다시 실망시키게 될 것이다.

이처럼 낭만적 파트너 사이에는 깊은 분노와 실망감이 생길 수 있다. 그리고 이것은 낭만적 사랑 주제를 다루는 책들이 지속적으로 인기가 있는 이유를 설명해준다. 특히 남자는 이렇고 여자는 저렇다는 식으로 설명하는 책들이 인기가 많다. 그런데 이런 책들은 어떤 면에서 문제를 지나치게 단순화시켰다고 볼 수 있다. 이런 책들에서 우리는 자신의 일면을 확인할 수도 있다. 하지만 왜곡되고 전형화된 남녀의 모습을 보여주는 책도 적지 않다. 이런 책을 읽을 때 우리는 속으로 이렇게 말할 수 있어야 한다. "그래, 맞아. 내 배우자도 꼭 저래. 그런데 이건 일부만 맞는 얘기군. 그리고 저건 전혀 틀린 얘기야."

사랑에 빠진다는 것

융 심리학은 이 문제에 도움이 되는 통찰을 제공하고 있다. 융에 따르면 남자는 자기 안에 아니마(anima)라는 무의식적인 여성적 면을 갖고 있으며, 여자는 아니무스(animus)라는 무의식적인 남성적 면을 자기 안에 갖고 있다. 사랑의 황홀감은 일종의 투사 과정이다. 남자는 자신의 통합되지 못한 여성적 측면을 상대 여자에게, 여자는 자신의 통합되지 못한 남성적 측면을 상대 남성에게 투사한다. 이 때문에 우리는 상대방 성(性)이 자신을 완전한 존재로 만들어준다고 여기게 된다. 이런 투사 과정을 통해 우리는 자신의 무의식적 반쪽을 작동시킨다.

문제는 현실의 어떤 여성도 아니마를, 또 어떤 남성도 아니무스를 완벽히 구현할 수 없다는 점이다. 사랑에 빠지는 과정에는 이렇게 서로 상충하는 면이 존재한다. 우리는 이 사람을 사랑한다 말하면서도 상대를 내가 바라는 모습대로 만들기 위해 엄청난 노력을 쏟는다. 그 사람의 모습을 있는 그대로 보고 존중해주지 못한다. 왜냐하면 이때 우리는 그 사람의 있는 그대로의 모습을 보지 않기 때문이다. 아니무스와 아니마, 즉 자신의 거부된 반쪽을 보고 있기 때문이다. 이런 사랑은 원한과 분노, 증오로 변질되기 쉽다.

사실 문제의 핵심은 간단하다. 즉 상대에게 지나친 기대를 갖는 것이 문제이다. 우리는 지나치게 비현실적인 기대를 상대에게 품은 나머지, 상대방을 있는 그대로 보지 못한다. 순전히 자신의 필요와 기대라는 관점에서 본다. 그러므로 진정한 해결책은, 여자가 이런 말을 할 때는 사실 저런 의미라거나, 남자는 원래 이렇게 생겨먹었기 때문에 저렇다는 식의 설명이 아니다(물론 그것도 도움이 될 수는 있지만). 진정한 해결책은 상대방을 그 사람 자체로 보는 것이다.

상대방을 있는 그대로 보기는 매우 어렵다. 상대에 대한 기본적인 기대가 충족되지 않아 크게 실망한 나머지, 서로에 대한 격분에 사로잡힌 두 남녀가 있다고 하자. 만약 그들 사이에 일어난 분노의 불길에 알코올이나 약물이 개입된다면 어떻게 될까? 아마도 그들의 힘들고 어려운 상황은 더욱 쉽게 대형 화재로 번질 것이다. 그 남자는 백마 탄 왕자님이 아니었을 뿐더러 주정뱅이가 되고 만다. 남자는 술을 마시고는 거친 말을 내뱉는다. 그는 알코올의 따뜻하고 몽롱한 기운에 취해 술친구야말로 자신을 진정 이해해주는 사람, 자신과 가장 가까운 사람으로 여긴다. 술친구에게는 무슨 말이든 할 수 있을 것 같다. 그러다 너무 함부로 대한 나머지 결국엔 주먹다짐을 하는 지경에 이를 수도 있다. 그런데 이 모든 일도 다음 번 술자리에서 '우정'이라는 미명하에 잊히고 만다.

알코올 중독자 파트너가 맺는 관계에서 가장 흔히 볼 수 있는 역동은 통제와 반항의 역동이다. 여자가 통제하려 할수록 알코올 중독인 남자는 자신의 자유가 위협당한다고 느낀다. 자유가 위협당한다고 느낄수록 그는 더 반항한다. 남자가 반항할수록 더 불안해지는 여자는 남자를 더 통제하려고 한다. 밤새도록 술을 마시는 것에 여자가 화를 낼수록 남자는 자신의 자유를 지키기 위해 술을 더 마신다. 이러한 역동에 사로잡힌 커플들 가운데는 자신들이 그렇다는 사실을 아는 경우도 있다. 그들은 매번 똑같은 대응이 상황을 개선시키는 데 도움이 되지 않는다는 것을 안다. 그러면서도 다른 방법을 찾지 못한다.

스승과 제자

비단 낭만적 관계만이 비현실적인 기대로 고통을 당하는 것은 아니다. 다른 관계들 중에도 그런 경우가 있다. 그 한 예가 스승과 제자 사이의 관계다. 세상에 교사는 많지만 진정한 스승은 많지 않다. 스승은 제자의 가능성을 알아보고 그것을 키워줄 수 있는 특별한 사람이다. 스승은 이상적인 교사이자 모범이 되는 교사다. 이런 점에서 모든 교사가 스승이 될 수는 없다. 설사 누군가의 스승은 되어도 모든 이의 스승이 되기는 불가능하다. 따라서 대부분의 교사-학생 사이에는 다음과 같은 일이 일어난다(최선의 관계인 경우에도 그렇다). 이렇다. 즉 교사는 자신이 갖고 있는 이상적인 면이 이미 반영되어 있는 학생을 찾으려 한다. 찾은 다음에는 학생이 가진 이상적인 면을 자신의 이상에 점점 더 가깝게 만들고자 한다.

한편 학생이 지나치게 이상적인 교사상을 원할 경우, 학생은 교사가 줄 수 없는 것을 바란다. 그러면서 그 교사가 실제로 갖고 있는 것은 받기를 거부한다. 이런 일은 부모와 자녀 사이에서도 일어난다. 자녀의 고유한 특성을 부모가 알아보지 못하고 부모 생각대로 아이를 만들려고 할 때가 그렇다. 또 자녀들은 부모를 부모 자신의 필요와 꿈을 가진 사람으로 보지 못하고, 그저 반항하거나 도망쳐야 하는 폭압적인 세력으로 보는 수가 있다.

그렇다면 이런 파괴적인 패턴에서 벗어나는 방법은 무엇일까? 그것은 상대방을 있는 그대로 보는 것이다. 즉 상대방을 자신의 좌절된 필요와 채워지지 않은 불가능한 갈망의 대상으로 보지 않고, 있는 그대로의 모습으로 보아야 한다.

상대방을 있는 그대로 보기

당신은 최근에 배우자와 자녀, 친구를 '진정으로' 본 적이 언제였는가? 우리는 자신이 상대에게 바라는 바에 집착하고 있지 않은가? 또 상대에게 두려워하는 바에 지나치게 사로잡혀 있지 않은가? 그런 나머지 상대를 있는 그대로 보지 못하는 것은 아닌가? '있는 그대로 본다' 함은 문자 그대로, 상대방의 시각적인 전체를 온전히 받아들이는 것을 말한다. 자비의 마음으로 상대방을 보기 위해서는 우선 그 사람을 있는 그대로 단순하게 볼 줄 알아야 한다. 불교 경전에는 이런 말이 나온다. "자비의 눈으로 살아 있는 존재를 본다."

퇴근 후 우리는 직장에서 있었던 성공과 실패의 이야기를 상대에게 서둘러 이야기하려 한다. 하지만 이때 잠시 멈추어 속도를 늦추고 가만히 상대를 바라볼 수 있는가? 상대방을 우리의 상상 속에 존재하는 모습이 아니라, 그 순간 존재하는 모습대로 볼 수 있는가? 당신의 파트너를 당신이 가꾸는 정원에 핀 꽃이라고 생각하라. 그는 어떻게 지내고 있는가? 신선하게 잘 자라고 있는가? 혹시 시들어가고 있지 않은가? 그는, 그녀는 지금 무엇을 필요로 하는가?

우선 지금의 상황을 어떻게든 고치려는 생각을 내려놓아야 한다. 내려놓은 채로 다만 상대방을 바라보라. 나의 파트너는 정원에 핀 꽃이지만, 때로 우리는 자신이 심어놓은 꽃이 잘 자라는지 보기를 두려워한다. 왜냐하면 잘 자라지 않을 때 해야 할 일이 부담스럽기 때문이다. 해야 하는 일이지만 하고 싶지 않을 때가 있다. 우리는 그저 상대방이 변화해 주기를 원한다. 나의 필요와 이상적인 이미지에 맞춰 주기를 바란다. 그러므로 상대방을 있는 그대로 보는 데서 출발해야 한다. 하고 싶지 않거나 아직 준비되지 않은 일은 하지 않아도 좋다. 다만 상대방을 있는 그대로 바라보라. 그가 지금 실제로 어떤 모습을 하고 있는지 가만히 들여다보라. 이렇게 하면 가슴이 부드러워지고 열리는 것을 경험할지 모른다. 이런 열린 가슴으로 당신은 이제 상대에게 굴종한다는 느낌을 갖지 않고도 지금 해야 할 일을 할 수 있다.

연습

식사 시간에 상대방을 보기

○   이제 많은 가정에서 식사시간은 더 이상 가족이 함께 모이는 시간이 아니다. 그러므로 적어도 하루 한 번은 식사시간을 함께 모이는 기회로 삼으라. 텔레비전은 끄고 휴대폰도 잠시 내버려두라. 식탁에 앉은 다음 몇 차례 숨을 들이쉬고 내쉰 뒤, 눈에 들어오는 음식의 빛깔을 있는 그대로 음미해보라. 서로 눈을 맞추고 미소를 지어보라. 1주일에 한 번 정도는 온전한 침묵 속에서 식사해보라. 그렇게 서로를 온전히 바라보라.

깊이 듣기

당신이 마지막으로 상대방의 말을 깊이 들었던 때는 언제였는가? 상담가인 나는 상대방의 말을 깊이 듣는 일이 매우 어렵다는 사실을 잘 안다. 상담의 성격상 내담자는 친구가 아니다. 적어도 일반적인 의미의 친구는 아니다. 내담자는 상담자가 친구처럼 사귈 수 있는 대상이 아니다. 상담이 이런 방식으로 설정된 이유가 있다. 그것은 개인적인 관계가 아니라야 상대방의 말을 깊이 들을 수 있기 때문이다. 만약 상담 관계가 개인적인 관계로 바뀐다면, 내담자의 필요와 기대가 상담자의 그것과 충돌할 수 있다. 상대방의 필요와 기대가 나의 것과 충돌한다면 상대의 말을 깊이 듣는 데 방해가 됨은 물론이다.

상담자는 자신의 개인적 반응을 내려놓을 수 있어야 하는데 이것이 항상 쉬운 일은 아니다. 나의 내담자 중 한 사람은 야외에서는 개에게 줄을 매야 한다는 법규에 화를 내며 말했다. 개줄을 풀어놓기 좋아하는 그는 개 없는 사람들의 무관용에 강한 불만을 토로했다. 이때 내 머릿속에서는 자동적으로 테이프가 돌아가기 시작했다. 한편으로 나 역시 개를 키우는 사람으로서 개줄을 풀어놓기를 좋아한다. 그러면서도 조깅을 할 때 뒤에서 줄 풀린 개가 쫓아오면 불안했던 기억이 한두 번이 아니다. 그럴 때면 개 주인은 "이 개, 안 물어요."라고 친절하게 말해주지만 그 개는 여전히 이를 드러낸 채 으르렁거리고 있다.

이렇게 나는 실외에서 개줄을 매야 한다는 법규에 대해 한편으로 반대하면서 또 한편으로는 찬성한다. 이 두 가지 측면 때문에 나는 그의 말을 깊이 있게 듣기가 쉽지 않다. 이때 나는 어떻게 해야 할까? 잠시 나의 의견을 내려놓고 이 사람이 나에게 말하는 바에 귀를 기울이는 것이다. 나는 그의 의견 아래 잠재하고 있는 외로움을 함께 느껴야 한다. 그러면서 그에게는 개가 친구와 다름없는 소중한 존재라는 사실을 알아주어야 한다. 그런 다음이라야 그를 이해할 수 있다. 상대방을 이해하기 위해 반드시 그와 같은 생각을 가져야 하는 것은 아니다.

그런데 우리는 친구나 가족들에게도 얼마나 자주 이렇게 대하는가? 우리는 상대방의 말과 그 이면의 의미를 깊이 받아들이기보다 자기 머릿속의 의견 테이프를 돌리기에 바쁜 경우가 얼마나 많은가? 사실 상담 관계가 아니라면, 당신은 무책임한 개 주인들에 대한 당신의 개인적인 의견을 표현할 수도 있다. 그러나 그럴 경우에도 반드시 상대방의 말에 귀를 막은 채 반사적으로 반응할 필요는 없다. 자신의 의견을 성급하게 표현하기 전에, 상대방이 기분과 생각을 풀어놓을 여유 공간을 마련해줄 수는 없을까?

어쩌면 상담자는 내담자에게 있어 특별한 반응을 보이지 않는 유일한 사람일 수 있다. 다시 말해 미리 정해 놓은 머릿속 테이프를 틀지 않고 자신의 말을 기꺼이 들어주는, 세상에서 유일한 사람인지 모른다. 이것이 우리 사회에 상담사가 필요한 이유다. 그러나 오늘날 상담의 성격이 변화하고 건강관리 분야의 경제적 압박으로 인해, 상담사들조차 내담자가 편하게 말할 수 있는 여유 공간을 만들어주지 못하고 있다. 상담자가 내담자의 말을 무조건적으로 경청하지 못하는 실정이다. 만약 우리가 서로의 말을 깊이 들어줄 수 있다면, 우리 사회는 훨씬 건강한 사회가 될 것이다.

느슨한 견해 갖기

자신의 견해에 지나치게 집착하지 말라는 불교의 가르침이 있다. 심지어 불교적 견해에도 집착하지 말라고 한다. 이것은 사랑을 주는 사람이 되는 데 있어서 매우 중요하다. 만약 나의 의견이 나와 상대방을 가로막는 장애물이 되고 있다면 그것은 우리가 인간으로서 공통된 경험보다 서로의 차이를 강조하고 있다는 말이다. 그러나 인간으로서의 공통된 경험이야말로 서로간의 차이점보다 훨씬 본질적이고 근본적인 무엇이다.

때로 우리는 친구를 찾는 문제를 곧 자신과 같은 견해를 갖는 사람을 찾는 문제로 간주한다. '만약 네가 나와 같은 식으로 세상을 본다면 친구가 될 수 있다. 그렇지 않다면 친구가 되기 어렵다.' 그러나 이런 식의 기준이라면 세상에 친구가 될 수 있는 사람은 많지 않을 것이다. 설령 어느 순간 친구가 된다 해도 계속해서 친구로 남기는 어렵다. 왜냐하면 살다 보면 상대방의 의견이 근본적으로 나와 다르다는 사실을 알게 되는 경우가 많기 때문이다.

특정 견해에 대한 집착이 문제가 되는 더 심각한 이유는 그것이 폭력의 씨앗을 뿌리는 행위이기 때문이다. 재산과 소유물을 놓고 싸우는 것도 나쁘다. 하지만 그런 사람들은 자신이 원하는 바를 얻으면 더 이상 싸우지 않는다. 그렇지 않다면 애당초 왜 싸우겠는가? 그러나 특정한 생각에 집착하는 사람은 훨씬 위험하다. 그들은 자신이 고수하는 생각을 위해 살인과 파괴를 서슴지 않으며 심지어 전쟁도 불사한다.

견해를 갖되 느슨하게 가지라. 당신이 소중히 간직한 믿음이라도, 그리고 아무리 통찰력 있는 믿음이라도 불가피하게 오류가 생길 수 있음을 인정하라. 당신이 가진 견해 때문에 당신과 상대방 사이의 관계가 방해받지 않도록 하라.

적극적 경청

상대방의 말을 잘 듣기 위해 할 수 있는 간단한 방법이 있다. 바로 적극적 경청이라는 것이다. 표면적으로 볼 때, 적극적 경청은 그저 상대방의 말을 다시 풀어 말해주는 것이다. 그러나 이는 적극적 경청의 겉모습에 불과하다. 적극적 경청은 깊이 있는 수련법으로, 상대방의 관점과 경험에 마음을 여는 훈련이다. 당신 자신의 관점을 일시 정지시킨 상태에서, 상대방을 위한 공간을 마련해주는 것이다.

왜 우리는 상대방의 말을 다시 풀어 말해야 할까? 이에 대해 자세하게 설명하려면 의사소통 이론을 깊이 파고들어야 할 것이다. 그러나 간단히 말해서, 상대방의 말을 풀어 말해주는 것이 중요한 이유는 상대방을 이해하려는 당신의 의도를 드러냄으로써 잘못된 의사소통을 피할 수 있기 때문이다.

차를 몰던 중 우리 두 사람이 나누었던 대화를 잠시 소개한다.

비버리: "이 음악 CD를 얼마 동안이나 플레이어에 넣어 놓았죠?"

톰: "응, 1주일 정도 된 것 같아."

대부분의 여성들은 비버리가 정말 묻고 싶었던 말이 무엇인지 안다. 그것은 "제발 CD 좀 바꿔요. 지긋지긋하다고요."였다. 그러나 많은 남성들은 아마도 내가 적절하게 대답했다고 생각할 것이다. 무엇보다 이것은 여성과 남성이 서로 다른 방식으로 의사소통하는 영역 중 하나다. 즉 여성은 상대방에게 무엇을 요구할 때 단도직입적이 아닌 간접적인 방식으로 요구하는 경향이 있다. 그러나 이 일화가 던지는 더 중요한 메시지가 있다. 그것은 당신이 보내는 메시지가 오해의 여지없이 명확하다고 여겨도 상대방에게는 그다지 명료하지 않을 수 있다는 사실이다.

물론 위 사례는 대수로운 문제가 아니었으므로 쉽게 해결되었다. 그러나 만약 음악 선곡의 문제가 아니라, 감정적으로 매우 예민한 문제였다면 어떻게 됐을까? 이런 문제에 관해서라면 서로의 오해를 가볍게 지나칠 수 없을 것이다. 이때 상대방의 말을 풀어 말하는 방법은 여러 가지 오해를 미연에 막아준다. 그것은 상대방에 대한 존중의 행위이자, 그와 나누는 의사소통의 중요성을 인정하고 있음을 표시한다.

상대방의 말을 풀어서 다시 말하는 간단한 행동이 어떻게 그토록 도움이 될 수 있는가? 그에 관한 수많은 이론이 존재하지만, 우리는 적극적 경청에 대해 처음으로 이야기한 칼 로저스의 표현을 좋아한다. 로저스는 적극적 경청에 관한 복잡한 이론화 작업을 오랜 기간 진행했다. 그리고 경력의 말년에 이르러 그는 상대방의 말을 풀어 말하는 반영적 경청(reflective listening)이란 '상대방의 말을 내가 이해하고 있음을 확인하는 과정'이라고 말했다. 반영적 경청을 통해 청자의 초점은 상대방을 이해하려는 단순한 노력에 계속해서 집중될 수 있다.

모든 깊이 있는 수련법과 마찬가지로 적극적 경청도 기계적인 방식으로 해서는 안 된다. 상대방의 말을 풀어 말하는 외면적 형식의 이면에는, 열린 마음으로 상대방을 이해하려는 진심이 반드시 깔려 있어야 한다. 만약 당신이 화자이고, 이런 방식으로 상대방이 경청한다면 그것은 매우 즐거운 경험이 될 것이다. 왜냐하면 화자를 이해하고자 하는 청자의 의도를 느낄 수 있기 때문이다. 이때 청자는 화자인 내가 중요하고 가치 있는 존재임을 단지 말이 아니라 몸으로 보여주고 있다.

혼합된 메시지를 피하라

적극적 경청을 방해하는 요인은 수도 없이 많다. 만약 청자의 풀어 말하기가 조금이라도 비아냥거리는 목소리 톤을 띤다면 어떨까? 그런 경우, 청자는 화자에 대한 이해를 확인하고 있지 않으며, 심지어 화자의 의견이 얼마나 어리석은지 지적하고 있다는 의미를 전할 수도 있다. 만약 청자인 당신이 상대방의 말을 거울처럼 완벽히 되비쳐 주었더라도, 듣는 동안 시계를 쳐다보거나 자동차 키를 만지작거리고 있었다면 화자는 당신이 그를 이해하는 데 관심이 없다는 사실을 어김없이 알아챌 것이다. 또 어떤 청자는 화자의 말을 듣는 동안 자신의 의견을 내놓기에 여념이 없거나 화제를 바꾸려는 경우도 있다. 자기가 상대방의 말을 되비쳐주고 있다고 여기면서 말이다.

"당신은 이렇게 말했죠. 그렇지만 그건 틀린 말이에요!"

"그런 식으로 생각하면 안 돼요!"

"자신이 형편없이 생각된다고요? 그렇지만 내 생각엔⋯."

"무슨 말을 하려는지 잘 알아요. 며칠 전 나에게도 그런 일이 있었다니까요."

청자의 이런 반응이 반드시 잘못된 것은 아니다. 때로 도움이 되는 경우도 있다. 하지만 이런 반응은 진정한 경청이 아니다. 당신은 그저 단순하게, 판단 내리지 않고 상대방의 말을 깊이 들어주면 충분하다. 상대방에 대한 당신의 이해를 적극적으로 확인하면 충분하다. 이것은 상대방에게 줄 수 있는 훌륭한 선물이다. 이것은 당신이 밭에서 키우는 상추에 햇빛과 물, 비료를 한꺼번에 주는 것과 같다.

연습

. . . .

깊이 듣기

○　　　　　　　　　　당신이 소중히 여기는 사람이 중요한 일에 대해 당신에게 말할 때면 이렇게 해보라. 우선 숨을 깊이 들이쉬고 내쉬며 잠시 마음을 안정시킨다. 그리고 청자인 당신의 의견과 반응은 잠시 잠재워둔다(이를 위한 시간은 나중에 얼마든지 있다). 상대방의 말이 끝난 순간 곧장 말꼬리를 물고 이야기하지 않는다. 상대의 말이 끝난 순간, 잠시 멈추라. 상대방의 말을 깊이 받아들이라. 하고 싶은 이야기를 상대방이 충분히 할 수 있도록 여유를 주라. 그저 귀를 열고 있는 것이 아니라 적극적으로 경청하라. 적극적이고 반영적으로 경청하라. 이렇게 하면 두 사람 사이에 멋진 일이 일어날 것이다.

신체 접촉이 부족하면 건강에 해롭다

발달심리학의 유명한 연구들 가운데는 신생아에 대한 신체 접촉의 필요성을 보여주는 연구가 다수 존재한다. 고아원 아기들을 무작위로 양분한 다음 한 쪽은 신체 접촉을 통해 애정 표시를 많이 해주었고, 다른 쪽은 고아원에서 일반적으로 받는 만큼의 신체 접촉만 해주었다. 결과는 놀라웠다. 신체 접촉을 많이 받은 아기들이 그러지 않은 아기들보다 신체적·인지적·정서적으로 훨씬 건강했다. 신체 접촉을 충분히 받지 않은 아기들은 성장장애(failure to thrive) 증후군을 보여 제대로 성장하지 못했으며 심지어 죽음에 이르기도 했다.

접촉은 인간의 삶에서 매우 중요한 영역이다. 접촉은 엄청난 치유적 잠재력을 지닌 동시에 남용의 위험성도 있다. 접촉이 치유의 수단으로 사용되기 위해서는, 우리가 접촉하는 모든 영역이 치유되어야 한다. 다시 말해, 접촉할 때 우리는 마음챙김으로 깨어 있어야 한다. 자신이 언제 접촉하고 있는지, 또 언제 접촉하고 있지 않은지를 마음챙김을 통한 깨어 있는 마음으로 알아차려야 한다.

오늘날은 신체 접촉과 관련한 법적 분쟁이 만연해 있다. 이런 상황에서 우리는 접촉에 대해 매우 의도적으로 알아차려야 한다. 접촉할 때는 접촉하는 자신의 의도를 자각해야 한다. 접촉하는 자신의 의도를 기만해서는 안 된다. 접촉하는 자신이 상대방에게 어떻게 인식될지, 혹시 오해를 받지는 않을지 인식해야 한다. 권력이 비대칭적인 관계라면 더 조심해야 한다. 권력의 차이가 클수록 신중할 필요가 있다.

그러나 접촉하는 당신의 의도가 명료하다면, 그리고 당신과 상대방이 열린 마음으로 기꺼이 접촉하는 경우라면 접촉은 서로를 연결하는 매우 훌륭한 방법이다. 이 접촉의 순간을 자각하지 못한 채 그냥 흘려보내지 말라. 당신의 아내가 당신의 손을 쓰다듬을 때, 아들이 당신의 어깨에 손을 올려놓을 때, 친구의 손을 잡고 악수할 때 당신은 이 순간들을 깊은 연결의 순간으로 만들 수 있다.

틱낫한 스님이 미국에 처음 왔을 때 사람들이 포옹을 하려고 하자 매우 당황했다고 한다. 동남아시아에서 온 불교 승려에게 포옹은 매우 이례적인 일이었다. 그러나 스님은 포옹하는 경험에 마음을 열었고, 그것을 일종의 명상으로 변화시켰다. 틱낫한 스님은 상대방을 포옹할 때 부드럽게 숨을 들이쉬고 내쉬면서 자신의 호흡을 자각하기를 권한다. 스님은 알아차림을 키우기 위한 간단한 구절을 사용하라고 한다. 예컨대 자신에게 이렇게 속삭이는 것이다. "숨을 들이쉬면서 나는 이 사람이 나의 팔 안에서 살아 있음을 안다. 숨을 내쉬면서 나는 행복하다." 이런 식으로 포옹은 깊은 수련이 된다.

우리는 이렇게 단순한 수련법이 지닌 치유력을 평가절하하기 쉽다. 만약 당신과 당신이 중요하게 여기는 사람이 헤어졌다가 만날 때마다 이런 식으로 서로를 안아준다면 어떤 일이 벌어질까? 그것은 무엇보다 지금이 당신의 관계에서 중요한 순간이라는 표시가 된다. 그것은 관계의 중요성을 강조하는 행위다. 또 우리가 자주 길을 잃고 헤매는 '정신적 잡담'이라는 안개에서 빠져나와, 함께 살아가는 사람들의 살아 숨 쉬는 실재를 경험하는 일이다.

성적 접촉

오늘날 사회는 과거 어느 때보다 성(性)에 예민한 반응을 보인다. 그런데 예민함의 형태는 바뀌었지만 그 본질은 변하지 않았다. 성 혁명은 언뜻 우리에게 더 큰 자유를 부여하는 듯 보이나 실은 우리의 삶에 진정으로 통합되지 못했다. 성적 자유를 통해 인간이 책임과 정서적 관여, 헌신 없이도 깊은 친밀감을 느낄 수 있다는 생각은 지나치게 순진했다. 아니나 다를까 예상했던 일이 일어났다. 우리는 성과 신체접촉을 불안해하는 방향으로 후퇴했다. 이를 보여주는 최근의 경향이 있다. 직장 내 신체접촉을 둘러싼 고소 사건이 늘고 있다는 사실이다. 물론 이것은 지위가 높은 사람으로부터 신체접촉을 강요당하는 이들을 보호하는 조치라는 점에서 매우 중요하다. 그러나 그 대가는 만만치 않다. 우리는 성과 신체접촉의 모든 영역에서, 더 피해 망상적이 되었고 더 큰 두려움을 갖게 되었다.

배우자와 함께하는 성관계조차 지나치게 목적 지향적이 되었다. 즉 성적 접촉의 전 과정을 즐기기보다, 성기를 중심으로 한 쾌락과 오르가즘에 고착되고 있다. 이러한 문제를 해결하기 위해 '감각 집중 훈련'이라는 행동적 성치료법이 제안되었다. 이것은 성감을 단지 성기의 자극에 한정하기보다 몸 전체의 감각기관에 대한 자극으로 확장시키는 방법이다. 감각 집중 훈련은 성 트러블이 있는 부부를 상대로 성적 기능을 회복해주는 기법이다. 부부는 성기 접촉을 일시적으로 중단한 채, 마사지 등 에로틱하지 않은 방식으로 신체 접촉을 주고받는다. 이렇게 신체접촉을 하는 과정에서 두 사람은 성기가 아닌 전신의 감각에 집중한다. 이 과정을 통해 성기능 장애가 해결될 수 있다.

연습
....
깨어 있는 마음으로 신체 접촉 즐기기

○　　　　　　　　　　　마음챙김을 통해 깨어 있는 마음으로 배우자와 신체 접촉을 하는 시간을 마련한다. 적어도 하루 30분의 시간을 낸다. 30분 중 절반은 자신이 접촉을 주는 시간으로, 나머지 절반은 접촉을 받는 시간으로 한다. 부드럽게 그러나 성적이지 않은 방식으로 상대를 접촉하고 마사지한다. 상대에게 접촉을 주는 동안에도 마치 접촉을 받는다고 생각하고 느껴본다. 또 반대로 접촉을 받는 동안에도 마치 접촉을 주는 것처럼 느껴보도록 한다. 가능하면 눈을 감고 전신의 감각에 집중한다. 잘 하겠다는 마음을 내려놓고, 그저 현재 순간에 존재한다. 마음챙김을 통한 깨어 있는 마음으로 계속해서 호흡한다. 끝난 뒤에는 자신의 경

험을 상대방과 나눈다.

감각 집중 훈련이 효과가 있는 이유는, 결과가 아니라 과정에 집중하기 때문이다. 접촉을 주고받는 '지금 여기'의 경험에 자신을 온전히 내맡기는 법을 배운다. 그럼으로써 '잘 해야 한다'는 불안감과 오르가즘이라는 목표에 대한 집착이 두 사람의 자연스러운 흐름을 방해하지 않는다. 마치 마음챙김 수련처럼 보이는가? 맞다. 이 훈련은 마음챙김 수련과 똑같다.

이 방법은 성기능 이상을 겪고 있는 부부에게 특히 도움이 되지만, 그렇지 않은 부부에게도 도움을 줄 수 있다. 왜냐하면 성생활의 개선 외에도(물론 이것은 좋은 결과임에 틀림없지만), 깨어 있는 마음으로 상대방과 관계를 맺고 배우자에 대한 민감성을 높이며 자신에 대한 감각을 심화시키기 때문이다. 이것은 몸과 영혼을 다시 통합하는 멋진 방법이다. 그리고 이 모든 것을 넘어 그 자체로 멋진 행위이다.

살아 있는 생명체는 공간이 필요하다

몇 년 전 어느 여름 날, 나는 아내와 함께 정원 가꾸기를 시작했다. 이것은 도시에서 나고 자란 아내에게는 완전히 새로운 경험이었다. 나 역시 오래 전에 정원 일을 조금 해봤을 뿐, 우리 두 사람은 초보자나 다름없었다. 우리 부부는 씨앗을 심을 때 적절한 간격을 두어야 한다는 걸 알고 있었다. 씨앗 봉투에 적힌 지시문도 꼼꼼히 읽었다. 그럼에도 우리는 소중한 식물들이 얼마만큼의 공간을 필요로 하는지 충분히 주의를 기울이지 못했다. 능숙한 정원사가 보기에 우스우리만치 우리 부부는 어린 싹을 솎아내는 데 인색했고 이로써 식물 사이의 공간이 충분히 확보되지 못했다. 우리는 충분히 공간을 두었다고 생각했지만 수확 시기에 식물이 다 자라고 보니 우리 집 정원은 결과적으로 작은 정글이 되고 말았다. 맛있는 토마토를 수확할 때는 식물들 사이에 발을 딛고 설 공간조차 없을 정도였다.

모든 살아 있는 생물이 성장하고 번성하는 데는 일정한 공간이 필요하다. 인간인 우리도 자유로움이 필요하다. 즉 영혼의 공간, 감정의 여유 공간이 필요한 것이다.

이론 물리학자들은 공간과 시간이 과연 서로 다른 실체인가에 대해 의문을 던졌다. 그 이래로, 우리가 필요로 하는 공간이 실제로는 우리에게 필요한 시간임을 깨닫는 일이 더 이상 어색하지 않다. 즉 우리가 공간을 필요로 한다는 말은, 여유로운 시간이 필요하다는 말과 다르지 않다. 휘트먼은 『풀잎(Leaves of Grass)』(1855)이라는 시집에서 자신은 빈둥거리며 영혼을 초대했다고 말한다. 평온함을 느끼고 자신의 몸과 마음에 편안히 머물기 위해서는 누구라도 빈둥거리며 영혼을 초대하는 일이 필요하다. 만약 끊임없이 한 가지 일에서 다른 일로 정신없이 넘어가고 있다면, 자신의 영혼을 불러내는 일은 어려워진다.

이것은 아이들에게도 해당되는 얘기다. 많은 부모가 아이의 스케줄을 지나치게 빽빽하게 잡는다. 스케줄상의 여유라고는 찾아보기 어렵다. 아이 스스로 즐거움을 발견하는 기회를 갖지 못한다. 그리하여 일정이 잡힌 활동과 자유시간을 적절하게 배치하면, 이제 아이들은 지루하다고 말한다. 자유시간에 무얼 해야 할지 모르기 때문이다. 이때 아이에게 성급하게 해결책을 제시하지 말라. 지루해하는 아이가 스스로 어떻게 하는지 다만 지켜보라. 아이가 느끼는 지루함에 아이 스스로 대처하게 하라. 지루함은 열린 공간이지만 조금은 두려움을 느낄 수도 있다. 왜냐하면 처음에는 지루함을 어떻게 다루어야 하는지 잘 모르기 때문이다. 그러나 우리가 일상적으로 느끼는 지루함은 어떤 가르침이 가면을 쓰고 나타난 것일 수도 있다. 지루함은 우리에게 열린 공간에 편안하게 머무는 법을 가르쳐줄 수 있다.

감정적이고 정신적인 여유 공간도 필요하다. 아내와 내가 초보 치료사였을 때, 우리는 내담자들에게 도움을 주지 못하면 어떡하나 노심초사했다. 우리는 내담자에게서 보이는 빈 공간을 유용한 조언과 해석으로 빽빽이 채우려 했다. 또 내담자와 우리 사이에 어색한 침묵이 흐르면 그것을 모두 없애려 했다. 그러나 이후 우리 부부는 침묵의 공간이 지닌 치료적 가치를 점점 더 신뢰하게 되었다. 매우 성급한 해석으로(완전히 틀린 해석은 아니지만) 내담자에게 돌진한다면 내담자 스스로 무언가를 발견할 수 없다. 그것은 내담자를 옥죄는 일이 될 수도 있다.

상담실 바깥에서도 우리는 성급한 해석으로 상대방에게 다가가는 일이 있다. 아무리 좋은 의도로 상대방에게 관심과 사랑을 준다 해도 상대방이 자신의 느낌에 대해 제대로 알 필요가 있다. 자신이 무엇을 원하고 필요로 하는지 알아야 한다. 그러기 위해서는 어느 정도의 여유 공간이 필요하다. 상담자가 개입하기 전에 내담자 스스로 자신의 생각과 느낌을 알고 경험할 수 있는 여유 공간 말이다.

내 친구는 시댁을 찾았을 때 느낀 불편함을 토로했다. 시댁 식구들은 끊임없이 그녀에게 불편한 것은 없는지 또 지금 무엇이 필요한지 물어댔다. 시댁 식구들의 이런 배려에는 나쁜 의도가 전혀 없었다. 하지만 그녀는 이 때문에 자신이 지금 느끼고 있는 바를 알 수 있는 기회를 얻지 못했다. 그녀가 자신의 느낌을 알기도 전에 시댁 식구들은 그녀의 얼굴 표정을 보고 섣불리 판단하면서 무엇이 필요한지 자꾸 물어댔다. 훌륭한 주인은 손님에게 여유를 주는 주인이다. 좋은 부모, 좋은 배우자, 좋은 치료사, 좋은 교사가 되는 것도 마찬가지다. 그것은 상대방에게 어느 정도의 여유 공간을 마련해주는 기술이라고 할 수 있다. 물론 여유 공간을 마련해주는 것과 소홀하게 대하거나 무관심으로 일관하는 것의 경계가 미묘할 수도 있다. 그러나 도움을 주어야 한다는 자신의 필요가 아니라 상대방의 필요에 집중한다면, 대부분의 경우 둘 사이의 균형을 찾기란 그리 어렵지 않다.

상대방에게 여유 공간을 주려면 내 안에 평화가 있어야 한다. 배우자의 얼굴에 어두운 그림자가 얼핏 지나간다 해서 무엇이 문제인지 곧장 알려고 덤벼들어서는 안 된다. 성급하게 덤벼들 경우, 상대방은 부정적인 기분에 더 깊이 빠져들 수 있다. 왜냐하면 이때 상대방은 자신이 느끼는 힘겨운 감정을 처리해야 하는 일뿐 아니라, 우리가 성급하게 건네는 말로 인해 부정적 감정이 더 깊어졌기 때문이다.

우리는 상대방이 나에게 화를 내지나 않을까 두려워하는 불안한 마음으로 인해, 상대방의 감정에 섣불리 개입하려는 유혹을 느낀다. 그러나 상대방에게 도움이 되기 위해서는 우선 자기 스스로에게 진정으로 도움이 될 수 있어야 한다. 즉 우리 안에 있는 불안정한 마음을 돌볼 수 있어야 하고, 상대와의 관계가 지닌 힘을 신뢰할 수 있어야 한다. 또 상대방이 지금 느끼는 바를 있는 그대로 느낄 수 있는 여유 공간을 마련해주어야 한다. 상대방이 지금 갖고 있는 문제에 대해 우리의 경청이 필요하다면 상대방 스스로 그렇게 결정할 것이다. 물론 상대방이 지나치게 오래 침묵을 지키는 경우라면 부드럽고 사랑에 넘치는 태도로 에둘러 질문을 던질 수는 있다. 그러나 상대방이 지금 느끼는 어려움을 더 크게 만들지 않기 위해 우선은 우리 안에 평화의 마음과 튼튼한 중심을 지닐 필요가 있다.

둘이 아님

중독에 빠진 사람들은 삶에서 커다란 고통을 겪는다. 때로 중독은 자신이 지금 느끼고 있는 아픔을 회피하려는 시도일 수 있다. 그러나 중독은 중독자 자신뿐 아니라 주변 사람에게도 지금보다 큰 고통을 일으킨다. 이처럼 중독자는 아픔과 고통, 분노의 바다에 빠져 헤어 나오기가 쉽지 않다.

심리학자 에리히 프롬은 사랑의 능력은 두 가지 능력이 아니라 한 가지 능력이라고 했다. 즉 남을 사랑하는 능력과 자신을 사랑하는 능력이 서로 다르지 않다는 말이다. 사랑하는 능력은 두 가지가 아닌 단 한 가지 능력이다. 그러므로 자신을 사랑한다면 타인도 사랑할 수 있다. 또 타인을 사랑하고 있다면 이는 자신을 사랑하는 것이라 할 수 있다. 마찬가지로 타인에게 가혹하게 대하는 것은 자신을 가혹하게 대하는 것이며, 자신에게 가혹하다면 곧 타인에게 가혹한 것과 같다.

이런 점에서 "이웃을 네 자신처럼 사랑하라."는 말은 일종의 계율이라기보다 심리적 사실에 관한 진술에 더 가깝다. 이웃에 대한 사랑은 자기에 대한 사랑과 다르지 않다(그 반대도 마찬가지다). 주는 만큼 받는 이유도 이 때문이다. "평가하지 말라. 평가 받을 것이니."라는 말도 있다. 이러한 가르침들은 내가 타인을 향해 열려 있는 만큼 그리고 그들을 사랑하고 이해하는 만큼, 나 역시 타인으로부터 열림과 사랑, 이해를 받게 됨을 보여준다. 그리고 자신을 향한 사랑과 이해는 다시 타인을 향하여 흘러간다.

타인을 비난하는 행위는 곧 자신을 비난하는 내면의 비판자를 드러내는 것과 다름없다. 타인에게 인색함은 보물을 쌓아두기만 한 채 즐길 줄 모르는 내면의 괴물을 드러내는 것과 같다. 이 과정에서 우리는 자기 내면의 부정적 에너지를 상대방에게 향한다. 그러나 이 에너지는 결국 자신에게 되돌아오고 만다. 왜냐하면 아주 깊은 차원에서 우리는 심리적으로 그리고 영적으로 서로 긴밀하게 연결되어 있기 때문이다. 우리는 하나다. 불교에서 말하듯 우리는 불이(不二), 즉 둘이 아니다.

타인에게 무언가를 내어주는 것이 불안하게 여겨질 수도 있다. 무언가를 내어주면 자신이 가진 것이 줄어든다는 느낌 때문이다. 설령 그런 경우가 아니어도 자신이 가진 것을 내어주는 데는 두려움이 따른다. 이런 이유로, 우선은 자기 자신을 향하여 사랑과 관용을 베푸는 연습을 할 필요가 있다. 자신에 대하여 사랑과 관용을 베푸는 사람, 자기 자신을 지혜롭게 대하는 사람은 배우자, 자녀, 부모, 친구, 동료들에게도 사랑과 관용을 베풀고 지혜롭게 대할 줄 안다. 그렇다면 자신을 위한 가장 큰 사랑의 행위는 무엇일까? 그것은 있는 그대로의 자신으로 존재하는 법을 배우는 것이다.

치유적 현존

우는 갓난아기를 꾸짖으며 이렇게 말하는 엄마는 없을 것이다. "문제가 뭐니? 당장 울음을 멈추고 빨리 크란 말이야." 그런데 우리 내면에 있는 어린 아이가 울거나 화를 내거나 떼를 쓸 때, 그리고 두려움에 떨 때 우리는 자신에게 이런 메시지를 던진다. '문제가 뭐니? 걸핏하면 상처 입고 걱정에 휩싸여 살 거니? 빨리 크란 말이야! 언제까지 아이로 남을 거니? 삶은 그렇게 녹록치 않아.'

타인을 위해 치유적으로 현존하는 첫걸음은 자기 자신을 위하여 치유적으로 현존하는 것이다. 그리고 자신을 위한 치유적 현존의 첫걸음은 자신의 싫은 면과 함께하는 능력을 키우는 것이다. 자신에게 아픔을 주고 수치심을 불러일으키는 자신의 일면과 함께하는 능력이다. 자식을 사랑하는 어머니처럼 우리는 자신의 싫은 면과도 함께할 수 있어야 한다.

자녀와 함께하는 시간을 보내는 부모는 아이들이 아름다운 존재라는 사실을 안다. 그러나 아이들이 마냥 수월하기만 한 것은 아니다. 아이들은 지치거나 화가 나면 부모의 인내심을 시험하기도 한다. 자녀가 힘겹게 느껴질 때, 부모라고 마냥 아이와 함께하고 싶은 것은 아니다.

자녀가 없는 어느 여성이 아이들에 대한 자신의 애증 공존을 보여주는 꿈을 꾸었다. 꿈속에서 그녀는 마침내 자신이 원하던 아기를 얻었다. 소중한 아기를 품에 안고 어르는 일은 무엇보다 즐거웠다. 그런데 아기를 한참동안 품에 안고 달랜 뒤에 아기를 옷장 서랍에 집어넣고는 자기 볼 일을 봤다. 이 꿈이 그녀에게 그토록 의미심장했던 이유는 그것이 '아이들의 문제'를 분명하게 드러냈기 때문이다. 아이들의 문제란, 아이는 부모가 원할 때만이 아니라 '언제나' 부모 곁에 존재한다는 사실이다. 그리고 자식을 아무리 사랑하는 부모라도 소매를 잡아끌며 징징대거나 "엄마! 엄마! 아빠! 아빠! 이것 보세요!"를 연발하며 떼쓰는 아이를 마냥 좋아할 수는 없다. 그런데 이 꿈속에서 그녀는 두 가지를 함께 할 수 있었다. 즉 아이를 가진 동시에 아이로부터 자유로울 수 있었던 것이다.

그러나 좋은 부모는 아이가 부모의 헌신을 필요로 하는 존재임을 안다. 좋은 부모는 아이가 부모를 필요로 할 때만 아이 곁에 있어줄 수 없다는 사실을 안다. 부모 혼자 평화와 고요를 누리는 일이 가능하지 않다는 사실을 안다. 부모는 자신의 편리가 아니라 아이의 일정과 필요에 맞추어 아이 곁에 있어줘야 한다. 이것이 부모 역할의 본질이다. 자신의 부모님이 부모 역할을 제대로 못했다며 불평하는 사람이 많다. 부모님이 자신의 필요에 충분히 관심을 기울이지 않았다는 불만이다. 그런데 그것은 우리가 당장 바꿀 수 있는 사실이 아니다. 지금 우리가 할 수 있는 일은 나 자신부터 좋은 부모가 되는 것이다. 좋은 부모가 되어 배우는 것은 곧 자신의 가장 힘든 부분과 함께 있어주는 것이다. 즉 원치 않는 자신의 생각과 감정에, 부모가 자식을 대하듯이 함께 있어주는 것이다. 이것이야말로 부모가 자녀에게, 그리고 우리의 삶에 등장하는 사람들에게 선사할 수 있는 가장 큰 선물이다.

그러므로 당신의 삶에 등장하는 사람들이 최악의 상태일 때 그때가 그들이 당신을 가장 필요로 하는 때이다. 그들이 힘겹게 많은 것을 요구할 때가 바로 그들이 당신을 가장 필요로 하는 때라는 사실을 기억하라. 이때가(그들이 기분이 좋아 대하기 수월할 때가 아니라) 그들이 당신의 사랑과 수용, 인내를 가장 필요로 하는 때이다. 그런데 당신이 이 일을 할 수 있으려면 우선 당신 자신의 힘든 부분에 대해 올바른 부모 역할을 할 수 있어야 한다. 즉 당신이 지치고 화가 나고 힘겹게 느끼는 때가 곧 스스로에게 이해심을 베풀어야 하는 때이다.

이것은 추상적인 말이 아니다. 당신이 다음번에 화가 나고 두렵고 슬픔을 느낄 때, 즉 자신의 이기적이고 공격적인 면이 수면 위로 떠오를 때 이것을 기억하라. 이때가 바로 치유의 시간임을 기억하라. 이때가 바로 깊이 숨을 쉬며 일단 멈춘 다음 그 느낌들을 두 팔 벌려 맞이해야 하는 때다. 이 느낌들은 자비를 베푸는 천사이자, 치유적 은총을 받을 수 있는 기회다. 자신의 이러한 일면에게 여유 공간을 마련해주는 행위는 한 번의 입맞춤으로 개구리를 왕자님으로 변신시키는 것과 같다. 혹은 비(卑)금속을 귀금속으로 변화시키는 작업과 같다. 자신에게 이런 작업을 많이 할수록 자신의 삶에 등장하는 사람들에게도 이 작업을 더 많이 할 수 있다.

상호의존

불교 경전에 곡예사로 생계를 유지하는 아버지와 딸의 이야기가 나온다. 아버지가 긴 장대를 들고 있으면 딸이 장대를 타고 올라 각종 묘기를 펼쳐 보였다. 아버지는 이 일이 매우 위험하다는 것을 알고 있었다. 아버지와 딸, 한 사람에게라도 무슨 일이 생기면 더는 생계를 유지하기 어려웠다. 그래서 아버지는 딸에게 서로를 잘 돌봐야 한다고 말했다. 그런데 이것은 일종의 종속관계라고 할 수 있다. 그러나 딸은 아버지의 말에 동의하지 않았다. 아버지와 딸이 각자 스스로를 돌보는 것이 더 중요하다고 생각했기 때문이다. 아버지가 장대를 튼튼하게 붙잡는 일에 집중하는 것이 곧 아버지가 자신을 돌보는 행위다. 또 딸이 자신이 펼치는 묘기에 온 마음을 다해 집중하는 것이 곧 딸이 자신을 돌보는 일이 된다. 이처럼 각자가 자기 자신을 돌보는 행위를 통해 비로소 두 사람이 서로를 돌볼 수 있다.

붓다는 딸의 말에 동의했다.

결국 우리가 내려야 할 선택은 '종속적 의존이냐 아니면 자립이냐'가 아니다. 자립이란 말은 기껏해야 상대적인 개념일 뿐이다. 그보다 깊은 진실이 있는데, 그것은 우리 모두가 상호의존적 존재라는 사실이다. 다른 사람의 행동으로부터 완전히 영향 받지 않는 장소는 이 세상 어디에도 없다. 당신이 짐을 꾸려 히말라야의 동굴로 들어간다 해도 인간의 행동에 의한 오염에 시달리는 일은 피할 수 없다. 마찬가지로, 자기 자신을 돌보는 일이 곧 주변 사람들을 돌보는 것이 된다. 자신의 감정을 잘 보살피고 타인에게 온화한 태도로 사랑을 베푼다면 그보다 더 타인을 위하는 일은 없다. 우리 스스로 행복하고 평화롭지 못하면 주변 사람도 그 영향을 받는다. 우리 스스로 행복하고 평화롭다면 사랑하는 주변 사람에게 그보다 더 도움을 주는 일도 없다.

　그러므로 타인을 사랑하는 것과 자신을 사랑하는 일은 별개가 아니다. 자신을 사랑하는 것은 타인을 사랑하는 것과 별개로 생각할 수 없다. 일기 쓰기, 명상, 꿈, 재창조, 각종 테라피 등 이 책에서 다루는 모든 중독 치유법도 깨어 있는 마음으로 자기 안의 중심을 되찾는 방법들이다. '달마가 동쪽으로 간 까닭'을 묻는 선의 일화에 대한 대답은 무엇일까? 그것은 추상적인 대답이 아니라 바로 '당신은 지금 어디에 있는가?'이다. 당신이 자기 자신으로 돌아올 때, 즉 지금 존재하고 있는 현재 이곳에서 당신에게 일어나고 있는 일로 돌아올 때 당신은 삶으로 돌아온다. 삶으로 돌아오는 것 외에 당신이 자신과 타인을 위해 할 수 있는 더 중요한 일은 없다.

우리는 결코 분리된 존재가 아니다

유럽에서 1년 간 공부하던 중 나는 태국 출신의 유학생을 만났다. 태국에서 불교 승려였던 그는 나에게 지금도 잊을 수 없는 소중한 교훈을 가르쳐주었다. 당시 나는 열아홉 살이었다. 유럽에서 멋진 시간을 보내고 있었지만 마음 한곳에서는 고향에 대한 그리움과 홀로 지내는 외로움을 지우기 어려웠다. 한번은 내가 그에게 외롭지 않느냐고 물었다. 이에 그는 미소를 지으며 이렇게 대답했다. "외로움이 밀려올 때마다 나는 주변의 건물과 사람들을 둘러봐요. 이렇게 주변에 있는 존재들을 느끼면 결코 나 혼자가 아니라는 사실을 알게 되죠."

　우리는 자신과 세상과의 연결성을 언제든 맛볼 수 있다.

일곱 번째 문

꿈꾸기

자신의 꿈을 탐험하라. 그리하여 의식적 자아, 이성적 자아라는 제한된 관점 너머로 자신의 정체성을 확장하라. 꿈은 현재 무엇이 결여되어 있고 무엇이 균형을 벗어나 있는지 알려주는 단서가 된다. 종종 꿈은 우리가 의식적으로 감지하지 못하는 맹점을 드러내 보여준다.

신화는 만인의 공적인 꿈이며

꿈은 개인의 사적인 신화다.

—

조셉 캠벨, 『신화의 힘』(1988)

오늘 당신은 몸이 아픈가? 그렇다면 당신은 아마도 병원, 즉 반짝반짝 빛나는 의료과학의 전당을 찾을 것이다. 그러나 고대의 몸 아픈 사람들은 병원이 아니라 신의 치유를 구했다. 예컨대 고대 그리스의 아픈 사람들은 신성한 치유자인 의신(醫神) 아스클레피오스의 신전을 찾았다. 그곳에 도착하면 아스클레피오스가 실제로 그 사람을 불렀는지 확인하기 위해 신전의 시종들이 면접을 했다. 신이 부른 자만이 신전에 들어갈 수 있었다. 신이 부른 사실이 확인되면 시종들은 환자를 내부의 성소(聖所)로 데려가 휴식을 취하게 하면서 그가 꿈을 꾸기를 기다렸다. 치유적인 꿈속에서 신이 그를 찾아와도 시종들은 그에 관한 해석을 내리지 않았다. 꿈꾸는 행위 자체가 치유적인 힘을 가졌다고 여겼기 때문이다.

만약 오늘날 당신이 중독이라는 문제 때문에 도움을 구하고 있다면 당신은 아스클레피오스의 신전이 아니라 과학의 전당인 병원으로 불려갈 것이다. 물론 병원에는 뱀이 막대를 휘감고 있는 아스클레피오스의 표식이 선명하게 그려져 있을 테지만 당신은 그것을 알아차리지 못한다. 아마 병원의 의사도 이 오래된 치유의 신이 전하고자 하는 뜻을 의식하지 못할 것이다. 그럼에도 치유의 신은 그곳에 존재한다. 칼 융은 취리히 호수 인근 볼링겐 마을의 별장 출입문 위에 라틴어로 이런 말을 새겨놓았다(1922년에 융은 여기에 땅을 구입하고, 수도나 전기 같은 편의시설을 의도적으로 배제한 소박한 별장을 지었다. 설계와 공사에 직접 참여하여 33년간 증축을 거듭한 볼링겐 별장은 융의 사상적 발전과 업적의 상징이나 다름없었다. - 옮긴이). "우리가 부르든 부르지 않든 신은 존재한다." 사실 오늘날 의사가 발휘하는 치유력의 절반 이상은 의료 과학이 아니라 침묵 속에서 무의식적으로 불러온 치유적 신에게 있다.

오늘날 많은 사람들이 현대 의료 과학과 과거의 영적 전통이 단절된 현실에 불만을 느끼고 있다. 우리가 각종 대체의학에 이끌리는 현상은(물론 지나치게 무비판적이고 순진한 경우도 있지만) 영적인 요소를 포괄하는 보다 통합적인 치료법에 대한 필요성을 이야기하고 있다. 그렇지만 귀를 연 자에게 신은 매일 밤 말을 건넨다. 꿈을 통해 말을 건넨다. 꿈이라는 밤의 메시지에 귀 기울이는 것은 자신의 치유와 전체성을 진작하기 위한 최상의 방법 중 하나다.

매니의 꿈

내가 상담을 위해 매니라는 남성을 만난 곳은 어느 사회복귀시설이었다. 매니는 거의 한 달을 그곳에 입원해 있으면서 집중 치료를 받고 있었다. 그곳에 오기 전 매니는 몇 년 동안이나 거리에서 노숙자 생활을 했다. 거리의 삶을 청산하려고 여러 번 시도했지만 매번 폭음 때문에 갱생의 시도는 허사가 되고 말았다. 매니를 만났을 당시에 나는 많은 알코올 중독자들을 치료한 경험이 있었기에 중독자들이 마시는 술의 양에는 이미 익숙해 있었다. 그러나 매니의 주량을 알게 되었을 때, 지금 내 앞의 남자가 아직 살아 있다는 사실이 그저 놀라울 뿐이었다.

매니는 쉽게 속내를 드러내는 사람이 아니었다. 겉으로는 스스럼없이 대하는 척했다. 이빨 몇 개가 빠진 입으로 활짝 미소 지으며 "안녕하쇼, 선생님!"이라고 살갑게 인사하고는 했다. 그렇다 해도 그의 속마음을 여는 일은 무척 어려웠다. 당연히 우리가 나눈 대화도 피상적인 수준에 머물고 있었다. 음주 충동에 대해 묻자 그는 전혀 그런 일이 없었다며 부인했다. 내가 그의 음주 충동에 대해 의심하고 있다는 사실을, 그는 자신에 대한 개인적 모욕으로 받아들이는 듯했다. 그러던 어느 날 그가 내게 긴히 할 말이 있다고 했다. 지난밤에 꿈을 꿨는데, 꿈속에서 들이킨 한 모금의 위스키가 너무나 달콤하고 환상적이어서 지극한 행복감이 온몸을 휘감았다고 했다.

매니가 내게 그 꿈을 털어놓는 데는 꽤 큰 용기가 필요했을 것이다. 그는 음주에 관한 꿈이 자신에 대해 무언가 좋지 않은 것을 의미한다고 여겼다. 즉 음주에 관한 꿈을 꾸는 것은 곧 알코올 중독의 재발을 의미한다고 생각했다. 나는 그의 이런 두려움을 알고 있었다. 그래서 좀 더 신중을 기할 필요가 있었다. 그의 꿈을 깊이 해석한답시고 그가 갖고 있는 두려움을 섣불리 자극해서는 안 되었다. 나는 이것이 좋은 꿈이며 꿈속에서 술을 마시더라도 문제가 되지 않는다는 점을 그에게 이야기했다. 이 꿈이 그에게 무언가 문제가 있음을 의미하지 않는다고 말해주었다.

내가 보기에 매니가 참여하고 있던 중독 치료 프로그램은 다소 문제가 있었다. 왜냐하면 참가자들로 하여금 술 마시는 행위는 무조건 나쁘다는 생각을 강화시켰기 때문이다. 심지어 음주 충동을 느끼는 것조차 의지 부족의 징표로서 부정적인 일로 간주했다. 내가 만나본 많은 환자들은 음주 생각을 떠올린 사실 자체를 완강하게 부정하는 경우가 많았다. 그런데 환자들은 이런 생각이 오히려 자신을 덫에 가둘 수 있다는 사실은 미처 인식하지 못한다.

음주 생각을 지나치게 억압한 나머지, 매니는 꿈을 통해 '음주는 절대 안 된다'는 의식적 자아의 편향성에 반항하고 있었다. 그러나 그와 다른 방향으로 진행될 수도 있었다. 즉 매니는 자신이 아직도 종종 음주 충동을 느낀다는 사실을 인정할 수도 있었다. 음주 충동은 무조건 잘못되었다는 생각을 억누르기보다 그것을 제대로 보살피는 법을 이 꿈을 계기로 배울 수도 있었다. 이런 과정을 거쳐 그는 알코올 중독에 이끌렸다가 억지로 금주한 뒤에 다시 재발에 빠지는 악순환에서 빠져나올 수도 있었다.

매니의 꿈이 의미하는 바는 무엇이었을까? 나는 매니와 함께 끝까지 상담하지 못했던 터라 그것을 정확히 알지는 못한다. 물론 매니가 술 마시고 싶은 생각이 들었다는 것은 확실하다. 그러나 술 생각을 의식에서 밀어내려 할수록 사라지기는커녕 더 강한 갈망으로 다가왔다. 다수의 꿈 작업을 해본 나의 경험에 의하면, 표면적으로는 부정적인 내용의 꿈이라도 거기에는 언제나 보다 깊은 의미가 숨겨져 있다. 매니의 꿈은 무의식이 보낸 메시지일 수 있으며, 어쩌면 그 시기의 매니에게 꼭 필요한 꿈이었는지 모른다. 그리고 그것은 프로그램의 모든 참가자에게 마찬가지였을 것이다.

매니의 꿈에는 주목할 만한 점이 있다. 그의 꿈에 등장한 위스키가 지닌 마법의 힘이다. 실제 술에는 존재하지 않는 이런 마법은 알코올에 대한 매니의 태도에 관하여 중요한 무언가를 암시한다. 즉 매니의 꿈에 나타난 위스키는 단순한 술이 아니라, 생명의 샘이자 마법의 영약, 치유의 물이었다. 어쩌면 그에게 정말 필요했던 음료는 위스키가 아니라 생명의 물이었는지 모른다.

매니의 꿈을 살펴보면 알코올에 대한 그의 마술적 기대감을 알 수 있다. 그는 이런 마술적 기대감을 술을 끊은 현실에서는 누릴 수 없었다. 나아가 꿈은 매니의 외부가 아닌 내면에서 치유의 물을 발견할 수 있다는 논의로 이어졌을 수도 있다. 즉 그가 지닌 내면의 영적인 치유 자원에 연결하는 방법을 생각하는 계기가 되었을 수도 있다. 아쉽게도 나는 그 이후로 매니를 만날 기회가 없었기 때문에 이 이야기의 결말을 알지 못한다.

꿈이라는 멋진 세계

자신의 꿈을 자각하면 가르침과 지혜가 가득한 멋진 세계가 열릴 수 있다. 꿈은 무의식을 통해 우리에게 이야기를 건네는데, 이때 우리가 사물을 보는 방식은 일상적이고 의식적인 방식과 매우 다르다. 꿈은 우리가 평소 소홀히 했던 대상을 떠올려주며, 이로써 우리는 한쪽으로 편향되지 않은 보다 온전한 존재가 된다. 앞에 얘기했던 매니의 꿈은 음주가 지닌 긍정적인 면을 알려주려 한 것인지 모른다. 그 꿈은 단지 매니가 음주 충동을 의식하고 그에 대처해야 한다고 말하는 것이 아니다. 의식적인 대처만으로는 무언가 부족하다는 메시지를 전하고 있다. 즉 당시 그의 삶을 옥죄고 있던 끔찍한 알코올 중독에 대한 치유책으로서, 내면에 있는 의미와 지혜의 샘을 발견할 필요가 있다는 의미인지 모른다.

어떤 면에서는 후진국 사람이 선진국 사람보다 행복하다고 할 수 있다. 후진국 사람들은 생존을 위해 더 많이 고생하나, 선진국에 그토록 흔한 신경증적 분열이 없다. 물질적으로는 부족해도 그것은 그들에게 낯선 고통, 생소한 고통이 아니다. 물질적 부족은 그들의 의미와 신념의 그물망에 촘촘히 연결되어 있는 고통이다. 반면 선진국 사람들은 물질적으로는 풍부하지만 의미와 신념이라는 실타래를 잃어버렸다. 영성에 대한 감각도 사라져버렸다. 여기서 꿈은 이러한 분열을 치유하고 영적 의미와 다시 연결하는 방법이 될 수 있다.

치료 장면에서 사람들이 합리적 이성으로 자기 삶의 문제를 해결하려는 모습을 흔히 본다. '이 사람과 결혼해야 하나, 아니면 관계를 정리해야 하나?' '이 일을 계속해야 하나, 다른 일을 찾아야 하나?' 물론 합리적 이성이 이런 문제에 답을 줄 수도 있다. 그러나 이런 물음은 이성의 영역보다 더 높은 차원, 동시에 더 깊은 차원에서 답해야 하는 물음이다. 지성과 이성은 우리가 원하는 것을 얻는 데 유용한 도구임에 틀림없다. 하지만 우리가 '근원적으로' 무엇을 원하는지 아는 데는 크게 도움이 되지 않는다. 이성 하나만으로는 당신이 영업인이 되어야 하는지 주식중개인이 되어야 하는지, 아니면 운동선수가 되어야 하는지 소프트웨어 프로그래머가 되어야 하는지 알 수 없다. 일단 가슴이 무엇을 원하는지 알아야 한다. 그 다음에 그곳에 도달하는 데 이성이 도움을 줄 수 있다.

나의 오랜 친구가 이런 이야기를 들려주었다. 어릴 적에 부모님이 아들의 장래 직업을 의사, 변호사, 회계사 셋 중 하나로 정해주었다는 이야기였다. 친구는 이 셋 중 하나의 직업을 가져야 했다. 결국 친구는 의사가 되었다. 오랜 시간이 지난 뒤 나는 그에게 의사라는 직업이 행복한지 물었다. 친구는 어깨를 으쓱하더니 이렇게 말했다. "그냥 했을 뿐이야. 다른 선택이 없었어."

'작은 자아(small self)'의 관점에서 볼 때, 친구 부모님의 조언은 현명했다. 1960년대에 성장한 우리들은 경제적 자립을 소홀히 해서는 안 된다는 가르침을 받고 자랐다. 때문에 친구들 중에는 경제적으로 크게 고생한 이도 있었다. 그러나 나는 그 친구가 의사가 아닌 다른 길을 택했더라면 어땠을까 생각해본다. 만약 그가 내면의 목소리에 귀를 기울이고, 자신의 무의식에서 가슴이 시키는 일을 했다면 어땠을까? 그랬다면 의사만큼 윤택한 생활을 하지 못했을지 모른다. 또 인생의 진로를 정하는 데 더 고초를 겪었을 수도 있다. 그러나 그 과정에서 더 큰 행복을 맛볼 수도 있지 않았을까? 더 큰 평화를 알 수도 있지 않았을까? 세상은 아픈 사람을 돕고 치유하려는 열정이 없는 의사를 필요로 하지 않는다. 또 한때 열정을 품었어도 일찌감치 그것을 내다버린 의사도 그다지 필요로 하지 않는다. 만약 그런 사람이 다른 직업을 택했다면 세상은 더 좋은 곳으로 변했을 것이다. 결코 더 나빠지지는 않았을 것이다. 그리고 본인 자신도 더 행복했을 것이다.

꿈은 우리를 자신의 가슴과 영혼에 연결시켜 준다. 그럼으로써 우리가 현실적인 장점이 아무리 많아도 생기 없고 단조로운 직업을 갖지 않도록 해준다. 의미와 기쁨이 없는 길을 걷지 않도록 한다. 꿈은 '작은 자아'가 지닌 편협하고 좁은 관점을 벗어나도록 한다. 물론 특정한 관점이 반드시 더 우월한 것은 아니다. 현실에 경도된 작은 자아의 관점이 반드시 틀린 것은 아니며, 보다 고상한 의도와 설계를 지닌 영적 관점이 언제나 옳은 것도 아니다. 우리는 어떤 경우에는 현실 자아의 관점을, 또 어떤 때에는 그와 다른 영적 관점을 취해야 한다. 무엇보다 중요한 것은 이 두 관점이 서로 소통하면서 조화와 균형을 이루어야 한다는 점이다.

꿈의 반대 측면

C. S. 루이스의 『나니아 연대기 3: 새벽 출정호의 항해』에는 등장인물들이 기나긴 항해를 떠나는 장면이 나온다. 어느 시점에 그들은 어둡고 안개 자욱한 섬에 당도한다. 그곳에서 그들은 필사적으로 섬을 탈출하려고 헤엄치는 누군가를 돕는다. 그리고 그 과정에서 그 섬이 꿈이 현실이 되는 곳임을 알게 된다. 처음에 그들은 한껏 흥분했다. 꿈이 현실이 된다는 말을 듣고, 자신들의 바람과 환상이 모두 이루어질 거라고 기대했다. 그들은 오래 전에 헤어진 연인과 재회할 수 있고, 어마어마한 재산과 안락함을 누릴 수 있다는 환상에 빠져들었다. 그러나 그들은 곧 섬의 실체에 대해 알게 된다. 그곳은 말 그대로 '꿈이 현실이 되는' 장소였다. 자신의 희망과 바람이 이루어지는 곳이 아니라, 단지 꿈이 현실로 나타나는 장소일 뿐이었던 것이다. 그곳은 꿈속에서 벌어지는 온갖 끔찍하고 비상식적

인 일이 실제로 일어나는 장소였다. 이를 알게 된 그들은 섬을 벗어나기 위해 전력을 다해 반대 방향으로 노를 젓는다.

루이스의 통찰은 정확하다. 그는 꿈이 지닌 반대 측면을 이야기하고 있다. 꿈의 세계는 커다란 통찰과 치유를 주기도 하지만, 동시에 힘들고 위험하며 혼란스러운 장소다. 꿈속에서 우리는 사나운 맹수와 귀신에게 쫓기며, 사람 많은 장소에서 벌거벗는다. 또 꿈속에서 우리는 현실에서 결코 하지 않는 행동을 한다. 꿈속에서 우리는 온갖 시험을 당하고, 무언가 결핍된 존재로 나타난다. 그뿐인가. 꿈속에서 우리는 침을 질질 흘리는 백치, 피도 눈물도 없는 악한으로 등장한다. 꿈은 환상 이야기의 세계다. 멋진 왕자님과 아름다운 공주로 가득한 동시에, 온갖 괴물과 마귀, 검은 위험이 도사리는 장소이기도 하다.

꿈속에 그토록 끔찍한 것들이 존재하는 이유는 어렵지 않게 짐작할 수 있다. 꿈 작업을 할 때 의식 표면에 제일 먼저 떠오르는 대상은 실제로 자신이 부정하는 대상이다. 예컨대 평소 합리적인 면을 매우 중시하는 사람에게 꿈 작업을 해보면, 불합리하거나 비합리적인 일이 제일 먼저 의식에 떠오른다. 또 현실에서 두려움을 부정하는 사람이라면 꿈속에서 두려움과 정면으로 마주하게 된다. 만약 자신을 어두운 구석이 전혀 없는 좋은 사람으로 인식한다면, 꿈이라는 어둡고 음침한 곳에서 그는 스스로 인정하기 어려운 악의 소유자가 된다. 자기가 소유하지 않았다고 부정하는 대상, 힘들고 위험하다며 부정하는 대상, 긍정적인 자아상과 충돌하기에 스스로 인정하기 어려워하는 대상들은 우리의 무의식에 저장된다. 많은 이야기와 전설, 환상담에서 보듯이, 보물을 얻으려면 반드시 그에 동반하는 위험을 함께 감수해야 한다. 무엇보다 괴물을 만날 각오를 단단히 해야 한다.

꿈은 어느 것이나 전체성과 균형, 온전함을 향해 가고 있다. 그러나 그 과정이 반드시 즐겁지만은 않다. 꿈에서 우리에게 전해지는 메시지가 반드시 마음에 드는 것은 아니다. 그런데 우리가 부정하고 폄하하는 온갖 어려움을 에둘러 가서는 우리가 목표하는 전체성에 이를 수 없다. 그 한가운데를 통과해야만 한다. 어두운 장소를 치유하려면 그곳과 직면하는 수밖에 없다.

자신과 직면하기

〈스타워즈〉에서 루크 스카이워커는 포스의 어두운 면의 화신인 다스 베이더를 만난다. 그런데 여기서 다스 베이더는 루크 외부의 악당이라기보다 루크라는 영웅이 지닌 내면의 일면이라고 할 수 있다. 다스 베이더가 루크의 아버지라는 사실이 의미하는 바도 바로 이것이다. 온전한 전체성으로 향하는 길에서 마주치는 어둠은 실은 우리 안에 도사린 어둠이다.

　융 분석심리학자인 존 샌포드는 『치유와 전체성(Healing and Wholeness)』(1977)이라는 책에서 색채시(색채 지각 경험을 가능하게 하는 시각 기능)를 갑자기 상실한 어느 나치 조종사의 비행기 불시착 이야기를 들려준다. 그가 보인 증상은 그 자체로 상징적이었다. 아니나 다를까 그는 세상을 흑백 논리로 보아왔던 것이다. 그는 히틀러와 나치에 대한 절대적 믿음을 지녔으며, 나치 친위대 복장을 입고 죽음의 수용소에서 근무하는 자신의 형에게 커다란 존경심을 품고 있었다. 한편 그의 누이는 레지스탕스(제2차 세계대전 당시 나치의 점령에 저항하여 유럽에서 일어난 지하운동 및 단체)에서 활동했는데 그는 이런 누이를 악의 화신으로 간주했다. 그 조종사는 전쟁으로 베를린에 갇히게 된 어느 융 분석심리학자에게 보내졌는데, 거기서 자신의 꿈 이야기를 했다고 한다. 꿈에서 자신의 형과 히틀러는 검은 얼굴로, 자신의 누이는 밝게 빛나는 흰 얼굴로 나타났다고 했다. 그 꿈이 보내는 메시지를 이해할 수 없었던 조종사는 꿈의 세계는 제멋대로이며 거꾸로 된 세상이라는 말밖에 할 수 없었다. 즉 검은 것이 흰 것이 되고 흰 것이 검은 것이 되는, 자신의 의식적 태도와는 정반대인 세상이 꿈이라는 말이었다. 그런데 죽음의 수용소에서 나치 친위대로 근무하는 형을 찾아가 그곳의 실상을 직접 목격한 뒤로는 그 꿈의 의미가 점차 분명해졌다고 한다.

이 젊은 조종사에게 무의식의 침입은 불편하고 불쾌한 일이었다. 우선은 색채시를 상실한 것부터가 그랬으며, 다음으로 꿈의 내용도 그러했다. 무의식의 침입으로 인해 그는 자신이 그동안 지니고 있던 편안하고 협소한 흑백 논리가 위협받는다고 느꼈을 것이다. 그러나 그가 불편하게 여겼던 무의식의 출현은 사실 그에게 중요한 정보를 알리는 목적이 있었다. 꿈에서 얻게 되는 정보는 매우 중요하다. 그것은 언제나 우리의 치유를 목적으로 한다. 우리가 균형에서 더 벗어날수록, 그리고 우리가 지닌 관점이 더 불완전하고 왜곡될수록 꿈의 내용도 더 불편하게 다가온다.

상처 입은 치유자

세계의 수많은 신화와 전설, 영적 전통에서 발견되는 모티프가 '상처 입은 치유자(wounded healer)'라는 모티프이다. 예컨대 북아메리카 원주민 수우족의 예언자이자 주술사였던 '검은 고라니(Black Elk, 1863~1950)'는 어렸을 때 크게 앓았던 적이 있다. 영혼의 부름(심리학적 관점에서는 무의식이라고 할 수 있다)에 응하고 그것을 이해하기 전까지 그는 계속 아팠다. 그가 영혼의 부름에 더 이상 저항하지 않자 위대하고 분명한 비전을 갖추게 된다. 그리고 이로써 어려운 역사적 전환기에 자신의 부족을 인도할 능력을 갖는다.

파르지팔(Parsifal) 신화에서 '어부왕(Fisher King)'은 결코 치유될 수 없을 듯한 상처를 입는다. 그러나 이 상처가 오히려 치유의 원천이 된다. 그는 이것을, 예수가 고통과 고난을 통해 무너진 세상을 치유한 일에 비유한다. 이처럼 상처 입은 자가 세상을 치유하는 모티프는 여러 곳에서 발견된다.

가톨릭 수사인 헨리 나우웬은 자신의 저서 『상처 입은 치유자』에서 다음과 같은 탈무드의 이야기를 들려준다.

랍비 요슈아 벤 레비는 랍비 시메론 벤 요하이의 동굴 앞에서 예언자 엘리야를 만난다. 요슈아가 엘리야에게 물었다. "메시아는 언제 오나요?" 엘리야가 대답했다.

"가서 직접 물어보시오."

"어디에 있소?"

"도시의 성문에 앉아 있을 것이오."

"어떻게 그를 알아보지요?"

"가난한 자들 가운데 상처 입은 채로 앉아 있을 것이오. 사람들은 자신이 입은 모든 상처를 한꺼번에 벗어버리고, 또 한꺼번에 떠안고 있소만, 메시아는 한 번에 하나씩 상처를 내려놓을 것이오. 또 한 번에 하나씩 상처를 감당할 것이오. 그는 자신에게 이렇게 말하고 있다오. '언젠가 사람들이 나를 필요로 할 때가 있을 것이다. 그때 조금도 지체하지 않기 위해 나는 항상 준비하고 있어야 한다.'"

여기서도 상처 입은 자가 세상을 치유하는 모습을 볼 수 있다. 상처 입은 치유자는 도움을 청하는 세상의 부름에 언제든 준비하고 있다.

우리가 겪는 질병이나 삶의 문제들 가운데는 우리를 제한된 관점에서 더 확장된 관점으로 인도하는 부름도 있다. 어쩌면 모든 심리적 상처는 이런 기능을 갖고 있는지 모른다. 중독 역시 그러한 상처 가운데 하나일 수 있다. 즉 자신이 입은 상처에서 영적인 차원을 향하여 조금씩 나아갈 수 있다면, 중독은 더 전체적이고 확장된 관점을 만드는 데 도움이 될 수 있다.

마음챙김을 수면의 영역으로 확장하기

꿈 작업의 문을 여는 열쇠는 깊은 존중감으로 꿈에 다가가는 것이다. 꿈에는 커다란 치유력이 있지만, 상처를 입힐 수도 있다. 당신은 초대받지 않은 채로 아스클레피오스[고대 그리스의 의신(醫神)]의 신전에 들어갈 수 없다. 불경한 마음이나 단순한 호기심으로 그곳에 들어가서는 안 된다. 목소리를 낮추고 발걸음을 조심스레 떼면서 들어가야 한다. 들어가기 전에는 이곳이 신성한 곳임을 알고, 신고 있던 신발을 벗어야 한다.

마치 퀴즈를 풀듯이 꿈의 신전에 다가간다면 그것은 꿈을 모독하는 행위다. 꿈은 당신에게 통찰을 제공해줄 것이고, 당신은 '아하! 이제야 알겠어!'라는 경험을 할 테지만 지나친 목적 지향적 태도는 바람직하지 않다. '꿈 해석'이란 용어도, 만약 이건 이걸 의미하고 저건 저걸 의미한다는 식으로, 일종의 암호 해독 행위로 여긴다면 오해의 소지가 다분하다. 꿈 작업을 통해 일정한 통찰이 일어날 수도 있지만, 그것은 꿈 작업의 주목적이 아니다.

꿈 작업의 주목적은 자신의 자각의 범위를 확장하는 것이다. 다시 말해 마음챙김을 통한 깨어 있는 마음을 수면의 영역까지 확장시키는 것이다. 일상에서 마음챙김을 수련할 때 우리는 "이 꽃의 의미는 뭐지? 이 일몰의 의미는? 이 교통체증의 의미는 또 뭘까?"라고 묻지 않는다. 우리는 단지 고요한 자각과 함께 이 현상들에 마음을 연다. 꿈 작업도 그렇게 해야 한다. 꿈을 통해 얻은 모든 지혜가 의식적인 말과 의미로 표현될 수 있는 것은 아니다. 꿈의 영역에 마음챙김을 가져가는 단순한 시도만으로 우리는 이미 온전한 전체성을 향해 다가가고 있다.

　물론 치료 도중 꿈 작업을 통해 대단한 언어적·지적 통찰을 얻는 경우도 있다. 그러나 항상 이렇게 되는 것은 아니다. 그리고 이런 통찰이 일어나느냐, 일어나지 않느냐는 그리 중요하지 않다. 오히려 꿈속의 이미지들에 주의를 향한 채로 이미지들을 단순하게 다루면서 한동안 의식적인 자각 속에서 그것들을 갖고 놀 때 치유가 일어남을 자주 볼 수 있다. 설령 자신이 꾼 꿈의 내용을 의식적으로 이해 못하더라도, 단지 이렇게만 해도 강박적인 기분이 완화됨을 경험할 수 있다. 따라서 꿈의 내용을 통해 의식적인 통찰을 얻는 것은 좋은 일이지만 지나치게 몰아붙여서는 안 된다.

　꿈에서 강압적으로 통찰을 끌어내려 해서는 안 된다. 꿈은 의식적 사고와 해석이라는 협소한 틀에 가두어지기를 싫어한다. 단계적으로 접근하는 것이 바람직하다. 단지 꿈의 내용을 자각하면서 그것이 당신 안에 깊이 스며들도록 하라. 동시에 부드러운 마음챙김으로 꿈의 내용 속으로 뚫고 들어가라. 특정한 의미를 꿈에 인위적으로 부과해서는 안 된다. 꿈으로부터 자연스럽게 의미가 도출되어야 한다. 물론 의미가 도출되지 않아도 상관없다.

주석과 자기 해석

신학의 성서 해석법에는 두 가지가 있다. 하나는 주석(exegesis)이고, 또 하나는 자신의 생각을 개입시킨 자기 해석(eisegesis)이다. 주석은 텍스트에 실제로 존재하는 의미를 도출해내는 것이다. 반면에 자기 해석은 자기가 보고 싶은 바를 텍스트에 집어넣어 해석하는 방식이다. 성서 구절의 의미에 관하여, 이 두 방식이 이르는 결론은 판이하게 다르다. 주석은 성서 구절에 깊이 귀를 기울인다. 즉 자신의 편견과 믿음을 성서 텍스트에 집어넣지 않고, 텍스트가 무엇을 말하고자 하는지 있는 그대로 본다. 주석은 성서 텍스트에 귀를 기울이고 그것이 스스로 말하게 한다.

꿈의 내용에 대해서도 자기 해석이 아니라 주석이 필요하다. "꿈이 스스로 말하게 해야 한다." 칼 융은 내담자들에게 자주 이렇게 말했다. "꿈에서 뭐라고 하던가요?" 그는 꿈의 의미에 관한 해석에 빠져 꿈에서 멀어지지 않고, 꿈 자체에 반복적으로 다가가려 했다.

꿈 작업

꿈의 내용은 의식에서 쉽게 달아난다. 꿈 꾼 내용을 의식적인 자각으로 포착하기란 결코 쉬운 일이 아니다. 그러므로 꿈을 간직할 수 있는 그릇이 필요하다. 나와 꿈 작업을 진행한 어느 내담자는 꿈 내용을 기억하는 데 어려움을 겪었다. 간혹 꿈의 내용이 기억날 때면 그는 마치 한 편의 영화나 TV 프로그램이 의식 한편에서 진행되는 느낌이라고 했다. 그렇다면 그는 자신의 의식에서 일어나는 이러한 과정에 주의를 기울임으로써 꿈의 내용을 더 쉽게 인식할 수 있다.

만약 꿈을 기억하는 일이 너무 어렵다면 우선 밤에 잠자리에 들기 전에 고요한 시간을 갖는 것이 도움이 된다. 잠자기 전에 텔레비전이나 비디오 게임, 시끄러운 음악을 피한다. 고요한 시간을 방해하는 일은 모두 삼간다. 자신에게 고요한 시간을 허락하라. 실은 우리 모두가 그럴 필요가 있다. 걷기 명상과 좌선을 하거나, 편안한 음악을 듣거나, 아니면 고요한 분위기에서 책을 읽어도 좋다.

다음으로, 잠에 떨어지려고 할 때 몇 차례 의식적인 호흡을 하면서 꿈을 기억하겠다는 의도를 낸다. 침대 곁에 펜과 종이를 놓아두는 '의례'를 치러도 좋다. 이는 자신이 꿈에 귀를 기울일 준비가 되었음을 무의식에 전달하는 효과적인 방법이다. 종종 이렇게 하는 것만으로 꿈을 기억하는 데 도움이 된다.

꿈 작업의 첫 단계는 꿈의 내용을 기억해내고 기록하는 것이다. 종이에 글로 쓰는 대신 믿을 수 있는 친구에게 이야기해도 좋다. 이렇게 꿈을 이야기하거나 글로 쓰는 것만으로 꿈에 대한 통찰이 일어날 수 있다. 사실, 꿈의 내용을 주의 깊은 마음으로 존중하는 자체가(설령 꿈이 의미하는 바를 알지 못한다 해도) 이미 유용하고 중요한 작업이라 할 수 있다.

그 밖의 꿈 작업들

꿈을 종이에 기록하고 주변 사람과 나누는 작업은 무의식이 보낸 꿈이라는 소중한 메시지를 활용하는 좋은 방법이다. 그 밖에도 꿈을 활용하는 방법은 많다.

꿈에 대한 명상

숨을 들이쉬고 내쉬면서 꿈의 분위기와 내용에 현전한다. 꿈의 분위기와 내용이 자기 안에 온전히 스며들도록 한다. 꿈이 자신의 언어로, 자신의 페이스에 따라 당신에게 말하게 하라. 적어도 5~10분 동안 이렇게 해본다. 이는 의식과 무의식이 소통하기 위한 작업으로, 이 자체만으로도 가치 있다. 어떤 것이든 자신에게 일어나는 과정을 신뢰하라.

꿈에 대한 연관 짓기

꿈에 등장하는 인물들, 각각의 대상과 사건, 꿈이 벌어지는 장소 등 꿈을 구성하는 모든 요소들에 대해 서로 연관을 지어본다. 예컨대 꿈에 어린 시절 가족이 함께 쓰던 자동차가 등장했는가? 그렇다면 그 자동차와 연관되어 마음에 떠오르는 일을 적어본다. 그 오래된 자동차를 떠올릴 때 당신의 마음속에는 무엇이 떠오르는가?

이 작업을 할 때 유의할 점은 마음속에 떠오르는 대상을 아무렇게나 따라가지 말고, 꿈에 나타난 특정 대상으로 계속 되돌아오는 것이다. 즉 자신에게 이렇게 물어본다. '일반적인 자동차가 아니라, 내 꿈에 나타난 어릴 적 가족용 자동차는 나에게 무엇을 생각나게 하는가?' 이때 마음에 떠오르는 내용을 적는다. 그런 다음 다시 '그 자동차'로 돌아간다. 만약 그 자동차를 떠올렸을 때 여섯 살 적 일이 생각난다면 이는 올바른 연관 짓기이다. 그러나 그 일을 떠올렸을 때 다시 당신에게 무엇이 생각나는지 물어서는 안 된다. 마음에 떠오르는 내용을 아무렇게나 따라가다 보면 흥미로운 연관성을 파악할 수 있을지 모르나, 그것은 그 꿈과는 아무 관련이 없다. 계속해서 당신이 꾼 꿈의 특정 요소(여기서는 '가족용 자동차')로 돌아가라.

너무 억지로 연관을 지으려고 하면 오히려 연관 짓기 과정이 방해받을 수도 있다. 간섭하지 않는 법을 배워야 한다. 만약 자동차를 떠올릴 때 그와 특별한 관련이 없는 듯 여겨지는 어릴 적 친구가 생각나는가? 그렇다면 이 둘 사이에 분명한 연관성이 없다 해도 적절한 연관 짓기라고 할 수 있다.

연관 짓기를 할 때 연습이 조금 필요할 수도 있다. 꿈에 등장하는 특정 요소를 생각했을 때 마음에 떠오르는 바를 신뢰해야 한다. 둘 사이에 언뜻 논리적 연관성이 없어 보여도 서로 연결되어 있음을 믿어야 한다.

꿈의 각 요소들에 대해 여러 개의 연관을 지을 때까지 해본다. 그렇다면 여러 개 가운데 어느 것이 가장 좋은지 어떻게 아는가? 특정 연관에 대해 '아하!' 하는 깨달음의 느낌이 온다면 그것을 신뢰하라. '아하!' 하는 느낌에는 종종 신체의 전체적인 느낌이 조금 바뀐다거나 깊은 호흡과 함께 한숨이 일어나는 수도 있다. 이런 신체감각에 주의를 기울이라. 그것은 당신이 중요한 무언가를 향해 나아가고 있다는 뜻이다.

디테일이 중요하다

때로 꿈의 의미에 대한 가장 중요한 단서는 꿈을 말하거나 적는 과정에서 빠트리기 쉬운 세부 사항에서 찾을 수 있다. 그러므로 꿈이 일어나는 장소나 자기 주변에 있는 사람 등 세세한 것에 주의를 기울여야 한다. 예컨대 꿈에 친구가 등장했다고 하자. 그런데 실제로 갈색 머리인 그 친구가 꿈에서는 금발로 등장한다. 이 부분에 주의를 기울일 필요가 있다. 꿈에 나타난 금발 머리가 실제로 누구의 머리색인지 스스로에게 물어보라. 어쩌면 당신은 꿈속에서 몇몇 사람을 한 사람으로 응축해 놓았는지 모른다. 어쩌면 지금 당신에게 중요한 것은 특정 개인이 아니라 그들의 공통된 특징인지 모른다.

다른 사람의 연상을 이용하라

위에 말한 자유 연상 기법이 어렵게 느껴진다면 믿을 만한 사람의 도움을 요청할 수도 있다. 그 사람에게 당신의 꿈에 대해 이야기하라. 그런 다음, 당신이 지금 막혀 있는 특정한 꿈 요소에 대해 생각해보도록 그에게 요청한다. 이때 그의 마음에 무엇이 떠오르는지 알려달라고 말한다. 예를 들어, 당신이 바다 한가운데서 헤엄치고 있는 꿈을 꾸었다고 하자. 그러나 도저히 이 꿈의 의미를 알 수 없다. 이에 당신은 바다에서 헤엄치는 장면을 상상했을 때 무엇이 마음에 떠오르는지 알려달라고 상대방에게 요청할 수 있다. 그가 연상하는 내용 가운데 당신에게 '아하!' 하고 마음의 울림을 주는 것이 있는지 본다. 때로 당신이 지금까지 생각했던 것보다 더 적절한 연상을 다른 사람이 생각해내는 수도 있다.

이 게임을 효과적으로 하기 위해서는 창의적인 놀이 분위기를 틀어막지 않아야 한다. 만약 상대방이 제안하는 연상을 당신이 거부한다면 그는 더 이상 아이디어를 내지 않을 것이다. 그저 상대의 말을 들으면서 자신에게 어떤 느낌이 드는지 가만히 관찰한다. 그러다가 "음, 그리고 또?"라고 말하면서 계속해 나간다. 상대가 내놓는 연상 가운데 무언가 심금을 울리는 내용이 있으면 그에 관해 이야기 나눈다. 그러나 부정적인 피드백은 주지 않는다.

이 게임을 할 때 무엇보다 기억해야 할 점이 있다. 바로 '꿈의 의미를 최종적으로 결정하는 사람은 꿈 꾼 사람 자신'이라는 사실이다. 이는 상대방이 전문 치료사 등 꿈 해석 전문가인 경우에도 마찬가지이다. 이것은 당신이 연관 짓고 있는 꿈 요소가 앞의 '가족용 자동차'처럼 명백히 개인적인 성격일 경우 더욱 그러하다. 과거의 개인적 상징물이 지닌 의미를 가장 잘 아는 사람은 다른 누구도 아닌 당신 자신이다.

적극적 상상

꿈이 종결되지 않은 채로 꿈에서 깨는 경우도 있다. 예를 들어 꿈에서 무언가에 쫓기고 있는 와중에 잠을 깰 수도 있다. 겉으로 보아 그 꿈은 결말에 이르지 못한 것이 분명하다. 그러나 이런 꿈을 꾸었더라도 당신은

272

일곱 번째 문

노트를 꺼내놓고 그 앞에 조용히 앉아 마음을 가라앉힐 수 있다. 그리고 마음의 중심을 잡기 위해 몇 차례 심호흡을 할 수 있다. 그런 뒤에 그 꿈의 생생한 분위기 속으로 다시 돌아간다. 그리고는 중단되었던 꿈이 계속된다고 상상한다. 특정 결말에 이르도록 강제하는 것이 아니라, 자연스럽게 꿈이 전개되도록 내버려둔다. 마치 영화를 보고 있는 것처럼 꿈에서 무슨 일이 일어나든 내버려둔 채, 거기에서 일어나는 일을 꿈 노트에 기록한다.

또 당신은 당신에게 중요한 의미를 갖는 사람을 꿈속에서 만날 수도 있다. 그 사람은 당신이 한동안 머릿속에 떠올리지 않았던 의외의 인물일 수도 있다. 또 꿈속에서 아주 신비스럽고 마술적인 힘을 지닌 사람을 만나는 경우도 있다. 꿈속의 그 인물이 의식적 자아로서의 당신과 상상 속에서 서로 대화를 나누게 하는 것도 좋다. 그에게 질문을 던진 다음, 그 질문에 답하게 하라. 이때 그가 하는 말을 받아 적으라.

칼 융이 '적극적 상상(active imagination)'이라고 이름 붙인 이 기법은 어쩌면 자신의 꿈에 대해 해볼 수 있는 가장 중요한 작업인지 모른다. 물론 꿈에서 얻은 통찰이 언제나 합리적인 성격을 띠지는 않는다. 꿈의 통찰을 상식적인 말로 표현하지 못할 수도 있다. 그러한 비합리적 통찰은 우리 뇌의 더 깊고 오래된 부위에서 나온 것으로, 그 부위는 말(단어)이 아니라 의미 있는 상징을 가지고 사고한다. 설령 꿈에서 얻은 통찰을 말로 표현할 수 있다 해도, 꿈의 의미를 완벽하게 포착했다고 생각해서는 안 된다. 의식과 무의식은 서로 대화가 통하지 않는다. 마치 영어는 모르고 중국어만 아는 사람과 중국어는 모르고 영어만 아는 사람이 나누는 대화와 비슷하다. 두 사람이 사용하는 언어는 토대가 완전히 다르기 때문에 상대를 이해하기가 무척 어렵다. 두 사람이 온갖 몸짓과 얼굴 표정을 동원해 열심히 시도한다면 상대방이 하고자 하는 말을 대강은 이해할지 모른다. 그러나 그렇다 해도 상대방의 메시지에 담긴 미묘한 뉘앙스는 상당 부분 놓치는 수밖에 없다. 물론 완전히 오해하는 경우도 있다. 다른 언어 사용자의 말을 자신의 언어로 번역했다고 하여, 적절하고 완벽한 해석으로 여기는 것은 잘못이다.

그런데 의식과 무의식 사이의 '언어 차이'는 영어와 중국어의 차이보다 훨씬 크다. 영어와 중국어는 그 차이가 아무리 크다 해도, 둘 다 합리적이고 의식적인 마음의 산물이다. 그러나 의식과 무의식의 경우는 그렇지 않다.

그러므로 어떤 말로도 꿈의 의미를 완벽하게 포착하기란 불가능하다는 사실을 알아야 한다. 말과 이성을 통해 꿈을 파악하는 것이 도움이 될 수 있지만, 그것이 결정적인 중요성을 갖지는 못한다. 가장 중요한 것은 의식과 무의식이라는 자아의 두 측면이 서로 관계를 맺도록 하는 것이다. 여기에 적극적 상상은 매우 유용하다.

이 과정에 거부감을 보이는 사람도 있다. 그들은 이렇게 항변한다. "하지만 그 모든 것을 만든 장본인은 바로 나입니다." 물론 맞는 말이다. 그러나 자신에게 이런 질문을 던져보라. '당신은 무엇을 가지고 그것을 만들었는가?' 결국 당신 역시 어떤 의미에서는 애당초 무언가를 가지고서 자신의 꿈을 만들어냈으니 말이다.

꿈의 언어는 상징적이다

한 여자가 어린 딸을 등에 업고 수영장에서 헤엄치는 꿈을 꿨다. 한동안 괜찮았지만 시간이 지나면서 그녀는 지쳐가기 시작했다. 등에 업은 아이의 몸무게가 그녀를 물 밑으로 누르자 숨 쉬기가 힘들었다. 한편, 남편은 아내가 아이와 함께 수영하는 모습을 사진에 담으려 했으나 카메라가 제대로 작동하지 않았다.

꿈을 충분히 해석하기 위해서는 꿈 꾼 사람 자신이 말하는 연관을 알아보거나 그의 삶에 대해 어느 정도 알고 있어야 한다. 그렇지만 꿈의 의미에 대해 몇 가지 추측을 해보는 일은 그리 어렵지 않다. 위 꿈의 경우, 여자는 자녀 양육 때문에 물 밑으로 가라앉는 듯한 부담을 느끼고 있었음에도, 남편은 그런 상황을 알아차리지 못하고 있었다는 해석이 가능하다. 물론 그와 다른 해석도 있을 수 있다. 예컨대, 그 아이는(특히 그 아이가 그녀의 자녀가 아니라면) 자녀가 아닌 무언가 다른 것을 의미할 수도 있다. 어쩌면 그 아이는 그녀가 시도하고 있는 프로젝트나 일일 수도 있다(그녀가 그 일을 시작한 지는 꿈에 나타난 아이의 나이와 같다). 하지만 이 꿈이 말 그대로 수영이나 사진에 관한 꿈일 가능성은 매우 낮다.

또 이제 막 대중 강연가로서 새롭게 출발하려는 어느 남성의 꿈 이야기도 있다. 꿈에서 그는 록밴드 연주를 하고 있었는데 스피커의 크기가 너무 작았다. 실제로 남자는 학창 시절에 밴드 활동을 한 적이 있었다. 그가 강연가로 출발하려는 지금의 시도를 상징적으로 나타내기 위해, 그의 무의식이 과거의 밴드 활동 경험을 빌려온 것이다. 그리고 스피커가 너무 작았다는 것은, 자신의 메시지를 대중에게 전달할 힘이 그에게 충분하지 않음을 의미했다. 그는 대중에게 메시지를 전달하는 데 있어서 지금껏 가졌던 수단보다 더 강력한 수단이 필요했다. 여기서도 그 자신이 말하는 개인적 연관이 매우 중요하다. 왜 그의 꿈은 다른 경험이 아니라 유독 과거의 록밴드 경험을 빌려온 것일까? 또 스피커의 모양과 크기에 어떠한 의미가 있다면 그것은 무엇인가? 그 꿈의 전반적인 의미는 비교적 명확하게 드러나지만, '작은 스피커' 등의 상징 의미를 충분히 파악하기란 결코 쉬운 일이 아니다.

가수 밥 딜런은 자신의 노래 중 한 곡에 어떤 의미가 담겨 있느냐는 질문에, 만약 노래가 아닌 다른 수단으로 그 의미를 표현할 수 있었다면 그렇게 했을 것이라고 답했다. 그 노래의 의미는 노래로밖에 표현할 수 없었다는 말이다. 꿈도 마찬가지다. 꿈은 가능한 한, 우리와 직접적으로 대화하려고 시도한다. 그러나 꿈이 말하는 언어는 상징의 언어이기 때문에, 결코 언어적 도식으로 환원될 수 없다.

꿈의 언어는 상징의 언어라는 사실을 기억할 필요가 있다. 상징(symbol)은 다른 무언가를 대신하여 의미하는 기호(sign)와는 다르다. 상징이 의미하는 바는 결코 말로 온전히 표현되지 않는다. "붓다의 가르침은 달을 가리키는 손가락"이라는 불교의 격언에서 '달'은 상징이다. 여기서 우리는 달이 '깨달음'을 의미한다고 추측할 수 있다. 그러나 상징은 그보다 훨씬 풍부한 의미를 담고 있다. 그리고 '달은 깨달음에 대한 상징'이라고 말하는 것은 하나의 상징을 다른 상징으로 대체하는 것에 지나지 않는다. 왜냐하면 아직 깨닫지 못한 우리는 '달'이라는 상징의 의미를 모르는 것과 마찬가지로 '깨달음'에 대해서도 알지 못하기 때문이다. 그러므로 꿈 상징의 의미에 대해 열려 있는 자세를 취할 필요가 있다. 꿈과 꿈 상징의 의미를 의문의 여지없이 완벽히 해석해 냈다고 생각해서는 결코 안 된다.

앞에서도 말했지만 상징과 기호를 혼동해서는 안 된다. 기호는 단지 다른 무언가를 의미하는 것으로, 그 무언가와 완전히 동일하다. 그보다 크지도 작지도 않다. 만약 위의 꿈에서 스피커를 '새로 성사시킨 강연'으로 해석한다면, 이때의 스피커는 기호이다. 반면 상징으로서의 스피커는 그보다 더욱 다양한 차원을 갖는다. 그것은 새로 계약한 강연을 의미할 수도 있고, 특정한 기운을 내뿜는 그 강연자의 개인적 힘을 의미할 수도 있다. 이처럼 꿈의 내용을 기호가 아닌 상징으로 다룰 필요가 있다.

그러나 꿈의 상징체계에는 일정한 규칙성 또한 존재한다. 예컨대 물은 종종 무의식을 의미하며, 집은 마음이나 정신을 표현한다고 한다. 상징 사전은 상징에 관한 단서를 제공할 수 있다(물론 그 때문에 더 혼란스러워질 수도 있다). 그러나 상징은 결코 완벽하게 설명해 낼 수 없기 때문에 '이것은 저것을 의미하고, x는 y를 의미한다'는 식의 꿈 상징 사전은 큰 도움이 되지 않는다(상징 사전과는 다르다). 이런 책들은 상징을 한 가지 의미밖에 갖지 않는 단순한 기호로 축소시킨다.

그러므로 '너무 말끔해 보이는' 꿈 해석은 믿지 않는 것이 좋다. 중요한 것은 꿈의 의미를 말끔하게 해석해 내는 것이 아니라, 꿈의 내용을 다루는 과정임을 기억하라.

꿈의 흐름 조절하기

꿈에는 스스로 소화하기에 너무 위협적인 내용은 망각하게 하는 안전장치가 존재한다. 그렇기 때문에 꿈의 흐름을 조절하는 것은 대개 큰 문제가 되지 않는다. 그러나 꿈에서 드러난 무의식의 내용에 압도당하는 수가 있다. 만약 꿈의 내용 때문에 잠을 깬 뒤에도 몇 시간이나 우울, 불안, 강박 같은 증상으로 불편함을 느끼는가? 그렇다면 꿈의 흐름이 너무 급격하게 많다고 볼 수 있다. 이때는 무의식에서 의식으로 올라오는 꿈의 흐름을 자신이 편안하게 소화할 수 있는 정도로 조정할 필요가 있다.

오늘날 우리 대부분이 겪는 문제는 꿈을 너무 많이 기억하는 것이 아니라 꿈을 잘 기억하지 못 하는 것이다. 그러므로 무의식에서 의식으로 올라오는 꿈의 흐름을 줄이는 일은 그다지 어렵지 않다. 단지 꿈 작업을 시작하기 이전의 방식으로 돌아가기만 하면 된다. 즉 꿈을 기록하는 일을 한동안 중지하거나, 꿈을 마음속으로 되뇌고 누군가에게 꿈에 대해 말함으로써 꿈에 매달리고 붙잡으려는 노력을 그만두는 것이다. 그런 다음 자신의 무의식에 귀 기울일 준비가 되었다고 느껴지는 때를 기다린다. 그때가 되면 우선 가장 강력하고 중요하게 느껴지는 꿈에 주의를 기울인다. 단지 이렇게만 해도 계속해서 꿈에 압도당하는 일은 없을 것이다. 그렇지 않고 만약 계속 꿈에 압도당한다면 그 꿈을 통합시켜야 하는 긴박한 필요성이 당신 안에 존재한다는 의미다. 어쩌면 당신은 자신의 중요한 일면과 너무 오래 단절되어 있었는지 모른다. 이런 경우라면 꿈 작업에 능숙한 치료사를 찾는 것이 좋다.

당신은 꿈을 다루는 치료 과정에 참여하고 있는가? 그렇다면 당신은 안전한 상태에 있다고 할 수 있다. 이는 내담자와 치료자가 맺는 치료 동맹이라는 관계 때문이다. 이 경우에는 꿈의 내용이 다소 불편하더라도 꿈의 흐름을 줄일 필요가 없다. 물론 불편하게 느끼는 꿈에 대해 치료자와 이야기 나누는 것은 무방하다.

꿈 작업의 결과

꿈 작업의 결과, 즉각적으로 편안함이 찾아오는 경우도 있다. 우리가 꾸는 꿈은 불균형 상태를 바로잡는 것을 목적으로 하기 때문이다. 따라서 꿈의 의미를 완벽하게 파악하지 않아도 편안함이 찾아올 수 있다. 또 꿈 작업을 별로 하지 않은 채 단순히 꿈을 기억해내기만 해도 이런 일이 일어날 수 있다. 물론 꿈 작업을 하면 더 쉽게 편안함이 일어난다. 꿈 작업을 하는 과정에서, 수용적이고 긍정적인 마음챙김의 에너지를 꿈에 보낸다면 몸의 긴장과 감정 상태가 변화함을 느낄 수 있을 것이다.

그러나 꿈 작업을 통해 즉각적인 결과가 나타나지 않는다고 실망할 필요는 없다. 간혹 아무리 열심히 꿈 작업을 해도 그 꿈이 무엇을 말하는지 알 수 없는 때도 있다. 그러나 꿈 작업을 통해 몇 주 혹은 몇 개월에 걸쳐 지속적으로 꿈에 주의를 기울이다 보면 안정감이 커짐을 느낄 수 있을 것이다. 예컨대 예전보다 부정적인 기분에 덜 휩쓸리는 자신을 보게 되거나, 부정적인 기분이 일어나도 지속 시간이 짧아짐을 볼 것이다. 신체적·정신적 에너지가 새롭게 충전되는 느낌을 가질 수도 있다. 꿈 작업을 통해 이러한 변화가 일어나리라고 기대하라. 이는 당신이 중독의 회복 과정을 충실히 밟는 데도 도움이 된다. 그런데 사람들은 자신의 괜찮은 면보다 잘못된 면을 쉽게 인지하는 경향이 있다. 그렇기 때문에 면밀히 주의를 기울이지 않으면 이러한 점진적 변화를 제대로 알아차리지 못할 수도 있다.

중독 행동의 개선에 관한 연구를 살펴보면, 결과보다 과정을 중시하는 접근법이 더 효과적임을 알 수 있다. 앞에서 말했듯이 사람들은 각각의 변화 단계를 여러 차례 반복적으로 거친 뒤에야 눈에 띌 정도의 확실한 변화를 보인다. 갑작스럽고 극적인 변화를 경험했다는 사례들(어느 날 불현듯 모든 걸 내려놓고 하느님께 귀의했더니 모든 일이 순조로워졌다는 사례 등)도 자세히 살펴보면 그런 변화에 이르기까지 예비적 사건과 작은 변화들이 여러 차례 있었음을 알게 된다. 겉으로는 갑작스럽고 드라마틱한 변화로 보여도 겉으로 눈에 띄게 드러나기까지 그 사람의 내면에서 미세한 변화들이 많이 축적되고 있었던 것이다.

명상, 일상에서의 마음챙김, 일기 쓰기 등 이 책에 소개된 모든 수련법과 마찬가지로 꿈 작업에서도 가장 중요한 것은 과정에 대한 믿음이다. 즉 아무리 하찮게 보여도 매일 매일 긍정적 변화가 일어나고 있음을 믿을 필요가 있다.

특히 꿈 작업에서는 작은 변화 과정에 대한 믿음이 무엇보다 중요하다. 어떤 점에서 보면 불편한 꿈일수록 궁극적으로는 더 큰 치유를 가져다 줄 수 있다. 당신을 많이 괴롭히는 꿈이라도 만약 당신이 그것에 자각의 빛을 비춰 통합시킨다면 가장 큰 치유 효과를 볼 수 있다. 그러므로 인내하지 못하는 조급함은 변화와 성장의 가장 큰 걸림돌이다. 눈에 보이지 않지만 지면 아래에서 씨앗은 싹을 틔우고 있다. 뿌리는 대지의 깊은 곳을 향해 뻗어가고 있다. 조급함을 못 이기고 성급하게 지금의 상태를 확인하려 들지 말라. 그렇게 하면 지속적인 성장은 불가능하다.

당신도 할 수 있다. 마음챙김은 지금 나의 상태, 지금 있는 그대로의 나의 삶을 받아들이는 것이다. 그것은 인간으로서 도달하기 어려운 완벽함을 성취하려는 것이 아니다. 꿈에서 당신에게 전하는 메시지를 존중하고 받아들이라. 있는 그대로의 자신을 받아들이기 위해 꿈을 활용하라. 자신의 어두운 면과 그림자에 대해 아는 사람은 위험하지 않다. 오히려 그것을 모르는 사람이 더 위험하다. 꿈은 좋든 싫든 있는 그대로의 자기 모습을 자각하는 데 도움이 된다.

여덟 번째 문

일

일터에서 마음챙김을 수련하라. 마음챙김 하는 삶이란, 삶의 모든 영역에서 깨어 있는 것이다. 일터에서 고요하고 중심 잡힌 마음을 유지하는 데 마음챙김 수련이 도움이 된다.

의미 있는 직업을 갖는 것만으로 충분하지 않다.

우리의 영혼에 흡족한 일이라야 한다.

—

토마스 무어, 『다시 보는 일상의 매혹』(1996)

갈림길:
아만다 이야기

직장에서 집으로 돌아온 아만다는 지쳐 있었으며 마음이 공허했다. 그녀는 자신이 하루 종일 직장에서 시달린 데 대해 보상이 필요하다고 느꼈다. 지금 그녀의 마음을 말로 표현하면 이러했다. "하루 종일 열심히 일했어. 이제 나의 노력을 어떻게 보상하지?" 즉각 떠오른 대답은 와인 한 잔이었다.

아만다는 공식적으로 알코올 의존증 진단을 받지는 않았다. 하지만 최근 들어 자신의 음주 행위에 신경이 쓰이기 시작했다. 혼자 지내는 밤이면 어김없이 와인을 몇 병씩 비우고는 했기 때문이다. 그녀는 열심히 일한 보상으로 점점 더 와인이 필요하다고 느꼈다. 내가 진행하는 마음챙김 워크숍에 참석한 뒤로 그녀는 수련을 시작했다. 마음챙김 수련으로 스스로에 대한 자각력을 높였다. 그러자 자신의 현재의 음주 행태에 문제가 있음을 깨달았다. 최근 그녀가 마시고 있는 와인은 그녀의 원기를 북돋거나 직장에서의 노력에 대한 보상이 되지 않았다. 뿐더러 오히려 그녀를 지치고 슬프게 만든다는 사실을 자각하게 되었다.

아만다는 자신이 갈림길에 놓여 있음을 알았다. 자신에게 해로운 음주 패턴을 계속할 것인가, 아니면 그와 다른 선택을 내릴 것인가? 그녀는 좌선과 걷기 명상을 하려고 마음을 내보기도 했지만, 여전히 명상과 음주 사이를 왔다갔다하고 있었다. 만일 계속해서 와인과 함께 밤을 보낸다면 그녀는 심각한 알코올 문제에 직면할 것이었다.

생존 기반으로서의 일

아만다는 꽤 괜찮은 직업을 갖고 있다. 월급도 많았으며 각종 복지 수당도 결코 적지 않았다. 그녀는 일자리 구하기가 만만찮은 앨버커키(미국 뉴멕시코 주 중부의 도시)에서 그런 직장을 가진 자신을 행운아라 여겼다. 그런데 아만다는 마치 꽉 끼는 신발을 신은 것처럼 일이 자신을 구속하고 있다고 느꼈다. 꽉 끼는 신발을 신으면 처음에는 조금 답답하지만 계속 신고 있으면 잊고 지내기 마련이다. 그러다 하루 일과를 끝내고 신발을 벗으면 그때서야 신발이 발을 꽉 조이고 있었음을 자각한다.

아주 부자가 아니라면 아마도 당신은 일을 해야 할 것이다. 요즘은 일을 하지 않고 집에만 있는 배우자는 점점 찾아보기 어렵게 되었다. 생계를 유지하기 위해 이제는 남자든 여자든 일을 해야 한다. 전일제 직장을 다닌다면 당신은 깨어 있는 시간의 3분의 1 이상을 직장에서 보내야 한다. 그리고 나머지 시간의 상당 부분도 직장 일을 준비하거나 모자란 업무를 보충하는 데 보낸다. 일주일에 40시간씩 40년을 일하면서 1년에 2주의 휴가를 갖는다면 전체 인생 가운데 8만 시간을 일하는 셈이다. 붓다가 번개 불이 한 번 치는 순간이라고 표현한 한 번뿐인 소중한 인생의 8만 시간을 일에 보낸다. 이토록 많은 시간을 일한다는 사실보다 중요한 점이 있다. 그것은 일이 당신의 에너지와 주의력을 상당 부분 필요로 한다는 사실이다. 그렇게 일에 소진되고 나면 에너지는 거의 남지 않는다.

흔히 우리는 일이 자신에게 가장 중요한 것이 아니라고 말한다. 가족과 인간관계, 영성이나 친구와의 우정이 더 중요하다고 말한다. 그러나 그런 것에 보내는 시간과 에너지를 일에 보내는 시간이나 에너지와 비교해 보면, 그 말이 어불성설임을 알 수 있다. 우리는 실제로 일을 더 중요하게 여기면서 자신 그리고 가장 중요한 가치와의 조화를 잃어버린 채 살고 있다.

심리학자 에이브러햄 매슬로는 '인간 욕구의 위계' 개념을 제시했다. 그는 우리가 자아실현과 창의성 등 고차원의 욕구를 충족시키기 전에 그보다 낮은 차원의 욕구를 먼저 충족시켜야 한다고 말했다. 다시 말해 아름다움과 개인적 성장을 실현하기 전에, 의식주 등의 기본적 욕구를 먼저 충족시켜야 한다는 것이다.

물론 현실에서 우리가 이런 도식적 구도를 그대로 따르는 것은 아니지만, 우리들 대부분은 자신과 가족들의 기본적인 필요를 충족시키면서 하루하루의 생존에 적지 않은 노력과 에너지를 쏟아야 한다. 자신의 영적인 측면이 아무리 심오하다 해도 많은 사람에게 일은 필수적인 부분이다.

저주가 되어버린 일

2장에서 소개한 창세기의 창조 이야기는 에덴동산에서 시작한 인간의 삶을 묘사하고 있다. 그곳에서 인간의 필요는 모두 충족되었다. 그곳에서 우리는 땅 위에 풍부하게 열린 과일을 마음대로 골라 먹으면서 자연스럽고 편안하게 우아한 삶을 영위했다. 그러나 이런 상황은, 일정한 선을 넘는 인간의 행위(금단의 과일을 먹는 것)로 인해 완전히 바뀐다. 구체적으로 무엇에 관한 위반이었든(성(性)에 관한 위반이라고 암시하는 부분은 성경에 없다) 지금 우리는 그 정원으로부터 완전히 추방당한 채 살고 있다. 그리고 그 결과로 우리는 오로지 생존을 위해 일해야 하는 처지가 되었다.

내가 너에게 따 먹지 말라고 명령한 나무에서 열매를 따 먹었으니 땅은 너 때문에 저주를 받으리라. 너는 사는 동안 줄곧 고통 속에서 땅을 부처 먹으리라. … 너는 얼굴에 땀을 흘려야 양식을 먹을 수 있으리라.

－『창세기』3장 17~19절

이는 확실히 일에 관한 매우 암울한 견해이다. 그런데 당신이 반드시 성경적 관점에 기대지 않더라도 이것은 현대인의 의식 속에 깊이 각인되어 있는 근본적인 이야기다. 고대 이스라엘의 농경 사회 사람들조차 일에 대해 이토록 부정적인 견해를 가졌다면 오늘날의 상황은 훨씬 심각하다고 할 수 있다. 오늘날의 일은 보다 근본적인 의미에서 인간으로부터 소외되어 있다. 현대인들은 더 이상 자기 땅에서 일하지 않으며, 가족들과 함께 일하지도 않는다. 또 자신과 가족이 먹을 음식을 직접 재배하는 경우도 드물다.

과거에 자기 땅에서 가족과 함께 자신들이 먹을 것을 재배하던 시절에 일은 단지 수단으로 행하는 이상하고 낯선 활동이 아니었다. 그것은 삶의 일부였다. 직접 작물을 재배하고 소젖을 짜는 행위는 절대적으로 필요한 행위, 타당한 행위였다. 그런 직접적 노동을 오늘날 금융시장의 선물 거래와 비교해보면, 선물 거래는 스트레스를 훨씬 많이 받는 생계 유지 활동이 되었다(선물 중개인은 미래의 사건을 예측해야 한다). 뿐만 아니라 자신과 가족, 이웃이 먹을 음식을 직접 재배하는 일에 비해, 선물 거래는 그보다 몇 단계나 추상화된 일로서 인간으로부터 소외된 일이다.

『창세기』의 저자는 일에 관한 이러한 어려움을 인식하고 있었던 것일까? 그가 만약 오늘날 현대인이 일하는 환경에 대해 안다면 어떻게 생각할까? 오늘날 우리는 자신을 직접적으로 먹이고 키우지 못하는 비가시적이고 추상적인 결과를 내기 위해 일하고 있다. 뿐만 아니라 많은 사람이 자신의 노동에 합당한 인정을 못 받고 있으며 굴욕감을 느끼는 경우도 있다. 오늘날 직장인은 마치 목을 죄는 관리자가 없으면 스스로 책임 있게 일을 완수하지 못하는 어린아이처럼 대접 받고 있다. 더 많이 생산하라는 압박에 시달리고 있으며, 자신의 노력에 대해 정당한 존중을 받지 못하고 있다. 더욱이 자신을 힘들게 하는 사람들에 겹겹이 둘러싸여 있다. 특별히 힘들고 스트레스를 많이 받는 날이 아니어도, 일로 인한 학대와 과로는 더 이상 새로울 것이 없는 일상적인 이야기가 되어버렸다.

축복으로서의 일

깨어 있는 자각을 갖는다는 말에는 우리의 관념과 믿음을 지속적으로 형성시키고 있는 이야기들에 대한 자각도 포함된다. 『창세기』에서 바라보는 일에 대한 관점은 중요한 진실을 쥐고 있다. 뿐만 아니라 이러한 진실은 현대인의 정신 속에서 계속 작동하며, 일에 대한 우리의 관념은 물론 일과 맺는 관계도 형성시키고 있다. 이로 인해 우리 중 많은 이가 『창세기』에 나오는 상황을 무의식적으로 받아들인 채 무의미하고 힘겨운 일을 하루 종일 해야 한다고 체념하고 있다. 진정한 의미를 찾을 수 없는 일에 소중한 시간과 에너지를 낭비하고 있다.

신의 저주를 받은 우리는 다른 사람의 목적 달성을 위해 돛 달린 범선을 젓는 노예들처럼 일하고 있다. 그래야만 생존할 수 있기 때문이다. 주말과 휴일, 휴가는 너무 빨리 지나가버리고 은퇴하기 전까지 우리는 20~30년을 악착같이 일해야 한다. 이것은 '안정'이라는 악마에게 우리의 영혼을 파는 파우스트식 거래나 다름없다. 그러나 우리가 수십 년을 몸 바쳐 일한 회사가 구조조정을 결정하는 순간, 안정이라는 악마는 거래를 깨트린다.

그러나 이것이 일에 관한 전부는 아니다. 아무리 무의미한 일이라도 저주의 측면만 있는 것은 아니다. 일에는 축복의 면도 있게 마련이다. 만약 당신이 실직을 당했다면 이러한 상황이 자신에게 얼마나 끔찍하게 다가오는지 잘 알 것이다. 실직 혹은 전직의 기간은 우리에게 일의 소중함을 깨닫게 한다. 다른 사람들이 직장에 출근하는 모습을 보면서, 안정된 조직에서 떨어져 나온 채 또 하루를 보내야 하는 자신에게 자부심을 갖기란 어려운 일이다. 일 가운데는 우리의 자존심에 상처를 입히는 일도 있지만, 일을 못해서 각종 청구서를 지불하거나 물질적 필요를 충족시키지 못하는 자신보다 자존심에 더 상처를 주는 일도 없다.

중국 당나라의 백장회해 스님은 80세가 넘어서도 제자들과 함께 육체노동을 과하게 했다고 한다. 이를 걱정한 제자들은 만류하려 했지만 스승이 말을 듣지 않을 것임을 알았기에, 어쩔 수 없이 일을 하는 데 필요한 연장을 숨기기로 했다. 그런데 부작용이 생기고 말았다. 도구가 없어 일을 할 수 없게 된 백장회해 스님은 이제 먹지도 않았다. 이렇게 며칠을 보내고 나서야 제자들은 할 수 없이 연장들을 다시 꺼내왔다. 스님은 다시 일을 하게 되자 그때서야 먹기 시작했다. 스님은 이렇게 말했다. "일하지 않는 자, 먹지도 말라."

행위보다 존재함 자체를 더 강조하는 선가에서도 음식과 일은 결코 분리될 수 없다. 얻기 위해 땀 흘려 노력한 음식이 더 맛있다. 자신이 쓸모없는 존재라는 느낌만큼 사람을 기죽이는 일도 없다. 식물과 애완동물을 돌보는 양로원 노인들이 그렇지 않은 노인들보다 더 건강하고 활기찬 생활을 영위한다는 연구 결과도 있다. 할 일이 있다는 것, 무언가가 자신에게 의존하고 있다는 사실이 사람의 적응력을 높인다.

직장에서 진정으로 깨어 있는 삶을 살려면, 일이 가진 저주의 측면만이 아니라 축복의 면도 함께 인식해야 한다. 일이 가진 저주와 축복, 두 가지 면을 모두 인식할 필요가 있다. 만약 일의 저주에 무의식적으로 사로잡혀 있으면, 자신이 원치 않는 일에 안주하기로 결정할 때조차 그러한 결정에 대해 자각하지 못할 것이다. 우리는 체념한 채 그것을 자신의 운명으로 받아들인다. 또 일이 지닌 축복의 차원을 의식하지 못하면, 욕구 단계의 가장 아래에 있는 기본적 욕구를 무시해버리기 쉽다. 일이 조금 불편하다고 해서 당장 그만둬버린다. 그러면 우리는 냉정한 세상에서 보호받지 못한 채로 살아야 한다.

이렇게 말하기는 쉽다. "다람쥐 쳇바퀴 도는 일은 그만두고 내가 진정으로 좋아하는 일을 하자." 다소 반항적인 이 메시지는 언뜻 올바른 결정으로 보인다. 그러나 그것이 의식적인 선택이 아닌 경우에는 순간적인 해방감을 줄 수는 있어도 역효과를 낼 가능성도 있다. 다시 말해 일이 지닌 축복의 면에서 자신을 단절시키는 대가를 충분히 자각하지 못한 채 내리는 선택은 바람직하지 않다. 일을 그만둘 때는 내가 어느 정도 리스크를 감당할 수 있는지, 지금 안정이 얼마나 필요한지, 또 편안해지기 위해 지금 무엇이 필요한지 등 자신이 어떤 사람인가에 관하여 충분히 인식해야 한다. 그러지 않으면 커다란 고통을 겪을 수도 있다. 일에 관한 결정은, 자신이 어떤 사람이며 무엇을 진정 필요로 하는가에 관하여 솔직하고 수용적인 자세로 깊은 마음챙김을 가지고 내려야 한다.

그런데 이와 반대편에 또 하나의 진실이 있다. 자신이 좋아하면서 물질적 풍요를 가져다주는 일을 찾아 길을 개척하는 사람들은 많은 경우 어느 정도의 리스크를 감수한 사람들이라는 사실이다. 그들은 남들이 가는 길을 과감히 떠난 사람들, 남들이 잘 가지 않는 길을 기꺼이 걸은 사람들이다. 그들의 삶에는 초기에 무수히 실패를 겪으면서도 결국 자신이 걸어갈 틈새 공간을 발견한 이야기들이 있다. 그들은 다양한 일을 경험하면서 수많은 실패를 거듭한 끝에 결국 성공에 이른다. 그렇게 못하는 사람들은 그들을 부러워하면서도 초기의 시행착오 과정을 겪으려 하지 않는다.

···

축복 혹은 저주로서의 일에 대한 명상

○ 　　　　　　　　　　삶에서 매우 중요한, 일이라는 영역에 대
해 5~10분 혹은 그 이상의 시간을 명상해본다. 숨을 들이쉬고 내쉬면서
일에 대한 자신의 전체적 경험이 마음속에 자연스럽게 떠오르게 한다. 이
때 특별한 경험을 붙잡으려고 애쓰지 않는다. 특정한 답을 찾지 말고, 그
저 질문을 마음속에 이리저리 굴려본다.

　당신은 일이 저주라고 생각하며 일하고 있는가? 그렇다면 당신 일의
어떤 점이 그러한가? 당신은 일의 어떤 부분이 부담으로 느껴지는가? 또
반대로 일이 축복으로 여겨진다면 어떤 점에서 그러한가? 일의 어떤 부
분이 즐겁고 유쾌하게 느껴지는가? 돈벌이 등 일의 외면적 요소를 따지
는 것이 아니다. 일에 대한 당신의 경험이 지닌 본질적 성격을 생각해본
다. 어떻게 하면 일의 긍정적인 면을 키우고 부정적인 면을 줄일 수 있을
까?

　이제 일에 대한 명상이 끝났으면 이로써 얻은 통찰을 종이에 적어본다.
그런 다음 숨을 들이쉬고 내쉬면서 천천히 다시 한 번 내용을 읽어본다.
이때 자신이 지닌 통찰력과 불성을 신뢰하면서 조금 전에 적은 내용을 온
전히 받아들여본다.

물 흐르듯 유유히

넓은 들판을 가로질러 물줄기가 흐르는 모습을 상상해보자. 물줄기는 지
형에 따라 중력에 이끌리는 대로 유유히 흘러간다. 한곳에 도달했다 싶어
도 멈추지 않고 또 다른 곳을 향해 흐름을 이어간다. 결코 한곳에 머무는

법이 없다. 물줄기에 관한 이러한 도가(道家)적 비유는, 어떻게 살아야 하는가에 관한 근본적인 교훈을 전하고 있다. 그리고 이는 만족스러운 일의 영역에도 그대로 적용된다. 만약 현재 서 있는 곳에서 더 이상 나아갈 길이 보이지 않는다면 자연스럽게 새로운 방향으로 흘러가도록 내버려두라. 이처럼 자연스러운 변화를 이어나가는 것이 지혜로운 길인지 모른다. 어떤 물줄기는 결국 바다와 '통해' 당신이 궁극적으로 목표했던 바다에 이를 것이다. 그러나 물줄기의 성질을 이해한다면 실제로 목표를 달성하는가 여부는 그다지 중요하지 않다. 외면적 기준으로 측정하는 성공보다 중요한 것이 있다. 물줄기를 따라 기꺼이 흘러가겠다는 의지, 다시 말해 자신의 본성을 자연스럽게 따르겠다는 의지를 갖는 일이다.

나의 아내 비버리는 남들이 존경하는 직업을 갖고 있었으나, 다른 일을 하라고 요청하는 내면의 부름을 느꼈다. 그런데 아내는 오랫동안 내면의 목소리를 무시하며 살았다. 속으로는 이미 결정을 내리고 있었지만, 마치 아무 결정도 내리지 않은 듯이 행동했다. 마침내 아내는 결정을 내렸다. 한가득 짐을 싸서 자동차에 싣고는 미국 남서부를 이곳저곳 돌아다닌 끝에 결국 뉴멕시코주 앨버커키에 정착했다. 그리고 이곳에서 아내는 나를 만났으며 새로운 삶을 시작했다. 아내가 밟아온 여정은 줄곧 순탄하거나 수월하지 않았다. 하지만 아내는 자신이 감당해야 할 위험에도 불구하고 한 자리에 머물러 있는 것을 생각할 수 없었다. 당신은 그녀가 내린 결정의 한 결과물(이 책)을 손에 들고 있다.

영적 지도자에 대한 열망을 오랫동안 품고 살았던 내 경우에는 목사가 가장 적합한 직업으로 보였다. 그러나 나는 천성적으로 목사라는 직업과 잘 어울리지 못했다. 내게 맞는 교회를 찾지 못했기 때문이라며 애써 구실을 찾았지만, 몇몇 교회를 옮겨 다닌 끝에 그것이 문제가 아님을 알았다. 나는 교회라는 장소에 어울리지 않는 사람이었다. 이제는 교회를 떠날 때라는 사실이 점점 분명해졌다. 또한 예전부터 상담을 좋아하고 상담에 대한 재능도 있다고 생각했던 터라 심리학 학위를 취득하겠다고 마음먹었다. 그러나 심리 관련 직업을 갖는 과정도 결코 순탄하지 않았다. 경제 불황으로 심리 관련 서비스에 대한 수요가 크게 줄었기 때문이었다. 하지만 직업을 옮기라는 내면의 요청은 저항하기 어려웠다. 나는 그것을 따라야만 했다.

이런 이직이 과연 옳은 선택이었을까? 그것은 무엇보다 자신의 관점에 달린 문제다. 안정된 길을 떠나 모험을 시도하는 대부분의 사람과 마찬가지로, 우리 두 사람에게도 결코 무시할 수 없는 내면의 부름이 있었다.

일과 공허감

만약 당신이 지금 하고 있는 일이 영혼을 살찌우거나 자유롭게 하지 못한다면 어떨까? 아무리 경제적 보상이 좋더라도 그 일은 당신에게 고통을 일으킬 것이다. 그것은 단지 일의 양이 끔찍하게 많다거나 하는 문제가 아니다. "아주 형편없는 일은 아니야." 같은 악의 없는 말의 이면에는 커다란 고통이 도사리고 있다. 시인 로버트 블라이(Robert Bly)는 만약 당신이 존경받지 못하고 있다면 당신은 상처받고 있는 것이라고 말했다. 능력이 있고 자신의 일에 상당한 에너지를 투입하고 있다면, 당신은 자신이 하는 일에 걸맞은 존경과 인정을 받을 권리가 있다. 만약 자신이 하는 일에서 존경과 인정을 받지 못하고 있다면 자신이 겪고 있는 고통을 스스로 자각할 필요가 있다. 단기적으로는 고통을 부정하는 편이 나아 보일지 모른다. 그런데 고통을 정직하게 경험하고 나서야 비로소 다른 일을 찾겠다는 동기를 갖는 경우가 많다.

하루 일과를 끝냈을 때 느껴지는 어렴풋한 공허감은 '그렇지만 아주 형편없는 일은 아니야'라는 느낌이다. 물론 실제로 그다지 형편없는 일은 아닌지 모른다. 그러나 때로는 인정은 고사하고 착취와 비난, 업신여김을 당하는 일도 비일비재하다. 이런 일에 종사하는 사람들이 하루 일과를 마친 뒤 정신을 잃을 것처럼 느끼는 일도 이상하지 않다. 여기서 마음챙김 수련이 당신의 중심을 잡아줄 수 있다. 마음챙김 수련은 당신이 겪는 고통을 치유하고 변화시킨다. 또 언제 변화를 일으켜야 하는지(아무리 끔찍한 변화라 하더라도) 알도록 한다. 또 마음챙김 수련은 이를 자각하는 힘을 줄 뿐 아니라, 위험하지 않고 합리적이며 계획된 방식으로 변화를 실천하도록 돕는다.

연습
. . . .

일과 후 나를 회복시키는 방법 발견하기

○   중독 행동은 당장 멈추는 것보다 재발을 방지하는 일이 더 중요하다. 그리고 재발 방지를 위해서는 자신에게 만족을 주는 다른 활동들을 찾을 필요가 있다. 즉 중독이 지닌 습관적 에너지를 더 이상 따라가지 않을 뿐 아니라 그것 대신 다른 무언가를 할 필요가 있다. 재발의 위험성이 없는 경우에도, 하루 일을 마친 뒤 자신을 회복시키는 방법을 찾는 것은 자신의 행복을 위해서도 매우 중요한 요소다.

하루 일과 후 자신을 회복시키는 다양한 방법을 최대한 종이에 적어보라. 자신이 떠올린 아이디어에 대해 검열을 하지 말고, 말도 안 돼 보이는 방법들까지 모두 적어본다. 이렇게 하면 창의적인 방법들이 떠오를 것이다. 되도록 많이, 예컨대 20개 이상을 적어보도록 하자. 이렇게 하면 정작 이 방법들을 활용해야 할 때, 더 수월하게 사용할 수 있다.

이렇게 목록을 만들었다면 이제 그 중 최선으로 보이는 방법에 눈에 띄도록 별표를 표시한다. 그리고 다음번에 당신이 슬프고 공허하며 지친 마음으로 직장에서 돌아왔을 때 이 목록을 꺼내보라. 그런 다음 자신에게 가장 호소력 있는 방법을 골라 실행에 옮겨보라.

처음부터 다시 시작하기

중독에서 회복 중인 사람들은 직장에서도 순탄치 않은 직장 생활을 하는 경우가 많다. 이는 일의 딜레마에 또 하나의 차원을 더해준다. 중독의 늪에 빠진 나머지 오랜 기간 직장 일을 제대로 하지 못했는가? 혹은 다시 일을 하더라도 최상이 아닌 상태에서 일을 하게 되었는가? 그렇다면 당신이 직장에서 받는 대우가 당신의 행동 때문일 수 있음을 자각할 필요가 있다. 즉 당신의 행동이 직장에 어떤 식으로든 해를 입혔을 수 있다. 그 때문에 당신이 그런 식으로 대우 받을 수 있다는 점을 자각해야 한다.

만약 그것이 사실이라면 우선 그 사실을 인정하는 것이 중요하다. 그렇다고 자신에게 벌을 주거나 죄책감에 빠져들라는 말은 아니다. 깨어진 신뢰를 회복하고 확신을 주는 듬직함을 다시 확립하는 문제다. 지금부터 무엇을 해야 할지에 관하여 당신 내면의 목소리가 인도하게 하라.

직장에 입힌 손해를 회복할 수 있을까? 직장 동료와 상사의 마음을 다시 얻을 수 있도록 새로운 태도를 보일 수 있을까? 아니면 너무 큰 해를 입힌 터라 관계 회복에 엄두가 나지 않는가? 그렇다면 다른 직장을 알아봐야 할까? 직장 생활에 큰 손해를 입혔는가? 그렇다면 지금보다 낮은 직위라도 한동안 감수해야 할까?

어느 면에서 보면, 중독에서 회복 중인 사람은 일과 관련하여 처음부터 다시 시작하는 단계에 있다. 처음부터 다시 시작하는 것은 힘든 일이다. 처음부터 다시 시작한다는 말에는, 앞의 것과 완전히 단절하고 힘들게 다시 시작한다는 의미가 함축되어 있다. 그러나 그 말에는 긍정적인 가능성도 함축되어 있다. 즉 새로 시작한다는 말에는 새로운 삶과 새로운 기회가 함축되어 있다. 거기에는 당신이 중독에 빠지지 않았더라면 결코 나타나지 않았을 새로운 기회도 포함된다.

지구상의 생명이 순환하는 과정을 알아차리면 우리는 죽음과 다시 태어남이 만물의 속성임을 알 수 있다. 우리는 지나간 일은 놓아버리고, 현재 일어나고 있는 사실로 돌아와야 한다. 현재의 사실이 지닌 치유의 가능성을 깊이 받아들여야 한다. 지금 여기에서 가능한 일에 전심을 다하는 것, 이것이 치유의 길이다.

자신의 일을 다시 세우기

당신이 일에 있어서 다시 일어서는 단계라면 자신의 일이 가진 긍정적인 면을 발견하고 자각하는 일이 중요하다. 비록 자신의 현재 상황이 임시변통에 불과함을 안다 해도 말이다. 무슨 일을 하든 최선을 다하는 연습을 하라. 호흡 수련과 미소 짓는 연습을 하라. 자신의 모든 것을 던져보라. 해야 하는 일만 하는 사람이 되지 말라. 긍정적인 변화를 일으키는 일이라면 무엇이든 해보라. 고용주가 직원들이 항상 규정 시간보다 오래 일할 것을 요구한다면 불합리하다. 그러나 퇴근 시각만 바라보며 근무 시간을 살짝 초과한다는 이유로 중요한 일을 완수하지 못하는 직원도 불합리하기는 마찬가지다.

불교에는 '다섯 가지 기억하기'라는 수행법이 있다. 그중 다섯 번째가 자신의 진짜 소유물은 업(業, 카르마), 즉 자신의 행위밖에 없다는 가르침이다. 오늘 우리가 하는 행위는 그 어떤 것도 내일까지 이어지는 추동력을 만들어낸다. 만약 오늘 화내는 사람, 불행한 사람이 되는 법을 연습하고 있다면 미래에도 화내고 불행해질 가능성은 더 커진다. 오늘 우리가 아무렇게나 일하는 직원이라면, 지금 하는 일이 비록 임시직이라도 자신에게 해를 입히는 일이다. 오늘 아무렇게나 일하는 직원이 됨으로써 우리는 앞으로도 그러한 존재 방식에 빠질 확률이 높아진다. 뿐만 아니라 장래에 자신이 소중하게 여기는 일에까지 그런 성향을 가져가게 된다.

그러므로 당신에게 합당한 인정을 받지 못하더라도 주어진 상황에서 최선을 다하는 것이 중요하다. 최선을 다하지 않을 때 가장 큰 상처를 입는 사람은 바로 당신이다.

상대하기 힘든 사람들

일의 가장 어려운 측면 중 하나는 상대하기 힘든 사람과 만나는 일이다. 예컨대 당신이 세일즈맨이라면 언제 어디서라도 곤란한 사람을 만날 수 있다. 이러한 고충은 매우 크다. 그런데 이 경우에는 세일즈맨인 당신과 고객인 상대방 사이에 일종의 '직업적 거리'가 존재하기 때문에 상대의 해로운 정신 상태에서 어느 정도 떨어져 있을 수 있다. 그러나 만약 당신이 정기적으로 가까이서 마주쳐야 하는 사람이라면, 예컨대 직장동료나 상사라면 문제는 달라진다. 이때 당신의 마음챙김은 시험대에 오른다.

이 경우에 부딪치게 되는 첫 번째 장애물은 심리적 장애물이다. 영적 수행에 이끌리는 당신은 스스로를 언제나 고상한 행동을 하는(혹은 해야 하는) 사람으로 여길지 모른다. 당신은 자신의 심오한 영적 깊이와 능력과 깨어 있는 현존감으로 주변을 변화시키고 치유해야 마땅하다고 생각할지 모른다. 어떤 면에서 이것은 사실이다. 당신의 깊은 현존은 주변 사람들을 치유하는 영향력을 발휘할 수 있다.

그러나 어떤 인간관계는 매우 심한 독성을 품고 있어서 그것을 치유할 수 있다는 당신의 기대가 비합리적인 경우도 있다. 그런 인간관계는 당신에게 상처를 입힐 가능성이 다분하다. 당신의 마음챙김이 아무리 깊다 해도 손쓸 도리가 없을 정도로 끔찍한 인간관계도 존재한다. 예수조차도 믿음을 갖지 않은 자들을 상대로 기적을 일으킬 수는 없었다. 다시 말해 당신의 마음챙김이 아무리 탄탄하다 해도 당신을 휩쓸어버리는 상황은 존재한다. 그런 상황은 당신이 마음챙김을 한다고 해서 개선되지 않는다. 그리고 만약 당신이 마음챙김 수련을 이제 막 시작한 경우라면, 직장에서 나타나는 해로운 분위기를 마음챙김을 통해 당장 이겨낼 수 있다고 기대하는 것은 지나치게 비현실적이다. 이때는 현실성 있는 계획 아래 그 직장을 떠나는 것이 최상의 선택일 수도 있다.

붓다가 어느 능숙한 말 조련사와 대화를 나눈 적이 있다. 붓다는 그에게 말을 조련시키는 방법에 대해 물었다. 그러자 조련사는 어떤 말은 부드럽게 대해도 잘 따르고, 어떤 말은 채찍을 휘둘러야 말을 듣는다고 답했다. 또 어떤 말은 어떻게 해도 따르지 않기 때문에, 다른 말들을 위해 죽일 수밖에 없는 말도 있다고 했다. 이번에는 조련사가 붓다에게 제자들을 어떻게 가르치는지 물었다. 이에 붓다는 자신도 역시 조련사와 똑같은 방법으로 제자들을 가르친다고 대답했다. 어떤 제자는 부드럽게 이끌어도 잘 따라오며, 어떤 제자는 엄격한 규율로 통제했을 때 최선을 다한다고 했다. 또 부드러움과 엄격함을 함께 사용해야 하는 제자도 있다고 말했다. 그리고 죽여야 하는 말이 있는 것과 마찬가지로 제자들 중에도 죽여야 하는 이가 있다고 했다. 조련사는 깜짝 놀랐다. 평화로움과 온화함이 가득한 붓다라는 교사가 죽임을 이야기하다니! 물론 여기서 '제자를 죽인다' 함은 물리적인 살인이 아니라 전체 교단을 위해 교단을 떠나게 하는 것이다.

그러나 붓다가 제자를 상대로 어떤 방법을 사용했든지, 그 바탕에는 언제나 제자를 향한 연민의 마음이 자리잡고 있었다. 엄격함이 필요한 제자에게 느슨하게 대한다면, 그것은 부드러움을 필요로 하는 제자에게 엄격하게 대하는 것과 마찬가지로 친절하지 못한 행위다. 붓다는 죽임을 당해야 마땅한 제자라도(즉 교단을 떠나야 마땅한 제자라도) 연민으로 대했다. 교단의 수행 규율을 제대로 지키지 않는 제자가 있으면 우선은 모든 가능한 방법으로 그가 변화하도록 이끌어야 한다. 그러나 노력과 인내를 다해 이끌어도 수행의 길을 걷지 않는다면 그는 교단을 떠나는 수밖에 없다. 실제로 붓다는 교단에 해를 입힌 제자에게 교단을 떠날 것을 여러 번 요구한 뒤 다시 불러들인 경우도 있다.

이 일화는 마음챙김이 지닌 유연성을 가르쳐주고 있다. 마음챙김이 있으면 언제나 연민에 찬 행동을 하게 된다. 그러나 마음챙김으로 깨어 있을 때 우리는 어떤 행동이 진정으로 연민에 찬 행동이고, 또 어떤 행동이 단지 겉으로만 그렇게 보일 뿐인지 유연성 있게 판단할 수 있다. 겉으로만 좋게 보이는 것과 참된 연민, 즉 깨어 있는 연민심은 완전히 다르다.

마음챙김을 통해 당신은 어떤 사람에게는 지금까지와 똑같이 인내심과 친절함으로 대해야 하며, 또 어떤 사람에 대해서는 좀 더 당신의 목소리를 냄으로써 상대의 착취에 저항해야 함을 알 수 있다. 그리고 또 어떤 경우에는 상대방과의 관계를 완전히 끊어야 하는 수도 있다. 이때 당신이 권한을 가졌다면 상대방이 떠날 것을 요구할 수 있다. 다시 말해 당신이 직원이라면 다른 직장을 알아보든가, 당신이 고용주라면 직원 중 누군가를 해고할 수 있다. 그런데 어느 경우라도 마음챙김이 있으면 당신은 연민에 찬 행동을 하게 된다.

직장 동료들을 위한 자애명상

만약 당신이 일하고 있는 직장이 당신의 변화와 치유를 도울 수 있는 곳이라면, 함께 일하는 동료들을 위한 자애명상은 강력한 힘을 발휘한다. 여기서 자애명상은 자신의 마음을 훈련하고 연민심을 계발하는 좋은 방법이다. 자기 외부의 상황을 변화시키는 첫걸음은 자신의 의식을 변화시키는 것이기 때문이다.

　명상에 관한 장에서 보았듯이 자애명상은 우선 자신에게 자애의 마음을 보내는 데서 시작한다. 자신에 대한 자애의 마음은 다른 모든 사랑과 연민심의 출발점이 된다. 그 다음으로 내가 사랑하는 사람, 나와 가까운 친구와 가족들, 나와 무관한 사람, 원수, 그리고 마침내 세상의 모든 생명들에까지 점차 연민의 동심원을 넓혀간다. 여기에 직장 동료들을 집어넣을 수도 있다. 당신이 직장의 상황을 변화시킬 수 있는 처지에 있다면 자애명상은 실제로 큰 도움을 줄 것이다.

　그러나 일과 직장에 대한 자애명상을 할 때는 모든 연민의 단계, 즉 연민의 동심원을 성급하게 뛰어넘으려 해서는 안 된다. 자신에게 보내는 자애 마음에 충분히 머무는 것이 자애명상의 가장 중요한 부분이다. 직장 일로 인해 착취당하고 있다면 자신에게 보내는 자애의 마음이 무엇보다 중요하다. 이때는 자신에게 자애의 마음을 보내는 상태로 한동안 머물 필요가 있다. 어쩌면 여러 차례의 명상 세션에 걸쳐 그렇게 해야 하는 수도 있다. 자신에 대한 돌봄과 치유가 어느 정도 깊어졌다고 느껴진 뒤에 다음 단계, 즉 타인을 향한 자애의 마음으로 나아가야 한다.

　자신에 대한 자애 마음이 뿌리 내리지 않은 상황에서 자신에게 상처를 준 사람에게 자애를 보내기는 어려운 일이다. 자신에 대한 자애와 타인에 대한 자애는 별개의 과정이 아니다. 불교에서는 모든 존재가 서로 깊이 연결되어 있다고 본다. 자신에게 자애의 마음을 보내면 주변 사람에게도 영향을 미친다고 본다. 그리고 이것의 역(逆)도 진실이다. 즉 원수를 사랑하는 것은 곧 자기를 치유하는 행위이다.

그러므로 만일 당신이 일 때문에 대인관계의 갈등과 어려움을 겪고 있다면 자애명상을 수행하라. 이때 자신에게 자애의 마음을 충분히 보낸 다음, 당신과 문제를 일으키고 있는 사람을 향하여 자애의 마음을 보내도록 하라. 천천히 자신의 페이스에 따라 자애의 마음을 보내라. 마음의 준비가 되지 않은 상태에서 한꺼번에 자애의 동심원을 모두 통과해야 한다고 생각하지 말라.

꿈 작업을 일에 적용시키기

만약 당신이 꿈 작업을 해오고 있다면, 일과 관련하여 내리기 어려운 결정이나 상대하기 힘든 사람을 어떻게 해야 하는지에 대해서도 꿈 작업을 통해 안내를 받을 수 있다. 이를 위한 중요한 방법이 '상대에 대한 투사(投射)를 자신에게 향하는 것'이다. 꿈 작업을 통해 우리는 꿈에 다른 사람이 나타나더라도 궁극적으로 그 꿈이 자신에 관한 것임을 알게 된다. 이런 관점에서 볼 때, 꿈에 등장하는 사람은 예외 없이 당신 자신의 일부다. 당신이 싫어하는 사람, 당신에게 상처를 입힌 사람이 꿈에 나타나도 그 사람은 당신의 일부라는 사실을 알아야 한다. 결국, 그 꿈을 만들어낸 사람은 다름 아닌 당신이니까 말이다. 이렇게 하면 자신이 처한 삶의 상황에 스스로 더 큰 책임을 질 수 있다. 또 스스로 받아들이고 처리하기 힘든 자신의 일면에 대해 친절의 마음으로 용서하게 된다. 그러면 이러한 용서와 친절의 마음을 당신이 어려워하는 주변 사람에게까지 확대할 수도 있다.

능숙함

사람들이 자주 사용하는 표현 중에 "지옥으로 가는 길은 선의(善意)로 포장되어 있다"는 말이 있다. 이 진부한 표현의 이면에는 중요한 진실이 놓여 있다. 그것은 우리가 긍정적인 의도를 갖는 것만으로 충분하지 않다는 사실이다. 우리에게는 그 이상의 것이 요구된다. 여기서 마음챙김에 바탕을 둔 영성이 이러한 생각에 잘 부합한다. 당신의 가슴이 사랑과 연민으로 가득 차 있어도 당신은 이런 감정들을 능숙하게 표현하는 법을 배워야만 한다. 그렇게 하지 않으면 당신은 좋은 의도에도 불구하고 주변에 커다란 해를 입힐지 모른다.

직장의 누군가가 당신에게 무례하게 대할 때 당신이 제일 먼저 해야할 일은 천천히 숨을 쉬면서 미소를 짓겠다고 결심하는 것이다. 언제나 쉬운 일은 아니다. 그러나 매우 중요한 일이다. 호흡으로 돌아오는 것은 곧 자신의 몸과 마음을 하나로 엮는 일이다. 당신 자신에게로, 당신의 마음챙김으로 돌아오는 일이다. 이렇게 한 연후에야 당신은 지금 상황에서 유익한(혹은 적어도 지금 상황을 악화시키지 않는) 반응을 할 수 있는 기회를 얻는다.

그러므로 마음속으로 이 점을 분명하게 의식하는 것이 좋다. 직장에서 당신을 화나게 하는 상황이나 사람이 있다면 그를 마음속에서 여러 차례 떠올리면서 호흡으로 돌아오라. 그렇게 미소 짓고 있는 자신의 모습을 상상해보라. 그럴 때라야 당신은 아래에 소개하는 적합한 방식으로 대응할 수 있다.

예컨대 직장에서 억울한 누명을 썼을 때 대부분의 사람은 허겁지겁 자신을 방어하거나 상대를 반격하느라 정신이 없다. 그러나 방어와 반격은 둘 다 바람직한 대응이라 할 수 없다. 이때 만약 당신이 깨어 있다면 방어

와 반격 외에 다른 대안을 떠올릴 수 있다. 외면적 전략과 더불어 내면의
전략을 함께 동원하는 것이 보다 능숙한 접근법이다.

연습

생각을 변화시키기

○ 상대방과 곤란한 상황에 처했을 때는 천
천히 숨을 들이쉬고 내쉬면서 다음 구절을 되뇐다.

> "숨을 들이쉬고 내쉬며, 이 사람도 나와 마찬가지로 행복을 원하고 고
> 통을 피하고 싶어 함을 안다."
> "숨을 들이쉬고 내쉬며, 이 사람과 내가 3백 년 후에 어떻게 되어 있을
> 지 머릿속에 그려본다."
> "숨을 들이쉬고 내쉬며, 내가 느끼는 고통과 이 사람이 느끼는 고통이
> 서로 다르지 않음을 안다."
> "숨을 들이쉬고 내쉬며, 나를 다섯 살 아이로 바라본다."
> "숨을 들이쉬고 내쉬며, 이 사람을 다섯 살 아이로 바라본다."

다양한 상황에서 이 훈련을 하는 자신의 모습을 머릿속에 떠올리며 반
복적으로 연습해도 좋다. 심리학 연구에 따르면, 마음속으로 여러 차례
예행연습을 하면 실제 상황에 닥쳤을 때 연습한 대로 실행하기가 훨씬 수
월하다고 한다.

올바른 말

상대방과 곤란한 상황에 처했을 때 당신이 호흡으로 돌아와 위 구절 중 하나를 암송했다고 하자. 그러면 그 다음에는 어떻게 해야 할까?

이렇게 숨을 들이쉬고 내쉬면서 자신을 진정시킨 다음 제일 먼저 해야 할 일은 조금 전의 상황을 상대에게 되비춰 보여주는 것이다. 즉 상대방이 했던 말을 요약해서 다시 들려준다. 이는 당신이 상대방의 말을 제대로 이해했는지 확인하기 위함이다. 이때에도 침착함과 현존의 감각으로 상대방의 말을 되비춰준다. 이것만으로도 강력한 효과를 발휘할 수 있다. 설령 상대방이 당신에게 화를 내고 있다 해도, 당신은 그저 당신이 그의 말을 제대로 이해했음을 확인하는 것뿐이다.

또 다른 대응법으로는, 상대에게 더 상세한 정보를 요청하는 방법이 있다. 상대방의 비난에 대해 방어적 자세를 취하는 것은 자연스러운 반응이다. 그러나 방어는 상대와의 악순환을 지속시킨다. 비난 받은 당신이 방어적으로 행동하면 상대는 당신이 실제로 죄가 있다고(실제로는 전혀 그렇지 않음에도) 더욱 확신하게 된다. 당신의 방어적 행동을 감지한 상대는 당신에 대한 공격을 늦추지 않을지 모른다. 그러나 이와 반대로, 상대방의 공격과 비난이 아무리 거세더라도 상대방에게 그의 의도를 설명해줄 것을 열린 마음으로 차분하게 요청할 수도 있다. 그러면 상대방의 화는 어느 정도 누그러질 것이다.

그 밖에 상대방의 말 중에서 자신이 동의할 수 있는 부분을 찾아보는 것도 하나의 방법이다. 예를 들어 당신이 상대방을 지나치게 통제하려는 것에 대해 상대가 불만을 토로한다고 하자. 이때 당신은 사람은 누구나 어느 정도 통제권을 행사하려고 하는 성향이 있다는 사실을 상대방과 함께 인정할 수도 있다. 또 누군가가 당신의 행동이 어리석다고 비난한다면

303

이에 대해 우리는 누구나 때로 어리석은 행동을 하지 않는가라고 반문할 수도 있다. 이렇게 하면 상대방은 다소 어리둥절해하면서 화를 누그러뜨릴 것이다. 그런 다음, 상대에게 더 상세한 정보를 요청하면 된다.

그리고 유머를 사용하라. 어색하고 무거운 상황을 가볍게 해주는 데 시원한 웃음만큼 좋은 것도 없다. 그러나 긴장이 증폭되는 상황이라면 빈정대는 유머를 사용해서는 안 된다. 특히 상대방을 빈정대는 유머는 금물이다. 꼭 누군가를 빈정대는 유머를 사용해야 한다면 자기 자신을 빈정대라. 만약 당신이 미소 지으며 숨을 쉬면서 자신의 고요함을 발견할 수 있다면 자기 안에 있는 웃음의 씨앗과 만날 수 있다. 그리고 그 웃음의 씨앗을 상대방과 나눌 수 있다.

매우 격앙된 상황이라면 침착함을 유지하기 어려울 수도 있다. 그러나 당신이 말로써 그 상황을 치유하는 반응을 못 한다 해도 자신의 평온을 유지하기 위해 최선을 다할 필요는 있다. 그렇게 하면 적어도 지금 나빠진 상황을 더 악화시키는 일은 없을 것이다.

어느 날 나는 치료 상담 약속을 잡으려는 한 남자로부터 전화 메시지를 받았다. 커다란 고통을 겪고 있을 그를 한시바삐 돌봐야 한다는 생각이 들었다. 나는 그 후 며칠에 걸쳐 그에게 여러 차례 전화를 걸었다. 그로부터 며칠 후 정오 무렵, 사무실에서 점심을 먹고 있는데 그 남자가 불쑥 나타났다. 그는 다짜고짜 나를 비난하기 시작했다. 아마도 내가 몇 차례 전화를 걸었던 일을 자신을 괴롭히는 일로 받아들인 것 같았다. 나는 그가 보인 의외의 반응에 깜짝 놀랐다. 그러나 그가 병적인 피해망상에 사로잡힌 채 커다란 고통을 당하고 있음을 나는 알 수 있었다. 아마도 그가 느끼는 외로움과 두려움은 내가 상상하기 어려울 정도로 컸을 것이다.

손을 뻗어 그를 반갑게 맞이하고자 했던 나의 의도는 그의 오해를 샀다. 그의 이런 마음 상태로는 내가 어떤 말을 해도 또다시 그의 오해를 살

것이 분명했다. 이에 나는 숨을 들이쉬고 내쉬며 그에게 조용히 말했다. "이곳을 나가시는 게 좋겠습니다." 결국 더 이상 나에게 시비를 걸기 어렵다는 사실을 안 그는 자리에서 일어났다. 나는 그 일이 무척 마음에 걸려, 다음 시간에 예정되어 있던 상담 세션에 집중하지 못했다. 그러다 오후 늦게 여러 차례 의식적으로 호흡을 하고 난 뒤에야 비로소 다시 마음을 가라앉힐 수 있었다.

모든 것이 최선이다

아마도 우리가 영적인 길을 추구하는 이유는, 스스로를 끊임없이 고통으로 몰아넣는 올가미를 꿰뚫어보았기 때문일 것이다. 우리는 고통의 덫에서 벗어나 평화와 기쁨, 행복을 경험하기를 원한다. 그런데 이때 자칫 영적 추구를 빌미로 세상을 등지고 살 수도 있다. 참된 영성이라면 삶을 직면하고 온전히 삶 속에 존재할 수 있어야 한다. 지금 할 일을 하면서 현재 순간을 돌볼 수 있는 힘을 얻어야 그것이 참된 영성이다. 그리고 그것이 바로 현재 순간을 강조하는 마음챙김의 길이 지닌 장점이다.

낭인(浪人) 출신의 일본 유학자 쿠마자와 반잔은 어느 날 시장을 걷다가 푸줏간을 지나게 되었다. 그런데 그곳을 찾은 손님 한 사람이 주인에게 이 푸줏간에서 가장 좋은 고기를 달라고 했다. 이에 주인은 자신의 푸줏간에 있는 고기는 모두 최상급 고기라고 말했다. 그의 푸줏간에는 최상급이 아닌 고기가 없다는 말이었다. 그 순간 반잔은 깨달음을 얻었다.

당신도 자신에게 일어나는 어떤 일이라도 모두 최선이라는 관점을 취할 수 있다. 그렇게 할 수 있다면 당신은 내일 자신에게 어떤 일이 일어날지 더 이상 걱정하지 않아도 좋다. 또 어제 했던 일을 하지 말아야 했던 것은 아닌지 걱정하지 않아도 된다. 그리고 지금 하고 있는 일을 계속 해야 하는지에 대해서도 걱정할 필요가 없다. 이렇게 당신은 현존(現存), 즉 현재에 존재하면서 지금 존재하는 이대로의 삶이 지닌 긍정적인 면과 만난다. 미래에 당신이 어떤 선택을 내리든, 오늘 하는 이 일이 당신의 일이며, 지금 당신 앞에 있는 이 일이 곧 영적 수행이라는 사실을 받아들이라. 그렇다면 당신이 애당초 찾아 헤매던 평화와 기쁨, 행복을 바로 여기에서 발견할 수 있다.

사무라이의 길

영적 수행의 길에 처음 나선 사람들 중에는 이제는 다른 사람을 항상 먼저 생각해야 한다고 여기는 이들이 있다. 스스로를 돌봐야 한다는 생각은 이제 뒷전으로 물러난다. 그러나 이것은 위험한 일이다. 무엇보다 중요한 원칙은, 주변사람을 사랑하는 만큼 '자기 자신'에게도 사랑을 주어야 한다는 사실이다. 자신에 대한 사랑은 타인에 대한 사랑의 토대가 되기 때문이다. 자신을 사랑하지 않는 사람이 어떻게 타인에게 도움을 줄 수 있을까?

이것은 특히 일의 영역에서 진실이다. 자신을 돌보는 것은 당신의 권리일 뿐 아니라 의무이기도 하다. 당신이 마음씨 좋은 불자나 기독교인 혹은 영적인 사람이라는 구실로, 직장의 누군가가 당신을 아무렇게나 대하도록 내버려두거나 마음의 평화를 파괴하게 내버려둔다면 그들을 돕는 것이 아니다. 게다가 이로써 당신도 커다란 고통을 겪을 것이다. 그리고 당신이 고통을 겪고 불행한 만큼, 당신의 가족과 친구들도 고통을 당할 것이다. 이제 당신은 더 이상 주변 사람들에게 기쁨과 평화를 전하는 행복한 사람이 될 수 없다.

　여기서 사무라이 무사가 훌륭한 영적 모델을 제공한다. 사무라이는 무심하게 자신의 의무를 수행한다. 그는 깊은 자각의 상태로 자신의 몸과 마음, 주변에 존재하는 영적 에너지를 자연스럽게 따라가면서 싸움을 치른다. 그렇지 않고 만약 싸움을 개인적인 문제로 받아들여 분노와 두려움에 휩싸인다면 자신이 원래부터 지녔던 강점을 잃어버린다. 만약 누군가가 사무라이에게 싸움을 걸었다고 하자. 이때 사무라이가 화를 내는 등 그 싸움을 개인적인 문제로 받아들인다면 어떻게 될까? 그 사무라이는 사무라이 규칙에 따라 굴욕을 느끼며 싸움에서 물러나야 한다.

　이와 마찬가지로, 직장에서 당신이 자기 목소리를 낼 때에도 분노와 개인적인 원한을 바탕에 깔아서는 안 된다. 정당한 목소리를 내는 것은 당신의 권리다. 언뜻 보기에는 자애 명상의 대상이 되는 사람들을 향해 당신의 목소리를 높이며 주장을 펴는 것이 어쩐지 역설적으로 보일 수 있다. 그러나 영적 삶은 역설로 가득하다. 왜냐하면 삶은 그 자체로 우리의 직선적이고 일차원적인 사고 과정만으로 설명되지 않기 때문이다.

　힌두교의 성전(聖典) 『바가바드 기타』에서 아르주나는 신의 현현(顯現)인 크리슈나 옆에서 장차 큰 전투가 벌어지게 될 들판을 바라보고 있었다. 이때 아르주나가 싸움을 하지 않겠다고 말한다. 싸움을 하면 자신의 혈족들을 대량 살상하게 된다는 이유에서였다. 이에 대해 크리슈나는 뭐라고 했을까? 크리슈나는 아르주나의 이런 태도를 꾸짖으며 그가 반드시 싸워야 한다고 이야기한다. 그리고 싸우는 것은 그의 의무라고 이야기한다. 전사 계급이었던 아르주나에게 있어 싸움은 특별한 책무였다. 물론 여기서 싸움을 물리적인 폭력으로 받아들일 필요는 없다. 『바가바드 기타』에서 커다란 영적 영감을 받은 마하트마 간디는 비폭력에 헌신한 인물이었다. 여기서 말하고자 하는 바는, 우리가 어떤 상황에 처해 있더라도 자신의 의무를 다해야 한다는 것이다. 의무를 다할 때도 증오와 복수심 혹은 두려움과 걱정의 마음으로 해서는 안 되며, 집착하는 마음 없이 행해야 함을 말하고 있다.

만약 당신이 일을 하는 사람이라면, 맡은 바 책무를 다하며 자신과 상대방에게 해를 입히지 않는 방식으로 일하는 것은 당신의 의무이다. 일하는 사람이라면 누구나 이런 책무를 갖는다. 이것은 영적인 의무라고 할 수 있다. 그러나 정당하게 자기 목소리를 내야 할 때에 영적 의무를 빌미로 그것을 회피해서는 안 된다.

자신과 자신의 안녕을 돌보고 지켜야 한다는 의무는, 자기 앞을 가로막는 것은 무엇이든 제거해버리는 밀어붙이기식 태도와 다르다. 자기를 돌본다고 해서 타인의 요구를 매몰차게 무시해버리는 이기적인 사람이 되어야 하는 것은 아니다. 만약 당신이 모든 존재에 대한 사랑과 연민의 마음을 수행한다면 그 마음을 자기 자신에게 향하지 않을 이유가 있을까? 당신은 우주의 무엇보다, 세상의 누구보다 더 가치 있는 존재가 아닌가? 붓다는 이렇게 말했다. "우주를 열 개나 뒤져도 자신보다 더 자애의 마음을 받을 가치가 있는 존재를 찾을 수 없다." 만약 자기 목소리를 제대로 내지 못한 채 다른 사람이 당신을 마음대로 부리도록 내버려둔다면, 당신은 자신의 가장 취약한 시기에 커다란 고통을 당하게 될 것이다. 과거 중독의 경험이 있는 사람이라면 이는 곧 중독의 재발을 의미한다.

직장에서 힘든 상황에 대처하고 상대하기 어려운 사람들을 상대하기 위해서는 부드러운 마음을 가져야 한다. 그러나 자기 자신에게도 부드러울 필요가 있다. 상대하기 어려운 사람들을 포함하여 직장 동료들을 향해 자애의 마음을 보낼 때도 그것은 단지 그들을 위한 것만은 아니다. 그것은 나 자신을 위한 것이기도 하다. 그들이 나의 가장 큰 자산인 연민심을 빼앗아 가지 않도록 하려는 것이니 말이다. 상대하기 어려운 사람들을 상대로 자애명상을 할 때, 그로부터 가장 큰 치유와 도움을 받는 사람은 바로 당신 자신이다. 그러나 그와 동시에 당신은 아르주나처럼 자기 앞에 놓인 싸움을 수행해야 한다. 설령 이 싸움을 통해 무언가를 잃게 된다 해도 말이다.

얼마면 충분한가

오늘날 사회에는 많으면 많을수록 좋다는 암묵적인 가정이 존재하는 듯하다. 끊임없이 시장을 확장해야 하며 계속해서 더 많은 돈을 벌어야 한다는 생각이다. 그러나 이런 생각이 언제나 마음의 평화에 도움이 되는 것은 아니다. 뉴저지 주 마운트홀리에서 재단사 일을 했던 퀘이커교도 존 울먼은 이와는 전혀 다른 삶의 방식을 예증하는 사례다. 고요함과 성실함으로 일했던 그의 일솜씨는 사람들에게 인기가 많았다. 그는 그날 정해 놓은 일을 다 끝내면 더 이상 주문을 받지 않았다. 대신, 손님들을 다른 재단사에게 안내했다. 이렇게 함으로써 울먼은 여유 시간에 영적 수련에 임하는 한편, 노예제 반대 운동에 적극적으로 헌신할 수 있었다.

울먼은 어느 정도가 자신에게 충분한지 아는 사람이었다. '얼마면 충분한가?' 이는 깊이 들여다볼 필요가 있는 화두로서 '한손으로 내는 박수소리' 등의 화두보다 더 중요하다. 많은 것이 언제나 더 좋다고 여기지 말라. 각종 심리학 연구에 따르면, 일정한 재산을 갖고 나면 그때부터는 부와 행복 사이에 큰 상관이 없다고 한다. 부는 분명히 축복을 가져다줄 수 있지만, 부를 추구하느라 자신의 안녕을 파괴한다면 삶의 균형이 깨어진다.

도움 되는 수련법

1. 프로테스탄트 개혁가 마틴 루터는 특별히 바쁜 날이 아니면 매일 아침 한 시간 동안 기도를 했다고 한다. 좀 더 여유가 있을 때는 두 시간을 기도했다고 한다.

   이런저런 일로 정신적 압박감을 느낄 때 어려움에 맞설 수 있도록 자기 내면의 자원과 다시 연결하는 것은 더 없이 중요한 일이다. 마음챙김 수련을 통해 마음의 평화와 연결하는 일로 하루를 시작하는 것은 좋은 방법이다.

   기도나 명상을 할 시간이 없다면 이렇게 해보라. 떠오르는 태양을 마주한 채로 자리에 서서 숨을 들이쉬고 내쉬면서 지금부터 3백 년 후 자신이 어디에 있을지 생각해본다. 오늘 자신에게 닥친 문제들을 이렇게 장기적인 관점에서 바라보면 어떨까? 아마도 어떤 통찰이 생길 것이다. 이 통찰로부터 자신의 복부에서 웃음이 솟아나게 하라. 처음에는 부드러운 미소가, 다음에는 큰 웃음이 솟아나게 하라. 이렇게 하면 몇 시간 동안 앉아서 명상하는 것과 같은 효과를 볼 수 있다.

2. 아침에 경험했던 마음챙김과 다시 연결하는 창의적인 방법을 하루 일과 중에 가능한 많이 찾아보라. 카페인을 들이부어 신경을 예민하게 만드는 '커피 브레이크' 대신, 고요하고 차분하게 숨을 쉼으로써 제대로 된 휴식을 취하라. 단 몇 분이라도 의식적으로 숨을 들이쉬고 내쉬며 자신의 호흡을 즐겨보라. 300년의 장기적 시각을 기억하며 아침에 지었던 웃음과 다시 연결하라.

   휴식 시간이 아니어도 언제든 마음챙김에 접속할 수 있다. 전화벨이 울리는 순간, 잠시 멈추어 호흡하라. 한 가지 일을 끝내고 난 뒤 바로 다음 과제로 넘어가지 말고 잠시 멈추라. 두세 번 자신의 들숨과 날숨을 즐겨보라. 아주 잠깐이면 된다.

심리치료사인 나는 내담자와의 약속 사이사이에 숨을 쉬고 미소 짓는 여유 시간을 둔다. 이렇게 하면 이전 세션의 일을 내려놓고 새롭고 맑은 정신으로 다음 내담자를 상대할 수 있다. 이는 나를 돌보는 행위이지만 결국엔 내담자들에게 내가 해줄 수 있는 최선의 일이기도 하다.

3. 만화 「딜버트」에 나오는 것처럼, 많은 사람이 좁고 정해진 공간에서 생활하는 오늘날 자기만의 공간을 확보하기란 쉽지 않다. 그러나 이와 관련해 할 수 있는 일을 하라. 만약 나만의 사무실이 따로 있고 간혹 문을 닫아도 괜찮다면 그렇게 하라. 주변 사람들에게 일정한 신호를 보내(혹은 적절한 설명을 해주어) 당신이 방해받고 싶지 않은 시간을 알게 하라. 자연의 감각을 살리기 위해 녹색 식물이나 좋아하는 사람의 사진으로 자기만의 공간을 꾸미는 방법도 좋다. 그리고 식물과 사진을 바라볼 때 가능하다면 의식적으로 숨을 들이쉬고 내쉬며 스스로에게 이렇게 말해보라. "네가 나와 함께 있어줘서 행복해!" 진심을 다해 말하면 그 식물과 사진이 당신에게 매우 실제적인 느낌으로 다가올 것이다. 어쩌면 지금까지 자신이 꿈속에서 살아왔다는 사실을 깨닫게 될지도 모른다. 행복은 자신의 가장 깊은 실재와 접촉하게 해주는 힘이다.

4. 음악을 이용해 나만의 평화로운 공간이라는 느낌을 만드는 방법도 좋다. 내 아내는 집에서 음악 시디를 가져와 일하는 동안 컴퓨터로 조용히 듣는 것을 좋아한다. 이렇게 하면 일 이외의 삶과도 접촉할 수 있다. 고요하고 치유력 있는 음악이 좋다.

5. 만약 직장에서 누군가가 당신에게 거슬리는 말이나 행동을 한다면 그것이 당신에게 어떤 감정을 일으키는지 살펴보라(부정적 감정을 처리하는 방법에 대해서는 다음 장에서 소개한다). 이미 일어난 일을 부정하려 해서는 안 된다. 가혹한 현실에 화가 치밀 때 우리의 의식은 흐릿하고 멍해진

다. 이것은 일종의 해리(解離) 상태(통합되어 있던 개인의 기억, 의식, 정체감, 지각기능 등이 단절되어 와해된 행동상태)이다. 이런 일이 일어나면 그것을 의식하도록 하라. 스트레스 사건으로 인해 해리 상태가 되었다면, 마음챙김의 힘으로 부드럽게 그 사건과 다시 대면할 수 있는지 보라. 그런 다음 고통스러운 감정을 억지로 몰아내려 하지 말고 자신의 호흡과 미소로 다시 돌아오라.

그만둘 때가 되었다면

현재 직장의 상황이 당신에게 커다란 스트레스를 일으켜 당신의 평화와 안녕을 앗아가고 있는가? 아니면 당신의 건강과 사랑하는 사람들과의 관계에 악영향을 미치고 있는가? 그렇다면 이제 이곳을 떠나야 하는 때인지 모른다. 이직을 할 때에도 마음챙김을 통해 깨어 있는 마음으로 이직하는 것이 중요하다.

어떤 사람은 한바탕 소동을 일으킨 다음에 자신이 다니던 직장을 떠난다. 또 억울한 일을 당했다고 느끼면 그 자리에서 바로 사직서를 쓰는 사람도 있다. 소동을 일으키면 당장에야 속이 후련할 수 있지만 이후에 더 큰 문제를 일으키기 마련이다. 이때 자신을 사랑한다 함은 잠시 속도를 늦추어 향후의 계획을 세우거나, 직장을 떠나기 전 처리해야 할 일을 침착하게 해나가는 것을 의미한다. 그렇게 하지 않으면 고통이 줄어들기는커녕 오히려 커질 수 있다.

반대로 한 직장에 너무 오래 머무르는 사람도 있다. 그는 안정적인 직장을 가장 중요하게 여기는 사람으로, 직장을 옮기는 것은 그에게 매우 끔찍한 일이다. 그렇지 않으면 달리 갈 곳이 없어 한 직장에 계속 머물러 있을 수도 있다. 이것 역시 큰 문제이다. 만약 당신이 이직을 두려워하거나 달리 갈 곳이 없어 계속 한 곳에 머물고 있다면, 자애의 마음과 이해의 마음을 자신에게 보내는 수련을 하라. 우리가 일을 하는 이유는 행복한 삶을 영위하기 위해서임을 잊지 말라. 일은 당신이 그 일을 아무리 좋아한다 해도 그 자체로 목적이 될 수 없다. 당신의 삶은 당신의 일보다 크다. 일 때문에 자신이 망가지는 일이 있어서는 결코 안 된다. 절대로.

직장을 그만두더라도 지혜롭게 그만두어야 한다. 이를 위해 가장 중요한 첫 번째가 자기 자신에 대해 알아야 한다. 설령 한바탕 소동을 일으키며 충동적으로 직장을 그만두고 싶어도 이것은 바람직한 해결책이라 할 수 없다. 다른 직장을 알아보는 동안에도 마음의 평화와 마음챙김을 유지하는 방법을 스스로 강구해야 한다. 한 곳에 너무 오래 머물러 다른 곳으로 이직을 생각할 때에도 마음의 평화와 안녕을 잃지 않도록 하라. 이런 평화와 안녕의 상태에서 직장을 알아보고 필요한 계획을 세우라. 그리고 좋은 곳이 나타나면 그때 옮기라.

직장에서 커다란 고통을 당하고 있을 경우에 섣불리 이직을 결심하기보다 지금 직장을 다니면서 무언가 변화를 일으켜보는 편이 나을 수도 있다. 자신과 동료들을 상대로 자애명상을 해보는 것은 어떨까? 또 좀 더 분명하게 그러나 적절하고 부드러운 방법으로 자기 목소리를 내는 것은 어떨까? 그렇게 함으로써 상황을 변화시켜보는 것은 어떨까? 이것이 가장 중요한 첫 걸음이다.

당신이 매우 영적인 사람이므로 어떻게든 직장 분위기를 변화시킬 수 있다는 낭만적인 생각은 금물이다. 앞에서 우리는 믿음이 없는 사람들에게는 예수조차 기적을 일으킬 수 없음을 보았다. 예수조차 그러했는데 우리는 말해 무엇 하랴. 깨어 있는 마음으로 현실을 직시하라. 만약 직장에서 당신 혼자서 노력하고 있다면, 이해와 평화의 길을 수련하는 사람이 당신뿐이라면 어떻게 해야 할까? 그리고 다른 사람들은 그런 것은 거들 떠도 보지 않은 채 분노와 권력 다툼 등의 독성물질로 당신 주변의 정신적·영적 분위기를 계속해서 망가뜨리고 있다면 어떻게 해야 할까? 이런 상황에서 당신이 변화를 일으킬 수 있을까? 그럴 수 없다. 새로운 계획을 세우고 그곳을 떠나라.

새로운 직장을 알아볼 때 당신은 당연히 그곳에서 어떤 종류의 일을 하게 되는지, 봉급은 얼마이고 각종 복지혜택과 휴가는 어떤지 등을 고려할 것이다. 이런 것은 물론 중요하다. 그러나 그곳에서 일하는 직원들이 일을 통해 얼마나 행복을 느끼는지도 앞의 조건들만큼이나 중요하다. 새 직장으로 이직을 고려하고 있다면 안테나를 바짝 세워 그곳의 분위기를 감지해보라. 직원들이 정말로 행복해 보이는가? 이때 당신이 관찰하고 있다는 사실을 눈치 채지 못하게 하라. 당신이 일하게 될 직장의 분위기는 당신의 안녕에 매우 큰 영향을 미친다.

일은 삶의 매우 중요한 일면이다. 일에 대해 우리는 깨어 있는 마음으로 다가가야 한다. 일이라는 삶의 한 측면이 제대로 돌아가지 않으면, 가장 취약한 시기에 문득 중독 재발 등의 위험한 구렁에 떨어질 수 있다. 세상은 마음챙김 수련으로 자신의 일을 변화시킬 수 있는 사람을 필요로 하고 있다. 또한 파괴적이고 유독한 직장을 구실로 자신의 행복을 희생하지 않는 사람을 필요로 하고 있다. 우리 모두의 안녕은 바로 여기에 달려 있다.

부정적
감정
변화시키기

힘겨운 감정을 보듬고 껴안는 법을 배움으로써 성공적인 중독 회복의 길로 나아갈 수 있다. 힘겨운 감정을 처리하는 검증된 방법들이 있다. 도움이 더 필요한 경우에는 전문적인 치료를 받는 것도 보조적 방법이 될 수 있다.

만물은 있는 그대로 존재할 뿐이니

우리는 마음껏 웃음을 터뜨려도 좋으리라.

—

롱첸파

오랜 세월에 걸쳐 성자와 현인들이 보인 기적의 이야기가 많이 존재한다. 치유의 이야기, 많은 사람에게 먹을 것을 준 이야기, 물 위를 건넌 이야기 등 다양하다. 미래의 사건을 예측하고 과거의 전생을 기억하는 이야기, 기적적인 탄생에 관한 이야기, 하늘을 날며 동시에 여러 장소에 존재하는 기적 같은 이야기도 있다. 그러나 그중에서도 가장 큰 기적은 부정적인 감정을 변화시키는 기적인지 모른다.

부정적인 감정은 커다란 덫으로 작용할 수 있다. 그것은 도저히 빠져나올 수 없는 감옥으로 여겨지기도 한다. 우울증은 우리의 모든 사고와 관념에 우울이라는 색깔을 입힌다. 마치 물 한 컵에 소금 한 스푼을 넣으면 온통 짠 맛이 나는 것과 같다. 우울에 빠져 있을 때는 과거의 즐거웠던 일을 떠올리거나 앞으로의 좋은 일을 기대하기가 무척 어렵다. 그리고 현재는 도저히 끝나지 않을 것 같은 음울한 잿빛 색조를 띤다.

때로 우리는 부정적 감정은 대수로운 문제가 아니며, 그 밖의 다른 문제가 더 실제적이고 파괴적인 영향력을 갖는다고 여긴다. 그러나 실제는 그와 반대다. 생명을 위협하는 암에 걸린 사람이라도 희망을 갖고 마음의 평화를 느끼는 경우가 있다. 그러나 우울증에 걸린 사람은 희망을 하나도 갖지 못한다. 불안증이 있는 사람은 마음의 평화를 조금도 느낄 수 없다. 우울한 기분이 드리우는 암흑보다 더 큰 암흑은 없을 정도이다.

중독에 빠진 사람들 중에는 약으로 부정적인 기분을 해결하려는 사람이 있다. 감정을 다스리는 법을 터득하기란 힘이 들지만, 약을 먹는 것은 간단하고 손쉽기 때문이다. 또 감정을 다스리는 데는 시간이 필요하지만 약은 즉각적으로 효과를 나타내기 때문이다. 그러나 약물로 부정적 기분을 다스리면, 시간이 흐른 뒤 중독 패턴에 따른 갖가지 문제가 생길 수 있다. 우울한 기분을 다스리기 위해 약을 먹지만, 약물 남용에서 벗어나야 한다는 생각도 함께 커진다. 그러면서 더 우울해지고 이에 따라 약을 더 복용하게 되는 악순환으로 이어진다.

그런데 중독자 중에는 부정적인 기분을 다스리기 위해 약을 먹지 않았는데도 부정적 감정에 대한 대처 능력을 상실하는 경우가 종종 있다. 중독 물질을 끊는다는 것은 힘겨운 감정과 난생 처음 정면으로 마주하는 것이나 마찬가지다. 당신은 부정적인 감정을 다루는 기술이 서투르다는 사실을 확인하게 된다. 더 안 좋은 것은, 중독이 부정적 기분을 부추기는 또하나의 원인이 될 수 있다는 점이다.

인간 발달의 척도 가운데 하나는, 감정 조절력을 얼마나 갖췄느냐이다. 아이였을 때 우리는 손에 쥔 막대사탕을 빼앗기기만 해도 울음을 터뜨렸다. 그러나 어른이 된 우리를 울리려면 막대사탕만으로 되지 않는다. 그런데 중독자들은 중독에 빠져 있는 동안에 감정 조절과 관련한 발달이 정체되어 있다. 어떤 중독자는 감정 조절력을 처음부터 다시 배워야 하는경우도 있다. 중독은 마음챙김과 정반대라고 할 수 있는 회피의 일종이다. 그리고 중독자들이 회피하는 대상 가운데 하나가 부정적인 감정이다. 부정적 감정을 회피하며 돌보지 않은 지 너무 오래된 중독자도 있다.

그렇다면 어디에서부터 시작해야 하는가? 부정적 기분과 감정이라는도전에 어떻게 응수해야 하는가? 우선 붓다의 다음 말을 기억하자. "우주를 열 번 뒤지더라도 자기 자신보다 더 자애의 마음을 받을 가치가 있는존재는 없다." 이 말의 의미를 가슴 깊이 새기자. 자신을 소중하게 여기지않는다면 어떻게 부정적인 감정을 변화시킬 수 있을까? 스스로를 자애의마음을 받을 만한 가치 있는 존재로 여기지 않는데 어떻게 부정적 감정을변화시킬 수 있을까? 세상에 나 자신보다 자애의 마음을 받을 가치가 더큰 존재는 없다. 결단코 없다.

자신이 가치 있는 존재라는 진실을 받아들인 다음에야 부정적 감정을변화시킬 준비가 된다. 이제 부정적 감정을 변화시키는 두 가지 기본적인 방법을 소개한다. 하나는 긍정적 감정을 계발하는 방법이고, 또 하나는 부정적 감정을 돌보는 방법이다.

긍정적 감정을 키우라

청년 시절 나는 연세 지긋한 어른들이 술에 취해 울던 장면을 생생하게 기억한다. 아이러니하게도 그들이 술을 마시며 듣던 노래는 흑인가수 냇 킹 콜의 노래였다. '가슴이 부서져도 미소 지으세요'라는 가사를 담고 있었다. 당시에 이미 심리학적 사고방식에 영향을 받았던 나로서는 이 메시지가 엉터리 조언이라고 생각했다.

가슴이 부서져도 미소 지으라는 냇 킹 콜의 조언을 따르는 것은 내가 보기에 두 가지 엄청난 심리적 과오를 범하는 거나 다름없었다. 하나는 부인(否認)이며, 또 하나는 진실되지 못함이었다. 내가 태어날 무렵과 그 이전 몇 십년 동안의 음악들은 이처럼 희망에 부푼 긍정적 메시지로 가득했다. 당시 우리는 언제나 긍정적인 면을 부각시키고, 슬픔을 느껴도 자신의 좋은 면을 기억하라는 가르침을 받았었다. 그러나 이는 나 자신의 실제 경험과는 동떨어진 감정이었다. 나는 그런 사고방식을 깡그리 무시했다.

그러나 이후에 내가 틀렸다는 사실을 알게 되었다. 부정적 감정을 부인하거나 무시해서는 안 된다. 부정적 감정을 제대로 돌보고 변화시키기 위해서는 그것을 충분히 인식할 필요가 있다는 말은 맞다. 그러나 자신이 처한 현재의 상황이 지닌 치유적이고 바람직한 면(그러나 우리가 당연시하는 면)에 주의를 기울임으로써 긍정적 인식을 키우는 것도 부정적 감정을 돌보는 방법이 될 수 있다. 나에게 이러한 인식에 눈을 뜨게 해준 두 개의 통로가 있었다.

첫 번째 통로는 서양심리학이 아닌 불교심리학이었다. 불교심리학에서는 인간에게 의식의 저장고가 있어서, 마치 싹을 틔우는 잠재력을 지닌 씨앗처럼 온갖 종류의 느낌과 의식이 그 저장고에 담겨 있다고 본다. 그리고 그중 어떤 씨앗에 물을 줄 것인지가 매우 중요하다고 가르친다. 우리는 마땅히 행복과 만족, 평화와 안녕이라는 씨앗에 물을 주어야 한다. 동시에 부정적인 씨앗이 자라지 않도록 유의해야 한다. 그리고 이를 위해서는 긍정적인 면에 주의를 기울여야 한다. 그러나 이때에도 부정적인 면을 부인해서도, 일부러 조장해서도 안 된다. 이런 점에서 냇 킹 콜의 노래 가사는 일리가 있었다.

이 책에는 이런 관점에 입각한 다양한 조언이 담겨 있다. 현재 순간으로 돌아와 온전한 자각의 상태에 머물 때 우리는 치유적이고 양육적인 자원과 많이 접촉할 수 있다. 예컨대 명상실에 놓아둔 아름다운 식물의 모습, 길가를 따라 어슬렁거리는 이웃집 고양이의 아름다움과 우아함, 차갑고 쾌청한 날에 마시는 따뜻한 녹차 한 잔, 쉽게 시동이 걸려서 언제나 안전하게 나를 직장에 데려다주는 자동차 등 치유적이고 양육적인 자원은 우리 주변에 많이 존재한다.

사실 긍정적인 자원은 우리 바로 곁에 존재하고 있다. 이렇게 우리 주변에 존재하는 긍정적인 자원을 알아보는 것이야말로 가장 강력한 효과를 내는 최고의 수련법일지 모른다. 닳아빠진 귀를 가진 현대인들에게 마음이 부서져도 미소를 지으라는 옛 노래는 진부하게 들릴 수도 있다. 하지만 그것을 단지 무가치한 옛 노래로만 치부해서는 안 된다.

뇌를 활용하라

뇌 깊숙한 곳에는 우리의 감정 생활에 영향을 미치는 몇 개의 주요 기관이 존재하고 있다. 바로 편도체, 시상하부, 변연계가 그것이다. 이 기관들은 '아래로는' 감각기관을 통해 입력된 감각 경험과 연결되어 있고, '위로는' 이성적 사고를 담당하는 대뇌피질과 연결되어 있다. 그래서 우리는 감정을 '이성적으로' 처리할 수 있다. 즉 우울한 생각에서 흔히 보이는 왜곡과 과장을 바로잡는 이성적인 방식으로 감정을 변화시킬 수 있다. 이는 효과적인 접근법이 될 수 있는데, 이에 대해서는 조금 뒤 '슬픔을 변화시키기'라는 제목에서 더 이야기하기로 한다. 그러나 심각한 기분에 온통 휩싸여 있을 때에는 감정에 대한 합리적 처리 방식이 역부족으로 느껴질 수 있다.

두 번째 방법은 감각 경험으로부터 감정 중추로 이어지는 통로를 이용하는 것이다. 이 방법에서는 자신에게 즐겁고 편안한 감각 경험을 제공하면 실제로 우리의 감정 중추를 변화시킬 수 있다고 본다. 만약 당신이 피로하고 짜증이 나는 상태라면 여유 있게 따뜻하고 편안한 목욕을 해본다. 그러면 뇌는 신체로부터 다음과 같은 메시지를 전달 받는다. '나는 편안한 감각을 경험하고 있어. 그러니까 나는 평온해.' 또 당신이 불행하다고 느낄 때에는 얼굴에 미소 짓는 연습을 해본다. 그러면 이렇게 느낄 것이다. '나는 미소 짓고 있으니까 행복해.' 자신감이 떨어졌다면 자신감에 넘치는 사람의 신체적, 정신적 태도를 흉내 내본다. 그러면 자신감을 회복할 수 있다. 다시 말해 당신이 느끼고 싶은 감정에 이미 들어가 있는 듯이 행동하면 실제로 그 감정을 느낄 수 있다는 말이다. 이것은 우리의 감정에 영향을 미칠 수 있는 강력한 방법이다.

이러한 논의로부터 다음과 같은 사실이 분명하게 드러난다. 즉 중독에 빠진 사람은 자신에게 즐겁고 편안한 감각을 제공하려고 하는데, 이는 옳은 시도이지만 다만 그 방법이 잘못되었다는 점이다. 또한 중독 행동은 직접적이고 화학적인 수단을 동원하여 뇌의 감정 중추를 변화시키려는 시도이다. 이것만 놓고 보면 중동 행동이 그 자체로 잘못된 것은 아니다. 중독자가 선택한 수단이 일시적 위안을 넘어 파괴적인 결과를 불러올 때 문제가 생긴다. 중독자가 선택한 수단은 파괴적인 중독의 악순환을 일으키는데, 이렇게 되면 중독자는 더 이상 애초에 자신이 제공받고자 했던 위안을 얻으려는 목적으로 중독 물질을 사용할 수 없다. 대신에 중독자는 단지 금단 증상을 피하기 위한 목적으로 중독 물질을 사용하게 된다. 부정적인 감정을 약물과 알코올로 다스리는 것은 마치 휘발유로 불을 끄려는 것과 마찬가지다. 휘발유는 액체이므로 언뜻 불을 끌 수 있을 듯하나 불을 끄려는 목적에 부합하지 않는 '잘못된' 액체이다.

행복하다고 느낄 때까지 미소를 지으라. 평화롭다고 느낄 때까지 고요하게 숨을 들이쉬고 내쉬라. 편안함을 느낄 때까지 자신에게 편안함을 주는 행동을 하라. 자신감을 느낄 때까지 자신 있게 행동하라. 이 방법은 중요한 수련법이다.

긍정심리학

심리학은 최근에 와서야 긍정적 심리상태의 계발에 관심을 갖게 되었다. 예전에는 긍정적 심리상태의 계발을 그저 부인과 억압의 한 형태로 폄하하고 있었다. 긍정심리학은 심리학이 인간의 부정적 심리상태에만 집중할 것이 아니라 긍정적 심리상태에도 관심을 가져야 한다는 입장이다. 우울증에 대해서만이 아니라 낙관주의에 대해서도, 병리적 심리에 대해서만이 아니라 회복탄력성에 대해서도 관심을 가져야 한다는 것이다. 긍정심리학 분야의 몇몇 연구자들은 긍정적 감정이 다른 어떤 방식보다도 효과적이고 신속하게 부정적 감정을 치유할 수 있다고 본다. 미시건 대학의 바버라 프레드릭슨과 동료들이 행한 일련의 실험에서, 참가자들에게 의도적으로 일으킨 부정적 감정이 그들의 심장 기능에 미치는 영향을 조사했다. 참가자들은 부정적 감정을 일으키는 영화를 보았을 때보다 긍정적 감정을 북돋는 영화를 봤을 때 심장이 더 빠르게 정상 기능을 회복했다. 이는 불교에서 말하는 다음 가르침과도 일맥상통한다. "긍정적 감정은 부정적 감정을 보살피고 치유한다."

부정적 감정은 물결효과를 일으킨다. 부정적 감정은 우리의 인식의 폭을 좁게 만든다. 슬픔과 걱정에 휩싸여 있을 때에는 선택의 폭과 가능성이 줄어든다. 반대로 긍정적 감정은 더 다양한 가능성을 보게 한다. 긍정적 감정은 선순환을 일으킨다. 가능성이 커 보이면 행동을 취하기도 더 수월하다. 새로운 것을 더 많이 시도해보고, 기존에 하던 일도 새로운 방식으로 해보게 된다. 그러다 좋은 결과가 나오면 행복하다고 느낄 이유를 더 많이 갖게 된다. 반대로, 우울증에 빠진 사람들의 경험은 이것과 매우 다르다.

끈적이는 풀 한 통

중독 약물을 끊자 래리는 또 다른 문제에 직면했다. 우울한 기분에 빠진 것이다. 무슨 일을 해도 엄청나게 힘이 들었다. 친구에게 함께 영화 보러 가자고 말하는 일조차 그에겐 엄청난 도전이었다. 모든 일이 래리에게는 끈적이는 풀이 가득한 통을 밟고 가는 것처럼 느껴졌다.

부정적 감정 변화시키기

몇 달 후 기분이 나아진 뒤, 래리는 자신이 친구에게 전화를 걸지 못하고 머뭇거렸던 일을 떠올렸다. 나는 치료 상담을 통해 래리와 함께 이 문제를 다루었다. 바로 다음 날 래리에게 연락이 왔다. 친구에게 영화 보러 가자고 전화를 했다는 것이다. 전화를 걸었을 때 친구는 집에 있었고 흔쾌히 함께 가자고 동의했다고 한다. 래리는 자신감이 생겼다. 이제 친구에게 전화를 거는 일이 엄청난 노력이 필요한 일로 느껴지지 않았다. 그때까지 좁아져 있던 래리의 삶의 폭이 넓어졌다. 과거에는 하기 싫은 일로만 여겼던 일들이 이제 새로운 기회와 가능성으로 보였다.

친구와 함께 영화 보러 가는 단순한 행동만으로 삶의 긍정적인 가능성을 열어줄 수 있다. 슬픔에 잠겨 자리에 앉아 있기만 한다면 긍정적인 일은 결코 생기지 않는다.

부정적인 것을 돌보라

긍정적인 면을 키우라고 해서 부정적 감정을 부인하거나 억압하라는 말로 여겨서는 안 된다. 우리의 경험에 내재한 긍정적인 요소들에 더 초점을 맞출 때 부정적 감정을 돌보는 데 도움이 된다는 말이다. 결코 부정적 감정을 회피하라거나 부정적 감정이 존재한다는 사실을 부인하라는 것이 아니다. 이는 토마토를 재배하는 것과 비슷하다. 토마토를 재배할 때 해야 할 일은 두 가지다. 하나는 토마토가 취해야 할 양분을 빼앗기지 않도록 잡초를 적절히 뽑아주는 일이다. 또 하나는 토마토 자체를 잘 가꾸는 것, 다시 말해 성장에 필요한 햇볕과 물, 토양을 적절히 토마토에 공급하는 일이다. 토마토(긍정적 감정)를 잘 가꾸면 잡초(부정적 감정)도 그만큼 잘 이겨낼 수 있다.

그런데 토마토가 잘 자라기 위해 뽑은 잡초를 퇴비로 쓸 수도 있다. 이처럼 부정적이라고 무조건 제거해야 하는 것은 아니다. 부정적 감정은 '나'이며, 내가 곧 부정적 감정이다. 만약 부정적이라고 해서 무턱대고 제거한다면 나 자신을 제거하는 것과 다름없다. 이것이야말로 부인이고 억압이다. 장기적으로 아무 도움이 되지 않는다. 부정적 감정을 직접적으로 다루는 방법을 찾아야 한다. 제거하기보다 변화시킬 수 있어야 한다.

슬픔을 변화시키기

부정적 감정을 다루는 첫 번째 단계는 평온의 마음을 계발하는 것이다. 불교에서는 이를 사마타(집중)라 한다. 만약 당신이 슬픔에 빠져 있다면 이 방법도 나쁘지 않다. 당신은 슬픔을 다룰 수 있다. 그러나 이때에도 당신의 마음이 초조해하거나 동요하고 있다면 슬픔을 극복하는 길을 찾기 어렵다. 순수한 상태의 슬픔은 변화가 가능하다. 그렇지 않고 슬픔을 느끼는 것이 끔찍한 일이며 '지금 당장' 슬픔이 사라져야 한다고 생각한다면 슬픔을 변화시키는 데 필요한 평온함과 올바른 관점을 갖기 어렵다.

그러므로 첫 번째 단계는 평온해지는 방법을 찾는 것이다. 숨을 들이쉬고 내쉬면서 지금 느끼고 있는 슬픔에 주의를 기울인다. 마치 우는 아기를 보듬어 안고 미소를 보내는 것처럼 자신의 슬픔을 보듬어 안는다. 우는 아기를 밀쳐 내거나 "빨리 크라"며 화를 내서는 안 된다. 그렇게 하면 아기는 더 크게 울 것이다. 우는 아기는 안아서 흔들어주거나 부드러운 말로 어르거나 노래를 불러 달래야 한다. 어른의 평온한 심장의 리듬과 편안한 호흡의 움직임을 느껴야 한다. 만약 당신이 의식적인 호흡법으로 평온과 평화의 감정을 불러낼 수 있다면 부정적 감정을 진정시키고 돌보는 데도 이 방법을 사용할 수 있다.

자신의 느낌과 생각을 모두 자각하라. 그런 다음 이것이 몸에서 어떻게 나타나는지 살펴보라. 목과 어깨가 조이는 현상으로 나타나는지, 복부가 잔뜩 긴장하고 있지 않은지 보라. 어떤 신체 증상이 나타나든 그것과 더불어 숨을 들이쉬고 내쉬라.

이것은 일종의 균형을 잡는 행위로서, 우는 아기를 달래는 엄마와 비슷하다. 만약 엄마가 아기의 울음에 너무 예민하게 반응하면 엄마 스스로 평온을 잃을 것이다. 그러면 아기는 엄마와의 접촉에서 편안함을 느끼지 못하고 오히려 스트레스가 커질 것이다. 아기가 스트레스를 받으면 엄마도 더 스트레스를 받고, 이를 감지한 아기는 다시 더 큰 스트레스를 받는다. 악순환이 이어진다. 반대로, 아기를 달래는 엄마는 이렇게 생각해서도 안 된다. '아기가 또 우네. 스스로 해결하게 내버려두자.' 아기는 이 상황을 혼자 해결하지 못한다. 감정조절에 필요한 인지발달이 아직 이루어지지 않았기 때문이다. 아기는 엄마의 도움을 필요로 하는 존재다.

마찬가지로, 당신의 부정적 감정도 보듬어 안아야 한다. 무엇으로 보듬어 안는가? 마음챙김으로 보듬어 안아야 한다. 슬픔과 괴로움의 감정을 진정시키기 위해서는 균형 있는 태도를 갖는 것이 중요하다. 즉 그것들에 너무 빠져들어도 안 되지만 또 너무 초연해도 안 된다(지나치게 초연한 태도는 곧 부인이고 억압이다). 지극히 부드럽게 그 감정들을 자기 안에 담고 있되, 그 속으로 빠져들지 않아야 한다. 그 속에서 자기를 잃어버릴 정도로 그 감정들과 자신을 동일시해서는 안 된다.

감정이 격해졌을 때 자신의 호흡에 주의를 기울이면 감정이 호흡에 크게 영향을 준다는 사실을 알 수 있다. 이때 호흡은 짧아지고 가빠진다. 얕은 호흡, 불규칙적인 호흡이 된다. 그러나 호흡에 주의를 기울이기 시작하면 특별히 노력하지 않아도 호흡은 차차 부드러워지고 깊어진다. 이처럼, 호흡을 의식하면 부드럽고 느린 호흡이 되는데, 이런 호흡은 평온하고 편안한 느낌과 연관된다. 심리학에서는 이를 '비양립 반응(incompatible response)'이라고 한다. 얼굴에 미소를 지으면서 슬픔을 느낄 수 없는 것처럼, 부드럽고 규칙적으로 깊은 호흡을 하면서 동시에 마음이 동요된 상태일 수 없다는 말이다. 호흡을 의식하는 것은 그 자체로 마음의 동요를 진정시키는 어머니를 곁에 둔 것과 같다. 단 몇 분만이라도 의식적으로 호흡하면 큰 도움이 된다. 이렇게 한다고 해서 당신의 슬픔이 당장 사라지지 않을 수 있다. 그러나 통찰과 치유를 방해하는 마음의 동요를 진정시키는 데는 확실히 도움이 된다.

이제 어느 정도 마음을 고요하게 안정시켰다면 지금 느끼고 있는 슬픔의 성질을 살펴보라. 생각과 감정이라는 파도가 잦아들어야 물속을 들여다보기가 더 쉽다. 수면 아래 무엇이 있는지 더 잘 보인다. 자신이 처한 상황을 논리적으로 해부하고 분석하라는 말이 아니다. 통찰을 강요하지 말고 자연스럽게 떠오르도록 허용하라는 것이다. 이는 『기적수업(A Course in Miracles)』의 가르침에 나타나는 역설과 비슷하다. 『기적수업』에서는 절대적인 인내는 즉각적인 결과를 가져온다고 말한다. 통찰을 강제하지 않을 때 결과는 자연스럽게 나타난다. 이런 태도는 다음과 같은 선(禪)의 가르침에 잘 표현되어 있다.

아무것도 하지 말고 가만히 앉아 있으라.
봄은 오고 풀은 절로 자랄 것이니
마찬가지로 때가 되면 통찰이 올 것이다.
과일이 익으면 나무에서 떨어지듯이
마음챙김이라는 나무에서.

어쩌면 당신은 지금 느끼고 있는 슬픔이 어린 시절의 양육 때문이라고 여길지 모른다. 부모가 끊임없이 돈 걱정을 하면 돈에 대한 두려움과 불편함을 아이에게 전염시킨다. 아이 역시 자라서 돈 걱정을 하는 부모가 된다. 두려워하는 바로 그것을 결국 실현시키고 마는 '자기 충족적 예언(self-fulfilling prophecy)'이 된다. 혹은 당신이 슬픔을 느끼는 원인이 부모에게 충분히 공감 받지 못했기 때문이라고 여길 수도 있다. 어릴 적에 당연히 받아야 했던 공감을 받지 못했기 때문이라는 것이다. 그러나 자신의 슬픔을 깊이 들여다볼 필요가 있다. 그렇게 하면 언제나 부모를 비난하는 습관에서 벗어날 수 있다. 사실 부모를 비난하는 행위는 하나의 질병을 다른 질병으로 대체시키는 것인지 모른다. 이 경우에는, 자신이 느꼈던 분노와 책망을 슬픔으로 대체시켰다. 그러나 계속해서 슬픔을 깊이 들여다보면, 부모님 역시 당신들의 부모로부터, 그리고 삶의 경험으로부터 자신들의 단점을 물려받은 사실을 알게 된다.

성경에 조상의 죄는 그 아래 3대 혹은 4대까지 이어진다는 말이 있다. 억울하고 불공평한 일로 보이지만, 부정할 수 없는 심리적 사실이다. 우리는 자신의 문제와 눈에 보이지 않는 단점들, 고통과 걱정을 아이들에게 물려준다. 그렇기에 자신의 부정적 감정을 돌보는 행위는 나뿐 아니라 미래 세대에게 주는 선물이기도 하다.

우울에 빠져 있을 때는 생각이 특별한 성질을 띠는 것을 관찰할 수 있다. 우울한 생각은 모든 것을 과장시킬 뿐 아니라, 한쪽 면만 바라보는 흑백논리 성향도 갖는다. 흑과 백 사이의 다양한 회색빛 톤을 보지 못한다. 우울은 '항상'이나 '결코' 같은 단어를 좋아한다. "난 내가 원하는 걸 결코 얻지 못해. 난 항상 이 모양이야. 절대로 내가 바라는 대로 되지 않을 거야."

우울한 생각은 자신의 장점은 극소화시키고, 단점은 극대화시킨다. 우울에 빠지면 한 번의 실수가 끊이지 않는 실패와 패배의 패턴이 되어버린다. 한편 자신의 장점이나 성취에는 생각이 미치지 않는다. 잘못된 일에 대해서는 어김없이 자신을 비난하면서도 성공한 일은 순전히 운의 탓으로 돌린다.

자신의 슬프고 우울한 생각 속에 이처럼 왜곡된 부분이 없는지 살펴보라. 그리고 그것을 보다 현실적인 생각으로 대체하라. '난 제대로 하는 게 하나도 없어!', '난 쓸모없는 루저야.'라고 생각된다면, 다음과 같이 생각하라. '내가 실수한 건 맞아. 하지만 실수는 누구나 해. 그리고 내가 얼마든지 잘 하는 일도 있어.', '이길 때도 있고 질 때도 있는 게 인생이야.'

이때 이런 생각을 자신에게 강요하지 않는다는 원칙을 잊어선 안 된다. 자연스럽게 통찰이 일어나게 하라. 물론 통찰이 일어나지 않는다고 해서 다시 자기를 비난해서는 안 된다.

슬픈 감정을 자세히 들여다보면 또 하나 보이는 것이 있다. 바로 슬픔을 느낄 때 거기에 함께 존재하는 '즐거운 죄책감'이다. 즐거운 죄책감이란, 자신에게 느껴지는 쓰라림을 오히려 즐기는 것을 말한다. 지금 당신은 긍정적 감정의 계발을 거부하고 있다. 왜냐하면 그렇게 하지 않으면 지금의 '즐거운 슬픔'을 계속 누릴 수 없기 때문이다. 또 모든 것을 긍정적으로 왜곡하지 않고 있는 그대로 본다 함은 곧 자신의 '화낼 권리'를 잃음을 의미하기 때문이다. 한동안 당신이 무책임하게 행동해도 좋은 자유를 잃는 것이기 때문이다. "내가 이렇게 힘든 상태인데, 어떻게 나더러 설거지 같은 데 신경 쓰란 말이야?"

자신의 이런 감정들을 사랑의 마음으로 들여다보는 것이야말로 가장 중요한 수행이다. 지금 자신의 모습을 온전히 받아들일 필요가 있다. 불교는 무아(無我)를 말한다. 여기서 무아란 통상적 의미의 '나'가 존재하지 않는다는 말이 아니다. 그것은 '나'란 존재는 여러 가지 요소로 만들어진 구성물이라는 의미다. 나는 물, 무기물, 단백질 등의 물질('나'가 아닌 물질)로 이루어져 있다. 또 나는 다양한 경험과 기억으로 구성되어 있다. 이처럼 나란 존재가 구성물임을 깊이 이해한다면, 나를 비난할 필요가 없다. 누구라도 나와 비슷한 기질을 가졌거나 유사한 경험을 한 사람이라면 지금 내가 느끼는 감정의 폭풍을 똑같이 겪을 수 있다. 그런데 나를 비난해선 안 되지만, 나에게 책임은 있다. 즉 내가 지금 처한 상황에서 어떻게 대응할지를 선택할 수 있다는 말이다. 나는 부정적 감정을 돌보고 변화시키겠다고 결심할 수 있다.

물론 스위치를 끄듯이 간단히 슬픔을 떨칠 수는 없다. 약물 중독에 빠진 사람들이 시도하는 바가 바로 그것이다. 당신은 스위치는 없지만 변화를 일으킬 수는 있다. 어떻게? 호흡을 자각함으로써, 마음을 가라앉히고 자신의 내면을 깊이 들여다봄으로써 치유가 일어날 수 있는 유리한 조건을 만들 수 있다. 이때 치유는 자연스럽게 일어난다. 마치 따로 생각하지 않아도 음식이 소화되고 손톱이 자라는 것과 마찬가지다.

걱정과 불안을 다루는 법

현대인의 삶은 각종 스케줄과 약속으로 빡빡하다. 우리는 정해진 시간에 일을 처리하기 위해 마감시한을 정하고 약속시간을 잡는다. 또 정해진 시간에 서로를 만난다. 그러나 마감시한은 걱정의 근원이 되고 있다. "정해진 시한까지 그 일을 해낼 수 있을까? 지금 제 페이스대로 가고 있나? 혹시 뒤처져 있지 않은가?" 정해진 약속시간도 우리의 불안을 키운다. "내가 약속시간과 장소를 정확히 기억하고 있나? 잊어버리면 어떡하지? 혹시라도 상대방이 기억 못하면 어떻게 하지?"

오늘날 우리가 공간을 이동하는 속도 역시 불안을 만들어낸다. 지금 우리는 인간의 타고난 생체리듬에 따라 이동하지 않는다. 자동차와 비행기의 속도로 이동하고 있다. 이 일을 마치면 다음 일, 그 일을 끝내면 또 그 다음 일을 향해 끊임없이 이동한다. 서둘러 도착하려 하지만 아무 곳에도 이르지 못한다. 또 우리는 지나치게 목적 지향적이어서 도통 멈추어 사는 법을 모른다. 이것이 항상적으로 불안과 두려움을 만들어내는 원인으로 작용하고 있다. 앨런 와츠는 『선의 길(The Way of Zen)』(1957)이라는 책에서 이렇게 말한다.

"역설적으로 들리겠지만, 지나치게 목적 지향적인 삶에는 실질적인 내용도, 핵심도 없다. 계속해서 서두르기 때문에 모든 것을 놓쳐버린다. 반대로 서두르지 않는 삶, 목적이 없는 삶은 아무것도 놓치지 않는다. 왜냐하면 아무런 목적도, 서두름도 없을 때 인간의 감각은 활짝 열려 세상을 온전히 받아들이기 때문이다."

또 불안과 걱정은 우리가 참된 삶을 살지 못하고 있다는 표시일 수도 있다. 여기서 참되지 못한 삶이란, 자신의 진짜 모습과 자신이 정말로 원하는 것을 무시하는 삶을 말한다. 타인이 나를 좋아하게 만들기 위해, 또는 세상에서 무리 없이 살아가기 위해 자신의 본모습과 다른 가면을 만드는 데 엄청난 에너지를 쏟는 삶이다. 이런 삶은 불편할 수밖에 없다. 이런 삶을 살다 보면 문득 이 모든 것이 어딘가 잘못되었다는 생각이 든다. 균형을 벗어난 삶, 자연스러운 섭리에서 벗어난 삶이라고 느낀다.

또 남보다 신경이 예민한 사람들이 있다. 기질적으로 평온한 사람이 있는가 하면, 쉽게 욱 하는 사람도 있는 것이다. 그런 사람에게는 일상의 소소한 사건들조차 마음과 몸, 감정에서 끊임없이 울림을 낸다. 이 때문에 그들은 다른 사람보다 더 많은 걱정을 지고 산다. 오늘날은 강압적이고 기계적인 삶의 리듬이 과거의 생체적 리듬, 해와 달의 리듬을 대체시켜버렸다. 이런 오늘날에 그들은 더욱 예민해졌다. 그런데 이런 예민함이 축복이 될 수도 있다. 무슨 말인가? 신경이 예민한 사람들은 오랫동안 자신

부정적 감정 변화시키기

을 속이지 못한다. 그들은 고통을 당하지 않은 채 참되지 못한 삶을 오래 지속하지 못한다. 그들은 자신에게 일어나는 일에 귀를 기울이고 그것을 돌보지 않을 수 없다. 이런 점에서 상담 치료를 찾는 많은 사람들은 자신이 당하는 고통을 인식하지도 못한 채, 거리를 활보하는 사람들보다 유리하다고도 할 수 있다.

만약 일상생활에서 두려움, 걱정, 불안을 제거해 주는 불교 수행법이 있다면 당신은 거기에 귀를 기울일 텐가?

실제로 있다. 그런 수행법이.

연습
∙∙
다섯 가지 기억하기

○ 매일 아침, 숨을 들이쉬고 내쉬며 다음과 같은 다섯 가지 진실을 깊이 들여다보는 시간을 갖는다. 괄호 안의 첫 번째 말은 들숨과 함께, 두 번째는 날숨과 함께 새기면 좋다.

1. 나는 늙어가는 본성을 지녔다. 늙음을 피할 수 없다. (늙음, 못 피함)
2. 나는 병이 드는 본성을 지녔다. 병을 피할 수 없다. (질병, 못 피함)
3. 나는 죽는 본성을 지녔다. 죽음을 피할 수 없다. (죽음, 못 피함)
4. 내가 사랑하는 사람들은 변화하는 본성을 지녔다. 그들을 붙잡을 수 없다. (모든 것은 변함, 모든 것을 잃음)
5. 나의 행동(업)만이 나의 진짜 소유물이다. (업, 참 소유물)

아무 생각 없이 말만 새겨서는 안 된다. 스스로 위의 진실들을 절절이 느낄 수 있도록 하라. 만약 당신이 슬픔에 잠겼을 때는 새기지 말라. 독감에 걸렸을 때 독감주사를 맞지 않는 것처럼 말이다(독감주사는 독감에 걸리기 전에, 미리 맞아야 한다).

이 수련법으로 두려움이 사라짐을 느낄 수 있는가? 나도 언젠가는 죽음을 맞이한다는 사실을 온전히 느낄 수 있는가? 죽음을, 먼 미래에 내가 아닌 다른 사람에게 일어날 일로 여기지 않고, 나 역시 죽는다는 사실을 분명히 볼 수 있는가? 결코 유쾌한 진실이 아니다. 하지만 이를 떠올리면 걱정과 두려움에서 벗어날 수 있다. 죽음이라는 진실 앞에서라면, 걱정을 싸매고 있을 필요가 있을까? 걱정은 우리가 영원히 살 것이라고 믿을 때에만 타당하다. 죽음이라는 실재에 가닿을 때, 우리는 더 이상 불안에 휩싸여 살지 않는다.

너무 부정적인 수련법이라고 여기는 사람도 있다. 이들은 마치 그런 부정적인 일을 생각하기만 해도 그 일이 실제로 일어난다고 여긴다. 다소 미신적인 태도다. 그러나 앞에서 본 것처럼, 우리가 삶의 실재에 직면하지 않을 때(직면할 때가 아니라) 더 큰 해가 닥친다. 내생이나 환생을 믿는다 해도, 지금 내가 살고 있는 '이 삶'은 유한하다. 때가 되면 끝을 맺는다. 우리가 진실을 직면하는 것에서는 아무런 해도 닥치지 않는다. 이처럼 언뜻 부정적으로 보이는 수련법이 기쁨과 자유의 원천이 될 수 있다. 우리의 두려움을 줄여줄 수 있다.

역설적으로 보이겠지만, 결코 죽지 않을 것처럼 행동한다면 오히려 불안이 증폭된다. 왜냐하면 그것은 분명한 현실을 부인하는 행동이기 때문이다. 죽음이라는 현실을 직면할 때 우리는 자유로워진다. 이때 우리는 일상적으로 부딪히는 힘든 일을 조금 다른 각도에서 바라볼 수 있다. 이렇게 생생한 자각의 상태에서, 우리는 지금 여기에 존재하는 수많은 경이로움을 향유할 수 있다.

부정적 감정 변화시키기

"늙음을 피할 수 없다." 물론 어떤 점에서 이 말은 완벽한 진실이 아니다. 늙음을 맞이하기 전에 죽을 수도 있기 때문이다. 그러나 옛 농담도 있듯이, 우리는 늙음을 싫어하긴 하지만 늙음 이외의 다른 대안을(예컨대 죽음 등의 대안을) 더 싫어한다. 늙음을 두려워하지 말라는 말은, 늙음을 나에게 반드시 닥치는 일로 보라는 뜻이다. 그리고 바로 지금, 나에게 이미 일어나고 있는 일로 보라는 의미이다. 그것은 전혀 추상적인 말이 아니다. 매우 실제적이고 구체적이다. 늙음은 '내가 아닌' 다른 사람에게만 일어나는 일이 결코 아니다. 이렇게 하면 노인들을 바라볼 때도 지금까지와 조금 다른 관점으로 볼 수 있다.

"질병을 피할 수 없다." 물론 장기간의 신체적 불구를 경험하지 않는 사람도 있다. 그러나 우리 모두는, 정도의 차이는 있어도 질병을 경험한다. 감기나 두통, 치통을 한 번도 앓지 않은 사람은 없을 것이다. 완벽한 건강이라는 '생각'은 말 그대로 추상적인 생각에 불과하다. 현실적이지 않다. 우리는 누구나 삶의 어느 순간에도 완벽한 건강이라는 비현실적 기준을 충족시킬 수 없다. 우리는 생명에 지장이 없는 문제라 해도 끊임없이 손을 본다. 칼에 베인 조그만 상처나 타박상, 대수롭지 않은 손거스러미라도 우리는 열심히 고친다. 그러나 우리가 질병을 피할 수 없다는 진실을 안다면, 지금 누리는 만큼의 건강에 더 감사할 수 있다.

"죽음을 피할 수 없다." 이것이 모든 것의 핵심이다. 늙음과 질병은 죽음으로 가는 서막에 불과하다. 죽음은 단지 개념이 아니다. 또 죽음은 내가 아닌 다른 사람에게만 닥치는 일도 아니다. 나보다 먼저 살았던, 수십억 명의 사람들을 생각해보라. 그들 모두, 나만큼 자신의 삶을 소중히 여기며 살았다. 그러나 그들 모두 죽음 앞에서는 어쩔 수 없었다. 그들은 지금 어디에 있는가? 그리고 몇 백년 후, 당신은 또 어디에 있을 것인가? 이것을 분명히 직시하라. 지금 당신의 살갗 아래에 만져지는 뼈는 언젠가

부서져 먼지가 되고 만다. 고대인과 선행 인류, 그리고 모든 비인류가 그러했듯이 말이다.

이러한 엄연한 사실들을 부인할 때 우리는 고통의 굴레에 갇힌다. 더 큰 부와 안정, 더 많은 사랑과 인정을 끊임없이 추구하지만, 이 모든 것의 결말은 무엇인가? 죽음 뒤에는 아무것도 남지 않는다. 그럼에도 끝없이 이런 것을 좇는다면, 갈증을 풀기 위해 소금물을 들이키는 꼴이다. 소금물을 마시면 애초에 해결하려 했던 문제, 즉 갈증이 더 커질 뿐이다.

내가 아는 사람 중에, 돈이 아주 많은 90세 남성이 있었다. 어느 날 그가 내게 불평을 했다. 800km 떨어진 도시로 이동해야 하는데, 비행기 항공료가 너무 비싸다는 것이었다. 그래서 그는 90세의 노령에도 불구하고 아내와 함께 직접 차를 운전해서 그 길을 갔다.

당신은 이 이야기의 결말이 어떻게 되었는지 알 것이다. 조금씩 다르기는 해도 대부분의 이야기의 결말이 그렇게 되기 때문이다. 어느 날 갑자기 뇌졸중을 일으킨 노인은 하루 이틀 사이에 목숨을 거두고 말았다. 이제 그의 수백만 달러 재산은 어떻게 되었나? 만약 그가 한 푼이라도 더 모으느라 끙끙대는 대신, 자신이 가진 재산을 좀 더 즐겼더라면 좋지 않았을까?

죽음의 불가피성은 단지 그것을 명상법으로 수련할 때보다 일상의 경험에서 확인할 때, 더 분명하게 와 닿는다. 비즈니스 계약이 마지막 순간에 실패로 돌아갔을 때, 존중받기를 바랐던 누군가가 당신을 모욕할 때, 도로 위 난폭한 운전으로 누군가가 당신을 화나게 할 때, 약속시간이 다 되어서야 상대가 약속을 취소해버릴 때, 바로 이런 때가 죽음을 떠올릴 수 있는 가장 완벽한 시간이다. 당신을 낙담케 하고 화나게 하는 일이 있을 때, 당신을 슬픔과 절망, 분노에 빠트리는 일이 일어날 때, 이때가 바로 죽음이라는 우리의 최종 기착지를 떠올리기에 가장 좋은 시

부정적 감정 변화시키기

간이다.

죽음을 인정함으로써 우리는 삶을 더 충만하게 살 수 있다. 나에게도 죽음이 닥친다는 사실을 인정한다면 무엇이 두렵겠는가? 죽음은 확실하며 오직 죽는 시간만이 불확실하다는 사실을 인정한다면, 두려워할 것이 무엇이겠는가?

자아를 내세우지 않으면 문제도 없다

랄프 왈도 에머슨은 이렇게 말했다. "어리석은 집착이야말로 옹졸한 마음의 골칫덩이다." 부정적 감정을 느낄 때 우리는 그 감정에 더 달라붙는다. 그리고 그 때문에 자신을 더 힘들게 만든다. 내가 당신에게 화가 났는데, 당신이 나를 웃게 하려고 무언가를 한다고 하자. 이때 당신은 내가 얼굴 표정을 찡그리는 것을 볼 것이다. 이때 나는 속으로 이렇게 말하고 있다. '나는 지금 화가 났단 말이야. 웃어서는 안 된다고.'

불교의 관점에서 보았을 때, 이것은 자아에 대한 집착이다. 우리는 '자아'라는 환상을 쉽게 내려놓지 않는다. 그렇게 하는 한 가지 방법이 바로, 자신의 감정에 달라붙어 쉽게 내려놓지 않는 것이다. '만약 나의 기분이 그 본성에 따라 아무렇게나 흘러가도록 내버려둔다면 오늘의 내가 어제의 나와 같은 사람일 수 있을까? 지금의 내가 조금 전의 나와 같은 사람일 수 있을까?' 이렇게 생각한다. 우리는 부정적이고 파괴적인 행동이라도 쉽게 내려놓지 못한다. 그래야 내가 어제와 같은 사람, 조금 전과 동일한 사람이라며 스스로 위안할 수 있기 때문이다. 만약 그렇지 않고 나란 존재가 매순간 바뀐다면 끊임없는 변화, 즉 무상(無常)이라는 끔찍한 진실에 직면해야 한다고 여긴다. 이때 우리는 자신이 견고한 토대 위에 서 있지 못하다고 느낀다. 그것은 우리가 원하는 바가 아니다.

그러나 불교에서는 무상과 무아를 받아들이라고 가르친다. 왜냐하면 우리가 그토록 견고하다고 여기는 '자아'도 제대로 들여다보면, 거기에는 '자아'가 없으며 끊임없이 변화하고 흘러가는 경험만 존재하기 때문이다. '자아가 있다'는 생각조차도, 어쩌면 끊임없이 변화하고 흘러가는 경험의 일부에 지나지 않는지 모른다.

'견고한 자아'라는 생각에 집착한다면 커다란 어려움에 맞닥뜨린다. 슬픔을 느끼면 계속 슬픈 상태에 있어야 하고, 걱정이 있으면 끊임없이 걱정에 휩싸여 살아야 한다. 그런데 우리는 견고한 자아에 집착하기보다 끊임없이 흘러가는 경험에 초점을 맞출 수도 있다. 그렇게 흘러가는 경험에 억지로 저항하지 않을 수도 있다. 만약 그렇게 한다면 화에 휩싸여 있을 때라도 누군가의 우스운 행동을 보고 웃음을 터뜨릴 수 있을 것이다.

연습
네 가지 고귀한 진리(사성제)

○　　　　　　불교는 철학이나 신학이라기보다, 삶의 방법 혹은 수행이라고 할 수 있다. 이 점은 불교 가르침의 핵심인 사성제, 즉 네 가지 고귀한 진리에도 드러난다. 여기서 네 가지 진리란 괴로움이 존재한다는 사실, 괴로움의 원인, 괴로움에서 벗어난 상태, 그리고 괴로움에서 벗어나는 구체적인 방법을 말한다.

첫 번째 고귀한 진리는 괴로움이 존재한다는 사실이다. 우리가 괴로움을 당하고 행복하지 않을 때, 가장 먼저 밟아야 할 첫 단계는 내가 괴로움을 겪고 있다는 사실을 인정하는 것이다. 이 사실을 먼저 인정하지 않으면, 내가 겪고 있는 괴로움에 대해 아무것도 할 수 없다. 그러므로 괴로움을 당할 때는 우선 그 사실을 인정하라. 그것이 가장 먼저 해야 할 일이다. 숨을 들이쉬고 내쉬면서, 자신이 겪고 있는 괴로움을 향해 미소 지으라. 미소를 지으면 더 수월하게 깨어 있을 수 있다.

두 번째 진리는 괴로움을 일으키는 원인이 존재한다는 사실이다. 마음을 진정시키고, 지금 겪고 있는 괴로움이라는 실체를 깊이 들여다보라. 그러면 당신은 무엇이 지금 당신에게 고통을 일으키고 있는지 볼 수 있을 것이다. 그것은 당신이 처음에 생각했던 원인과 다를 수도 있다. 무슨 말인가? 지금 당신에게 고통을 일으키고 있는 원인이, 당신이 비난의 화살을 돌리고 싶은 주변상황이나 사람이 아닐 수도 있다는 말이다. 지금 중요한 질문은 누가, 무엇이 당신을 이 지경에 몰아넣었느냐가 아니다. 중요한 것은 당신이 어떻게 했기에 지금과 같은 고통을 당하고 있느냐이다. 당신은 지금 어떻게 살고 있는가?

세 번째 진리는 고통에서 벗어난 상태가 있다는 사실이다. 고통을 일으키는 원인을 알았다면 이것은 어려운 문제가 아니다. 고통을 일으키는 진짜 원인을 파악했다면 무엇을 해야 고통을 중단시킬 수 있을지 어렵지 않게 알 수 있다.

네 번째 진리는 바른 견해, 바른 사유, 바른 말 등으로 이어지는 팔정도이다. 팔정도는 괴로움에서 벗어날 수 있는 길을 안내한다. 바른 생각과 말, 행동, 일 등이 있다면, 그 반대편에는 우리의 괴로움을 줄이기보다 오히려 키우는 바르지 못한 생각과 말, 행동, 일도 존재할 것이다.

괴로움을 당할 때는 자신을 진정시키고 사성제를 가이드로 삼아보라. 우선 자신이 고통을 당하고 있다는 사실을 인정하라. 그런 다음 그 고통의 성질과 원인을 살펴보라. 당신의 어떤 행동으로 지금 고통을 당하고 있는지 자신에게 물어보라. 그리고 고통에서 벗어나기 위해 어떻게 해야 하는지 자문하라. 여기서 어떤 통찰이 생기거든, 친한 친구에게 그것에 관해 이야기하라. 그리고 그가 무엇을 더 보태줄 수 있는지 보라.

있는 그대로 충분하다

여기서 이 장의 맨 앞에 제시했던 "만물은 있는 그대로 존재할 뿐"이라는 롱첸파의 글귀를 다시 생각해보자. 만물은 있는 그대로 존재할 뿐인데 우리가 웃지 못할 이유가 있을까? 있는 그대로 존재할 뿐인 만물과 투쟁하고 싸우는 것은 얼마나 얼토당토않은 일인가! 그런데 더 불합리한 일은 자신의 투쟁하는 성향을 자연스러운 사실로 보지 못하고 그것과 다시 싸움을 벌이는 것이다. 투쟁하려는 성향을 폭풍우나 사이프러스 나무, 높은 산처럼 자연의 일부로 보지 못한다.

롱첸파의 심오한 가르침에 이의를 제기하는 입장은 흔히 두 가지다. 하나는, 있는 그대로의 모습을 받아들인다 하더라도 그것은 너무 수동적인 태도가 아닌가라는 입장이다. '그렇게 한다면 자신과 타인의 운명을 개척할 수 없지 않은가? 과연 그러한 무관심이 우리가 가야 하는 길일까?'라는 입장이다. 또 하나의 입장은, '있는 그대로 받아들이며 웃는 웃음이라면 씁쓸한 냉소주의로 비치지 않을까? 그것은 아무런 울림도 주지 못하는 공허하고 무의미한 일이 아닌가?' 하는 입장이다.

충분히 이해할 만한 이런 입장은 이분법적 사고에 익숙해 있기 때문에 생긴다. 우리는 위 가르침의 이면에 있는 '온전한 받아들임(수용)'에 대해 알지 못하고 있다. 이분법적 사고에 익숙한 우리는 '수용'을 '저항'과 대비되는 개념으로 간주한다. 또 '평화'는 '투쟁'과, '기쁨'은 '슬픔'과 반대되는 개념으로 받아들인다. 그러나 불교에서 말하고자 하는 바는, 저항의

부정적 감정 변화시키기

반대어로서의 수용이 아니다. 그것은 저항과 반대되는 수용이 아니라, 모든 것을 포괄하는 수용이다. 구름 한 점 없는 파란 하늘과 같은 널따란 수용이다. 하늘은 새와 비행기, 구름 등 그곳을 지나가는 모든 대상을 자연스럽게 품어 안는다. 마음챙김이 수동적인 삶의 태도가 아닌 이유도 바로 이것이다. 마음챙김은 행동을 취하려는 우리의 성향까지 그 안에 품어 안는다. 행동을 취하는 것 역시, 있는 그대로 존재하는 만물이 지닌 또 하나의 측면일 뿐이기 때문이다.

우리는 냉소적이지도 않고 공허하지도 않은 웃음이 있다는 사실을 경험을 통해 안다. 냉소적인 태도는 있는 그대로를 받아들이지 못하고 저항한 결과이다. 우리는 이와는 전혀 다른 온전한 받아들임의 경험을 누구나 한 적이 있다. 우리는 황금빛 석양과 바다의 광활한 파노라마 앞에서 경외감을 느낀 적이 있다. 이때 우리는 있는 그대로의 자연을 받아들이며 고요한 기쁨 속에서 미소 짓는다. 그것에 관해 누구에게도 이야기할 필요가 없다. 그것을 다른 목적에 이용할 필요도 없다. 단지 그곳에 선 채로, 있는 그대로의 자연을 즐길 뿐이다.

우리는 피상적인 행복과 진정한 기쁨이 서로 다르다는 것을 안다. 외면적 고요함과 내면의 평화, 이익을 위한 거래와 참된 사랑을 구분할 줄 안다. 외부의 우연한 상황에 따라 느끼는 행복은 피상적 행복이다. 직장을 새로 얻고, 시험에 통과하며, 영원히 함께하고 싶은 사람을 발견했을 때 느끼는 행복은 모두 피상적인 행복이다. 진정한 기쁨은 이와 다르다. 그것은 아무 이유 없이 내면에서 솟아나는 감정이다. 또 평온한 상황이 닥쳤을 때 느끼는 고요함이 외면적 고요라면, 참된 평화는 그것과 상관없이 생기는 무엇이다. 이와 비슷하게, 우리가 마음챙김과 이해심으로 타인을 바라볼 때, 사랑과 연민의 마음이 생긴다. 이때 우리가 취하는 사랑의 행동은 보상을 바라는 행동이 아니다. 그것은 우리가 상대방의 실재에 온전히 가 닿았기 때문에 자연스럽게 취하는 행동이다.

진정한 기쁨과 내면의 평화, 참된 사랑은 언제나 우리 마음속에 존재하고 있는 실재이다. 그것이 나타나기 위해 특별한 환경이나 대단한 노력이 필요한 것은 아니다. 명료하게 바라볼 수 있다면, 우리는 언제라도 그 마음과 맞닿을 수 있다. 그 마음과 맞닿으면 우주의 실재와 더 깊이 접촉하게 된다. 우주와 깊이 접촉할 때 기쁨과 평화, 사랑을 경험한다. 기쁨과 평화, 사랑은 언제나 그곳에 존재하고 있다.

미소 짓는 당신은 이것을 알고 있다.

부정적 감정이 엄습할 때

1. 호흡으로 돌아간다. 지금 일어나는 감정을 있는 그대로 받아들이고 진정시킨다.

2. 이 감정을 깊이 들여다본다. 마음이 조금 진정되었다면, 지금 나의 상태에 대해 곰곰이 생각해본다. 어떻게 이런 상태에 이르렀는지, 여기서 벗어날 방법은 없는지 헤아려본다. 억지로 강요하지 말고, 자연스럽게 깨달음이 일어나도록 허용한다.

3. 자신의 생각 중에 왜곡이나 과장된 부분이 없는지 살펴본다. 만약 그런 부분이 있다면 당장 제거해야 한다고 여기지 말고, 부드럽고 사랑하는 마음으로 그것과 함께한다. 그런 다음, 보다 긍정적이고 건설적인 생각을 일으킬 수 있는지 본다.

4. 지금 나를 힘겹게 만드는 사건과 상황을, 앞서 이야기한 '다섯 가지 기억하기(늙음·질병·죽음을 피할 수 없다, 모든 것은 변한다, 나의 업만이 나의 참 소유물이다)'의 관점에서 비추어 숙고해본다.

5. 걷기명상을 한다. 신선한 바깥 공기를 마시며 대지와 접촉하는 리드미컬한 걸음은 진정 효과가 있다. 머릿속 걱정을 자꾸 되뇌지 말고, 걸음을 걸으며 주변의 수많은 경이로움을 느껴보라. 그럼으로써 현재 순간에 대한 자각을 키우라. 30분~1시간 정도만 해도 부정적인 감정을 가라앉히는 데 도움이 된다.

6. 집중이 되지 않고, 자꾸 다른 일에 마음이 가는가. 그렇다면 오히려 그 일에 온전히 몰입하라(다소 역설적으로 들리겠지만 말이다). 영화를 보고 싶다면 최대한 거기에 현존하라. 영화를 깊이 받아들이라. 우울한 기분이나 화나는 마음을 전환하고 싶어 초콜릿을 먹고 싶은가? 그렇다면 온 마음을 다해 초콜릿을 먹으라. 구석진 차 안에 앉아 한 번에 게걸스럽게 먹어치우지 말고, 제대로 즐길 수 있는 곳에서 깨어 있는 마음으로 천천히 초콜릿을 씹어보라. 평소에 먹는 것보다 더 깊이 초콜릿의 맛을 느껴보라.

7. 이미 마음챙김 수련을 하고 있는 친구에게 함께 수련하자고 제안해보라.

8. 당신의 치료 상담사가 있다면 전화를 걸라. 만약 없다면, 그리고 당신이 부정적 감정에 쉽게 압도당하는 경향이 있다면 이 문제를 도와줄 상담사를 찾아보라. 마음챙김 수련에 관심을 가진 상담사라면 좋지만, 그렇지 않아도 무관하다. 어느 정도 인정된 치료법이라면 어떤 식으로든 내담자의 자각 능력을 키워주기 때문이다. 최근에는 마음챙김 수련이 크게 각광받고 있다.

9. 부정적 감정 때문에 술과 약물을 하고 싶은 욕구가 갑자기 일어나는가? 이때는 이런 충동 욕구는 오래 가지 않는다는 사실을 기억하라. 그리고 욕구가 잠잠해질 때까지 잠시 주의를 다른 데로 돌릴 수 있는 활동을 하는 것도 좋다. 이렇게 하다 보면, 충동 욕구에 대처하는 능력이

점차 향상됨을 알게 된다. 아니면, 깨어 있는 마음으로 호흡하면서 충동 욕구와 함께하는 것도 한 가지 방법이다. 가능하다면 마음속에 일어나는 다른 모든 생각과 마찬가지로, 충동 욕구에 대해서도 깨어 있는 마음으로 살펴보라.

10. 충동 욕구와 마찬가지로, 기분도 오래 지속되지 않는다는 사실을 기억하라. 현재의 기분에 영원히 사로잡힐 거라는 두려움을 내려놓고, 온전히 그것을 경험하라. 다른 모든 것과 마찬가지로, 기분도 끊임없이 변화하는 성질을 지녔음을 기억하라.

11. 앞서 이야기한 '적극적 상상(active imagination)'을 활용하라. 현재 자신의 기분을 그림이나 춤, 글로 표현해보라. 어쩌면 지금 당신의 기분은, 당신 내면에 있는 가상의 인물을 통해 자기를 드러내고 있는지 모른다. 그림이나 춤, 글을 통해 그 인물과 대화를 나눠보라.

12. 무아(無我)를 수련하라. 즉 '견고한 나'라는 관념은 허구임을 깨닫고 이렇게 생각하라. '나는 단지 지금의 특정한 기분과 감정을 경험하고 있는 것뿐이야. 그것에 집착하거나 두려워할 필요가 없어. 그건 저절로 잠잠해질 거야.'

13. 다음과 같은 진리를 깊이 들여다보라. '이 우주에 나보다 더 자애의 마음을 받을 가치가 있는 존재는 없다.'

열 번째 문

순간순간을
충실히
살기

수행하라, 수행하라, 또 수행하라. 어떻게 삶을 변화시킬 것인가? 머리로
이해하는 것은 시작에 불과하다. 직접 수행하면서 경험해야 한다. 이렇게
하면 자신이 구하던 평화와 건강, 온전함에 이를 것이다.

지난 10억 광년 동안 내게 닥쳐온 무수한 순간들

그중에 지금보다 나은 순간은 없다네.

—

월트 휘트먼, 〈나에 대한 노래〉(1855)

어디를 향하든

그곳에 신의 얼굴이 있네.

—

『코란』

좋은 편을 택하라

지금까지는 일상생활에서 마음챙김을 계발시키는 다양한 도구들에 대해 살펴보았다. 실제로 이 도구들을 실천에 옮기기 시작하면, 마음챙김으로 나아가는 단계 하나하나가 실은 삶의 충만함과 평화, 기쁨과 이해에 이르는 길임을 알 것이다. 그리고 이러한 삶의 능력이 커짐에 따라 당신이 느끼는 행복도 더 커질 것이다. 삶의 모든 순간이 불국토나 천당의 한 걸음이 될 수 있다면, 약물 등 잘못된 중독 물질에 의존할 필요가 없다.

또 지금까지 소개한 여러 방법의 수가 너무 많다고 여길 수도 있다. 기억할 것도 많고 해야 할 일도 많아 보인다. 그러나 사실은 그렇지 않다. 방법의 수가 많아 보여도 우리가 기억할 것은 지극히 간단한 한 가지다. 바로 마음챙김으로 깨어 있는 마음을 갖는 것이다. 지금까지 우리가 논한 방법은 모두 이 목적을 달성하기 위한 방법이었다. 마음챙김으로 깨어 있는다는 목적을 늘 염두에 둔다면 당신은 무엇을 해야 하는지, 또 무엇을 하면 안 되는지 알 수 있다.

『누가복음』에는 예수가 두 자매를 방문한 유명한 이야기가 나온다. 동생 마리아가 가만히 앉아 예수의 말씀을 경청하는 동안, 마르다는 만찬을 준비하느라 분주하다. 일에 지친 마르다는 자신에게 일을 미루는 게으른 동생 마리아에 대해 예수에게 불평을 했다.

기독교 전통에는 두 자매에 관한 이야기가 많이 전해져 내려온다. 그중에는 마르다에게 잘못이 없으며, 세상에는 실제로 일을 행하는 사람이 필요하다는 내용이 많다. 맞는 말이다. 하지만 예수는 분주한 마르다에게 이렇게 말했다.

마르다야, 마르다야. 네가 많은 일로 염려하고 근심하나 몇 가지만 하든지 혹은 "한 가지만이라도 족하니라." 마리아는 이 좋은 편을 택하였으니 빼앗기지 아니하리라.

– 『누가복음』 10장 41~42절, 쌍따옴표는 저자 강조

삶에 대한 이러한 명상적 태도는 오늘날 매우 혁신적으로 들린다. 그렇기에 주석가들은 그것이 미치는 영향을 애써 축소시키려 한다. 물론 우리가 빈둥거리며 삶을 허비하지 않도록 하려는 의도일 터이다. 그러나 오늘날 대부분 사람은 너무 비활동적이고 수동적인 삶의 위험보다, 지나치게 바쁜 삶을 영위할 위험성이 더 크다. 그런데 할 일이 너무 많다 해도 우리는 언제나 '좋은 편'을 선택할 수 있다. 정말로 필요한 일에 집중하는 법을 배울 수 있다. 여기서 '필요한 일'이란 곧 마음챙김이다. 마음챙김은 평온하고 열린 주의력이자, 내면의 힘을 북돋는 주의력이다. 마음챙김은 이것이다 저것이다 구분 짓기보다, 있는 그대로 받아들인다. 주변 사람과 상황이 자연스럽게 본연의 모습을 찾아가도록 허용한다.

파도타기 하는 사람처럼

파도타기 하는 사람의 생활은 마음챙김 하는 삶에 대한 훌륭한 비유라고 할 수 있다. 파도타기 하는 사람은 아침 일찍 일어나 해변에 밀려오는 파도를 맞이한다. 또 보드에 정성스레 왁스칠을 하면서 손질한다. 다른 사람이 보기에는 유난을 떠는 것 같지만, 자신에게는 이 모든 과정이 파도타기의 일부다. 또 일단 물 위에 오른 뒤에는, 자신이 꼭 타고 싶은 파도가 밀려올 때까지 인내심을 발휘해 기다릴 줄 안다. 그는 파도를 무서워하지 않는다. 어떤 파도라도 탈 수 있다는 자신감을 가지고 파도를 맞는

다. 한 번의 파도타기를 위해 이렇게 번거로운 준비 과정을 거치는 것이 쓸모없어 보일 수도 있다. 그러나 이 과정이 있기에 멋진 파도타기를 할 수 있다.

어쩌면 당신은 그의 수고로운 준비 과정과 고된 연습에 혀를 내두를지 모른다. 그러나 정작 파도타기 하는 사람은 그런 당신을 이상한 눈으로 바라볼 것이다. 왜냐하면 그에게 파도타기는 수고스러운 일이 아니라 하나의 즐거움이기 때문이다. 만약 그가 자신이 진정으로 원하는 것을 참아가면서 파도타기를 하고 있다고 생각한다면 사실이 아니다. 그는 자신이 하고 싶은 것을 하는 것뿐이다. 겉으로 볼 때는 억지로 고된 연습을 하는 것처럼 보일 수 있다. 만약 그가 절제하는 금욕적 삶을 산다고 여긴다면 그것은 당신이 파도타기의 즐거움을 모르기 때문이다.

마조 대사는 이렇게 말했다. "도(道), 즉 삶의 바른 길은 절제와는 상관없다." 그러나 절제하지 않는 삶이라고 해서 나태한 삶을 살아도 좋다는 말은 아니다. 이 둘을 구분 짓기 위해 마조 대사는 이런 말을 덧붙인다. "그러나 절제와 원칙이 하나도 없다면, 그것은 범인의 삶과 다를 바 없다." 그렇다면 어떻게 해야 할까? 여기서, 위에 말한 파도타기 하는 사람의 태도가 힌트를 준다. 그를 보고 파도타기나 하는 놈팡이라고 폄하하는 사람이 있는가 하면, 또 어떤 이는 그의 절제력과 노력을 높이 평가한다. 그런데 정작 그 자신은 이런 평가에 아랑곳하지 않는다. 그는 파도의 에너지와 조화롭게 어울리는 자기만의 즐거움을 추구하고 있을 뿐이다.

마음챙김을 통한 깨어 있는 삶, 삶의 매순간을 소중히 여기는 삶의 방법도 바로 이것이 아닐까? 마음챙김 수련을 즐거운 활동으로 여기는 삶 말이다.

일찍 일어나기

명상 수행을 하지 않아도 깨어 있는 삶을 살 수는 있다. 하지만 수행을 하지 않으면, 깨어 있는 삶을 살겠다고 의도적으로 결심하기란 쉽지 않다. 마찬가지로, 아침에 일찍 일어나지 않아도 깨어 있는 영적 삶을 살 수는 있지만, 실제로 그럴 가능성은 낮다. 그렇다고 불교 승려처럼 새벽 3시에 일어나라는 말은 아니다. 그렇지만 아침에 일찍 일어나 여유로운 시간을 갖는 것은 매우 중요하다. 아침 알람이 울리자마자 자리를 박차고 일어나 허둥댄다면 그날 하루 마음챙김을 지속하기란 매우 어렵다.

아침에 30분만 일찍 일어나도 아침이 여유로워지며 허둥대지 않고 하루 일과에 임할 수 있다. 또 그 시간에 잠깐 명상을 할 수도 있다. 이것이 얼마나 큰 기쁨을 주는지 아는 사람은 이것을 가혹한 규율이라고 여기지 않는다. 하루를 이렇게 시작하면 그날 하루의 일이 더 잘 풀린다. 하루를 시작하는 시간에 마음챙김을 하지 못하는데, 어떻게 그날 하루 동안 마음챙김을 할 수 있겠는가?

평화로운 마음과 마음챙김으로 하루를 시작할 수 있도록 아침에 여유 시간을 가지라. 침대에서 일어나기 전에 자신의 들숨과 날숨을 몇 차례 자각해보라. 이렇게 하는 이유는 그날 하루의 매순간을 깊이 있고 고요하게 또 평화롭게 살기 위함이다. 아침식사 시간에도 여유를 갖고 온전히 식사를 즐기라. 커피와 차를 마실 때도 마찬가지다. 출근이 전쟁이 되지 않도록 시간적 여유를 갖고 출근하라. 그렇게 출근 시에도 마음챙김이 깨지지 않도록 하라. 직장에 출근해서도 잠시 자리에 앉아 깨어 있는 마음으로 자신의 호흡을 자각하라. 오늘 하루를 평온하게 보내기 위해 영감을 주는 글을 한두 페이지 읽는 것도 좋다.

불교는 자신의 머리카락이 타들어가는 것처럼 간절한 마음으로 수행하라고 가르친다. 이는 무지와 망각 속에서 고통당하고 있는 지금 나의 상황을 제대로 알고 그것을 해결하기 위해 무언가를 하라는 의미다. 머리카락이 타들어 가는 사람은 누가 시키지 않아도 스스로 조치를 취하지 않겠는가.

단지 파도를 타라

아침에 마음챙김을 하면 그날 하루 마음챙김을 유지하기가 훨씬 수월하다. 그날 하루 당신에게 일어나는 일들은 그저 '파도'에 불과하다. 어떤 파도는 강력해서 힘겹게 느껴지는가 하면 또 어떤 파도는 부드럽고 편안하다. 당신은 파도타기를 배우는 과정에서 여러 번 보드에서 떨어진다. 그러나 그것을 오히려 즐긴다 생각하면 파도타기 배우는 일을 중도에 포기하는 일은 없을 것이다. 떨어지더라도 웃으면서 마음챙김과 접촉한 후 다시 신체의 균형을 잡을 수 있다. 그렇게 하면 파도를 탈 때마다 점점 실력이 향상되는 자신을 발견할 것이다.

일상의 삶은 우리에게 힘겨운 파도를 수도 없이 던진다. 여유 있게 출근하려고 아침 일찍 집을 나선 당신은 미소를 지으며 편안한 마음으로 운전하고 있다. 이런 날에는 전혀 서두를 필요가 없다. 그러나 미소를 머금은 채 편안하게 숨을 들이쉬고 내쉬면서 운전하고 있는데 갑자기 차가 멈추는 날도 있다. 예고도 없이 도로 위 공사를 하거나 사고가 났기 때문이다. 때문에 직장에 지각하게 생겼다. 혈압이 올라가고 화가 치민다. '이런, 제기랄! 늦겠어. 절대로 늦으면 안 되는데!' 그러나 이런 때에도 당신이 미소를 짓고 숨을 자각하면서 지금 상황과 맞서 싸우지 않는다면 당신은 마음챙김을 계발시키고 있는 것이다. 그리고 이런 연습을 하면

할수록 당신의 마음챙김 능력은 더 커진다.

마음챙김을 하면서 지금 하고 있는 도로 작업이 모두에게 꼭 필요한 일임을 떠올릴 수도 있다. 또 수많은 차량과 성마른 운전자들로 인해 더 위험해진 작업을 하고 있는 인부들에게 연민심을 느낄 수도 있다. 만약 사고 때문에 차가 막히는 경우라면, 정작 사고를 당한 당사자에게 지금 상황이 얼마나 힘들까 떠올릴 수도 있다. 그들은 어쩌면 중상을 입었거나 사망에 이르렀는지 모른다. 그렇게 그들의 삶이 영원히 바뀌어버렸는지 모른다. 문득 당신은, 고작 직장에 조금 지각한 일이 지금 자신에게 일어난 전부임을 알고 안도의 한숨을 내쉰다. 절망과 압박감에 직면해 깨어 있는 마음으로 그것을 다룰 수 있다면, 당신은 다른 힘겨운 상황에 대해서도 평정심을 갖고 대처할 수 있다.

즐거운 파도도 타라

그러나 힘겨운 파도를 타는 것은 진실이라는 큰 그림의 일부에 불과하다. 삶의 힘겨운 측면과 접촉하는 것은 꼭 필요한 일이지만, 당신에게 멋진 파도타기 경험을 선사하는 즐거운 파도를 타는 것도 중요하다. 우리는 마음챙김 수련을 통해 즐거운 파도를 마음껏 경험할 수 있다. 마음챙김을 통해 삶의 속도를 늦추고 자신의 삶에 활짝 문을 연다면, 바로 나의 주변에 경이로운 일들이 가득함을 알게 된다. 그것들은 줄곧 거기에 있었다. 이런 경이로움과 접촉하면 힘겨운 상황에 직면해서도 깨어 있는 힘이 커진다.

아무것도 떠올리지 않기

○ 가능하다면 멋진 경치가 보이는 조용한 장소에 앉는다. 숨을 들이쉬고 내쉬며 눈을 감는다. 마음이 어느 정도 편안해졌으면 이제 '머릿속에 아무것도 떠올리지 않도록' 해본다. 잠시 읽기를 중단하고, 지금 이 자리에서 바로 해보라. 이 연습을 해본 뒤에 다음 문단으로 넘어간다.

어땠는가? 아무것도 떠올리지 말라는 말에, 당신은 완전한 암흑이나 아무것도 존재하지 않는 텅 빈 공간을 떠올렸는가? 그러나 암흑이나 텅 빈 공간도 그 자체로 무언가 '존재하는' 것이라고 할 수 있다. 다시 한 번 시도해보라. 아무것도 떠올리지 않으려고 해본다. 몇 분 간 이렇게 해본 뒤에 다시 읽어 내려간다.

이제 눈을 뜬다. 아무것도 떠올리지 않으려 해도 항상 무언가가 존재한다는 사실을 알 수 있는가? 그것이 얼마나 경이로운 일인지 알 수 있는가?

당신이 세상에 발끈하기 전에 세상은 그저 있는 그대로 존재할 뿐임을 알 필요가 있다. 세상을 즐거운 것과 불쾌한 것, 좋아하는 것과 싫어하는 것으로 구분하기 전에 그저 있는 그대로의 세상이 존재하고 있음을 알아야 한다. 아무것도 존재하지 않는 것이 아니라 거기에는 '무언가'가 언제나 존재하고 있다. 그것은 좋은 것도 나쁜 것도 아니다. 반드시 둘 중의 하나일 필요가 없다. 이를 깨닫는다면 모든 것이 경이롭다. 모든 것이 그저 있는 그대로의 모습으로 존재하고 있을 뿐이다. 그것은 우리에게 주어진 선물이자 은총이다.

이런 관점으로 세상을 바라본다면, 우리를 힘들게 하는 사람을 포함한 이 세상과 맺는 관계도 변화한다. 만약 우리를 힘들게 하는 사람이 이제 존재하지 않는다고 가정해보자. 심지어 그들이 아예 태어나지도 않았다고 상상해보자. 거기에는 어떤 사라짐의 느낌이 있다. 이제는 그들의 좋은 면만 사라진 것이 아니라, 그들의 곤란한 면도 모두 사라졌다. 이처럼 우리가 힘겹게 여기는 사람이라도 우리의 삶을 풍요롭게 해줄 수 있다. 그것이 결코 유쾌한 방식은 아니라 해도 경이로운 방식인 것은 맞다.

이러한 진실을 알아보는 것이 곧 불성과 만나는 일이다.

파도는 모두 멋지다

아인슈타인은 세상을 바라보는 두 가지 방식이 있다고 했다. 하나는 아무것도 기적이라고 보지 않는 것이고, 다른 하나는 모든 것을 기적으로 보는 것이다. 만약 당신이 모든 것을 기적으로 바라본다면 삶의 모든 순간을 즐길 수 있다. 당신이 좋아하는 것과 싫어하는 것을 일일이 따지고 구분하지 않아도 된다. 그만큼 당신은 자유로워진다. 더 깊은 시야를 갖출 때 파도타기에 좋은 파도이든 그렇지 않은 파도이든 모든 파도가 경이롭다는 사실을 알 수 있다. '나의 목적에 도움이 되는가'라는 협소한 렌즈를 통해 보지 않을 때, 내게 일어나는 모든 일은 경이롭다.

이런 자각을 키우면 삶의 매 순간에 오롯이 존재할 수 있다. 아무것도 존재하지 않는 것처럼 보여도 무언가가 존재함을 믿고 거기에 감사한다면 이는 곧 창조의 기적과 만나는 일이다. 그러면 매일 매일이 새롭게 다시 시작하는 '첫 날'이 된다. 허투루 보내는 날이 하루도 없게 된다.

백합화를 생각하라

불교에는 많은 대중 앞에서 꽃 한 송이를 조용히 들어 보인 붓다에 관한 일화가 전해 내려온다. 꽃 한 송이를 들어 보이자 마침내 대중 가운데 가섭 존자만이 미소를 지었다. 붓다는 자신이 가섭에게 깨우침을 전했다고 말했다.

사람들은 붓다와 가섭 사이에 어떤 신비한 진리가 오갔는지 궁금하게 여겼다. 그러나 두 사람 사이에 오간 것은 복잡하고 어려운 진리가 아니었다. 그것은 훨씬 단순한 진리였다. 진리는 언제나 단순하다. 어쩌면 너무나 단순하기 때문에 우리가 알아보지 못하는지 모른다. 가섭 존자는 그 진리를 파악했다. 그는 단순히 붓다가 손에 들어 보인 꽃을 보았기에 미소를 지을 수 있었다.

"들의 백합화가 어떻게 자라는가 생각하여 보라. 수고도 아니 하고 길쌈도 아니 하느니라. 그러나 내가 너희에게 말하노니 솔로몬의 모든 영광으로도 입은 것이 이 꽃 하나만 같지 못하였느니라."(『마태복음』 6장 28~29절) 미국의 여류 시인 에밀리 디킨슨은 친구에게 보낸 편지에서 자신은 '백합화를 생각하라'는 계명을 한 번도 어긴 적이 없다고 했다. 마음챙김의 관점에서 볼 때 이것은 탁월한 선택이다.

장애물

마음챙김은 단순하다. 어쩌면 세상에서 가장 단순한 것인지 모른다. 그렇다고 그것이 언제나 쉽지만은 아니다. 그러나 현명함과 부드러운 끈기로 마음챙김의 길을 간다면 그리 어려운 일이 아님도 알 수 있다.

영화 〈디 엣지(The Edge)〉에서 백만장자 역으로 분한 앤서니 홉킨스는 알래스카의 산속에서 길을 잃고 헤매던 중 굶주린 곰과 맞닥뜨린다. 홉킨스는 곰과 맞닥뜨린 상황에서 살아남은 사람들의 이야기를 알고 있었다. 그래서 다음과 같은 주문을 반복해서 왼다. "누군가 했다면 나도 할 수 있어." 결국 그는 곰을 죽이고 살아남는다.

불교는 붓다가 신이 아니라 사람이라는 사실을 강조한다. 그도 당신과 나처럼 실재했던 인간이었다. 이 때문에 붓다가 열반에 든 뒤에 불상이 처음으로 만들어지기까지 수백 년의 시간이 걸렸다. 불교가 지닌 인간적 면모는 우리의 용기를 북돋는 중요한 진리를 드러낸다. 그것은 바로, 누군가가 성취할 수 있다면 우리도 할 수 있다는 진리다. 당신도 깨달음에 이를 수 있다. 붓다의 삶은 그것이 가능함을 우리에게 보여주고 있다.

한 번의 실수

중독에서 회복 중인 사람들에게 한 번의 실수는 가장 큰 장애물이다. 알코올이나 약물 사용은 마음챙김과 정반대의 상태다. 한 번의 실수로 망각의 상태, 마음챙김이 없는 상태로 퇴보할 수도 있다.

물론 한 번의 실수를 간과하는 것은 매우 위험한 일이다. 그러나 한 번의 실수에 대해 엄격한 흑백논리의 잣대로 평가한다면 오히려 실수라는 괴물을 키우는 꼴이 되기 쉽다. 중독 물질을 절제하는 삶과 절제하지 않는 삶으로 엄격하게 양분한다면 치유적인 방식으로 자신의 실수를 알아차릴 수 없다. 마음챙김은 즐겁다·불쾌하다, 좋다·나쁘다, 절제·비절제 같은 우리의 생각이 지닌 경직된 범주를 넘어, 삶을 온전하게 경험하는 것이다. 단번에 중독 행동을 끊는 사람도 있지만 그런 경우는 드물다. 대부분 사람은 습관을 변화시킬 때 몇 차례 주기를 거친다. 실수를 하고 그로부터 배우고, 다시 더 많이 실수한 뒤 또 다시 배움을 얻는다. 지금까지와 다른 새로운 존재 방식에 안착하기까지 이런 과정을 여러 차례 거쳐야 한다.

지나치게 엄격한 기준을 잠시 내려놓을 때, 자신의 실수에 대해서도 깨어 있는 마음으로 성찰할 수 있다. 이때 당신은 자신의 실수를 깊이 들여다보고 그로부터 배움을 얻는다. 이로써 다음에 실수하지 않으려면 어떻게 해야 하는지도 알게 된다.

스스로에게 이렇게 물어보라. '어떻게 해서 내가 실수에 이르게 되었나? 어떻게 했더라면 실수를 막을 수 있었을까? 그때 내릴 수 있는 다른 선택은 없었을까? 당시에 나는 그 상황을 어떻게 보고 있었나? 그것 외에 다른 시각을 가질 수는 없었을까?' 만약 단순한 흑백논리로 자신의 실수 경험을 평가한다면 그것 자체가 또 하나의 실패 경험이다. 그것은 자신이 처한 상황에 희망이 없음을 스스로 인정하는 꼴이다. 그렇지 않고, 깨어 있는 마음으로 자신의 실수를 대한다면 오히려 배움을 얻는 기회가 될 수 있다.

너무 바쁘지 않게 살기

삶이 때로 우리를 압도하는 것처럼 보일 때가 있다. 할 일이 너무 많아 커다란 압박을 느끼기도 한다. 그러나 마음을 가라앉히고 천천히 호흡하면서 이 문제에 대해 생각해보면 이것이 반드시 장애물이 될 필요가 없음을 알 수 있다. 정신없이 바쁘게 돌아가는 자신의 삶을 깊이 들여다보면 거기에서 두 가지 진실이 드러난다. 이 두 가지를 적절히 조합하면 어떤 경우가 닥쳐도 해법을 찾을 수 있다.

첫 번째 진실은 자신의 삶을 단순화시키라는 것이다. 너무 바쁘게 산 나머지, 어쩔 수 없이 일을 줄여야 했던 사람들에 관한 이야기가 많다. 심장발작을 일으키고 난 뒤부터 업무량을 절반으로 줄일 수밖에 없었던 회사 최고경영자들도 적지 않다. 만약 심장발작을 일으키기 전에 업무량을 절반으로 줄일 것을 요청했다면 그들은 어떻게 했을까? 분명 그렇게 하지 않았을 것이다. 심장발작을 일으키고 나서야 자기 삶의 균형을 되찾으려는 의지를 낸 것은 안타까운 일이 아닐 수 없다.

마음챙김으로 깨어 있을 때는 바쁘게 사는 삶이 하나의 선택사항에 불과함을 알 수 있다. 자신이 왜 그토록 많은 일을 하려는지 그 이유를 깊이 들여다보라. 이유는 다양할 것이다. 예를 들어, 오늘날 사회에서 바쁘다는 것은 자신의 사회적 지위를 표시하는 일종의 상징으로 작용한다. 어떤 사람은 끊임없이 문제를 만들어내는데, 이는 이렇게 함으로써 자기가 중요한 사람이라는 느낌이 들기 때문이다. 이때 만약 그들이 좀 더 깨어 있다면, 작은 문제가 큰 문제로 비화하기 전에 거기에 적절히 주의를 기울일 것이다. 또 그렇게 함으로써 상당수 문제들에 대해 미리 예측하고 피할 수도 있을 것이다.

우리가 일상적으로 사용하는 핸드폰은 자신이 중요한 존재라는 사실을 세상에 알리는 것처럼 보인다. 그러나 핸드폰이 있기 전에도 사람들은 잘 살아왔다. 끝없이 삶을 속박하는 각종 테크놀로지 기기 때문에 우리는 자유로운 삶을 살지 못하고 있다. 정말로 이런 기기가 필요한 사람도 있고, 그것이 실제적 편리함을 가져다주는 경우도 분명히 있다. 그러나 각종 기기가 필연적으로 삶의 질을 높여 주리라는 섣부른 가정은 의문의 여지가 다분하다.

이렇게 생각해보자. 반드시 타인의 요구에 응해야 한다고 생각하지 말고, 분주한 일과로부터 조금 떨어진 삶을 살 수 없을까? 반드시 내가 일을 해야 한다고 생각하지 말고, 다른 사람에게 맡길 수는 없을까? 지금 하고 있는 일 가운데, 손에서 놓아도 좋은 일은 없을까? 일을 조금 적게 한다고 과연 지구가 멸망할까?

자신의 업무량을 줄일 방법이 도저히 없다고 섣불리 결론내리지 않기를 바란다. 이것은 당신의 안녕과 주변사람들의 안녕을 위한 일이다. 일로 인한 스트레스가 줄어들 때 당신은 더 행복한 사람이 될 것이고, 그러면 타인의 행복에도 더 크게 기여할 것이다. 여기서 당신은 두 번째 진실을 배울 필요가 있다.

두 번째 진실은 무위(無爲)의 기술을 습득하라는 것이다. 무위는 아무 것도 하지 말라는 의미가 아니다. 그것은 분주한 활동과 소음의 한가운데서도 마음의 평화와 고요를 발견하라는 의미다. 당신을 지치게 만드는 원인은 일 자체가 아니라 당신 내면의 태도 때문인 경우가 드물지 않다. 당신이 외면적으로 많은 일을 하고 있다면, 내면에서는 어쩌면 더 많은 일을 하고 있는지 모른다. 자동차를 운전할 때도 당신은 안전한 운행을 위해 머릿속으로 수백 가지 일을 하고 있다. 운전이 피곤한 것은 운전 자체 때문이 아니다. 운전자의 마음이 분주하기 때문이다. 하루 일과를 보내고 난 뒤 피곤에 지쳐 쓰러지는 것도 비슷한 이유에서다. 당신이 하루 중 어떤 일을 성취했건, 그 일을 해내기 위해 당신의 정신은 그보다 훨씬 많은 일을 했다.

많은 성인과 현자는 우리가 흔히 생각하는 것과 달리, 매우 바쁜 삶을 살았던 활동적 인물들이었다. 그들이 그토록 활동적으로 많은 일을 이루면서도 지쳐 떨어지지 않았던 이유는 그들이 지닌 영성 때문이었다. 마음챙김 수련은 바로 이러한 영성을 키우는 작업이다. 마음챙김 수련을 통해 우리는 운전할 때는 오직 운전만 하는 법을 배운다. 걸을 때는 오로지 걷는 법을, 타이핑할 때는 단지 타이핑하는 법을 익힌다. 한 번에 한 가지 일만 하는 법을 배움으로써 삶은 훨씬 가벼워진다.

마음챙김 수련을 재미있게

달라이 라마가 뉴욕에서 중요하고 심오한 가르침을 펴기로 되어 있었다. 승려들은 법문 시작 전 경건한 분위기를 만들기 위해 연단에서 불경을 암송하고 있었다. 달라이 라마가 앉을 수 있도록 특별한 좌석도 마련되었다. 마침내 달라이 라마가 법문을 하기 위해 연단으로 나왔다. 그런데 자리에 앉는 순간, 방석에서 민망한 소리가 났다. 달라이 라마는 당황하지 않고 어린아이 같은 미소를 짓고는 일부러 그 민망한 소리를 한 번 더 냈다. 그의 이런 여유 있고 재미있는 태도가 어쩌면 법문 내용보다 더 중요한 가르침인지 모른다.

우리는 '영적 수련'이라고 하면 너무 심각하게 받아들이는 경향이 있다. 이는 지나친 반응이다. 물론 영적 수련은 중요하며, 우리는 아무렇게나 되는 대로 수련에 임하기를 원치 않는다. 그러나 편안하고 쉽게 그리고 재미있게 영적 수련에 다가가는 것도 매우 중요하다.

'영적인 사람이 되라'는 말은 결코 유머감각이 결여된 재미없는 사람이 되라는 의미가 아니다. 유쾌한 유머감각은 영적 수련이 선사하는 선물이다. 스스로 경쾌함과 재미를 느낄 수 있는 수련 방법을 찾아야 한다.

허둥지둥 커피를 들이킨다면 커피 마시는 재미를 찾을 수 있을까? 정신을 딴 곳에 판 채 커피를 마신다면 아무 맛도 느낄 수 없을 것이다. 심지어 자신이 커피를 들이키고 있다는 사실조차 자각하지 못할 수 있다. 그런데 아이들은 무엇을 하더라도 거기서 재미를 찾을 줄 안다. 온전히 즐기면서 또 몰입하면서 하기 때문이다. 아이들이 소꿉장난 하는 장면을 본 적이 있는가? 실제로 음식이 없어도 아이들은 온전히 즐기면서 놀이에 몰입한다.

수련 지속하기

당신은 더 깨어 있는 삶을 살기 위해 명상 등 다양한 수행법으로 하루를 시작할지 모른다. 그러다 머지않아 자신도 모르게 망각의 수렁에 빠지는 경우가 있다. 다시 마음챙김을 회복하려 하지만, 방법이 잘 보이지 않는다. 이 상황을 깊이 들여다보면 당신이 여기에 이르게 된 데는 몇 가지 요인이 작용하고 있음을 알 수 있다.

우선, 당신은 하루를 시작하면서 마음챙김을 지속하겠다는 결심을 했지만 그 결심의 에너지가 충분하지 못했다. 이 경우에는 자신이 깨어 있는 하루를 살려고 하는 이유가 무엇인지 아침 명상 시간 동안 다시 점검해보라. 또 마음챙김을 잊은 채 사는 삶은 어떨지 생각해보라. 마음챙김을 통한 깨어 있는 삶과 그렇지 않은 삶의 차이를 분명하게 인식해보라. 명료한 알아차림으로 하루를 보내겠다는 자신의 의도를 더 분명히 하라.

다음으로, 만약 당신이 마음챙김을 자주 잊어먹는다면 마음챙김으로 자꾸자꾸 돌아오는 연습을 하는 수밖에 없다. 우리는 부드러운 자기 수용적 끈기를 통해 목표한 지점에 이른다(마음챙김의 삶을 '목표'라 할 수 있다면). 힘들게 억지로 밀어붙이는 방식으로는 결코 목표를 달성할 수 없다. 부드러운 파도가 마침내 바위의 모양을 변화시키듯이, 자연스럽고 부드럽게 마음챙김으로 돌아가겠다는 의도를 자꾸 내라.

아직 완벽한 붓다가 되지 못한 우리들이기에 마음챙김을 잊고 망각에 빠지는 것은 당연한 일이다. 하루에 백 번, 천 번이라도 마음챙김을 잊을 수 있다. 이렇게 망각에 빠질 때마다 얼굴에 웃음을 지으라. 그리고 마음챙김으로 돌아오라. 만약 당신이 중독에서 회복중이라면 평소 습관의 힘이 얼마나 강력한지 알 것이다. 낙담과 초조함 속에서 습관의 노예가 되어서는 안 된다.

마음챙김은 '무엇이든 알아차리는 것'임을 명심하라. 다시 말해, 어떤 일이 일어나든 그것에 현존하면서 함께하려는 의도이다. 이 의도에는 마음챙김을 망각한 사실을 자각하고 마음챙김으로 돌아오는 것도 포함된다. 당신은 마음챙김 수행을 할 때 과도한 자기 평가적 태도를 갖거나 쉽게 포기해버리지 않는가? 만약 그렇다면 영적 수행에 있어서 지나치게 목표 지향적 태도를 갖고 있는지 모른다. 편안한 마음으로 수행에 임하라. 미소 지으라. 수행을 재미있는 활동으로 여기라.

이미 붓다인 우리가 자신의 참된 본성을 자꾸 망각한다는 사실이 의아하지 않은가? 또 너무 저돌적인 자세로 덤빈다면, 우리가 애당초 벗어나려 했던 괴로움의 그물에 오히려 걸려든다는 사실이 아이러니하지 않은가? 망각이나 분투 같은 습관적 에너지는 맞서 싸우면 안 된다. 자연스럽게 에너지가 다하도록 만들어주어야 한다. 이 에너지를 만들어낸 장본인은 바로 나이므로, 에너지와 맞서 싸운다면 결국 나 자신과 싸우는 것이나 다름없다. 이것은 습관이 휘두르는 힘을 더 키워줄 뿐이다.

『새로운 자각의 눈을 뜨라(Opening the Eye of New Awareness)』(1999)는 책에서 달라이 라마는 어느 수행승의 말을 인용해 이렇게 말한다. "얼핏 보기에, 나 같은 평범한 사람이 이 일을 해낼 수 있을까 의구심이 들 수 있습니다. 그러나 복합적인 현상은(인간도 그중 하나입니다) 언제나 동일한 모습으로 존재하지 않습니다. 조건과 상황에 따라 계속 변화합니다. 쉽게 낙담하지 않고 꾸준히 하다 보면, 백 년이 걸려도 어렵다고 여겼던 일을 하루

만에 이룰 수도 있습니다."

끈기와 자기 수용을 주요한 수행으로 삼으라. 그렇게 하다 보면 어느 날 변화한 자신의 모습을 보게 될 것이다. 더 깨어 있는 사람으로 바뀌어 있는 자신을 발견할 것이다. 당신은 한 번에 완벽해지겠다는 시도가 아니라, 지금까지 소개한 간단한 일상의 수련을 통해 지금에 이르렀다. 한 번에 한 호흡을 알아차림으로써 여기에 이르렀다. 중국 당나라 때 청원유신 (靑原惟信) 선사는 『선의 길(The Way of Zen)』이라는 책에서 이렇게 말하고 있다.

처음에 나는 산은 산이고, 물은 물이라고 여겼다. 그 후 30년간 선을 공부하면서 모든 것을 더 잘 알고 보니, 산은 산이 아니고 물은 물이 아님을 아는 경지에 이르렀다. 그런데 그 이후 만물의 실체를 확실하게 파악한 지금에야 분명히 알았다. 산은 산이고 물은 물임을 다시 한 번 새롭게 알았다.

마음챙김 수련을 통해 자신이 목표했던 곳에 이르는 과정도 이와 비슷하다. 이르고 보면 그곳은 당신이 언제나 자리 잡고 있었던 곳임을 알게 된다. 그곳이 당신이 돌아갈 본래 고향임을 알게 된다.

요즘 우리 주변에는 우리를 유혹하는 자극적인 것들로 넘쳐나고 있습니다. 이러한 현상은 비단 최근의 일만은 아니지요. 약물 중독, 술 중독, 도박 중독, 음식 중독 등 우리가 익히 알고 있는 중독들은 사람들의 생활이 풍요로워진 이래 줄곧 문제가 되어 왔습니다. 그런데 지금 우리가 맞닥뜨리고 있는 중독 문제의 심각성은 결코 무시할 수 없는 수준에 이른 느낌입니다. 요즘은 기존의 중독에 더하여 인터넷과 스마트폰을 비롯한 각종 '미디어 중독' 또한 문제가 되고 있지요. 특히 우리 아이들은 이러한 것들에 완전히 노출된 채 무방비 상태로 있습니다. 한마디로 현대인의 삶은 개인마다 정도의 차이는 있을지라도 중독에 포위된 삶, 중독이 예정되어 있는 삶이라고 해도 지나친 표현이 아닐 듯합니다.

그럼에도 막상 현대인들은 이러한 유혹과 자극의 과부하 속에서 자신이 무엇을 선택하고 무엇을 버려야 하는지 알지 못합니다. 아니, 어쩌면 자신에게 그러한 선택권이 있다는 사실조차 깨닫지 못하고 있는 것은 아닐까요. 현명하고 주체적으로 선택하기보다 그저 일시적이고 값싼 쾌락과 위안을 제공하는 것들에 무심코 손을 뻗고 맙니다. 이것은 분명 조화롭고 균형 잡힌 삶, 건강한 삶이라고 할 수 없습니다. 현대의 삶에서 조화와 균형을 회복하기 위해서는 보다 주체적인 선택이 필요해 보입니다. 주변의 모든 자극적인 유혹에 무기력하게 휩쓸리기보다 어떤 것들에 대해서는 단호하게 '노'라고 말할 수 있어야 한다는 말이지요.

그렇다면 그렇게 하는 방법은 무엇일까요? 이 책은 그 방법으로 불교의 수행법인 마음챙김(mindfulness)을 소개하고 있습니다. 마음챙김은 우리가 평소 무심히 지나치는 주변과 내 안의 것들에 가만히, 현명하게, 그리고 깊이 있게 주의를 기울임으로써 지금껏 미처 깨닫지 못한 것들을 새롭게 자각하는 것을 말합니다. 한마디로 '마음챙김으로 지금보다 깨어있는 마음을 계발하면 중독의 늪에서 벗어날 수 있다'는 것이 이 책이 제시하는 중독 치유의 핵심입니다.

그렇다면 마음챙김이 어떻게 중독 치유에 도움이 된다는 말일까요? 마음챙김은 현재 순간이 지닌 신선함과 풍요로움을 있는 그대로, 마치 처음인 듯 느끼는 수련법입니다. 그렇기에 내가 존재하고 있는 바로 지금-여기에서 충만함을 느낄 수 있지요. 이렇듯 마음챙김은 다른 특별한 대상을 찾아 구하거나, 거기에 의존할 필요가 없기 때문에 중독의 굴레에서 벗어나는 데 도움이 될 수 있습니다.

다만, 여기서 중요한 것이 있습니다. 바로 수련(practice), 수련, 또 수련입니다. 실제로 자리에 앉아(혹은 걷거나 요가, 바디스캔 등을 통해) 명상 수행을 하는 것이 무엇보다 필요하다는 말입니다. 마음챙김은 지금 서구 심리치료와 스트레스 완화 분야에서 유행하고 있는 하나의 멋진 '개념'이 아닙니다. 우리가 명상을 할 때 쉽게 빠지는 함정이 있는데, 그것은 자신이 '명상이 무엇인지 안다'고 생각하는 것입니다. 명상에 대한 이런 고정된 시각으로는 매순간 다르게, 그리고 생생하게 펼쳐지는 현상을 제대로 따라갈 수 없습니다. 그러면 명상을 통해 키우고자 했던, 있는 그대로 보는 지혜도 자라지 않습니다.

사실, 명상의 경험은 자리에 앉을 때마다, 아니 자리에 앉아서도 매순간 서로 다르게 펼쳐집니다. 아무리 오랜 명상 경험이 있는 사람도 매순간 다르게 펼쳐지는 경험 앞에서는 명상에 대한 자만이나 머릿속 관념이 무색해지고 맙니다. 이런 내려놓음과 겸허함은 명상에 임할 때 지녀야 하는 태도인 동시에, 일상의 삶에 적용할 수 있는 가치 있는 삶의 자세라 할 수 있습니다. 변화무쌍한 경험을 있는 그대로 수용하는 지혜, 그리고 그 과정에서 현상의 변화하는 성질과 불만족스러움, 실체 없음의 성질을 깨치는 일이야말로 수련의 실체적 내용입니다. 마음챙김을 통해 현상을 있는 그대로 보는 지혜를 키우고 지금-여기의 풍요로움을 알아볼 때, 중독은 더 이상 우리 삶에 필요 없게 되겠지요.

그렇다고 해서 이 책이 오직 엄격한 명상만 소개하는 것은 아닙니다. 차례에서 보듯이 일기 쓰기, 자연과의 교감, 꿈 작업, 부정적인 감정 다루기 등 다양한 방법을 소개하고 있습니다. 형태는 다르지만 이 모든 기법들의 공통분모는 위에 말한 마음챙김 혹은 깨어있는 마음을 계발하여 자신과 주변을 더 잘 자각하는 데 있습니다. 깨어있는 마음을 계발하면 자신을 더 객관적으로 볼 수 있고, 나아가 자신과 세상에 대한 보다 전체적이고 균형 잡힌 시각을 갖출 수 있습니다. 이는 당연히 중독 문제의 완화와 치유로 이어질 것입니다.

중독으로 고통 받는 당사자뿐 아니라 가족들, 그리고 중독 치유에 종사하는 전문가들이 이 책으로 도움을 받을 수 있겠습니다. 또 병적 수준의 중독까지는 아니더라도 현재의 삶이 무언가 불만족스럽고 지리멸렬하다고 느끼는 사람들, 지금보다 조금 더 깨어있고 온전한 삶, 신선하고 활력 있는 삶을 바라는 이들도 이 책을 통해 도움을 받을 수 있을 것입니다. 부디 이 작은 책이 독자 여러분 각자의 필요와 소용에 닿게 쓰였으면 하는 바람을 역자로서 가져봅니다.

<u>옮긴이</u> 이재석

서울대학교 노어노문학과를 졸업한 뒤 저작권 에이전시와 출판사에서 일했다.
독자에게 도움이 되는 알찬 영어 서적의 번역을 늘 궁리하고 있으며 특히
불교, 명상, 교육 등 인간의 내적 잠재성을 발현시키는 분야에 관심이 많다.
'知行合一, 앎과 삶의 일치'라는 블로그에 불교와 명상 관련 각종 글을 올리고
있다(blog.naver.com/anljs). 옮긴 책으로는 『통증혁명』, 『지금 있는 곳에서 시작하라』,
『현존수업』, 『오픈포커스 브레인』 등이 있다.

지긋지긋한 중독에서 벗어나는 마음챙김의 기술

중독이 나를 힘들게 할 때

2016년 4월 11일 초판 1쇄 발행

지은이 토마스 비엔, 비버리 비엔 • 옮긴이 이재석
발행인 박상근(至弘) • 편집인 류지호 • 편집 김선경, 양동민, 이기선, 양민호
디자인 쿠담디자인 • 제작 김명환 • 홍보마케팅 허성국, 김대현, 박종욱 • 관리 윤애경
펴낸 곳 불광출판사 03150 서울시 종로구 우정국로 45-13, 3층
　　　　 대표전화 02) 420-3200 편집부 02) 420-3300 팩시밀리 02) 420-3400
　　　　 출판등록 1979. 10. 10.(제300-2009-130호)

ISBN 978-89-7479-311-1 (03180)

이 도서의 국립중앙도서관 출판예정도서목록(CIP)은
서지정보유통지원시스템 홈페이지(http://seoji.nl.go.kr)와
국가자료공동목록시스템(http://www.nl.go.kr/kolisnet)에서 이용하실 수 있습니다.
(CIP제어번호: 2016008057)